국가
권력

국가권력

마르크스에서 푸코까지, 국가론과 권력이론들

밥 제솝 지음
남상백 옮김

이매진

[이매진 컨텍스트 74]

국가 권력
마르크스에서 푸코까지, 국가론과 권력 이론들

1판 1쇄 2021년 1월 29일 **지은이** 밥 제솝 **옮긴이** 남상백 **펴낸곳** 이매진 **펴낸이** 정철수 **등록** 2003년 5월 14일 제313-2003-0183호 **주소** 서울시 은평구 진관3로 15-45, 1018동 201호 **전화** 02-3141-1917 **팩스** 02-3141-0917 **이메일** imaginepub@naver.com **블로그** blog.naver.com/imaginepub **인스타그램** @imagine_publish **ISBN** 979-11-5531-120-2 (03330)

• 값은 뒤표지에 있습니다.

State Power: A Strategic-Relational Approach
Copyright ⓒ Bob Jessop 2008

This edition is published by arrangement with Polity Press Ltd., Cambridge.
국가 권력, 밥 제솝, 남상백, ISBN: 979-11-5531-120-2

Korean translation copyright ⓒ 2021 by Imagine Books.
This Korean edition published by arrangement with Polity Press Ltd., Cambridge through PubHub Literary Agency, Seoul.

이 책의 한국어판 저작권은 펍헙에이전시를 거쳐 저작권자하고 독점 계약을 맺은 이매진에 있습니다. 저작권법에 따라 한국 안에서 보호를 받는 저작물이므로 무단 전재와 복제를 할 수 없습니다.

일러두기
• 인명과 지명은 관례로 굳어진 것을 빼면 외래어 표기법을 따랐다.
• 낯선 용어가 처음 나올 때는 원어를 함께 써 넣었다.
• 단행본, 신문, 정기간행물에는 겹화살괄호(《 》)를, 논문, 연극, 그림, 음악 등에는 홑화살괄호(〈 〉)를 썼다.
• 원서에서 강조한 부분은 굵은 글씨체로 표시했다.
• 본문 중 저자가 덧붙인 설명은 '[ ]'로 표시하고, 옮긴이 주는 ' — 옮긴이'로 표시했다.

감사의 글

이 책을 쓰는 데 많은 사람들이 알게 모르게 도움을 줬다. 30년이 넘는 시간 동안 전략관계 접근에 관련된 논의들이 발전을 거듭하며 매우 불균등하고 구불구불한 과정을 거친 탓에, 그 과정에서 내가 진 지적인 부채를 지금 이 자리에서 모두 떠올리기는 어려울 듯하다. 지난 몇 년 동안 가장 중요한 영향을 끼친 사람은 나이링 섬이다. 특히 시공간 거버넌스, 탈분과성, 문화 정치경제학에 관련된 논의에서 많은 도움을 받았다.

즉석에서 진행된 비공식 논평과 연이은 저술 작업을 거쳐 중요한 기여를 한 사람들을 빠트릴 위험을 무릅쓰면서, 영감을 불어넣는 대화를 나눈 사람들의 이름을 여기 적어 넣어야겠다. 헨리크 뱅, 닐 브레너, 사이먼 클라크, 알렉스 데미로비치, 유프 에써, 노먼 페어클러프, 예르지 하우스너, 콜린 헤이, 요아힘 히르쉬, 마틴 존스, 미하엘 크래트케, 고든 매클리우드, 제이미 펙, 모이쉬 포스톤, 앤드루 세이어. 덧붙여 각각 다른 시기에 여러 친구와 동료들이 이 책에 담긴 몇몇 아이디어를 구체화했다. 애시 아민, 옌스 바르텔손, 울리히 벡, 로베르 브와예, 게르다 팔크너, 스티브 플릿우드, 에드가 그란데, 제이미 고프, 레이 허드슨, 제인 젠슨, 스벤 케셀링, 리안 마혼, 안드레아 마이호퍼, 데이비드 마쉬, 프랑크 물라트, 나카타니 요시카즈, 푼 나이, 마크 네오클레우스, 클라우스 오페, 스테인 오스터링크, 조 페인터, 라몬 리베라-푸마즈, 비르기트 자우어, 앨빈 소, 조지 스타인메츠, 롭 스톤스, 에리크 스윙에다우, 군터 토이브너, 닉 시어도어, 애덤 티켈, 헬무트 빌케, 루스 보닥, 에릭 올린 라이트 등이다. 그리고 홍콩 과학기술대학교의 앨빈 소를 비롯한 동료들(특히 프리다 칭)에게 고마움을 전하고 싶다. 그 사람들은 지난 몇 년 동안 나를 친절하게 도와줬는데, 특히 책을 마무리하기 직전 단계에는 푸르른 칭수이완淸水灣이 내려다보이는 훌륭한 연구실에서 마르지 않는 샘물처럼 끝없이 녹차를 마실 수 있게 해줬다. 밥 뮤어는 자전거를 함께 타며 내 기분을 좋게 해줬다.

폴리티 출판사의 담당 편집자인 엠마 허친슨과 루이즈 나이트는 초고가 계속 늦어지는 상황에서도 놀라운 인내심의 전형을 보여줬고, (라몬 리베라-푸마즈를 포함하는) 익명의 심사위원 두 사람은 차례를 정리하는 과정에서 좋은 방안을 추천했다. 뛰어나고 날카로운 안목을 지닌 저스틴 다이어는 초고를 준비하는 동안 여러 조언을 했는데, 폴리티 출판사의 최고 프리랜서 편집자라는 명성을 확인할 수 있었다. 날마다 최고의 영감을 불어넣는 사람들이자 지적인 분투를 함께하며 더욱 많은 가르침을 주는, 날마다 변화하는 학자들에게 이 책을 바친다. 바로 내 대학원 제자들에게.

2007년 5월 25일
랭카스터에서
밥 제솝

감사의 글   5

서론   13
국가란 무엇인가 | 국가에 관한 예비적 정의 | 이 책을 제자리에 가져다놓기

1부 × 국가를 이론화하기

1장 전략관계 접근의 발전   43
국가에 관한 전략관계 접근의 세 원천 | 첫째 국면 — 전략 개념의 발견 | 둘째 국면 — 구조와 행위 | 셋째 국면 — 문화적 전회 | 전략관계적인 잠정 결론

2장 다시 한 번, 국가를 불러오기   91
마르크스주의의 부활과 전략관계 접근 | 제 2의 물결, 부흥과 도전 | 새로운 연구 방향 | 결론

2부 × 전략관계 접근의 원천

3장 마르크스, 정치적 대표성과 국가   133
《브뤼메르 18일》이 거둔 성취 | 시기 구분의 문제 | 정치 무대 | 정치의 사회적 내용 | 국가장치, 그리고 국가장치의 궤적 | 정치적 대표성에 관한 이어진 논의 | 결론

4장 그람시, 국가 권력의 지리학   159
실천 철학을 공간화하다 | 그람시와 남부 문제 | 아메리카주의와 포드주의 | 영토성과 국가 권력 | 그람시와 국제 관계 | 결론

5장 풀란차스, 국가는 사회적 관계다   185

마르크스주의 이론과 정치 전략 | 새로운 방법론적 고찰 | 국가 그리고 정치적 계급 투쟁 | 관계적 접근과 전략적 선택성 | 풀란차스 다시 읽기 | 현대 국가의 예외적 요소들 | 계급 투쟁의 시기를 구분하기 | 국가의 시공간 매트릭스 | 결론

6장 푸코, 국가, 국가 형성, 통치술   217

푸코 그리고 마르크스주의의 위기 | 풀란차스와 푸코 | 권력 분석 대 국가 이론 | 통치술의 계보학자 푸코 | 푸코를 넘어서 푸코하고 함께 | 결론

3부 × 전략관계 접근의 적용

7장 국가의 젠더 선택성   241

젠더 선택성을 분석하기 | 국가의 젠더 선택성 | 전략적 선택성과 전략적 행위 | 결론

8장 시공간 동학과 시간 주권   273

지구화의 정의 | 지구화와 공간적 전회 | 지구화하는 자본주의의 시공간적 모순들 | 지구화는 (국민)국가에 어떤 의미를 지니는가 | 결론

9장 다규모 메타 거버넌스 — 유럽연합 사례를 중심으로   305

국가 중심적 관점 | 거버넌스 중심적 접근들 | 선진 자본주의 사회에서 국가성의 변화 | 슘페터주의 근로 연계 복지 탈국민 체제로서 유럽연합 | 유럽연합과 다규모 메타 거버넌스 | 결론

10장 복잡성, 우연적 필연성, 기호 작용, 전략관계 접근   343

복잡성과 우연적 필연성 | 복잡성과 전략관계 접근 | 복잡성 감축과 문화 정치경제학 | 새로운 전략관계적 의제를 향해 | 결론

옮긴이 글   373
참고 자료   381
찾아보기   405

상자, 그림, 표 목록

- **상자 4.1** 그람시의 몇 가지 공간적 은유
- **상자 9.1** 국가 재구조화의 경향과 반경향

- **그림 1.1** 구조화 이론을 넘어서는 구조-행위

- **표 8.1** 마르크스의 《자본》, 시간, 공간

약어 목록

- **18B** Eighteenth Brumaire of Louis Bonaparte
  《루이 보나파르트의 브뤼메르 18일》
- **CPE** Cultural Political Economy
  문화 정치경제학
- **ISA** Ideological State Apparatus
  이데올로기적 국가장치
- **KWNS** Keynesian Welfare National State
  케인스주의 복지 국민국가
- **MLG** Multi-Level Governance
  다차원 거버넌스
- **OMC** Open Method of Coordination
  개방형 조정 방식
- **RSA** Repressive State Apparatus
  억압적 국가장치
- **SRA** Strategic-Relational Approach
  전략관계 접근
- **SWPR** Schumpeterian Workfare Post-national Regime
  슘페터주의 근로 연계 복지 탈국민 체제

과거와
현재와
미래의
제자들에게

서론

국가 분석가들이 처음 마주치는 가장 어려운 과제는 국가를 정의하는 일이다. 국가는 복잡한 현상이며, 단일한 이론이나 이론적 시각으로는 그 복잡성을 완벽하게 파악하거나 설명할 수 없기 때문이다. 국가들과 국가 간 체계는 복잡한 발전의 논리 때문에, 그리고 국가들과 국가 체계를 변형하려는 끊임없는 시도들이 국가의 형태, 기능, 행위에 자기만의 흔적을 차례차례 남기기 때문에 일종의 이동 표적이 된다. 국가를 이론화한다는 것은 더욱 복잡한 문제다. 사회의 외부에, 그리고 사회의 위에 선 대상으로 국가를 물화하는 반복적인 경향들이 있지만, 사회에 관한 이론이 없는 국가에 관한 적절한 이론은 존재할 수 없는 탓이다. 왜냐하면 국가와 정치 체계는 더 폭넓은 사회적 관계의 앙상블ensemble의 일부이며, 이 앙상블과 차별적 접합differential articulation을 참조하지 않으면 국가장치State Apparatus, 국가 프로젝트, 국가 권력을 적절하게 기술하거나 설명할 수 없기 때문이다. 이런 상황에는 독특한 형태의 이론적 지향이 필요한데, 그 지향은 사회적 발전이 거둔 독특한 성취인 국가의 역사적이고 제도적인 특수성을 고려할 수 있을 뿐 아니라 사회구성체social formations의 전반적 구조와 동학 속의 중요한 요소의 하나로 국가의 구실을 고려할 수 있어야 한다. 이 책에서 자세히 설명하는 국가와 국가 권력의 역설에 관한 접근, 그리고 국가장치와 국가 권력을 '전략관계적' 측면에서 다루는 접근이 바로 이런 이론적 지향이다.

전략관계 접근strategic-relational approach·SRA은 국가란 하나의 사회적 관계라는 명제에서 출발한다. 니코스 풀란차스Nicos Poulantzas가 처음 제기한 이 생략적 표현에는 방대한 설명이 필요하다. 실제로 국가 이론적 적용 속에서 전략관계 접근은 이 최초의 명제가 지닌 함의를 가다듬는 메타 이론적, 이론적, 경험적 과정으로 묘사될 수 있었다. 따라서 전략관계 접근은 완성된 결과물이라기보다는 진행 중인 프로젝트이며, 국가와 국가 권력의 변화하는 본질은 전략관계적 분석가들이 다뤄야 할 새로운 이론적이고 경험적인 문제들을 끊임없이 만들어낼 것이다. 앞으로 제시될 SRA는 국가 논쟁에 대한 비판적 개입 속에서 시작됐지만, 적용 분야는 더욱 폭넓다. 사회적 관계들은 물론 인간 세계와 자연 세계 사이의 점점 복잡해지는 상호 작용과 잠재적으로 동일한 시공간 분야에도 적용된다. 이 책에서는 전략관계 접근을 그렇게 확대 적용하지는 않는다. 이를테면 (중요한 분야이기는 하지만 이런 잠재적 분야의 그저 작은 일부분일 뿐인) 정치 생태계political ecology에 관한 적절한 비판이 인류와 자연의 변화하는 상호 작용을 진지하게 고찰할 것을 반드시 요구하더라도 그런 생각에는 변함이 없다. 그 대신 이 책은 국가 이론과 비판적 정치경제학, 그리고 그 뒤를 이어 확대된 사회적 관계 일반에 관한 발견법heuristic에 관련해 SRA의 발전을 탐구한다. 아래에서 SRA는 매우 불균등한 방식으로 제시되고 설명될 것이다. 따라서 나는 제한된 경험 내용을 포함하고 있으며, 그 결과 변증법적 논의 형식form이 실질적 내용에 우선하는 몇몇 기본적인 존재론적 명제들을 통해, **상대적으로 단순추상**abstract-simple**적인 측면**의 전반적인 전략관계적 발견법을 제시한다. 반대로

복잡-구체적^{concrete-complex}**인** 설명을 향해 논의가 나아감에 따라 훨씬 더 풍부해진 일련의 더욱 실질화된 개념들을 통해서 국가, 국가 권력, 정치경제에 관한 **전략관계 분석**이 좀더 폭넓게 발전했다(이런 논의들을 특징지은 방법론의 원칙들에 관해서는 Jessop 1982, 211~220; 2002a, 91~101; M. J. Smith 2000 등을 보라).

국가란 무엇인가

국가에 관한 정의는 결코 부결할 수 없다. 전략관계 접근 자체가 함의하듯, 이 복잡한 현상을 정의하려는 모든 시도는 선택적일 수밖에 없기 때문이다(국가를 정의하려는 다양한 시도에 관한 논평은 Ferguson and Mansbach 1989를 보라). 또한 바르텔손은 국가를 정의하려는 여러 시도에 관해 이런 견해를 밝혔다.

만약 국가 개념이 과학적 정치 담론의 기초적이고 구성적인 요소라는 주장을 받아들인다면, 우리는 그 개념이 손쉽게 정의될 수 없다는 점[곧 특정한 사용 맥락 속에서, 그리고 특정한 기준에 따라 의미와 지시 대상^{reference}이 규정된다는 점을 알게 된다고 해도 결코 놀라서는 안 된다. 왜냐하면 국가라는 용어 자체는 똑같이 중심성을 지닌 또 다른 개념들에 관한 여러 정의 속에서 실제적이고 기초적인 용어로 구실을 하기 때문이다. 이것은 이 개념들을 명확하게 해명하는 일을 아주 시급하지만 사실은 끝마치기 아주 어려운 일처럼 보이게 만든다. 그러므로, 그리고 그 중심성의 결과 국가라는 개념은 그 개념을 구성하는 의미론적 요소들의 특성을 통해, 또는 추론에 따라 다른 개념들하고 맺게 된 관계를 통해 충분히 규정될 수 없다. 왜냐하면 국가라는 개념은 이런 요소들을 하나의 통일성 속으로 끌어들이고, 다른 여러 개념들이 국가 개념과 맺은 추론과 은유의 관계를 바탕으로 해서 이 개념들에 이론적 중요성을 부여하지, 그 반대일 가

능성은 아주 적기 때문이다. (Bartelson 2001, 11)

국가의 중심성과 모호성이라는 문제, 정치 담론에 관련한 국가의 기본적 본성이라는 문제, 정치적 가상과 정치적 실천에 관련한 국가의 정의에 담긴 구성적 본성 같은 문제는 국가를 엄밀히 분석하는 데 실제적인 어려움을 제기한다. 실제로 이런 문제를 해결(또는 해소)하려는 다양한 시도 덕에 국가 이론에 관한 비판적 평가를 체계화할 수 있었다. 국가 개념이 근대에 들어서야 주춤거리듯 나타났고, 이어 근대가 무르익기 시작한 때 정치적 실천을 조직화하는 개념으로 선별되고 공고화됐기 때문에, 이런 시도들은 역사적 의미론historical semantics에 관한 흥미로운 질문들을 제기했다(Luhmann 1990e; Skinner 1989와 비교하라). 또한 국가 형성과 변형의 과정에 관심을 가지고 있고 ('근대 국가'가 처음 나타난) 유럽은 물론 다른 역사 지리적 맥락에서 국가로 향하는 정치적 실천에 관심을 가진 역사학자, 정치지리학자, 사회과학자들에게 진지한 질문들을 제기하고 있다. 똑같은 문제들이 일상의 담론, 통상적인 정치, 판에 박힌 국가적 실천들 속에서 더욱 평범한 형태로 발생한다(Bratsis 2006; Painter 2006). 나는 이런 것들을 우선 고려한다.

일상 언어는 이따금 국가를 하나의 주체로 묘사한다. 국가는 이런저런 일을 하거나 해야만 한다는 식으로 말이다. 일상 언어는 때때로 국가를 하나의 사물로 다루기도 한다. 경제적 계급, 사회적 계층, 정당, 공무원 계층이 자기들의 프로젝트나 이익을 추구하려고 국가를 이용한다는 식의 표현을 쓴다. 그러나 국가는 주체도 아니고 사물도 아니다. 그런 국가는 어떻게 해서 **마치** 하나의 통일된 주체**처럼** 행위할 수 있으며, 무엇을 거쳐 자기의 통일성을 하나의 '사물'로 구성할 수 있을까? 그리고 사회의 행위자는 어떻게 **마치** 국가란 실재하는 주체이거나 단순한 도구**라는 듯** 행동하게 될까? 국가가 가리키는 대상이 아주 다양하기 때문에 딱 떨어지는 대답은 하기 힘들다. 무슨 행동을 하고, 어느 규모scale에서 작동하며, 어떤 정치 세력들이 국가를 지향해 행동하고, 무슨 환경에서 국가와 그런 세력들이 행동하는지 등에 따라 국가는 형태와 외양을 바꾼다. 답변이 재촉될 때 드러나는 공통된 반응은 국가를 구성하는 제도institution들의 목록 작성하기인데, 여기에는 대개 외부 경계가 점점 모호해지는 일련의 핵심 제도들이 있기 마련이다. 행정부, 입법부, 사법부, 군대, 경찰, 공공 행정부터 시작하는 이 목록은 교육, 노동조합, 대중 매체, 종교, 심지어 가족까지 확대된다. 그런 목록은 무엇이 이 제도들에 국가성statehood의 특성을 부여하는지를 명시하는 데 대개 실패하고 만다. 이런 일은 어려울 수밖에 없는데, 막스 베버Max Weber의 저 유명한 말처럼 국가가 언제나 수행하는 행위란 없으며 결코 수행하지 않는 행위도 없기 때문이다(Weber 1948, 77~78). 더욱이 몇몇 이론가가 주장하는 대로 국가란 본디 자기가 수행하는 과제에서 실패하는 경향이 있다면 어떻게 하겠는가? (지금은 현대 정치 담론에서 이런 측면의 전형적인 이데올로기적 구성을 무시하는) 실패하고 있거나 실패한 국가들의 특징이 국가에 대한 핵심적 정의의 일부로 포함돼야 하는가, 아니면 우연적이고, 가변적이고, 제거될 수 있는 것으로 다뤄져야 하는가? 국가 이론은 국가 실패 이론을 필요로 하는가? 마지막으로, 누가 주인공인가, 국가가 맡는 활동에서 누가 행위자인가? 주인공은 '국가 운영자state managers'에 제한되는가, 아니면 고위 고문이나 정책을 투입하는 다른 직접적 공급자를 포함하는가? 마찬가지로 (a) 주인공으로서 국가 운영자와, (b) 국가 프로그램과 정책의 일상적 행위자와 집행자로서 국가 공무원 사이에는 어디에 경계가 놓이는가? 그리고 행위자에는, 이를테면 소득 정책을 관리policing하는 데 연루된 노조 지도자라든지 국가를 대신해 프로파간다를 유포하는 언론 소유주나 언론 노동자가 포함되는가?

이런 문제들에서 벗어날 한 가지 분명한 탈출 경로는 국가의 형식적인 제도적 특징, 그리고/또는 국가 권력의 기본적인 도구나 메커니즘의 측면에서 국가를 정의하는 방법이다. 일반 국가론Allgemeine Staatslehre 전통은 첫 번째 접근을 따른다. 이 접근은 국가의 세 가지 핵심 특징인 국토, 국민, 국가 장치의 접합에 초점을 둔다(이를테면 Heller 1983; Jellineck 1921; Oppenheimer 1908; Schmitt 1928, 2001; Smend 1955; 그리고 논평에 관해서는 Kelly 2003; Stirk 2006). 막스 베버는 대체로 두 번째 접근을 따른다. 이 접근은 "일정한 영토 안에서 **물리적 폭력의 합법적 사용에 대한 독점**을 (성공적으로) 요구하는 인간 공동체"(Weber 1948, 78, 괄호와 강조는 원문; cf. 더 자세하게는 1978, 54~56)라는 **근대** 국가에 관한 베버의 유명한 정의에 반영돼 있다. 그러나 다른 정의들은 독자적인 국민과 다른 국가들에 대한 근대(특히 베스트팔렌) 국가의 형식적 주권을 강조한다. 이런 점이 근대 국가가 주로 직접적이고 즉각적인 강압(위기나 국가 실패의 확실한 징후)을 통해 권력을 행사한다는 것을 의미하지는 않는다. 왜냐하면 국가 권력이 정당한 것으로 여겨지는 곳에서, 국가는 보통 그런 의존 없이 복종을 확보할 수 있기 때문이다. 실제로 이 지점에서 국가, 그리고/또는 국가 간 체계를 넘어서는 사회적 세계에 관련해 정부의 성격과 목적을 규정하는 사회적 프로젝트의 성격을 탐구하는 과정뿐 아니라, 국가에 특정한 제도적, 운영적 통일성을 부여하는 국가 프로젝트의 성격을 탐구하는 과정에서도 정치적 정당성, 그리고/또는 사회적 헤게모니의 토대를 다루는 많은 국가 이론적 전통이 매우 중요해진다. 그럼에도 불구하고 조직화된 강압coercion은 결정을 강제하는 데에서 합법적인 최후의 수단이다. 물론 심지어 정치적 정당성을 부여받은 때에도, 모든 국가는 헌법이나 특정한 법조항을 중단시킬 권리를 가지며(또는 그럴 필요성을 주장하며), 많은 국가들이 또한 강제force, 협잡fraud, 매수corruption에, 그리고 효과적인 저항을 조직하는 데에서 국민의 무능력에 크게 의존한다. 실제로 카를 슈미트 같은 이론가들에게 국가 체계 안에서 주권의 장소를 규정하는 것은 비상사태를 선언하는 효과적인 권력이다(Schmitt 1921, 1985; 비판에 관해서는, Agamben 2004를 보라).

또 다른 해결책은 (근대뿐 아니라 전근대) 국가의 본질을 정치 권력political authority의 영토화로 간주하는 방법이다. 이 방법은 정치적으로 조직화된 강압적 권력과 상징적 권력의 교차, 명확하게 경계가 그어진 핵심 영토, 정치적 결정이 집단적으로 구속력을 가지는 상대적으로 고정된 인구를 수반한다. 그렇다면 국가의 핵심 특징은 다양하고, 조금 잘 통합되고, 조금 변동적인 정책 목표를 달성하도록 정치 권력이 행사될 수 있는 경계 지어진 그릇으로서 영토 공간을 생산하고, 자연화하고, 관리하는 역사적으로 가변적인 기술과 실천들의 앙상블이 된다. 그럼에도 불구하고 대규모의 배타적인 영토 영역에 형식적으로 주권적인 지배권을 행사하는 영토적으로 배타적이고, 서로 인정하고, 상호 정당화하는 국민국가national state들의 체계는 사회 발전의 불가피하고 비가역적인 결과라기보다는 역사적으로 우연적인, 상대적으로 최근에 일어난 국가 권력의 제도적 표출이다(Teschke 2003; 2006). 이런 국가 간 체계의 존재는 또한 국내 문제와 국제 문제 사이를 점점 더 인위적으로 구분하는 경향의 근원이다(Rosenberg 1994; Walker 1993). 이것은 국민 영토 국가national territorial state의 미래에 관한 최근의 논쟁들과, 새로운 형태의 국가적, 준국가적, 또는 비국가적 성격의 정치 조직을 규정하려는 시도들에 반영돼 있다. 왜냐하면 정치 권력을 영토화하는 다른 양식들이 존재해왔고, 일부는 (알려진 바에 따르면 1648년에 베스트팔렌 조약을 통해 확립됐지만, 테쉬케가 언급한 대로 19세기와 20세기 동안 단지 단계적으로 실현된) 이른바 '베스트팔렌 체제'와 여전히 공존하며, 새로운 표출이 나타나고 있고, 또한 다른 것들이 상상될 수 있기 때문이다. 앞선 양식들은 도시 국가, 제국, 보호국, 고립지enclaves, 중세 국가 체제, 절대주의 체제, 근대 제국-식민지 블록을 포함한다. 옳건 그르건, 확인된 새로운 양식은 국경을 넘는 지역 협력 체제cross-border regional cooperation, 신중세주의 체제, 초국민적 supranational 블록(이를테면 유럽연합EU), 서방 국가 집단Western state conglomerate,[1] 초기 세계 국가를 포함한다. 그럼에도 불구하고 국가 형태가 '가능성의 예술'로서 정치를 형성시키는 반면, 국가 권력에 대한 투쟁이 또한 문제가 된다. 국가 형태는 앞서 정치 활동을 통해 변화돼왔으며, 다시 변화될 것이다.

다른 제도 질서institutional order들, 그리고/또는 생활 세계와 제도적 앙상블로서 국가 사이에는 중요한 물질적 경계선과 담론적 경계선이 존재하는 반면, SRA는 국가의 장치와 실천들이 다른 제도 질서와 사회적 실천들에 물질적으로 상호 의존적이라는 사실을 강조한다. 이런 측면에서 국가는 사회적으로 배태embed돼 있다. 실제로 팀 미첼은 이렇게 주장한다.

> 국가는 공간의 조직, 시간의 배열, 기능의 명시, 감독과 감시의 세밀한 과정들의 효과로 일컬어져야 하는데, 이것은 근본적으로 국가와 사회로 구분된 세계의 외양을 형성시킨다. 근대 정치의 본질은 이런 구분의 한쪽에 형성된 정책들이 다른 쪽에 적용되거나 다른 쪽에 따라 형성되는 것이 아니라, 이런 구분선의 생산과 재생산이다. (Mitchell 1991, 95; 주권의 구성에 관해서는 또한 Bartelson 1995를 보라)

이런 세밀한 과정들은 또한 근본적으로 지구를 **서로 다른** 국가와 사회들로 구분하고, 그렇게 함으로써 새로운 세계 사회 안의 조금 복잡한 국가 간 체계를 형성시킨다. 이런 구분이 도출되고, 재생산되고, 변화되는 방식은 정치 과정들과 국가 능력들에 영향을 준다. 이 과정은 항상 전략적으로 선택적이다. 첫째, 상대적 자율성을 뒷받침하는 독특한 자원과 권력을 가

---

1 Shaw 2000, 198~208을 참조하라 — 옮긴이.

지는데도 불구하고 국가장치는 또한 독특한 책임들liabilities이나 취약성들을 가지며, 국가장치의 운영은 그 주변 환경의 도처에서 생산된 자원들에 의존한다. 둘째, 국가 구조는 이런 국가 능력들(그 효과가 또한 국가의 형식적 경계를 넘어서 존재하고 작동하는 세력과 권력에 대한 연계에 따라 좌우되는 능력들)에 대한 통제, 그리고/또는 직(간)접적 접근권을 통해 특수한 맥락에서 특수한 이해와 전략을 추구하는 다양한 정치 세력들의 능력에 특수한 차별적 영향을 준다. 셋째, 이런 능력들-책임들이 실현되는 성격과 정도(따라서 국가 권력의 성격과 영향)는 국가와 국가를 둘러싼 정치 체계 사이의 구조적 관계에 따라, 정치인과 국가 관료와 다른 정치 세력들 사이의 전략적 유대 관계에 따라, 국가 체계를 더 넓은 사회 환경으로 연결시키는 구조적 상호 의존성과 전략적 네트워크의 복잡한 망에 따라 좌우된다. 동시에 이런 고려는 전략관계적 관점에서 국가의 구조적 권력들이나 능력들, 국가의 구조적이고 전략적인 편향들, 그런 능력의 실현이 오로지 사법적-정치적 장치로서 국가의 성격에 따라 좌우되지 않는다는 것을 의미한다. 설사 국가 능력들의 제도적 경계가 정확히 제시되고 안정적인 것으로 증명될 수 있다고 가정하더라도 말이다. 국가 능력들은 또한 다양한 능력들-책임들과, 그 능력이 미치지 않는 세력들에 따라 좌우된다. 이렇게 국가를 제자리에 가져다놓는 것은 특히 국가가 일으키고 국가가 매개하는 과정을 배제하지 않는다(실제로 그런 일은 이런 과정을 전제한다). 그러나 국가를 제자리에 가져다놓는 것은 국가가 더 넓은 사회적 맥락은 물론, 국가 안의, 그리고 국가를 넘어서는 행위자들의 전략적 선택과 행동 둘 다에 관련될 것을 요구한다(Jessop 1990b; 2002d).

국가들은 자기들 각각의 사회적 나머지를 감독하며 위풍당당하게 고립돼 존재하는 것이 아니라, 더 넓은 정치 체계(또는 체계들)에 배태돼 있고, 다른 제도 질서들에 접합돼 있으며, 다양한 형태의 시민사회에 연계돼 있다. 국가 변형의 핵심 측면은 국가(그리고 국가가 대표하는 사회 세력)가 자기의 우선 사항을 재규정하고, 자기가 하는 활동을 확장하거나 축소시키고, 새로운 도전에 비춰 이런 활동을 재보정하거나 활동의 규모를 조정하고, 더 큰 자율성을 추구하거나 권력 분담을 촉진시키며, 사회 질서 안에서 특정한 국가 제도와 실천들을 탈배태시키거나 재배태시키면서 국가와 국가를 둘러싼 환경(들) 사이의 다양한 '구분선'을 다시 긋는 일이다. 이런 특성은 국가 관계의 국민적national 차원뿐 아니라 국제적international 차원에도 적용된다. 국가의 경계는 가변적 기하학을 보여줄 수 있으며, 과거, 현재, 미래에 관련한 국가의 시간 지평 또한 복잡하다. 나아가 특정한 정치적 목표를 달성하는 국가 능력들을 향상시키려고 국가의 제도적 구조와 작동 방식을 재설계하려는 지속적인 시도들이 존재한다.

여기에서 두 가지 결론이 나온다. 첫째, 우리는 국가장치와 더 넓은 정치 체계 사이의 구분이 실질적 차이를 만들며, 이 구분은 물질적인 동시에 담론적으로 규정된다는(그리고 재규정된다는) 사실을 인정해야 한다. 따라서 이런 구분의 구성과 효과를 분석하는 것이 SRA에서 중요한 과제다. 둘째, 정치 체계가 자기 대체적이라는 체계 이론의 암묵적 아이디어를 받아들이는 것이 중요하다. 곧 정치 체계의 위기는 보통 정치 체계의 종말이 아니라 재조직화로 이어진다는 아이디어 말이다. 분명히 이런 재조직화에서 근본적인 부분은 경제 체계와 정치 체계 사이의 제도적 분리, 그리고 이런 체계들과 생활 세계 사이의 관계 형태의 재규정(또는 재구조화restructuring)이며, 이런 맥락에서 국가와 정치 체계 사이의 '구분선'에 관한 재규정이다. 형성(변형) 중인 정치체polity[2]이고 이 형성 과정에서 여러 다양한 사회 세력이 경쟁하는 한, 이런 모습은 유럽연합에서 특히 분명하다. 실제로 이 책 9장에서 알 수 있듯이 유럽의 국가 형성state formation 과정은 국가 형성의 복잡성과 우연성 속에서 일어나는 실시간 실험을 제공한다.

이런 논의는 국가에 관한 적절한 이론은 단지 더 넓은 사회 이론의 일부로서 생산될 수 있으며, 이런 더 넓은 이론이 사회 질서를 조직하는 데에서 기호 작용semiosis의 구성적 기능을 마땅히 인정해야 한다는 것을 시사한다. 심지어 사회 중심적 접근에 대한 신국가주의자neo-statist들의 원칙적 거부도 국가의 독특한 논리와 이해를 드러내는 동시에 국가의 자율성과 효율성의 조건을 탐구하는 더 넓은 사회에 관한 주장에 결정적으로 의존한다. 푸코주의자, 페미니스트, 담론 분석 연구들 또한 관심사가 더 넓다(1장을 보라).

그러나 국가 이론의 해결되지 않은 문제들이 대부분 존재하는 곳은 정확히 국가와 사회 사이의 접합이다. 왜냐하면 국가는 역설을 수반하기 때문이다. 한편으로 국가는 사회구성체 안의 다른 제도적 앙상블들 중에서 단지 하나의 제도적 앙상블이다. 다른 한편으로 국가는 특히 자기가 단지 그 일부일 뿐인 사회구성체의 응집을 유지할 전반적인 책임이 있다. 사회의 부분이자 전체로서 국가의 역설적 위치는 국가가 사회 문제들을 해결하

---

2 "정치체(polity)는 모든 형태의 정치적 실체(political entity)다. 동일성(identity) 같은 자기 반영적 응집력을 통해 집단적으로 통합되고, 자원을 동원하는 능력을 가지며, 특정한 형태의 제도화된 위계를 통해 조직되는 사람들의 집단이다. 정치체는 국가, 제국, 국제 조직, 정치 조직, 그리고 그 밖의 인식 가능한 자원 처리 조직 구조 같은 여러 다양한 형태로 나타날 수 있다. 국가처럼 정치체는 주권적 단위일 필요가 없다. 오늘날 가장 현저한 정치체들은 흔히 '국가(nations)'로 언급되는 베스트팔렌 국가와 민족국가(nation-states)다. 그러므로 이 개념은 많은 조직들을 압축하는데, 그중 대부분은 하위 행정 당국과 지방 정부 당국 같은 현대 국가의 기본 장치를 구성한다. 정치체는 어떤 지리적 영역을 통제할 필요가 없는데, 모든 정치체와 정부들이 하나의 고정된 지리적 영역의 자원들을 통제하지는 않았기 때문이다. 유라시아 스텝 지대에서 발생한 역사상의 초원 제국들이 비정주적 정치체의 가장 두드러진 사례다. 이런 정치체는 고정되고 규정된 영토를 갖지 않기 때문에 국가하고 다르다. 제국은 또한 영토가 정적으로 규정되거나 영구적으로 고정되지 않으며, 결과적으로 정치체(body politic)가 역동적이고 유동적이라는 점에서 국가하고 다르다. 그렇다면 정치체를 정치적 공동체로 여기는 것이 유용하다. 정치체는 더 큰 실체(대개 국가) 안의 하나의 분파로, 아니면 다른 시점에서 이런 실체 자체로 규정될 수 있다. 이를테면 이라크 쿠르드 자치구의 쿠르드족은 독립된 별개의 정치체에 속한다. 그렇지만 쿠르드족은 또한 비록 훨씬 덜 명확하고 결과적으로 훨씬 덜 응집적일지라도, 그것 자체가 하나의 정치체인 이라크라는 주권 국가에 속한다. 그러므로 한 개인이 한 시점에서 하나 이상의 정치체에 속할 수 있다. 토머스 홉스는 정치체, 특히 국가를 개념화하는 데 매우 중요한 인물이다. 대표작인 《리바이어던》에서 홉스는 국가와 정치체 개념을 고찰했다. 앞선 세기들에 정치체는 또한 '군주라는 신체적 개인(the physical person of the sovereign)'(군주제와 전체주의 황제, 왕, 또는 독재자, 그리고 공화제의 유권자)를 의미하는 것으로 이해됐다. 지난 몇 세기 동안 많은 정치가 더 민주적이 되면서 단순히 군주 같은 지배 엘리트보다는 주권이 부여되는 정치체가 더 큰 규모로 성장했다. 현재 정치체는 또한 종족(ethnic) 또는 젠더에 따라 구분되는 집단 같은 한 집단의 표상을 의미한다. 또한 자유 민주주의 내각을 정치체로 표현하기도 한다"("Polity", Wikipedia, 2018년 12월 18일 접속) — 옮긴이.

라는 다양한 사회 세력들의 요구를 지속적으로 받는 동시에, 너무 많은 사회 문제들이 국가의 통제를 훨씬 넘어서 존재하는데다가 개입을 시도하는 도중에 심지어 악화될 수 있기 때문에 '국가 실패'를 발생시킬 운명에 지속적으로 놓이게 된다는 것을 의미한다. 위에서 고려된 국가 이론들 사이의 차이는 대부분 이런 역설의 다양한 구조적이고 전략적인 계기들에 대한 상반된 접근에 근거한다. 이런 역설의 전반적인 논리(또는 아마도 비논리)를 이해하려는 시도는 다중심적^{polycentric} 사회구성체에서 국가의 전략관계적 성격에 관한 더욱 포괄적인 분석을 제공할 뿐 아니라 이런 차이들의 일부를 해결하는 데 효과적인 경로가 될 수 있다.

이런 맥락에서 '사회들'(또는 더 나은 표현으로 '상상의 인간 공동체들')이 다양한 프로젝트와 우선 사항에 관련된 사회 형성^{Vergesellschaftung}의 다양한 원칙(이를테면 경제적, 군사적, 종교적, 정치적, 사회 계급적, 문화적)에 따라 지배될 수 있다는 사실이 언급돼야 한다. 이 사실은 사회적 권력 관계가 다양한 형태로 결정화될 수 있는 핵심 장소로서 국가(Mann 1986)와, 실제로 국가가 매우 깊이 연루된 부분-전체 역설 때문에 사회 형성의 원칙을 둘러싼 투쟁이 자주 수행되는 핵심 장소로서 국가에 반영된다. 따라서 하나의 국가는 주로 자본주의 국가, 군사 권력, 신정 체제, 시민사회에 반응할 수 있는 대의 민주주의 체제, 아파르트헤이트 국가, 또는 윤리 정치적$^{ethico-political}$ 국가로 운영될 수 있다. 다양한 기능 체계에, 그리고 시민사회나 생활세계에 단단히 기반을 둔 다양한 동일성^{identity}과 가치에 연계된 사회 형성의 경쟁적 원칙이 존재하며, 원칙적으로 이런 요소들이 모두, 적어도 잠깐 동안은 지배적이 될 수 있다. 근대 국가가 항상(또는 언제나) 반드시 자본주의적일 것이라는 무조건적 보장은 없다. 국가 형태에 관한 탐구가 여기에 관련해 전략적으로 선택적인 어떤 편향들을 나타낼 수 있지만 말이다. 더욱이 심지어 구조적 편향, 그리고/또는 성공적 정치 전략을 통해 자본 축적이 사회 형성의 지배적 축이 된 곳에서도, 국가 운영자는 일반적으로 국가의 영토 경계 안에서 어느 정도의 제도적 통합과 사회적 응집을 유지하고 외부 위협을 줄이려 노력하면서 다른 기능 체계의 코드, 프로그램, 활동과 생활 세계의 동학을 고려한다. 그러나 국가가 자기의(또는 자기들의) 사회적으로 구성된 시공간적 경계와 행동 지평을 넘어서는 특정한 모순과 갈등선의 효과를 추방, 그리고/또는 유보하려는 하나 이상의 시공간적 해결책spatio-temporal fixes에 의존하는 한, 이런 구조적 응집coherence과 사회적 응집은 반드시 제한된다. 다양한 종류의 해결책이 존재하며, 이런 해결책은 특수한 형태의 통치government, 거버넌스governance, 메타 거버넌스meta-governance('거버넌스의 거버넌스')에 다양한 방식으로 의존한다(Jessop 2002d; 2004e; 2006b; 2006c).

비록 몇몇 예비적 언급일지라도 그런 시도는 국가의 복잡성을 드러내야 했다. 그런 시도는 또한 어떤 정의도 최종적으로 주어질 수 없다는 것을 의미한다. 오히려 분석이 전개되면서 국가가 계속 재정의될 것이다. 더욱이 처음의 출발점이 무엇이든, 국가에 관한 이론적이고 경험적인 연구가 지속되면서, 곧 분석이 단순-추상적인 것에서 복잡-구체적인 것으로 이동하면서, 진보적 연구 패러다임의 경우에 개념, 주장, 분석에서 공통 부분이 증가하거나, 아니면 이례적인 사례와 예외가 출현하면서 해체와 모순이 증가할 수 있다(연구 프로그램들 사이의 차이는 Lakatos and Musgrave 1970을 보라). 이전에 내가 한 작업은 특히 복잡-구체적 정치경제학 비판을 촉진하려고 비교할 만한 존재론적 깊이와 복잡성을 지닌 일관된 개념들을 발전시키는 데 연관됐다.

국가에 관한 예비적 정의

앞서 말한 대로 나는 이제 전략관계적 분석이 진행됨에 따라 다양한 방식으로, 그리고 다양한 목적을 위해 재명시돼야 하는 '합리적 추상rational abstraction'[3]의 측면에서 국가를 정의하려 한다. 요컨대 추가적 탐구를 미연에 방지하기보다는 분석에 착수하기 위해 **국가장치의 핵심**은 제도와 조직의 독특한 앙상블로 정의될 수 있는데, 이런 제도와 조직의 사회적으로 받아들여지는 기능은 집단적 구속력을 갖는 결정을 '공동 이해common interest'나 '일반 의지general will'라는 이름으로 특정한 인구에게 명시하고 강제하는 일이다(cf. Jessop 1990b, 341). 이런 폭넓은 정의는 특수한 형태의 정치 지향을 가진 특수한 형태의 거시 정치 조직으로서 그 포괄적 특징의 측면에서 국가를 식별한다. 그런 정의는 또한 국가와 정치 영역, 그리고 실제로 더 넓은 사회 사이의 중요한 연계가 존재한다는 것을 나타낸다. 따라서 모든 형태의 거시 정치 조직이 국가하고 비슷한 것으로 분류될 수 없으며, 또한 국가가 단순히 정부, 법, 관료제, 강압 장치, 또는 또 다른 정치 제도에 동일시될 수도 없다. 실제로 이런 정의는 정치 담론에 반드시 수반되는 모순과 딜레마를 국가에 관한 작업의 중심에 가져다놓는다. 왜냐하면 일반 의지나 공동 이해에 관한 요구가 국가 체계의 핵심 특징이며, 이 특징이 국가 체계를 노골적인 정치적 지배나 폭력적 억압하고 구별하기 때문이다(Tilly 1975에 대조하라). 이런 접근은 또한 특수한 국가와 정치 체제를 기술하고, 국가가 출현하고, 진화하고, 위기에 빠지고, 변형되는 조건을 탐구하는 기반으로서 기능한다. 이런 처음의 클러스터 정의가 지닌 특별한 이점은 이런 정의가 국가 분석에 대한 다양한 접근과 마이클 만(Mann 1986)이 대안적인 사회 형성 원칙에 관련해 국가 권력의 다형적 결정화polymorphous crystallization라고 부른 것에 대한 인정과 양립 가능하다는 점이다.[4]

---

[3] Marx 1857의 〈서설〉을 참조하라 — 옮긴이.
[4] 이 문단과 다음 문단에 제시된 논증들은 대체로 Jessop(1990b, 341~343)에서 그대로 가져왔다.

그렇기는 하지만, 이런 다차원적 정의가 전략관계적 연구 의제를 지향하는 데 유용하려면 여섯 가지 단서가 붙는다.

1. 국가의 중핵의 위, 아래, 주위에서 핵심 앙상블하고 불분명한 관계를 가진 제도와 조직들이 발견된다. 실제로 상대적으로 일관된 정책을 추구하는 제도적 앙상블로서 국가의 효율적인 통합은 매우 어려운 문제이고, 이런 상황은 통합을 지향하는 다양한 통치 합리성, 행정 프로그램, 정치적 실천들을 만들어낸다. 더욱이 국가 운영이 국가의 중핵에 가장 집중되고 응축되는 반면, 그런 요소들은 사회 도처에 분산된 광범한 미시 정치적 실천들에 따라 좌우된다. 국가는 결코 사회에서 완전히 단절되거나 완전히 분리되지 않으며, 국가, 그리고/또는 정치 체계와 다른 제도 질서나 체계들 사이의 정확한 경계는 일반적으로 불확실한데다가 시간이 지나면서 변화한다. 많은 경우 이런 모호성은 국가 정책을 추구하는 데에서 심지어 생산적인 것으로 증명될 수 있다. 새로운 세계 정치 체계의 국가 간 관계에 관련해서 유사한 문제들이 발생한다.
2. 이런 제도와 조직의 성격, 제도적 앙상블로서 국가의 전반적 구조를 형성하는 제도와 조직의 접합, 더 넓은 사회와 국가의 차별적 연계는 사회구성체와 이런 사회구성체의 과거사가 지닌 성격에 따라 좌우될 것이다. 자본주의 유형type의 국가는, 이를테면 봉건제에 특유한 유형의 국가하고 다르다.[5] 그리고 또한 자본주의 사회구성체들마다 정치 체제가 다르다.
3. 사회에 대한 국가의 정치적 기능이 사회적으로 인정된다는 특징이 정상 국가를 규정하는 특징이기는 해도, 또한 정당성이 제도화되고 표출되는 형태는 다

---

[5] 국가 유형은 어떤 형태의 정치 조직이 다양한 생산양식의 기본 요소에 상응할지를 규정하는 이론적 개념(constructs)이다. 이 개념은 특정한 사회구성체 안의 국가에 관한 분석을 쉽게 한다. 이런 종류의 이론적 실천에 참여하는 것이 자본주의 사회의 모든 국가가 자본주의 유형의 국가에 상응한다는 것을 의미하지는 않는다(cf. Poulantzas 1973, 147~167). 자본주의 유형의 국가에 관해서는 또한 Jessop(2002d, 특히 36~45)을 보라.

양할 것이다. 실제로 이런 정치적 기능을 '사회적으로 인정되는 것'으로 기술하는 견해의 요점은 바로 그런 내용이 정치에 관련된 담론들 속에서, 그리고 이 담론들을 통해 구성된다는 사실을 강조하는 데 있다. 여기에 더 넓은 사회에 관련된 통치의 성격과 목적을 둘러싼 경쟁적 담론들, 이런 담론들과 대안적 헤게모니 프로젝트 사이의 관계, 이런 담론들이 정치적 실천으로 전환되는 것의 중요성이 존재한다.

4. 강압이 국가가 이용할 수 있는 최종적인 제재이기는 하지만, 강압은 복종을 확보할 다른 강제 수단을 갖는다. 폭력은 (특히 공고화된 자본주의 사회에서) 좀처럼 국가의 첫 번째 수단이 아니며, 자주 역효과를 낳는 것으로 증명된다. 국가에 관한 완전한 설명은 자유롭게 사용할 수 있는 개입 수단들, 그 수단들의 능력들과 한계들, 다양한 맥락에서 그런 수단들의 상대적인 중요성을 모두 고려해야 한다. 9장에서 보는 대로, 이 점은 점점 더 상호 의존적인 세계 사회에서 진화하는 국가성의 형태에 관련해 특히 중요하다.

5. 국가 자체보다는, 국가가 관리하는 공동 이해와 일반 의지를 가진 사회가 더는 경험적 기정사실로 해석돼서는 안 된다. 사회의 경계와 동일성은 대개 국가가 건설되고, 재생산되고, 변형되는 동일한 과정 속에서, 그리고 이 과정을 통해 구성된다. 실제로 주권 국가들의 상호 작용을 통해 형성된 새로운 국가 간 체계의 새로운 동학이 국가 형성과 국민 형성nation-building에 강하게 영향을 미친다는 사실은 국가 중심적 접근의 더욱 분명한 결론들 중 하나다. 지구화globalization의 효과와 지구화에 관련된 규모의 상대화relativization는 모든 특정한 사회의 경계를 규정하는 시도의 어려움을 증가시킨다. 심지어 몇몇 이론가는 이제 단 하나의 사회, 곧 세계 사회가 존재한다고 주장한다(Luhmann 1982b; 1997; Richter 1996; Stichweh 2000). 흥미롭게도 세계 사회의 경향적 출현은 사회 생활의 많은 영역에서 국민국가의 중요성을 강화시킨다(Meyer et al. 1997).

6. '공동 이해'나 '일반 의지'라는 정치적 수사가 무엇을 시사하든, 이런 수사를 규

정하려는 모든 시도가 전략적으로 선택적인 지형 위에서 일어나고, 이런 수사가 이해관계, 견해, 가치들의 차별적 접합과 종합을 수반하는 한, 이 수사들은 언제나 '환상에 지나지 않'는다. 실제로 공동 이해나 일반 의지는 항상 비대칭적이어서 특정한 이해관계들을 특권화하는 동시에 다른 이해관계들을 주변화하거나 한정한다. 존재 가능한 모든 특정한 이해관계들을 포괄하는 일반 이해general interest란 결코 존재하지 않는다(Jessop 1983). 실제로 국가의 핵심 과제는 일반 이해에서 조금 배제되는 사람들을 희생하고 '일반 이해'에 완전히 포함되는 사람들의 이익을 지키기 위해 모순, 위기 경향, 갈등의 유보와 추방을 촉진시키는 시공간적 해결책을 조직하도록 돕는 일이다. '일반 이해'를 추구하려고 구성적 외부constitutive outside를 배제하거나, 그렇지 않으면 사회적 배제를 예방하려고 사회적 관계의 근본적 변화를 필요로 하기 때문에, 결국 이런 특징은 세계 사회를 통치할 세계 국가의 가능성에 관해 분명한 한계를 시사한다.

이런 여섯 가지 예비적 단서를 열거함으로써 나는 최종적으로 제시되고 분석이 전개되면서 결코 재명시되지 않는, 국가에 관한 일반적 정의로 분석을 시작하는 시도의 한계를 지적하게 됐기를 희망한다. 언젠가 《자본Capital》을 자본주의 생산양식에 관한 정의로 시작하지 않은 이유가 무엇이냐는 질문에 카를 마르크스Karl Marx는 《자본》 전체가 이런 주제를 다룬다고 대답했다는 일화가 전해진다. 단지 저작의 결론에 이런 정의를 제공하는 일이 가능할 것이다.

사실이든 아니든, 이런 대답은 이 연구를 국가에 관한 정의로 시작하라는 모든 요청에 매우 적합했다. 다양한 이론적 관점에서 국가에 관한 더욱 상세한 설명을 제공하고, 그리고 더 뒤에 현대 국가에 관한 몇 가지 전략관계적 분석을 제시할 때, 우리는 분명히 이 주제로 다시 돌아올 것이다.

'이 책을 제자리에 가져다놓기'

이 책은 국가 분석에 대한 전략관계 접근을 발전시키고 적용시키는 것에 어떤 식으로든 직접 관련된 내 다섯 번째 책이다. 국가에 관한 이론적 성찰은 자본주의 사회의 국가에 대한 서유럽 마르크스주의의 관심이 되살아나는 흐름의 일부로 1970년대 중반에 시작됐으며, 지금까지 30년 넘게 내 지적 프로젝트에 일종의 유도선을 제공해준다. 나는 전략관계 접근을 발전시키는 작업에 착수하지 않았다. 그러나 전략관계 접근은 정치경제학 비판에 내가 한 기여, 그리고 사회과학의 더욱 일반적인 문제들을 다루는 작업에 관련해 중요한 발견적 관점이 됐다(이런 발전에 관한 정통적이고 동조적인 설명은 M.J. Smith 2000을 보라). 전략관계 접근의 발전 뒤에 놓인 동력은 여전히 미완의 프로젝트다. 바로 전후 영국의 정치경제에서 일어난 변화에 관한 이론적으로 정통한 비판적 역사를 쓰는 것, 특히 영국의 변형을 폭넓은 경제적, 정치적, 사회 문화적 맥락 속에 놓는 프로젝트다. 이런 프로젝트는 국가 이론에 관한 내 작업에 처음의 '인식적 관심knowledge interest'을 제공했는데, 예비적인 이론 작업이 종종 매혹된(그리고 매혹적인) 자기 자신만의 생명을 획득한 것으로 보이는 반면 이런 지속적인 프로젝트는 또한 내가 나중에 진행한 이론적 연구들에 많은 우여곡절을 촉발시켰다.

전략관계 시리즈의 문을 연 책, 《자본주의 국가 — 마르크스주의 이론과 방법The Capitalist State: Marxist Theories and Methods》은 1982년에 출간됐다. 그 책은 국가 분석에 관련된 마르크스와 프리드리히 엥겔스Friedrich Engels의 다양한 접근, 이 접근들이 사용된 방식, 이 접근들의 전반적 발전을 검토하고, 그다음에 뒤이은 마르크스주의 분석에서 이론 구성에 관련한 세 가지 주요한 방법론적 접근을 탐구했다. 일련의 전칭 명제의 전반적 타당성에 관련한 아주 많은 경험적 예시로서 다양한 사례를 다룬 마르크스-레닌주의 국가독점자본주의 이론을 통해 **포함주의적 본질주의**subsumptionist essentialism를 보여줬다. 자본주의의 경제적 범주에 관한 마르크스의 비판에서 자본주의 유형의 국가가 가진 필연적 형태와 기능을 도출하려는 서독 이론가들의 이론을 통해 **논리적 도출**logical derivation을 탐구했다. 그리고 안토니오 그람시Antonio Gramsci의 저작을 통해, 나아가 확대된 정치 개념의 측면에서 국가의 상대적 자율성을 탐구했고, 정치적, 지적, 도덕적 지도력을 확보하기 위해 국민적-대중적national-popular 헤게모니 프로젝트를 접합하려 한 지배 계급(들)의 투쟁을 탐구한 전후의 그람시 해석자 세 명(니코스 풀란차스, 에르네스토 라클라우Ernesto Laclau, 샹탈 무페Chantal Mouffe)을 통해 우연적 필연성contingent necessity과 사회적 실천을 강조하는 **접합 방법**method of articulation을 분석했다.

이 책은 (일반적인 국가는커녕) 자본주의 국가에 대한 일반 이론이라는 아이디어를 거부해야 한다는 결론을 내린다. 그 대신 복잡-구체적인 연구 대상으로서 국가를 분석하기 위한 몇 가지 방법론적이고 실질적인 지침들을 제공했다(Jessop 1982, 211~259). 이런 지침들과 이 지침들의 정교화는 뒤이은 분석들에 계속 영향을 미친 '관계적' 접근(Jessop 1982, 252)에 기반했다. 이런 접근의 핵심은 '관계들 사이의 관계들', 곧 '사회구성체를 구성하는 다양한 관계들 사이의 관계들에 관한 분석'(Jessop 1982, 252)에 초점을 두는 것이었다. 따라서 국가에 대한 관계적 접근을 위한 지침들을 제시한 뒤, 마지막 장은 구조, 정세conjuncture, 권력, 동일성, 주관적 이해와 객관적 이해, 전략적 행동에 대한 더욱 일반적인 분석에 관련해 이런 지침들이 지닌 함의를 발전시켰다. 1장은 이런 지침들과 이 지침들의 함의를 더욱 상세히 논의하고, 또한 이런 지침들이 처음에 수용되는 문제에 관해 논평한다.

내가 국가 이론에 그다음으로 한 주요한 개입은 단 한 명의 이론가에 관련된 단행본이었다. 《니코스 풀란차스 — 마르크스주의 이론과 정치 전략 Nicos Poulantzas: Marxist Theory and Political Strategy》(Jessop 1985a)은 풀란차스의 이론적 발전과 정치 활동의 연속적 단계, 풀란차스의 모국 그리스와 제2의 조국 프랑스에서 벌어진 정치적 사건을 배경으로 삼아 일어난 놀랄 만한 변화가 이런 발전에 끼친 영향의 측면에서 풀란차스의 지적 전기를 망라하는 설명을 제공했다. 오랜 세월 이어진 연구에 더해, 적어도 세 번의 주요한 이론적 지향의 변화를 겪은 뒤에, 풀란차스는 국가가 사회적 관계라는 자기의 생략적 명제에서 마르크스주의 국가 이론의 수수께끼를 밝혀냈다고 주장했다. 풀란차스가 세상을 떠나기 전 마지막에 출간한 책 세 권과 관련 저작들은 이런 직관을 발전시키려는 연속적 시도를 나타냈다.

그러나 풀란차스의 통찰과 뒤이은 정교화가 대단히 의미 있는 (그리고 단지 국가에 대한 마르크스주의적 접근만을 위한 것이 아닌) 반면 마르크스주의 국가 이론을 완성했다는 풀란차스의 주장은 분명히 오도의 여지가 있었다. 왜냐하면 풀란차스의 설명은 단순-추상적인 것에서 복잡-구체적인 것으로 나아가는 체계적 이동 속보다는 여러 다양한 주제를 다룬 일련의 이론적이고 역사적인 성찰 속에서, 그리고 이런 성찰을 통해서 주로 정교해진 때문이었다. 이런 측면에서 풀란차스의 저작은 내가 (풀란차스의 초기 '영역 이론regional theory'[6]에 상반되는) 독특한 '관계 이론relational theory'이라고 부른 것 속에서 몇 가지 핵심 명제들을 발전시키고, 일반적으로 국가와 정치, 특히 자본주의 유형의 국가와 부르주아 정치, 현대 자본주의의 변형과 권위주의적 국가주의authoritarian statism의 발흥에 관한 몇 가지 주장에서 이 명제들을 적용시키는 것에 관련됐다. 풀란차스는 이런 명제와 주장들을 결코 하나의 일관된 진술로 코드화하지 않았으며, 심지어 풀란차스의 '전

---

[6] 영역 이론은 특정한 생산양식의 경제, 정치, 이데올로기 영역들의 전반적인 형세(configuration) 안에서 정치 영역에 관한 설명을 발전시키는 데 관련되며, 이렇게 정치 영역의 성격과 동학은 생산양식의 전반적인 재생산 요건을 통해 크게 제한되는 것으로 보인다(Jessop 1985a, 53~114; 그리고 5장을 보라).

략 이론적 접근strategic-theoretical approach'의 첫 번째 원칙도 풀란차스의 저작에 관한 면밀한 징후적 독해를 거쳐 재구성돼야만 했다.

아마도 이런 상황은 두 가지 사실을 반영한 듯했다. 첫째, 스스로 언급한 대로 어떤 이론가도 결코 자기의 이론적 발전에 완전히 동시대적이지 않기 때문에, 풀란차스가 현재적 이론 발전 단계의 완전한 체계화를 시도하려 했다면 성찰을 위한 더 많은 시간이 필요했다. 물론 이런 시간이 흘렀을 때쯤, 이론은 이미 추가적인 변화를 겪었을 것이다. 그리고 둘째, (관계적 접근이 국가에 대한 모든 일반 이론에 관한 거부에서 보여주듯) 실제로 존재하는 국가들이 매우 복잡하고 변동적이기 때문에, 엄격하고, 체계적이고, 완전한 분석에 대한 어떤 시도도 실패할 운명에 놓이게 된다. 이 두 가지는 내가 비판적 탐구를 통해 단지 풀란차스의 국가에 대한 관계적 접근의 몇 가지 기본적 함의를 명확히 하고, 국가장치와 국가 권력에 대한 단순-추상적인 분석에서 더욱 복잡-구체적인 분석으로 나아가는 이행을 촉진시킬 몇 가지 추가적인 중범위 개념들을 도입하려 한 이유다.

이런 개념들의 일부, 곧 사회운동, 정치적 프로젝트, 축적 전략, 국가 프로젝트, 헤게모니 전망으로서 대처리즘Thatcherism의 시기 구분에 관한 일련의 개입, 그리고 포드주의Fordism에서 포스트포드주의post-Fordism로 나아가는 경제적 이행, 영국의 재구조화, '두 국민two nations'으로 양극화된 사회의 불평등 증가에 관련된 이런 시기 구분의 함의 등은 논의 중인 시리즈에 포함되지 않는 공동 저술한 책에서 사용됐다(Jessop et al. 1988; 1990; 그리고 Jessop 1980; 1989a; 1992a; 2002c). 다른 견해들에 대한 비판과 대처리즘에 대한 우리의 해석은 (그때 불린 대로 하면) 전략 이론적 접근의 영향을 강하게 받았다. 특히 우리의 비판과 해석은 풀란차스의 이론적 연구들, 곧 (나치즘, 이탈리아 파시즘, 남유럽의 군사 독재를 포함한) 예외적 체제들에 관한 풀란차스의 분석과 당대 자유 민주주의 체제들에서 예외주의의 징후가 증가한 현상에 대한 풀란차스의 확인에서 비롯된 몇몇 중요한 중범위 개념들을 적용시켰다. 이런 작업은 존 메이저 정부와 신노동당 아래에서 지속된 신자유주의의 공고화와 확대에 대한 추가적인 탐구로 이어졌다(cf. Jessop 2003a; 2004d; 2006a).

엄밀한 의미에서 SRA 시리즈의 세 번째 책은《국가 이론 — 자본주의 국가를 제자리에 가져다 놓기》State Theory: Putting the Capitalist State in Its Place》(Jessop 1990b)다. 부제가 상당히 생략적으로 나타내듯이, 이 연구는 자본주의 사회구성체 전체 안에 국가의 형태와 기능들을 가져다놓으려 했다. 이 책의 여러 장들은 다음 두 단계를 거쳐 전략 이론적 접근을 발전시켰다. (a) 마르크스주의 국가 이론에 연관된 최근의 기여들과 부분적으로 마르크스주의의 영감을 받은 정치경제학의 조절 이론 접근regulation approach에 대한 비판적 재평가, (b) '국가를 다시 불러오려는' 주류 역사사회학과 정치학의 시도들, 체계 이론의 최근 저작, 특히 자기 조직적(또는 오토포이에시스적autopoietic) 체계 이론들, 그리고 담론 분석의 추가적인 발전들을 포함하는, 다른 형태의 국가 이론들의 구조-전략 변증법에 관한 탐구. 결국 그런 접근이 다른 접근들에 대한 비판에 더해 몇 가지 새로운 전략 이론적 주장들을 발전시키는 것에 직접적으로 연관된 독창적인 연구들을 포함했기 때문에, 이 책은 선구자들에게서 벗어나는 일탈을 나타냈다. 특히 국가란 전략의 장소, 생산자, 산물로 분석될 수 있는 사회적 관계라는 주장에 담긴 함의를 탐구했다(Jessop 1990b, 260). 요컨대 이 책은 국가 이론에 연관된 다른 기여들에 대한 비판에서 독창적인 전략 이론적 접근의 정교화 쪽으로 나아가는 움직임에서 중요한 이행을 나타냈다.

이런 작업을 따라 내 관심은 자본주의 사회구성체에 전형적인 이윤 지향 시장 매개 경제에 관한 전략 이론적 분석 쪽으로 전회했다. 이 분석은 국가에 관한 내 작업하고 똑같은 일반적 발견법을 채택했지만, 국가를 위해 개발된 개념들에 유사한 측면의 정치적 지배보다는 자본 축적에 적합한 일련의 다른(그러나 공약 가능한commensurable) 실질적 개념들을 개발시켰다. 이 결과는 부분적으로 '정치주의', 곧 정치경제학 비판에서 경제적인 것을 희생하고 정치적인 것에 일방적으로 관심을 갖는 태도를 향한 비판에 보인 반응이었고, 또한 부분적으로 포드주의의 위기와 포스트포드주의로 나아가는 이행 속에서 국가의 구실을 분석하는 강력한 경제적 토대를 제공하려는 시도였다. 이런 연구들은 이 시리즈의 네 번째 책 《자본주의 국가의 미래The Future of the Capitalist State》(Jessop 2002d)에서 결실을 맺었다. 이 책은 선진 자본주의 사회구성체에서 최근의, 그리고 지속적인 경제적이고 정치적인 재구조화에 관한 나 자신의 (최종적으로 불린 대로 하면) 전략관계적 분석을 제공하려고 다른 이론가들에 관한 논평에서 훨씬 더 급진적으로 탈피하는 것을 나타냈다. 이 책의 서론은 축적 체제, 조절 양식, 국가 프로젝트를 기술하고, 국가 재구조화의 네 가지 핵심 계기들(폭넓게 정의된 경제 정책과 사회 정책들, 규모 조정re-scaling, 거버넌스 양식의 변화)의 측면에서 국가의 동시대적 변형을 분석하려는 일련의 상대적으로 통일된, 최소한의 형태 분석적이고 전략관계적인 개념들을 제시했다.

이 단행본은 전략관계적이고 형태 분석적인 분석을 가장 체계적으로 제시한 시도로 지금까지 남아 있지만, 그 시도는 분명히 이런 변형의 전략적 차원보다는 구조적 차원에 더 관련 있다. 이런 특징은 사례별로 국가 형태의 역사적 발전을 탐구하기보다는 새로운 국가 형태의 형식적 적절성과 기능적 적절성을 탐구하려는 시도를 반영하는데, 앞의 것을 위해서는 세력 균형의 변화에 관한 진지한 관심이 필요하다. 그럼에도 불구하고 《자본주의 국가의 미래》의 핵심 논점은 문화 정치경제학 분야의 현재 작업에서 더 많이 다뤄지고 있는데, 여기에서 담론성discursivity과 행위agency가 훨씬 더 핵심적인 구실을 차지한다(Jessop and Oosterlynck 2007; Jessop and Sum 2001; 2006; Jessop 2004a; Sum 2002; 2003; 2005b; Sum and Jessop 2006; Sum and Pun 2005를 보라).

국가 이론에서 전략관계적 연구 의제를 진전시키는 과정에서 다섯 번째 책이 이런 연구들에 무엇을 기여할 수 있는지를 설명하는 것이 남아 있다. 대답은 《국가 권력State Power》의 다섯 가지 새로운 기여에서 찾을 수 있다. 구체적으로 살펴보면 다음 같다.

- 국가 이론에 관한 성찰에서 시작해 구조structure와 행위agency라는 기본적인 문제로 SRA를 일반화하고, 구조와 행위의 시공간적 측면들에 관한 관심을 증대시키고, 구조-행위 동학의 담론적(또는 더 나은 표현으로 해서 기호학적) 계기들의 통합을 증대시키면서 전략관계 접근의 발전을 검토한다.
- 어떻게 전략관계적 주제들이 상당히 다양한 이론적 맥락 안에서 독립적으로 발생하는 것처럼 여겨지는지를 보여주기 위해 마르크스주의 국가 이론의 기본적인 경향과 문제들에 대한 내 비판을 다른 이론적 접근을 비롯해 더욱 최근의 새로운 문제들로 확대시키고, 그렇게 함으로써 역사적 유물론 특유의 관심보다는 사회 생활의 기본적인 존재론적 문제들에 근거해 SRA가 더욱 일반적인 적용 가능성을 갖는다는 것을 나타낸다.
- 추가적인 전략관계적 주장과 개념들을 발전시킬 목적으로 마르크스, 그람시, 풀란차스, 푸코가 쓴 '고전적' 국가 이론 저작의 텍스트, 그리고/또는 본문들에 대한 전략관계적 독해를 제시한다.
- 이전에 적용되지 않아온 몇 가지 친숙한 주제들, 곧 국가의 젠더 선택성gender selectivities, 국가의 변형에서 지구화가 갖는 의미, 국가의 시간 주권, 유럽 국가성의 성격 변화에 전략관계 접근을 적용한다.
- SRA를 복잡성, 복잡성 감축, 기호 작용에 기초하게 하고, 또한 국가에 관한 추가적인 연구에서 이런 새로운 SRA 의제가 지닌 몇 가지 함의를 언급한다.

이런 기여들은 이 책의 전반적인 구성에 반영돼 있다. 1장은 전략관계 접근(또는 SRA)의 지적 배경과 정치적 배경, 그리고 주요한 지적 원천과 이론적 원천을 소개한다. 이런 소개는 독자에게 이 접근이 어떻게, 그리고 왜 발전돼왔는지 이해하는 유용한 맥락을 제공할 수 있지만, 물론 이런 접근 자체의 타당성은커녕 적절성을 확립시킬 수는 없다. 실제로 SRA가 발전하면서 여기에 관련된 주요한 개념과 주장들은 그 접근이 발전된 직접적인 이론적이고 역사적인 맥락에서 벗어났고, 나를 비롯해 다른 사람들은 SRA를 더욱 일반적으로 적용 가능하게 만들려는 진지한 노력들에 관여해왔다. 그럼에도 불구하고 내가 한 특정한 적용은 여전히 일반적 접근을 역사지리적 유물론에서 유래한 개념들(cf. Harvey 1982)과 내 특수한 관심 분야에 관련 있는 다른 개념들에 결합시키려는 경향을 지닌다. 그다음에 이 장은 일반적인 측면에서, 아니면 사회민주주의에서 대처리즘과 더욱 최근의 신노동당에 이르는 영국의 전후 정치경제의 발전을 이해하려는 내 시도에 관련해 새로운 이론적 문제들이 확인됨에 따라 전개된, 나 자신의 작업에서 SRA의 발전을 구성한 세 가지 부분적으로 중첩되는 국면을 제시한다. 이런 문제들은 비판, 자기 성찰, 자기비판의 가변적 조합을 통해 출현했다.

2장은 국가에 대한 몇 가지 기본적인 접근들을 비판적으로 검토하며, 그렇게 함으로써 《국가 이론》(Jessop 1990b)에서 훨씬 앞서 제시된 분석과 주장들을 갱신하고 확장시킨다. 이 장은 특히 전략관계 접근이 다룰 준비가 잘 돼 있고, 그리고/또는 뒤이은 발전에서 다뤄질 주요한 도전들을 제공하는 새로운 문제들을 확인하는 데 관련 있다. 게다가 이런 복잡한 분야에 친숙하지 않은 사람들에게 이 장은 전후 국가 이론의 몇 가지 핵심 주제를 전반적으로 소개하고, 이어지는 장들의 대개 초점이 아주 분명한 더욱 상세한 분석들에 유용한 맥락을 제공한다.

3장에서 6장까지는 전략관계 접근의 추가적인 발전에 관련된 결론을 도출하려고 전략관계적 관점에서 정치경제학과 국가 이론의 몇몇 주요 텍스트와 접근들에 대한 재독해를 제시한다. 이 장들은 루이 알튀세르Louis Althusser(Jessop 2007b), 마누엘 카스텔스Manuel Castells(Jessop 2002d; 2003b), 앤서니 기든스Anthony Giddens(Jessop 1989b; 2005b), 스튜어트 홀Stuart Hall(Jessop et al., 1988; Jessop 2002c; 2004d), 마이클 하트Michael Hardt(Jessop 2003b), 데이비드 하비David Harvey(Jessop 2004f; 2006b), 에르네스토 라클라우(Jessop 2008b), 니클라스 루만Niklas Luhmann(Jessop 1990b; 1992b; 2001b; 2009), 랠프 밀리반드Ralph Miliband(Jessop 2008a), 샹탈 무페(Jessop 2008b), 토니 네그리Tony Negri(Jessop 2003b), 칼 폴라니Karl Polanyi(Jessop 2001b; 2007a), 사스키아 사센Saskia Sassen(Jessop 2003b) 같은 다른 주요한 이론가들을 포함하는 광범한 전략관계적 독해를 나타낸다. 이런 마주침들 각각은 전략관계적 접근의 발전에 뭔가를 기여했으며, 그렇게 해서 비판된 이론가들의 저작에 관한 놀랍고 흥미로운 뭔가가 드러났기를 나는 희망한다. 이 책에 포함하려고 선택된 네 명은 SRA에 관련한 내 발전에 가장 강력하고 긍정적인 영향을 미친 저작을 쓴 이론가들이며, 그중에서도 마지막 이론가에 관한 논의는 결과적으로 다뤄진 저작의 텍스트나 본문의 중요한 새로운 측면들을 드러낸다. 따라서 나는《루이 보나파르트의 브뤼메르 18일The Eighteenth Brumaire of Louis Bonaparte》(1852)에 관한 마르크스의 유명한 텍스트, 그람시의 정치적 저술과 옥중 수고에 나타난 정치적 개념들의 역사화뿐 아니라 공간화, 니코스 풀란차스의 저작에서 전략관계 접근의 출현과 그런 접근이 지닌 중요성의 증가, 미셸 푸코의 저작에서 나타난 통치성governmentality과 통치술statecraft이라는 개념을 탐구한다. 물론 이런 절차에 순환성의 위험이 있지만, 나는 이런 시도가 새로운 결과들을 낳아왔다고 믿는다. 독자들은 이런 믿음이 그릇된 것인지 아닌지를 판단하기를 바란다.

    7장부터 9장까지는 처음에 SRA를 발전시킨 이론적 문제들에서 조금 동떨어진, 그리고 따라서 이런 접근의 부가가치에 대한 흥미로운 시험 사례를 제공할 세 가지 주제에 SRA가 어떻게 적용될 수 있는지를 차례로 보여준다. 그 적용들 각각은 이전에 SRA를 사용해 작업하지 않았고, 실제로 역사적 유물론에 반드시 호의적이지 않던 학자들이 한 제안에서 비롯된다. 이를테면 젠더 선택성에 관한 장은 전략관계 접근이 자기들의 관심사에 관련 있다는 것을 보여주려는 독일 페미니스트 이론가들의 도전에서 비롯됐다(Jessop 1997a; 2001c를 보라). 이 장은 그 뒤 페미니즘과 퀴어 이론에 연관된 풍부한 본문을 대상으로 하는 추가적인 독해를 바탕으로 확대되지만 완전히 갱신되지는 않았다. 일반적인 전략관계적 논증 방식은 가장 최근의 연구들에 관계없이 타당해야 한다(또는 타당하지 않아야 한다). 게다가 현재 준비 중인 교과서는 다른 국가 이론 접근들에 대한 핵심적인 기여들을 검토할 뿐 아니라 페미니즘과 퀴어적 국가 분석과 정치 분석에 대한 가장 최근의 기여들을 검토할 계획이다(Jessop 2015). 지구화에 관한 장은 국민국가의 미래에 지구화가 미치는 영향에 관련된 이론들에 대한 전략관계적 비판을 발전시키라는 제안에 기원한다. 마지막으로 유럽연합에 관한 장은 국가나 정치 체제의 한 형태로서 유럽연합의 성격에 관한 논쟁들에 관심 있는 정치학자들의 여러 요청에 대한 반응으로 시작됐다. 각 사례에서 전략관계적인 것을 적용하려는 도전은 세계에 대한 나 자신의 이해에서 매우 생산적이었으며, 결과 또한 일반적으로 마르크스주의 국가 이론을 엄밀히 따르는 분야 바깥에서 어느 정도 반향을 일으킨 것으로 보인다.

    10장은 전략관계 접근에 관한 이런 성찰과 탐구들을 결론짓는다. 이 장은 앞선 장들을 넘어서는 전략관계적 연구 의제를 제시하는데, 이 책을 출간하기 위해 특별히 준비됐다. 또한 다양한 논증 방식들을 종합하려는 목표를 지닌다. 왜냐하면 이 책의 다양한 부분에서 SRA를 제시하고 발전시키려고 채택된 다양한 진입점들이 복잡한 현상을 다루는 데 수반되는 문제들을 보여주기 때문이다. 따라서 각 부분은 이런 접근과 그 접근의 발전에 관해 뭔가를 드러내며, 그러나 동시에 모든 가능성을 망라하지 않고도 훨씬 많은 것을 드러낸다. 이런 이유 때문에 이 마지막 장은 전략관계 접근에 관한 최종 진술이 아니라 지속적인 연구 프로그램에 대한 추가적인 기여로서 의도됐다.

1부

국가를 이론화하기

1장
전략관계 접근의 발전

1975년부터 나는 정치경제학 비판에 주로 초점을 맞춰왔다. 이것은 세 가지 서로 관련된 주제들에 관한 이론적으로 정통한 동시에 이론적으로 유익한 연구를 포함했다. 첫째, 자본주의 생산양식에 관련된 이윤 지향 시장 매개 경제의 동학, 둘째, 자본주의 유형의 국가와, 더 일반적으로 자본주의적 생산관계를 통해 지배되는 사회에서 정치의 성격, 셋째, 이런 경제 질서와 정치 질서 사이의 경로 의존적인 구조적 결합structural coupling과, 자본주의 사회구성체의 발전을 형성시키려고 경제 질서와 정치 질서를 조화시키려는 모든 노력의 한계 등이다. 다양한 시기에 다양한 주제를 더욱 집중적으로 논의하기는 했지만, 국가와 국가 권력에 관한 관심은 처음부터 존재했다. 실제로 위르겐 하버마스(Habermas 1987)의 용어를 사용하면, 이런 장기 프로젝트에서 내 개인적인 '인식적 관심'은 전쟁 직후 여러 해 동안 영국에서 출현하기 시작하던 국가 형태의 기원, 궤적, 위기, 그리고 뒤이은 구조적 변형과 전략적 방향 전환이다. 따라서 30년도 더 전에 내가 처음으로 구상한 프로젝트는 전후 영국에 관한 비판적 정치경제학을 저술하는 것이었다. 이 프로젝트는 단지 부분적으로 성취됐는데, 나는 다음 10년 안에 이 과제를 끝마치기를 희망한다. 어느 정도는 필연적이고 어느 정도는 우연적인 많은 우회로가 존재했는데, 이것은 이론적이자 경험적으로 타당한 역사적 분석을 산출하는 데 수반되는 문제들이 분명해졌기 때문이다. 과학 발전에서 시작이 힘든 것이 당연한 반면, 끝맺음도 그렇다. 왜냐하면 설명돼야 하는 문제를 더 구체적이고 더 복잡하게 만들려고 재명시하는 것이 언제나 가능하며, 그렇게 함으로써 추가적인 개념, 가정, 논증, 양식화된 사실, 경험적 세부 사항들의 도입을 필요로 하기 때문이다(Jessop 1982: 2002a를 보라). 더욱이 실제 세계의 무한한 복잡성을 고려할 때, 이런 움직임을 위한 많은 대안적 출발점이 존재한다. 결과적으로 적절한 설명은 또한 이용할 수 있는 출발점 중에서 이런저런 것을 선택할 때 이런 선택의 몇 가지 맹점과 무엇이 중요한지를 인식하는 설명이다.

이런 문제를 다루고 장기 프로젝트를 진전시키기 위해 내가 발전시킨 일반적 비판 방식은 뒤늦은 깨달음 덕에 영감상 전분과적$^{\text{pre-disciplinary}}$이고 실천상 탈분과적인 비판적 실재론적$^{\text{critical realist}}$, 전략관계적, 형태 분석적 접근으로 기술될 수 있다. 이런 접근은 비판적 실재론적 사회과학 철학을 전제하고, 구조와 전략의 물질적 상호의존성과 담론적 상호의존성을 비롯한 구조와 전략의 공진화에 대한 변증법적 접근을 채택하며, 사회적 실재가 닫힌 총체$^{\text{closed totality}}$로 구성된다는 아이디어에 전념하지 않고 특정한 문제에 관한 총체적(또는 통합적) 설명을 제공하기 위해 여러 분과의 개념, 가정, 논증에 의존한다. 이런 접근은 여러 형태의 문제에 적용될 수 있지만, 이 책은 국가와 국가 권력의 성격에 관련해 이 접근이 지니는 함의에 초점을 둔다. 따라서 이 책은 이런 접근의 기본적 윤곽, 특히 전략관계적 차원을 연속적 단계로 제시하는 것을 목표로 한다. 이 장은 SRA의 전반적 배경을 제시하고, 지금까지 SRA의 세 가지 중첩되는 발전 국면을 구분한다.

국가에 관한 전략관계 접근의 세 원천

이 책에서 이해되고 제시되는 전략관계 접근은 국가 이론의 논쟁들, 그리고 얼마 뒤 더 폭넓은 비판적 정치경제학의 유사한 논쟁들에 관련해 처음 소개됐다. 전략관계 접근은 그다음에 일반적인 구조와 행위의 문제와 그 시공간적 측면들로 확대됐다. 더 최근에도 전략관계 접근은 나이링 섬$^{Ngai-Ling\ Sum}$과 내가 '문화 정치경제학'으로 기술한 새로운 이론적 지향에 영향을 줬으며, 그렇게 함으로써 SRA를 처음 적용한 분야로 돌아가기는 했지만 더 복잡한 측면에서 적용됐다(Jessop and Sum 2001; Sum and Jessop 2008을 보라). 국가 이론, 정치경제학, 사회 이론, 문화 정치경제학에 전략관계 접근을 연속적으로 적용하게 된 것은 내가 세 가지 서로 다른 지적 영향을 연속적으로 접하면서 나타난 결과라고 말할 수 있다. 그러나 어떤 이론가도 자기 자신의 이론적 발전에 완전히 동시대적일 수 없기 때문에, 이런 이해는 뒤늦은 깨달음 덕이다. 블라디미르 일리치 레닌은 마르크스주의에는 독일 철학, 영국 경제학, 프랑스 정치학이라는 세 가지 주요한 원천이 있다고 주장했다(Lenin 1913). 프랑스의 구조주의 마르크스주의자인 루이 알튀세르는 수십 년 뒤에 이것들을 종합하는 마르크스의 능력은 프롤레타리아 혁명에 대한 마르크스의 헌신에 기인했다고 덧붙였다(Althusser 1976). 내 작업은 마르크스의 정치경제학 비판을 1차 참조점으로 취하며(그러나 정통 마르크스-레닌주의나 알튀세르적 구조주의 측면에서 독해하지 않고서), 따라서 또한 경로 의존적인 방식으로 마르크스의 세 가지 원천의 영향을 받는다. 그러나 내 작업은 또한 자기만의 2차 원천을 갖는다. 레닌이 언급한 방식으로, 그리고 단지 반농담으로, 이 원천들은 전후 독일 정치학, 전후 프랑스 경제학, 전후 칠레 생물학으로 기술될 수 있다(아래를 보라). 더욱이 나를 이런 특정한 원천으로 이끈 지적 문제들에 더해 전후 영국 역사의 특이성도 자기 자신만의 구실을 했다. 왜냐하면 위에서 언급한 대로 내 작업은 대부분 영국의 결함 있는 포드주의, 영국의 케인스주의 복지 국민국가Keynesian Welfare National State, 대처리즘의 발흥, 공고화, 뒤이은 위기, 신노동당의 발흥과 궤적 같은 문제들을 이해하려는 시도를 통해 추동돼왔기 때문이다(첫 번째 설명에 관해서는 Jessop 1980을 보라; 뒤의 작업에 관해서는 이를테면 Jessop et al. 1988; Jessop 2002c; 2002d; 2003a; 2006a를 보라).

독일 정치학은 이런 맥락에서 전후 독일 국가 이론을 의미한다. 이런 영향은 영국 사회주의경제학자회의Conference of Socialist Economists를 통해, 그리고 특히 이 그룹의 관심 있는 회원들이 영어권 독자들에게 독일 국가 논쟁을 소개하면서 1970년대 중반에 간접적으로 나타났다. 나는 얼마 지나지 않아 독일어 텍스트와 독일 이론가들을 접촉하면서 이 원천에 관한 연구를 더욱 직접적으로 이어 나갔다. 그 영향은 자본주의 국가의 형태와 기능의 변화에 관한 내 작업에서 분명히 드러났지만, 특히 '통합 국가'와 헤게모니 개념에 연관된 이탈리아 공산주의자 안토니오 그람시와, 자본주의 국가에 면밀한 관심을 가진 전후 그리스 출신 마르크스주의 이론가 니코스 풀란차스의 영향하고 공존했다(Jessop 1977; 1982; 1985a; 또한 이 책 5장을 보라). 일부 마르크스주의 비평가들, 특히 베르너 본펠드, 사이먼 클라크, 존 홀러웨이가 나를 '정치주의'적이라고 비난하게 만든 요인은 풀란차스의 영향이었다. 이 비평가들은 이런 일탈이 자본 관계, 그리고/또는 자본 관계에 관련된 계급 투쟁에 근거하지 않은 채 이론과 실천에서 국가와 정치에 우위를 부여한다고 생각한다. 무엇보다도 정치주의는 근대 사회의 경제적 제도 질서와 정치적 제도 질서를 서로 깊이 관련된 자본주의 사회구성체의 표층 형태로 보기보다는 경제와 정치의 분리를 당연하게 여기는 것에서 비롯된다고 이야기된다. 또한 정치주의는 이런 맥락에서 분리돼 고려되는 경제적 계기와 정치적 계기에 관련해 경제와 정치의 상호 연관성과 자본 관계의 결정적 구실을 결국 희생한 뒤 정치 영역에 일방적으로 초점을 두는 것에서 비롯된다고 이야기된다. 세계를 변혁하려는 정치 행동의 힘에 초점을 두기 때문에 정치주의는 결국 이론과 실천에서 주의주의voluntarism로 이어진다고 주장된다(cf. Bonefeld 1987; Clarke 1977; Holloway 1988).

이런 주장들은 중요한 도전이었다. 나는 본펠드, 클라크, 홀러웨이가 내 작업을 정확하게 특징지었다고 인정하지 않은 반면, 어떻게 국가에 대한 내 새로운 '전략관계' 접근에 드러난 것에 일관적인 방식으로 경제를 분석할 수 있을지에 호기심을 갖게 됐다. 처음에 내 아이디어는 마르크스주의 정치경제학 비판에서 (변증법적으로 서로 관련된 상품의 사용가치와 교환가치하고 함께) 상품 형태의 의미에 관한 당대의 논쟁들을 독해하는 것과 아메리카주의Americanism와 포드주의에 관한 그람시의 저작(Gramsci 1971)을 독해하는 것을 통해 발전됐다. 이런 시도는 자본 관계의 서로 관련된 다양한 형식적 발현에 잠정적이고, 부분적이고, 불안정한 '실질적 통일성substantive unity'을 부여하고, 그렇게 함으로써 상대적으로 안정적인 경제 성장기를 위한 조건을 확보하는 수단으로서 축적 전략에 관한 설명으로 이어졌다. 이런 아이디어들은 통합 국가lo stato integrale에 대한 그람시의 분석과 내가 통합 경제l'economia integrale라고 이름 붙인 것 사이의 유추에서 비롯됐다. 그람시가 '포괄적 의미의 국가'를 '정치사회+시민사회'로 규정하고, 서구 사회의 국가 권력이 '강압으로 무장한 헤게모니'에 기반한다고 본 반면, 내 전략관계적 설명은 '포괄적 의미의 경제'를 '축적 체제+사회적 경제 조절 양식'으로 규정하고, 자본 축적을 '조절 안의, 그리고 조절을 통한 자본의 자기 가치 증식self-valorization'으로 분석했다. 이런 분석은 국가 프로젝트와 헤게모니 전망에 관한 관심, 그리고 전략관계 접근 안에서 세 가지 개념의 공약 가능성commensurability을 보장하려는 시도에 결합됐다(Jessop 1983).

이런 자명한 네오그람시적 개념들은 내가 그 뒤에 제도 경제학에 속하는 파리 조절학파의 모습을 한 전후 **프랑스 경제학**을 마주치면서 세련돼 졌다. 이런 관심은 1988년 6월 스페인 바르셀로나에서 열린 제1회 조절 이론 국제학술회의 조직위원회에 회원으로 참여하면서 강화됐다. 이 회의 덕에 나는 조절 이론의 주요 접근에 속하는 선도적 이론가들을 모두 만날 수 있었다(이 회의에서 비롯된 검토는 Jessop 1990a를 보라). 다양한 조절학파들의 작업에 대한 지속적인 이론적 개입이 뒤따랐다. 일반적으로 이런 접근은 자본주의가 구조적 모순과 계급 갈등에도 불구하고 어떻게 비교적 오랜 기간 동안 지속적으로 팽창할 수 있었느냐는 마르크스주의의 오래된 질문에 특수한 제도적 대답을 제공한다. 이런 접근은 경제 활동이 사회적으로 배태돼 있고 사회적으로 조절화되며, 안정적인 경제적 팽창이 자본주의 발전을 이끄는 데에서 시장의 힘이 하는 구실을 보완하는 특수한 사회적 경제 조절 양식에 따라 좌우된다고 강조한다. 놀랄 것도 없이 국가는 조절 양식에서 핵심 구실을 하며, 나는 특히 자본 축적을 위한 경제적 조건뿐 아니라 경제 외적 조건을 확보하는 데, 그리고 축적을 쉽게 만드는 계급 타협을 제도화하는 데 국가가 하는 구실의 변화 과정을 탐구하는 조절 이론적 작업에 관심이 있다. 이것은 대서양 포드주의의 위기와 포스트포드주의로 나아가는 이행, 케인스주의 복지 국민국가하고 비슷한 포스트포드주의 형태의 국가의 기술 가능성에 관한 내 작업에 반영돼 있다. 더 일반적으로 말해 조절 이론에 대한 내 관심은 프랑스 경제학뿐 아니라, 조절주의의 영향을 받은 국가의 형태와 기능의 변화에 관한 작업을 한 독일의 몇몇 국가 이론가하고 나눈 대화 속에서 진화했다(더 최근 사례는 Jessop and Sum 2006을 보라). 독일에서 벌어진 또 다른 논쟁에 대한 이런 관여는 다시 한 번 강력한 비판을 불러일으켰는데, 이번에는 개혁주의 지향의 마르크스주의 국가 이론을 받아들인 점, 그리고 포스트포드주의로 나아가는 이행에 저항하기보다는 그런 이행을 확증한 점 때문이었다(Bonefeld 1994; Holloway 1988).

그때 나는 이런 성찰이 국가(또는 더 나은 표현으로, 국가 권력)가 사회적 관계라는 처음의 전략관계적 주장이 생성한 것과 비슷한, 경제(또는 더 나은 표현으로, 자본 축적)에 관한 네오그람시적 관점을 제공할 수 있었다고 생각했다. 그러나 뒤늦은 깨달음 덕에 이런 성찰은 또한 비록 방식은 다를지라도 정치주의적이었는데, 왜냐하면 축적 전략을 형성하고 자본주의를 조절하는 과정에서 국민국가의 구실에 초점을 둔 때문이었다. 이런 측면에서 이 새로운 접근은 정치경제학의 경제적 계기를 진지하게 받아들이기 시작했는데도 불구하고 '방법론적 민족주의methodological nationalism'(Taylor 1996)의 혐의가 있었다. 실제로 이 접근은 역사적으로 구성되는 국민 영토국가와 그것에 관련된 국민 경제와 국민 사회 이외의 정치적 규모들뿐 아니라, 대안적 축적 전략을 발전시키는 데에서 기업, 자본 분파, 그 밖의 다른 경제적, 정치적, 사회적 세력들의 구실을 무시했다. 이런 문제들은 규모의 정치경제학, 규모 간 접합, 그리고 특히 또한 사회적 분열과 마찰의 다른 원천으로 특징지어지는 계급 분할 사회에서 상대적으로 안정된 자본 축적, 상대적으로 일관된 국가 행동, 사회적 응집 같은 불가능한 결과들을 확보하는 데에서 시공간적 해결책이 지니는 중요성에 관한 내 작업에서 다뤄졌다(이를테면 이 책 4장, 8장, 9장을 보라; 또한 Jessop 1999; 2003d; 2004f; 2009를 보라).

조절 이론에 관해 작업하면서 나는 국가의 상대적 자율성과 '정치주의'의 문제를 계속 성찰했고, 이런 문제와 이윤 지향 시장의 힘의 외견상 자율적인 논리 사이의 관계를 고찰하기 시작했다. 이런 고찰은 경제적 질서와 정치적 질서의 형식적인 제도적 분리, 그리고 다양한 형태의 사회적 논리 아래에서 진행되는 그런 질서들의 조직에도 불구하고 어떻게 경제적 질서와 정치적 질서가 구조적으로 결합돼 상대적으로 통일된 '역사적 블록historical bloc'을 낳을 수 있는지에 관한 흥미로운 문제들을 제기했다. 역사적 블록은 고전적 마르크스주의가 관습적으로 기술한 경제적 토대와 정치적-

이데올로기적 상부구조 사이의 서로 강화하는 조응 관계에 관한 그람시의 용어다. 동시에 나는, 만약 있다면, (지배 계급 분파와 정치 엘리트들로 구성된) 권력 블록이 경제적, 정치적 구조와 운영을 전략적으로 조정해 경제적, 정치적 발전을 이끌 수 있는 조건에 관심을 갖게 됐다. 이런 문제들은 전략관계적 관점에서 중요한 사안이며, 전략관계적 연구에 적합하다.

마지막으로 독일 정치학과 프랑스 경제학의 관련 개념들을 결합하려 시도하고 있을 때, 나는 직접적은 아니더라도 적어도 독일 사회 이론가들, 특히 니클라스 루만, 군터 토이브너, 헬무트 빌케를 통해 **칠레 생물학**을 우연히 마주쳤다(Luhmann 1982a; 1982b; 1986; 1989; 1990b; 1990c; 1995; Teubner 1993; Willke 1983; 1986). 이런 이론가들에게서 나는 '오토포이에시스autopoiesis'[1] 또는 '자기 생산' 개념을 비롯해 몇 가지 관련 개념들을 가져왔다. 세포 생물학에서 사회학으로 (일부에 따르면 불합리하게) 자리가 바뀌면서 오토포이에시스 이론은 사회의 주요 하위 체계들(이를테면 경제, 법, 정치, 과학)이 자기 참조적, 자기 재생산적, 자기 조절적인 것으로 연구될 수 있다고 주장한다. 노동력 상품 형태의 일반화를 통해 가능해지는 자본 순환의 외견상의 자기 닫힘self-closure과 자기 가치 증식에 관한 마르크스의 분석에서 비슷한 비유를 발견할 수 있다(Marx 1867). 마르크스와 엥겔스는 또한 유사한 측면에서 근대 사법 체계를 기술했다(특히 Engels 1886을 보라). 오토포이에시스 이론가들의 핵심 결론은 이런 체계들이 외부 논리에 따르거나 외부에서 손쉽게 조종되기보다는 자기만의 운영 코드와 프로그램들에 따라 기능한다는 점이다. 그러나 **운영적 자율성**operational autonomy에도 불구하고 이런 기능 체계들은 **물질적으로 상호 의존적**이다. 심지어 원래 이론에 거의 완전히 부재하는데도

---

1 칠레의 생물학자 마투라나와 바렐라가 제창한 생명 시스템을 특징짓는 개념으로, 자기 생산을 뜻하며 시스템의 구성 요소를 재생산하는 메커니즘을 가리킨다 — 옮긴이.

불구하고, 유물론적-담론적 전략관계 접근에 관련해 특히 중요한 이런 특징의 한 가지 결과는 한 체계의 논리가 자기 조직적 체계들의 자기 조직적 생태계로 기술될 수 있는 것의 전반적인 발전을 지배할 여지를 준 점이다(cf. Jessop 1990a, 327~333; 2007c; 2008b; 그리고 Schimank 2005).

이런 아이디어들에 의존하는 것은 경제적, 법적, 정치적, 그리고 특정한 문화적 제도의 상호 통합을 통해 형성된 '역사적 블록'이 오토포이에시스적 측면에서 이해될 수 있다는 것을 시사한다. 따라서 역사적 블록은, 첫째, **운영상 자율적**이지만 **사실상 상호 의존적인** 몇 가지 하위 체계들의 경로 의존적인 '구조적 결합', 둘째, 이런 공진화의 성격과 방향에 영향을 주려는(또는 지배하려는) 경제적, 정치적, 그리고 다른 사회 세력들의 경로 형성적 노력, 셋째, 시장 매개적이고 자기 가치 증식적인 자본주의 경제의 '생태적 지배' 사이의 상호 작용에서 비롯된다. 이런 주장들을 따라 나는 최종 심급에서 경제적 결정이라는 정통 마르크스주의 개념이 '생태적 지배'로 효과적으로 대체될 수 있다는 것을 제안했다. 이것은 자기 조직적 체계들의 자기 조직적 생태계에서 한 체계가 다른 체계들이 자기에게 초래할 수 있는 것보다 더 많은 문제들을 다른 체계들에 초래하는 자기 자신의 능력을 의미한다. 이런 아이디어가 역사 지리적 유물론 측면에서 재맥락화될 때 경제 결정론에 관련된 많은 문제들을 해결할 수 있는 더 엄밀한 전략관계적 개념을 제공할 수 있다(Jessop 1990b; 1992b; 2000a; 2002d; 2007c; 2008b). 그러나 정치경제학에 대한 전략관계 접근으로 손쉽게 통합된 개념을 제공한 독일 국가 이론과 프랑스 조절 이론 접근의 영향에는 대조적으로, 오토포이에시스적 체계 이론에 관한 내 개입은 더욱 문제가 됐다. 왜냐하면 자기 조직적 체계 이론의 개념을 비판적 실재론적 분석틀과 전략관계적 분석틀로 효과적으로 통합하는 과정에는 독일 정치학과 프랑스 경제학의 영향을 통합할 때 필요한 것보다 훨씬 더 많은 작업이 필요한 때문이었다. 따라서 이런 원천과 내 작업은 원숙한 마르크스가 헤겔하고 동일시하기와 "여기저기에서 …… 헤겔에게 특유한 표현 방식을 가지고"(Marx 1873, 29) 놀이한 행위하고 유사한, 장난스러운 것으로서 특정한 관점에서 묵살될 수 있었다. 그러나 실제로는 단순한 장난스러움을 넘어선다. 왜냐하면 내 오토포이에시스적 이론이 정치경제학 비판의 몇 가지 핵심 개념을 근본적으로 재사고하도록, 루만이 그렇게 말했을지도 모르는 것처럼, 나를 '안달하게 한' 때문이었다. 이런 과정은 원래 아이디어들이 전략관계 접근으로 더 적절하게 통합되도록 오토포이에시스적 체계들의 맥락에서 이 아이디어들을 탈배태시키는 것과, 이 아이디어들이 오토포이에시스적으로 표현되는 방식하고 단절하려는 노력을 필요로 했다.

독일 철학, 프랑스 정치학, 영국 경제학을 창의적으로 종합한 마르크스의 능력은 대영 박물관 도서관에서 오랜 시간을 소비하며 엉덩이에 종기를 키운 마르크스의 수완 이상을 필요로 했다는 주장 또한 제기됐다. 그것은 프롤레타리아트의 계급 투쟁과 마르크스의 동일시 때문이었다(Althusser 1976). 더 온건한(그리고 정통 마르크스주의 비평가들의 관점에서 개혁주의적인) 맥락에서, 새로운 이론적 종합을 낳으려고 독일 정치학, 프랑스 경제학, 칠레 생물학(또는 더 정확하게 근대 체계 이론)의 주장들을 결합하는 것에 관한 내 관심은 대처리즘과 그 뒤를 이은 신자유주의적 계승자인 신노동당을 둘러싼 이데올로기적, 정치적 논쟁에 대한 헌신에 기초하고 있다. 왜냐하면 전후 영국 정치와 경제에 불어닥친 다양한 위기들의 특수성, 이 위기에 대한 대처리즘의 대응에 담긴 의미의 변화, 그리고 신노동당의 신자유주의적 정책과 추가적인 측면 방어나 지지 조치들을 통해 그 정책들을 지탱하려는 시도들 안에 담긴 대처리즘의 유산을 이해하는 데에서 지속적으로 내 개인적인 '인식적 관심'을 형성시켜온 것은 이런 헌신이기 때문이다. 그러나 영국 정치의 발전에서 나타나는 연속적 단계들을 성찰하는 대신에, 나는 이제 그런 단계들의 간접적인 영향 아래 SRA의 발전이 보여준 연속적 단계들을 개괄하려 한다.

첫째 국면 — 전략 개념의 발견

SRA의 발전의 첫째 국면의 첫 단계는 이런 세 가지 원천과, 이것들을 이론적으로 종합한 저작 사이의 상호 작용에 한참 앞선다. 그 단계는 에섹스 국가 이론 그룹Essex State Theory Group(1975~1978)에서 국가 문제에 대한 내 첫 개입으로 시작됐는데, 이것을 위해 나는 최근의 마르크스주의 이론들에 관한 비판적 논평을 준비했다(Jessop 1977; 1990b, 24~47로 재판됨). 이 논평을 나는 다음같이 결론지었다.

그 연구들의 전반적 효과는 다시 한 번 이론적이고 정치적인 진전을 가능하게 하는 방식으로 자본주의 사회의 국가라는 문제를 재규정하는 것이었다. 그 연구들은 국가가 자본주의 생산양식의 바깥에 존재하는 사물이나 주체라는 국가에 관련한 정통적 접근들을 폐기했다. 대신에 그 연구들은 자본주의 생산의 사회적 성격과, 그것의 복합적인 경제적, 정치적, 이데올로기적 전제 조건들에 주목했다. 이것은 국가가 생산의 조직에 폭넓게 개입하는 곳뿐 아니라 중립적인 자유방임 국가로 특징지어지는 명백히 반사실적인 사례들에서도, 국가와 국가 권력이 자본 축적에서 핵심적인 구실을 맡을 수밖에 없다는 것을 의미한다. 더욱이 국가가 복잡한 제도적 체계로 간주되고, 계급들의 영향은 그런 계급들의 조직이나 동맹 등의 형태에 따라 좌우되는 것으로 간주되기 때문에, 조야한 도구주의적 접근을 거부하는 것 또한 필수적이다. 이것은 더는 경제적 수준에서 규정되는 자본주의를 수호하려고 기존 계급들이 어떻게 국가를 이용하는

지(또는 국가 자신이 행동하는지)의 문제가 아니다. 이제부터는 다양한 사회와 상황들에서 일어나는 자본 관계의 전체적 재생산의 필수 요소로서 국가 권력의 적절성의 문제다. 그리고 국가 권력은 결국 국가라는 제도 체계를 통해 매개되고, 이것에 따라 조건지어지는, 계급(그리고 대중적-민주적) 투쟁들의 복합적이고 모순적인 효과로 간주돼야 한다. 요컨대 이런 연구들의 효과는 국가가 정치적 지배 체계라는 아이디어를 복원하고 정교화하는 것이다. (Jessop 1977, 371; Jessop 1990b, 45)

《자본주의 국가》(1982)는 마르크스주의 국가 이론화에 대한 세 가지 방법론적 접근들, 곧 포함subsumption, 도출, 접합에 관련된 실질적인 주장들을 향한 확장된 비판을 통해 이런 예비적 결론을 정교화했다. 이 책은 또한 각 접근에 관한 방법론적 논평을 제공하고, 연구 의제를 위한 일련의 확장된 존재론적, 인식론적, 방법론적, 실질적 논평들로 결론을 맺었다. 특히 (일반적인 국가는커녕) 자본주의 국가에 대한 일반 이론을 개발하려는 시도들을 거부하고, 대신에 복잡-구체적인 연구 대상으로서 국가를 분석하는 네 가지 지침을 제공했다.

지침은 다음처럼 구성된다. 첫째, 국가는 제도적 앙상블로서 권력을 행사할 수 없는 일련의 제도들이다. 둘째, 정치 세력들은 국가에서 독립적으로 존재하지 않는다. 정치 세력들은 부분적으로 국가의 대표 형태, 국가의 내부 구조, 국가의 개입 형태를 통해 형성된다. 셋째, 국가 권력은 규정된 정세에서 사회 세력들의 균형의 변화를 반영하는 복잡한 사회적 관계다. 넷째, 특정한 상황에서 자본 축적에 필요한 조건들을 형성하고, 유지하고, 또는 회복시키는 한 국가 권력은 자본주의적이며, 이런 조건들이 실현되지 않는 한 비자본주의적이다(Jessop 1982, 221). 그다음에 이런 지침에 기반해 국가의 제도적 구조, 국가의 사회적 토대, 국가 프로젝트, 헤게모니의 조직을 분석하려는 몇 가지 근본적인 실질적 개념들이 정교화됐다.

이런 분석은 '관계들 사이의 관계들'에 초점을 둔 '관계적' 접근, 곧 '사회 구성체를 구성하는 다양한 관계들 사이의 관계들에 관한 분석'(Jessop 1982, 252)에 기반했다. 이런 접근은 구조와 정세, 곧 구조적 제약과 정세적 기회들, 권력 관계의 복잡하고 과잉 결정적인overdetermined 성격, 특정한 정세 안에서 특수한 효과의 생산에 책임 있는 행위자를 확인하는 데에서 특수한 귀인attribution 메커니즘과 담론들이 수행하는 핵심적 구실, 개인적 동일성과 집단적 동일성을 프레이밍하는 데 특수한 계산 능력과 계산 방식이 지니는 의미, 이해관계의 관계적이고 상대적인 성격, 주관적 이해관계와 객관적 이해관계 사이의 변증법적 관계의 분석에 관련해 내가 그다음에 제시한 몇 가지 근본적 함의를 가졌다(Jessop 1982, 252~258). 이런 개념, 설명 원리, 일반적 주장들은 또한 이 책의 마지막 장에서 SRA의 연구 의제에 영향을 준다.

이런 주장들은 관습적으로 '권력'이라 일컬어지는 것이 복잡하고 과잉 결정적인 현상이라는 점을 시사하며, 기껏해야 일련의 지배적인 구조적 제약들에 내재된 한계들 안에서 특수한 사회 세력들의 상호 작용을 통해 생산되는 유의미한(곧 어느 설명 대상이 규정되느냐는 측면에서 볼 때 추상성의 수준과 복잡성의 정도에서 유의미하거나 적절한) 효과들을 확인하는 기능을 할 수 있을 뿐이다. 이것은 결국 구조의 '결정성determinacy'에 비교되는 권력의 '우연성contingency'이란 문제가 되는 행위자들의 행동과, 한층 더 강력한 이유로, 일련의 특정한 환경들에서 이런 행동의 효과가 환경 자체에 관한 지식에서 예측될 수 없다는 사실에 기초한다는 것을 의미한다. 그러나 이런 점은 권력이 행위자 자신들에 특유한 요인들의 측면에서 정확히 규정될 수 없으며, 그리고/또는 행위자들의 상호 작용 패턴의 측면에서 정확히 규정될 수 없다는 것을 의미하지는 않는다. 이런 측면에서 권력에 관한 분석은 다양한 행위자들(노조, 정당, 국가 부서, 압력 집단, 경찰 등)의 조직, 계산 방식, 자원, 전략, 전술 등에 관한 분석과, 전반적인 세력 균형을 결정하는 (행위자들이 직면하는 '구조적 제약'과 '정세적 기회들'의 차별적 조합을 포함한) 행위자들 사이의 관계들에 관한 분석에 밀접히 관련된다.

　결과적으로 '이해관계'에 대한 분석은 특수한 정세에서 분리돼 존재하는 절대적 이해관계 absolute interests라는 특정한 개념보다는 상대적 이득 comparative advantage에 관련돼야 한다. 특정한 정세에서 어떤 실현 가능한 대안들을 실행하기보다는 그런 행위자의 존재 조건을 실현하는 데에서 더 많은 순증가(또는 더 적은 순감소)를 확보하는 경우에 상황, 행동, 또는 사건이 행위자에게 이득이 된다고 말할 수 있다. 이것은 행위자의 이해관계가 특정한 시기에 존재하는 구조적 제약과 정세적 기회들에 관련해서 평가돼야 한다는 것을 의미한다. 또한 특정한 상황, 행동, 또는 사건이 적어도 어떤 측면에서는 특정한 존재 조건들의 기반을 약화시키는 동시에 다른 측면에서는 이런, 그리고/또는 다른 전제 조건들을 진전시키는 방식으로 행위자들이 이해 갈등에 직면할 수 있다는 것을 의미한다. 따라서 우리는 항상 이런 문제에 관한 포괄적인 주장에 관여하기보다는 행위자의 이해관계에서 어떤 측면들이 유(불)리한지를 명시해야 한다. 더욱이 행위자가 다양한 관계 체계에 연루되고, 그리고/또는 다양한 주체성과 동일성들로 호명되는 한, 이런 체계들, 그리고/또는 주체성들에 관련된 존재 조건들 사이에 갈등이 존재할 수 있으며, 그 결과 행위자는 어떤 실현 가능한 일련의 통일적이고 비모순적인 이해관계들도 갖지 못하게 된다. 실제로 특정한 행위자의 이익들의 순수지 net balance는 정세적 기회와 구조적 제약들의 변화에 따라 변화할 수 있으며, 행위자가 호명되는 방식이 변한다면 동일한 정세는 이해관계에 관련해 다른 함의를 가질 수 있다. 실제로 이데올로기적 투쟁의 핵심 영역은 주체성들, 따라서 행위자가 다양한 상황에서 가질 수 있는 이해관계들의 재규정, 그리고/또는 재조합으로 구성된다. 이런 주장은 특정한 '헤게모니 프로젝트'가 일반 이해라는 그 프로젝트의 구상에 양립할 수 있는 어떤 특정한 이해관계들은 특권화하고 경쟁적이거나 모순적인 다른 특정한 이해관계들은 경시하는 방식을 명확히 하는 데 도움이 될 수 있을 것이다.

주관적 이해관계와 객관적 이해관계 사이에 변증법적 관계가 존재한다. 객관적 이해관계는 항상 특정한 정세에서 특정한 위치를 점유한 특정한 주체성에 결부되는 것임에 틀림없다. 그럼에도 불구하고 이 이해관계들이 이런 조건들에 관한 주체 자신의 관점보다는 그 재생산에 실제로 필요한 조건들의 측면에서 규정되기 때문에, 특정한 주체는 이 이해관계들을 잘못 계산할 수 있다. 이런 변증법은 또한 우리가 이해관계들을 다른 행위자들에게 정당하게 귀속시킬 수 있는 한계를 규정한다. 행위자의 다양한 주체성들을 고려하지 않는 외적 '해석interpretation'은 받아들여질 수 없는 반면, 특정한 주체성에 대한 전념이 행위자의 동일성들 중 또 다른 것에서 이해관계의 실현과 모순된다고 우리가 '상호 담론적으로interdiscursively' 주장할 수 있기 때문이다. 이런 대립 사례들은 소련 남성이자 민주주의자, 주부이자 여성, 애국자이자 프롤레타리아를 포함할 수 있다. 앞의 접근이 본질적으로 권위주의적인 반면, 뒤의 것은 적어도 잠재적으로 민주주의적이다.

국가 권력과 계급 권력 사이에 근본적인 존재론적 차이가 자리한다는 견해를 거부하기 때문에, 이런 지침은 몇몇 사람들에게 논쟁적인 것으로 증명됐다. "그런 시도가 국가 자체를 권력 주체로 여김으로써 이런 차이를 확립하고, 그리고/또는 국가 안뿐 아니라 국가를 넘어서는 지속적 계급 투쟁을 부정하는 한, 세 번째 지침은 (기술적 개념이든 설명 원리든 간에) '국가 권력'과 '계급 권력'을 구분하려는 모든 시도에 대한 단호한 거부를 의미한다"(Jessop 1982, 224~225)고 나는 조심스럽게 언급했다. 이런 지침은 다음 같은 탄탄한 전략관계적 주장에 기반했다. 첫째, 국가는 통일된 주체나 중립적 도구가 아니라, 그 위에서 (국가 운영자를 포함한) 다양한 정치 세력이 국가장치와 국가장치의 독특한 능력에 대한 통제를 두고 경쟁하는 비대칭적인 제도적 지형이다. 둘째, 계급 권력은 명목상 국가를 책임지는 이들의 계급 배경이나 이 사람들의 주관적 계급 동일성과 프로젝트보다는, 복잡하고 변동하는 정세에서 국가 능력들의 행사가 가진 효과의 차별적 계급 관련성에 따라 더 좌우된다. 이 과정은 국가 권력을 계급 권력으로 환원시키지 않는다. 또한 모든 복잡성 속에서 국가 권력의 행사나 그런 행사가 가진 효과의 결정에 대한 핵심적 행정부, 군대, 의원, 또는 다른 정치적 범주의 영향을 배제하지도 않는다. 나아가 정치적 계급 지배 체계로서 국가의 구실이 때때로 '대중적-민주적 세력들'에 대한 공식적 지배 체계로서 국가의 구실에 견줘 부차적이거나, 실제로 (신정 체제, '인종적' 아파르트헤이트, 또는 제노사이드 같은) 사회 형성societalization의 또 다른 원칙이 가진 상대적 우위를 국가가 제도적으로 매개하는 데 견줘 부차적일 수 있다는 것을 배제하지도 않는다. 그러나 이런 문제는 오직 국가 권력과 계급 권력 사이의 근본적 차이를 거부함으로써 적절하게 탐구될 수 있다.

이런 주장에 대한 반대는 내가 《자본주의 국가》에서 거부하려 애쓴 국가에 관한 도구주의적, 주체주의적subjectivist 견해와 국가를 분리된 실체로서 물신주의적으로 다루는 관점이 미치는 지속적인 영향의 척도이자, 국가를 사회적 관계로서 다루는 것이 지닌 미덕을 주류 학자들에게 수긍시키는 데에서 직면하게 되는 문제들의 척도였다(그리고 여전히 그렇다). 나는 이런 관계적 주장을 발전시킨 것에 관해 어떤 기여도 주장하지 않았다. 그런 주장은 적어도 마르크스 자신의 주장까지 거슬러 올라가고, 또한 그람시와 풀란차스를 통해 분명히 정교화됐으며, 사회과학의 방법론적 관계주의relationalism라는 오랜 전통과 양립 가능하다. 그러나 이 주장이 계급 권력에 관한 역사적 유물론적 주장들에 결합되고 있을 때, 국가 이론 분야에서 방법론적 관계주의를 설명하는 데 여전히 많은 작업이 필요했다. 실제로

《자본주의 국가》를 저술하기 위한 준비 작업은 부르주아 민주주의의 구조적 선택성(Jessop 1978), 조합주의적 타협corporatist arrangements(Jessop 1979; 1985b; 1986을 보라), 전후 시기 영국의 발전, 그런 발전의 구조적 편향, 발전의 위기(Jessop 1980)에 관한 작업을 포함했다. 나는 또한 그리스 출신 이론가 니코스 풀란차스의 상세한 지적 전기를 저술하는 작업에 착수했는데, 풀란차스는 자본주의 유형의 국가에 관한 자신만의 이론적, 역사적, 동시대적 분석에 기반해 국가가 사회적 관계라는 주장을 처음으로 명시적으로 제안했다. 이런 제안은 '관계적 지향'에서 전략관계 접근이라는 다음 단계로 진전하는 데 결정적인 구실을 했다.

이런 진전은 (풀란차스의 용어를 빌리면 '영역 이론'으로 불릴 수 있는) 자본주의 안의 국가와 정치 영역의 상대적 자율성 문제에 대한 구조주의적 프레이밍에서 (풀란차스 자신의 독특한 주장을 따라, 내가 풀란차스의 '관계 이론'이라고 이름 붙인) 계급 관계의 확대 재생산 안의 국가의 위치와 국가 권력의 구실에 대한 분석으로 나아가는 풀란차스의 이론적 진전에 관한 면밀한 검토를 포함했다(Jessop 1985a, 53~146). 이런 결론들은 사회 계급, 이데올로기, 예외적 체제, 정상적 형태를 띤 자본주의 유형 국가의 성격 변화(특히 권위주의적 국가주의의 발흥)에 관한 풀란차스의 아이디어에서 일어난 변화에 대한 비판적 해석을 통해 강화됐다(Jessop 1985a, 149~283). 이런 기반 위에서 풀란차스의 관계 이론의 핵심 원칙들을 재구성하는 것, 그리고 그 원칙들을 코드화하고, 자본주의 사회구성체에서 국가의 형태와 기능에 관해 앞으로 진행할 작업에 관련해 그 원칙들이 가지는 주요 함의를 이끌어내는 과제에 착수하는 것이 가능했다(5장을 보라).

이런 연구의 가장 중요한 일반적인 결론은 관계적 접근에 관한 초기의 진술들에 입각했을 뿐 아니라, 초점을 구조적 문제들에서 전략적 문제들로 이동시켰다. 이런 재초점화는 자본 이론적 분석과 계급 이론적 분석에 관한 서독의 논쟁과, 구조주의와 도구주의에 관한 영미권의 논쟁에서 취해진 잘못된 선택들에서 벗어나는 것을 목표로 했다. 풀란차스는 자본주의 사회의 국가에 관한 밀리반드의 카타르시스적 분석을 비판하면서 구조주의의 편에서 앞의 두 번째 논쟁에 참여했다(Miliband 1968; 1973; Poulantzas 1969; 1976d; 또한 Jessop 2008a를 보라). 그러나 풀란차스는 1라운드에서 자신의 태도를 심각하게 잘못 전달했고, 다음 라운드는 자본주의 유형의 국가와 계급 지배의 확대 재생산에 관한 풀란차스의 새로운 관계적 분석에 대체로 무관했다. 따라서 나는 이런 논쟁의 결과보다는 새로운 관계적 접근, 그리고 두 논쟁에 모두 관련된 그 접근의 함의에 더 초점을 뒀다. 이런 점은 다음 같은 내 결론에 반영돼 있다.

너무 오랫동안 마르크스주의 국가 이론에서 '자본 이론적' 접근과 '계급 이론적' 접근 사이의 이분법이 존재해왔다. '자본 이론적' 또는 '자본 논리적' 이론가들에게 **자본주의 국가**는 자본 축적이라는 지상 명령의 정치적 토대다. 국가의 형태는 생산관계 발전의 현재 단계에 조응하며, 국가의 기능은 부르주아 계급 지배의 현재 요구에 조응한다. 게다가 '자본 이론적' 접근은 자본주의 발전의 어느 특정한 단계에서든 단 하나의 자본 논리가 존재한다는 무언의 가정에 기반해 작업하는 경향이 있다. 이 점은 단 하나의 명령 체계가 존재한다는 것을 의미한다. **자본주의 사회의 국가**에 대한 '계급 이론적' 분석가들에게 국가의 형태와 기능은 투쟁 속 계급 세력들의 균형의 변화를 반영한다. 그러나 계급 투쟁 자체는 경제적-조합적economic-corporate 이해관계 또는 특수한 이해관계와 일반적인 자본(또는 노동 계급)의 이해관계 사이의 차이를 거의 고려하지 않는 조금 기계적인 방식으로 분석된다. 결국 이것은 '계급 이론적' 접근이 이런 이해관계들 사이의 변증법적 관계에 관한 어떤 관심도 결여한다는 것을 의미한다. 계급 이론의 주창자들은 사회구성체의 전반적인 재생산에 관련한 이론적 함의를 고려하지 않고 특정한 투쟁들에 초점을 두며, 그리고/또는 가장 추상적인 분석 수준에서 계급 헤게모니 문제에 초점을 두면서 이런 재생산을 당연한 것으로 여긴다.

따라서 우리는 잘못된 딜레마에 직면한다. 우리는 자기의 운동 철칙을 가진 자본의 추상적 논리, 곧 자본의 구조적으로 각인된 경향과 반경향들을 강조한다. 그렇지 않으면 우리는 순전히 경험주의적 방식으로 고려되는 계급 투쟁의 구체적 양상들에 집중하며, 이런 계급 투쟁이 야만으로 전락하는 붕괴나 사회주의로 나아가는 이행을 초래하기보다는 자본주의를 재생산하는 경향을 보여주는 이유를 설명할 어떤 방법도 갖지 못한다. 이런 두 가지 접근 사이를 매개하려는 시도는 거의 존재하지 않는다. 그러나 전략은 이런 목적에 더할 나위 없이 적합한 개념으로 보인다.

'전략 이론적' 개념들이 이런 두 가지 분석 방식을 연결하는 데 사용될 수 있다. 그런 개념들은 자본논리학파들이 구성한 추상적이고, 단일하고, 본질화된 자본의 운동 법칙과 요구를 일련의 더욱 구체적이고, 경쟁적이고, 우연적인 자본의 논리로 귀착시키는 데 사용될 수 있다. 그리고 **내용**을 위해 **형식**이 무시되는 방식으로 사회적 투쟁과 경제적 투쟁의 구체적 양상들에 초점을 두는 '계급 이론' 경향을 극복하는 데 사용될 수 있다. 그러나 (시장 합리성의 한계에 갇힌 노동조합 투쟁이나 부르주아 의회주의의 한계에 갇힌 정당 정치적 경쟁 같은) 특수한 형식에 계급 투쟁을 제한하는 것은 부르주아 계급 지배의 확대 재생산과 계급 투쟁의 양립 가능성을 확보하는 데에서 중요한 요소다. [실제로] 이런 형식 자체는 무엇보다도 다양한 계급 전략의 결정화crystallization를 나타내고, 계급 투쟁 안에서, 그리고 계급 투쟁을 통해 재생산돼야 한다. 동시에 특정한 계급 의식적, 그리고/또는 계급 연관적 투쟁들이 어떻게 부르주아 헤게모니 아래 사회적 응집을 유지하는 더 일반적인 문제에 관련되는지에 주목해야 한다. 이런 관점에서 우리는 다양해진 특수한 이해관계와 관심들이 어떻게 실현 가능한 국민적-대중적 전망과 프로그램을 따르도록 강제되고, 그리고/또는 헤게모니화되는지를 특정한 투쟁을 넘어서 살펴볼 필요가 있다. 이런 맥락에서, 마치 대안적인 자본의 논리가 존재하듯이 대안적인 헤게모니 프로젝트 또한 존재할 수 있다는 것을 인식해야 한다. 그리고 (결코 충분히 설명되지는 않았지만) 풀란차스가 지적한 대로, 구조와 전략을 통한 이중적 결정의 측면에서 헤게모니를 바라봐야 한다.

따라서 우리는 전략적 개념들이 '자본 이론적' 접근과 '계급 이론적' 접근 사이의 간극을 메우는 데 필요한 '중범위' 개념을 제공한다고 말할 수 있다. 첫째, 그 개념들은 대안적인 **자본의 논리**를 검토하는 수단을 제공한다. 둘째, 그 개념들은 특정한 계급 투쟁들 사이의 상호 작용이 '야만'으로 나아가는 붕괴를 초래하지 않는 이유를 이해하는 데 도움이 된다. 이런 맥락에서 나는 대안적인 자본의 논리가 경쟁적인 **축적 전략들**의 측면에서 검토돼야 하며, 계급 투쟁의 장이 경쟁적인 **헤게모니 프로젝트들**의 측면에서 검토돼야 한다고 제안하고 싶다. 두 경우에서 모두 **구조적 결정**과 **계급 위치**class position의 이중적 관점에서 이런 현상을 고찰하는 것이 필수적이다. 결국 구조적 결정의 계기는 과거 전략들(성공한 전략과 실패한 전략 모두)의 결정화 또는 물질적 응축material condensation으로 간주돼야 한다. 마찬가지로 계급 전략(계급 위치)의 정교화는 지배적인 세력 균형뿐 아니라 계급 지배의 기존 형태를 통해 부과된 제약들에 관련지어져야 한다. 이것 없이는 '자의적, 합리주의적, 의지적' 전략과 '유기적'이 될 어느 정도의 가능성이 있는 전략을 적절히 구분하는 것은 불가능하다. (Jessop 1985a, 343~345)

이 확장된 결론은 이런 논쟁들 각 극단의 일방성을 강조하는 것을 목표로 했을 뿐 아니라, 그 논쟁들 각각의 맹점을 드러내려고 이런 태도들 사이에서 동요하는 것을 통해, 또는 '완벽한 그림'을 만들려고 그것들을 기계적으로 결합하는 것을 통해 이런 일방주의가 극복될 수 없다는 점을 보여주는 것을 목표로 했다. 대신에 이 결론은 난관을 해결하는 열쇠가 단지 구조와 행위가 변증법적으로 관련된다는 점을 강조하는 것이었을 뿐 아니라 이런 변증법적 관계의 각 계기가 '타자'의 요소들을 포함한다는 점을 강조하는 것이었다고 주장했다. 이런 점은 이미 《자본주의 국가》의 관계적 결론에서 강조됐지만, 이제 풀란차스 자신의 '전략적 전회'strategic turn를 통해 영감을 받은 명시적인 '전략 이론적' 측면에서 정교화됐다(Jessop 1985a, 340~343). 풀란차스는 구조적 결정의 추상적 수준과 특정한 정세에서 계급 투쟁의 구체적 양상들 사이를 매개할 전략적 개념들의 필요성을 잘 인식하고 있었으며, 특정한 구조적 형태에 포함된 전략적으로 선택적인 시공간 매트릭스의 분석과 다양한 사회 세력들의 시공간적 지평의 분석에 필요한 개념들을 도입하기 시작했다. 또한 계급 양극화와 계급 동맹, 권력 블록의 형성과 대중 동원, 기동전과 진지전, 의회적 동원과 직접 민주주의적 동원 사이의 적절한 균형에 관련해 이런 문제들이 가진 함의를 탐구했다.

그러므로 이런 연구의 방법론적 결론은 경제적, 정치적, 이데올로기적 계급 지배에 관한 더욱 전략 지향적인 분석에, 계급 헤게모니와 계급 전략에, 계급 세력, 당, 사회운동의 행동에 관련한 전략적 딜레마의 의미에 초점을 뒀다. 그러나 나는 또한 이런 접근이 결국 '자본 이론적' 접근과 '계급 이론적' 접근에 대조되는 '전략 이론적' 접근으로 확인됐다고 주장했다. 이런 접근은 분명히 전략이라는 개념을 통해 철저히 연구되지 않았으며, 대신에 어떻게 전략에 관한 관심이 풀란차스의 분석에서 다른 개념들을 근본적으로 변형시켰는지를 강조했다. 그리고 국가에 대한 일반 이론에 관한 요구가 《자본주의 국가》(Jessop 1982, 211~213)의 결론에서 거부된 것과 마찬가지로, 이런 새로운 연구는 전략 이론적 분석을 위해 전략에 대한 일반 이론이 불필요했다고 주장했다(Jessop 1985a, 354). 풀란차스의 이론적 접근을 넘어서는 문제에 관한 여러 권고들은 이 책의 결론에서 연구 의제로 통합된다.

전략관계 접근의 발전을 구성하는 첫째 국면은 《국가 이론》(Jessop 1990b)

이 출간되면서 끝났다. 이 책은 처음의 이론적 연구들의, 그리고 포드주의에서 포스트포드주의로 나아가는 이행에서 국가 형태의 구조적 선택성에 관한 내 작업의 관계적 주장과 전략 이론적 주장들을 공고화했다. 여기에서 나타난 주요한 이론적 변화는 국가의 성격이 본래적으로 전략적이라는 논의를 다듬어 국가를 정치 전략으로 간주하는 것이 이론적으로 생산적이라는 주장으로 정교화한 변화였다. 왜냐하면 국가가 전략의 장소, 생산자, 산물로 간주될 수 있기 때문이다(Jessop 1990b, 248~272; 아래를 보라). 이런 주장은 마르크스주의뿐 아니라 다양한 비마르크스주의적인 이론적 접근들에 대한 비판적 해석에 기반해, 그리고 단지 국가뿐 아니라 자본 축적과 축적의 조절에 대한 중범위 연구들에 관련된 저작에 기반해, 그리고 (자본주의 사회들에 대비되는) 근대 사회들의 구체적인 특징을 비롯해 자체적인 코드와 프로그램을 가진 운영상 자율적인 여러 기능 체계들의 통합에 따른 이런 사회들의 다중심주의polycentrism 증가 경향에 관한 연구뿐 아니라 기호 작용과 역사적 의미론에 관련된 연구들에 기반해 정교화됐다. 이런 주장이 이제 '전략관계 접근'이라고 불리는 한, 또한 이런 접근의 표현에서 작은 변화가 존재했다. 관계적 지향과 전략 이론적 접근을 결합한 이런 이름은 1980년대 말에 에섹스 대학교에서 내가 진행한 국가 이론 강의를 들은 레네 베르트람센이 비공식적인 토론을 벌이는 동안 제안됐다. 베르트람센은 또한 다른 덴마크 학생들 두 명과 공동 저술한 저작에서 그런 접근을 적용하기 위한 주요한 방법론적 지침들의 일부를 코드화했다(Bertramsen 1991; 더 일반적으로는 Bertramsen et al. 1991을 보라). 나는 기꺼이 그 새로운 명칭을 채택했으며, 좋건 나쁘건 그 명칭은 이제 이 주제에 관심을 가진 학자들을 통해 이런 접근을 기술하고, 지지하고, 또는 비판하기 위해 받아들여지고 있다.

이 단계에서 SRA는 여전히 주로 국가와 정치를 다뤘으며, 국가 권력을 세력 균형에서 변화의 물질적 응축으로 분석하려고 특수한 개념들과 일반적인 전략관계적 명제들을 결합시켰다. 이런 접근의 두 가지 중요한 개념은 국가의 구조적으로 각인된 전략적 선택성, 그리고 전략적 맥락 분석에 참여하고 (거기에 관련된 제약들을 회피하고, 그리고/또는 수정하는 것을 지향하는 전략을 포함해) 이런 선택성에 조금 잘 맞는 전략을 추구하는 사회 세력들의 능력이 됐다. 구체적으로 세 가지 주요 주장이 발전됐다.

첫째, 국가 체계는 전략의 장소다. 국가 체계는 **전략적 선택성**의 체계로, 곧 그 구조와 운영 방식이 다른 전략들보다 특정한 형태의 정치 전략에 더 열려 있는 체계로 분석될 수 있다. 따라서 세력들이 국가 권력을 획득하려 채택하는 전략에 따라 다른 세력들보다 특정한 세력들이 특정한 국가 유형, 특정한 국가 형태, 특정한 체제 형태에 접근하기가 더 쉬울 것이다. 그리고 이런 체계는 특징적인 개입 방식과 자원들 때문에, 다른 전략들보다 특정한 형태의 경제 전략 또는 정치 전략을 추구하는 데 더 적합할 것이다. …… 이런 선택성의 **관계적** 성격을 더 분명하게 드러내기 때문에 전략적 선택성이라는 개념이 구조적 선택성이라는 개념보다 더 유익하다. 왜냐하면 특정한 시간 지평 동안 다양한 전략으로 자신의 이해관계를 추구하는 다양한 계급 (관련) 세력들의 능력에 대한 국가 체계의 차별적 영향이 이런 국가 체계에 각인돼 있는 것이 아니라, 다양한 세력들이 국가 체계를 향해 채택하는 전략과 국가 구조 사이의 관계에 각인돼 있기 때문이다. …… 둘째, 국가는 또한 전략이 정교화되는 장소다. 실제로 우리는 정치 전략을 참조하지 않고 국가 체계의 통일성을 이해할 수 없다. 또한 우리는 정치 전략을 참조하지 않고 국가의 활동을 이해할 수도 없다. 마르크스주의자들은 종종 자본주의 국가가 본질적인 제도적, 그리고/또는 계급적 통일성을 갖는다고 주장하지만, 이런 주장을 입증하기 위해 제시한 근거들 중 어떤 것도 설득력이 없다. 기껏해야 마르크스주의자들은 (이를테면 중앙 집권화된 지휘 체계를 가진 주권 국가로서) 국가 체계의 **형식적** 통일성을 입증하지만, 이런 특성은 운영상의 **실질적인** 통일성을 보장할 수 없다. 왜냐하면 국가는 다양한 부문 사이의 투쟁과 경쟁의 장소일 뿐 아니라, 계급 (관련) 투쟁과 모순의 장소이기도 하기 때문이다. 이런 점은 어떻게 국가가 일단 행동하게 되면 통일된 정치 세력으로서 행동하게 되는가 하는 문제를 제기한다. 바로 여기가 어떻게 국가의 다양한 (무)활동에 상대적 통일성이 부여되는지, 그리고 어떻게 이런 활동이 시민사회에서 나오는 상충하는 압력에서 상대적 자율성을 획득하는지를 이해하는 데 국가 운영자들(정치인과 직업 관료 모두)의 구실이 중요해지는 지점이다. 따라서 우리는 국가 운영자가 국가의 활동에 어느 정도 일관성을 부여하려고 개발한 다양한 전략과 전술을 검토해야 한다. …… 셋째, 국가 체계의 구조와 운영 방식은 과거의 정치 전략과 투쟁들 속에서 진행되는, 그리고 이런 전략과 투쟁을 통한 생산의 측면에서 이해될 수 있다. 이런 전략과 투쟁들은 국가 체계 안에서, 그리고/또는 국가 체계에서 거리를 두고 발전될 수 있었다. 그리고 이런 전략과 투쟁들은 국가 체계를 유지하고, 그리고/또는 국가 체계를 변형시키는 데 관련될 수 있었다. 이런 측면에서, 국가의 현재적인 **전략적 선택성**은 부분적으로 국가의 **전략적 선택성**의 과거의 양상과 그런 특성의 변형을 위해 채택된 전략들 사이의 상호 작용의 발현적 효과다.[2] 결국 국가가 구성한 전략적 지형 위에서 작동하는 계산 주체들은 부분적으로 국가 체계의 **전략적 선택성**과 그런 국가 체계의 과거의 개입들을 통해 구성된다. (Jessop 1990b, 260~262)

또한 결과적으로 국가는 제도적 앙상블로서 권력을 행사하지 않는다 (그리고 할 수 없다). 국가는 실제 주체가 아니다(cf. Jessop 1977, 371; Jessop 1982,

---

[2] 이런 주장은 국가 체계의 중대한 변화들이 오로지 전략적 개입에서, 그리고/또는 이런 개입의 의도하지 않은 결과에서 비롯된다고 말하는 것이 절대 **아니다**. 변화의 다른 원천이 또한 존재하지만, 여기에는 어떤 단계에서 국가 체계 안에서, 그리고/또는 국가 체계를 넘어서서 전략적으로 접근돼야 한다.

221, 224~225). 실제로 우리는 국가의 **유일한** 권력에 관해 말하기보다는 제도적 앙상블로서 국가에 각인된, 복수형의, 다양한 잠재적인 구조적 권력들(또는 국가 능력들)에 관해 말해야 한다. 국가는 다양한 정치적 목적을 위해 행동하고 국가 안팎의 다양한 세력들에게 불평등한 기회들을 제공하는 권력 중심들의 앙상블이다. 권력 중심들의 권력들(그리고 이것에 관련된 모든 책임이나 취약점들)이 어디까지 어떤 방식으로 실현되는지는 이런 복잡한 앙상블 안에, 그리고 동시에 그 앙상블을 넘어서 존재하는 특정한 사회 세력들의 행동, 반응, 상호 작용에 달려 있다. 요컨대 국가는 권력을 행사하지 않는다. (항상 복수형인) 국가 권력들은 특정한 정세에서 특정한 정치 세력들의 행위를 통해 작동한다. 행동하는 것은 국가가 아니다. 행동은 언제나 국가 체계의 특정한 부분과 수준들에 존재하는 특정한 일련의 정치인과 국가 관료들이 한다. 특정한 제도와 기관들에 각인된 특정한 권력과 국가 능력들을 작동시키는 것은 이런 사람들이다. 그렇게 함으로써 정치인과 국가 관료들이 국가 안의 세력과 (국가 안의 사법적-정치적 경계들뿐 아니라 국가의 영토적 경계들을 넘어서는 것을 포함해) 국가를 넘어서는 세력들의 지배적 균형, 그리고 아마도 앞으로 나타날 균형을 고려할 수 있게 된다. 더욱이 모든 사회 행동에서 그렇듯 의식하지 못한 조건들이 정치인과 국가 관료가 하는 행동의 성공이나 실패에 영향을 미치며, 언제나 예상하지 못한 결과들이 존재한다.

둘째 국면 — 구조와 행위

SRA의 둘째 국면의 첫 단계는 내가 관련 주장들을 국가 이론에서, 더 일반적인 비판적 정치경제학으로 일반화하려 시도한 첫째 국면 동안 시작됐다.

결정적인 중간 단계는 포괄적 의미의 경제에 관한 상대적으로 복잡-구체적인('중범위'의) 네오그람시적 분석에 관한 내 관심이 증가하고, 곧이어 조절 이론 접근에 관한 내 관여가 증가하고, 그리고 국가뿐 아니라 자본 관계 자체에 관한 전략관계적 분석을 발전시킬 기회를 갖게 된 것이었다. 이런 노력들은 처음에는 중범위 수준에 머물렀지만, 나는 조절 이론 접근을 마르크스의 정치경제학 비판에 다시 기초하게 하려고 수년간 마르크스의 가치 형태에 관한 분석으로 돌아갔다.

물론 마르크스는 자본이 사물이 아니라 사회적 관계, 곧 사물들을 수단으로 매개되는 사람들 사이의 관계라고 처음 강조한 사람이었다. 앞으로 언젠가 이런 자본에 대한 비판을 전략관계적 측면에서 재해석하면 흥미로울 듯하다. 이런 재해석의 한 가지 측면은 상품 형태에서 교환가치와 사용가치 사이의 근본적 모순을 다시 논의하는 것이다. 이것은 마르크스가 자본주의 생산양식의 복잡성과 그 동학을 설명하고, 주기적 위기의 필연성을 보여주며, **그리고** 새로운 팽창을 위한 기반으로서 자본 순환을 통합시키는 데 주기적 위기가 하는 구실을 보여주려는 출발점이었다. 이런 주장들에 입각해서 나는 모든 형태의 자본 관계가 이런 모순의 서로 다르지만 서로 관련된 형태들을 구현하며, 그것들이 다양한 시간과 장소에서 (다양한 분파의) 자본과 (다양한 계층의) 노동에 차별적으로 영향을 미친다고 주장했다(Jessop 1983; 1999; 2000a; 2002d; 2005a). 이런 모순들은 자본주의와 함께 재생산되지만, 동일한 비중이나 중요성을 갖지는 않는다. 게다가 풀란차스가 언급한 대로 "자본주의 발전의 역사적 경향에 대해 모순적 효과와 영향을 가진 이런 모순들의 재생산은 **계급 투쟁**에 따라 좌우된다"(Jessop 1975, 40~41, 강조는 원문). 이런 주장들은 1990년대 중반부터 줄곧 정치주의 문제를 다루려는 내 노력들에, 그리고 특히 그 주장들을 융합하거나 포괄적인 축적 논리 아래 포함시키지 않고 경제와 정치에 관한 분석을 재통합하려는 내 노력들에 영향을 줬다(특히 Jessop 2002d; Jessop and Sum 2006을 보라).

부분적으로 겹치는 조절 이론적 발전과 가치 이론적 발전은 구조와 행위라는 더 일반적인 문제로 SRA를 일반화하려는 시도였다. 이런 관계는 사회 연구 분야에서 오랜 결정적 논쟁들의 하나이고, 이 문제를 해결하려는 시도들도 많았다. 특히 권력의 다차원적 성격(이를테면 Lukes 1974), 마르크스주의 이론에서 권력에 관한 논쟁들(이를테면 Isaac 1987), 그리고 기든스의 구조화 이론에서 내가 구조와 행위의 문제에 관련한 해결책(Giddens 1984; 유용한 소개를 위해서는 Parker 2000을 보라)이 누린 부당한 인기라고 간주한 것에 관련해 나는 이미 이런 문제들을 성찰하고 있었다. 그러나 명시적으로 SRA를 일반화하려는 시도는 존 홈우드와 앤드루 스튜어트가 쓴 《설명과 사회 이론 Explanation and Social Theory》(Holmwood and Stewart 1991)을 논평하라는 권유가 계기가 됐다. 이 저작은 막스 베버에게서 영감을 받은 독특한 해석주의적 방법론의 개발을 통해 지배적인 사회사상 학파들의 비인간적 실증주의를 극복하려던 신베버주의적 사회 행위 이론들의 반복적 시도들에 대한 통렬한 비판이었다. 홈우드와 스튜어트는 이런 노력들이 결국 예외 없이 더욱 포괄적인 사회 체계의 '철창iron cage'에 갇힌 인간 행동의 파토스를 재발견하는 것으로 끝난다고 주장했다. 또한 이런 반복적인 실패의 근본적 이유가 '사회과학적 오류', 곧 평범한 행위자들에 견줘 사회과학자들이 사회 세계에 관해 특권화된 지식을 갖고 있다는 믿음에 기반한다고 주장했다. 홈우드와 스튜어트는 추상적인 사회 행위 이론의 반복적인 이중성들에 초점을 둔 일련의 장들, 곧 합리적 행동과 비합리적 행동 사이의 구분, 행위와 구조의 이른바 상호 수반mutual entailment, 적대적이고 강압적인 지배 관계로서 권력과 집단적으로 생산되는 규범 질서로서 권력의 이율배반, 다양한 기능 체계들의 독립과 전체 사회 질서 안에서 그 체계들의 상호 의존 사이의 모순, (허위) 의식과 존재론적 소외의 상태 등에서 이런 주장을 예시했다.

현재의 목적에서 홈우드와 스튜어트의 가장 중요한 비판은 구조-행위의 이중성duaility, 그리고 구조와 기능 사이의 관계에 관련이 있다. 전자에 관련해 홈우드와 스튜어트는 행위 이론가들이 행위와 구조를 서로 흡수시키는 경향 때문에 각 범주가 포함하거나 배제하는 것이 불분명하거나, 그렇지 않으면 행위 이론가들이 이런 범주들을 서로 다른 이론적 또는 경험적 장소에 할당하고, 그렇게 함으로써 이원론dualism을 극복하려는 노력을 유발하기보다는 이원론을 유지하는 것을 정당화한다고 주장했다. 그리고 후자의 구분에 관련해 홈우드와 스튜어트는 구조와 기능 사이의 관계가 이런 구조들의 재생산을 역기능적으로 방해하는 우연적 긴장과 방해를 특징으로 하는 구체적 행동보다는, 기능성을 판단하는 참조점을 틀림없이 제공하는 재생산 가능한 구조들의 시간 초월적인 추상적 잠재력을 특권화하는 개념 체계에 따라 일반적으로 좌우된다고 주장한다. 홈우드와 스튜어트는 계속해서 이런 구분이 불가피하게 구조에 관한 일반적 분석과 (역)기능에 관한 맥락 특수적context-specific 분석 사이에서 상대를 서로 약화시키는 갈등으로 이어진다고 말한다. 행위 이론가들이 많은 독립적인 기능 체계들의 존재에 관한 주장과 그런 체계들의 실질적인 상호 의존에 대한 인식을 조화시키려 할 때, 이런 문제는 더욱 악화된다고 주장된다.

내 논평은 신베버주의적 해석주의를 향한 이런 비판을 지지했지만, 평범한 행위자들이 일상생활의 문제들을 확인하고 해결하는 방식에 관한 구체적인 연구를 위해 구조와 행위에 관한 추상적 분석이 포기돼야 한다는 결론은 거부했다. 구체적으로, 나는 SRA가 이런 다양한 이율배반을 극복하는 이론적 수단을 제공하며, 제안된 전략관계적 해결책이 심지어 홈우드와 스튜어트의 동의를 얻어낼 수 있다는 것을 보여주려 노력했다. 왜냐하면 권력에 대한 스티븐 룩스의 자칭 '변증법적' 분석을 비변증법적이라는 이유로 거부하면서, 홈우드와 스튜어트는 진정한 변증법적 설명이 범주들의 모순성을 인식해야 할 뿐 아니라 또한 "어떻게 이런 설명이 그 범주들의 의미에 홀로, 그리고 함께 영향을 미치는지를 고려하는 데까지 나아가"(Holmwood and Stewart 1991, 115)야 한다고 주장했기 때문이다. 따라서 나는 구조와 행위에 관한 SRA의 설명이 홈우드와 스튜어트가 요구한 것과 동일한 변증법적 방법을 채택했으며, 그런 설명이 "어떻게 추상적 이론화가 심지어 이런 근본적인 이원론을 **추상적으로** 해결할 잠재력을 갖는지"(Jessop 1996, 123)를 입증할 수 있다는 것을 보여주려 노력했다.

두 범주 모두[구조와 행위]가 완전히 상대화되는 한, 아마도 오만한 이 시도는 이런 문제를 다루는 데에서 사회학적 관습을 벗어나는 급진적 일탈을 수반한다. 사회학자들은 무조건적이고, 절대적이고, 외적인 제약과 무조건적이고, 전적으로 자유 의지적인 주체적 행위라는 서로 조화될 수 없는, 따라서 이론적으로 받아들여질 수 없는 **이원론적 이분법**dualistic dichotomy을 비난하는 버릇이 있다. 사회학자들은 발현적이고 우연적이지만 여전히 결정적인 사회 구조와 조금 잘 사회화된 행위자들이 선택한 행위라는 이원화된 개념쌍으로 이런 이분법을 대체하자고 제안한다. 이런 이론적 의제에서, 외적 제약은 의미 있는 사회적 행위 속에서, 그리고 이 행위를 통해 생산된다고 이야기된다. 그리고 반면에 의미 있는 사회적 행위는 사회적으로 공유되고 의사소통되는 가치, 규범, 계산 방식들 속에서, 그리고 이것들을 통해 지향된다고 이야기된다. 이런 내용은 사회학 교과서들에서 볼 수 있다. 그러나 구체적인 행위자와 행위들을 고려하는 것이 아직 이론적으로 상대화되지 않았기 때문에, 기껏해야 그런 시도는 구조-행위의 이분법이나 이원론에 대한 단지 부분적인 해결책을 제공할 뿐이다. 그런 시도는 제약되는 행위자와 행위들에 상관없이 (이제는 발현적인) 사회 구조를 여전히 제약적이고 결정적인 것으로 취급하는 경향이 있다. 그리고 그런 시도는 능숙한 행위자들의 사회화에 대한 강조에 더해, 전략적 맥락과 지향들에 상관없이 사회적 행위를 본질적으로 구조에 관련해 규칙 지배적이고, 반복적이고, 재생산적인 것으로 취급한다. 이런 측면에서 사회 세계를 정신(자유 의지)과 물질(사회적 사실)로 나누는 이분법이 더는 존재하지 않을지라도, 구조와 행위가 서로 재생산적이고 일관된 것으로 가정되는 이원론이 여전히 존재한다. 홈우드와 스튜어트가 가장 효과적인 것은 이런 **이중성을 가장한 이원론**을 비판할 때다.

이 잘못된 이중성은 (규칙과 자원들로서) 구조를 (구체적 행동으로서) 행위에 대치시키는 것을 통해, 그리고/또는 구조와 행위를 서로 재귀적으로 재생산적인 것으로 간주하는 것을 통해 이 두 범주를 연결시킨다. 구조를 행위에 대치시키는데도 불구하고, 이런 접근은 여전히 추상적이다. 그리고 재귀성을 의례적으로 참조하는데도 불구하고, 여전히 시간 초월적이다. 그러나 진정한 이중성은 두 분석 범주를 모두 (기계적으로 관련짓는 데 반대되는 것으로서) 변증법적으로 상대화하는 것을 통해 형성된다(그림 1.1을 보라). 이런 맥락에서 사회 구조는 구조적으로 각인된 전략적 선택성을 수반하기 때문에 '전략관계적' 측면에서 연구될 수 있다. 그리고 마찬가지로 행위는 전략적으로 계산하는 구조적 지향을 가진 행위자들의 행동 수행의 측면에서 분석될 수 있다. 앞의 측면은 구조적 제약들이 항상 선택적으로 작동한다는 것을 의미한다. 구조적 제약들은 절대적이고 무조건적인 것이 아니라, 항상 시간적이나 공간적으로 행위 특수적이고 전략 특수적이다. 뒤의 측면은 행위자들이 성찰적이고, 한계 안에서 자기들의 동일성과 이해관계들을 재형성할 수 있고, 자기들의 현재 상황에 관한 전략적 계산에 참여할 수 있다는 것을 의미한다. 구조-행위의 관계에 대한 이런 재규정에서 몇 가지 중요한 이론적 결론이 나온다.

첫째, 사회적 관계의 '구조적' 계기는 이제 특정한 기간 동안 특정한 전략을 추구하는 특정한 행위자(또는 일련의 행위자들)를 통해 바꿀 수 없는 특정한 시공간적 맥락의 요소들로 구성되는 것으로 보인다. 반면 '정세적' 계기는 바꿀 수 있는 특정한 시공간적인 전략적 맥락의 요소들로 구성될 것이다.

그림 1.1 구조화 이론을 넘어서는 구조-행위

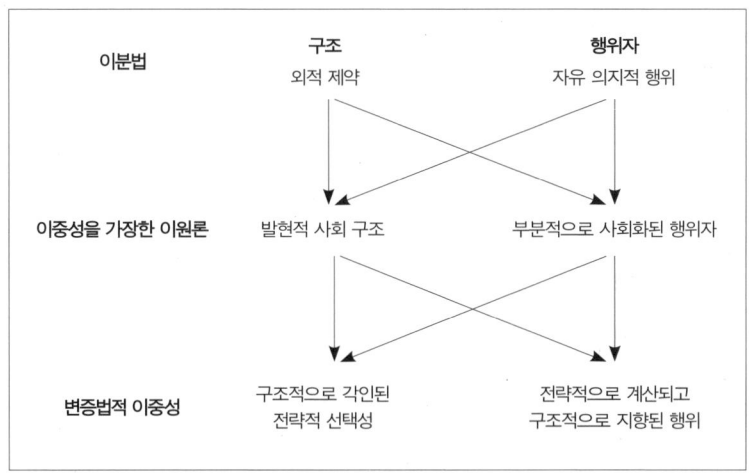

둘째, 전략적 행위 맥락의 이중적인 '구조적-정세적' 성격에 대한 이런 '전략관계적' 접근이 일단 채택되면, 구조-행위의 이중성에 대한 전통적인 견해들은 거부돼야 한다. 왜냐하면 이런 새로운 접근은 동일한 요소(들)이 하나의 행위자(또는 일련의 행위자들)에 대한 구조적 제약으로 작동할 수 있는 동시에 또 다른 행위자(또는 일련의 행위자들)를 통해 변형되기 쉬운 정세적 기회로 작동할 수 있다는 것을 시사하기 때문이다. 그런 접근은 또한 전략의 변화가 존재한다면, 특정한 행위자(또는 일련의 행위자들)에 대한 단기적인 구조적 제약이 더 긴 시간 지평 동안, 또는 심지어 동일한 시간 지평 안에서 정세적 기회가 될 수 있다는 것을 시사한다. 이런 점은 결국 행위자들이 다양한 형태의 동맹 전략을 추구할 수 있으며, 따라서 자기들과 다른 사람들에 대한 사회 구조적 제약과 기회들의 선택적 영향을 바꿀 수 있다는 것을 시사한다. 마찬가지로 전략적 맥락의 공간적 차원에 관련해, 이런 접근은 행위자들이 변화하는 시간 지평들을 가로질러 행동할 수 있는 것처럼 또한 가변적인 공간적 규모들을 가로질러 작동할 수 있기 때문에 공간적인 구조적 제약과 정세적 기회들 또한 '전략관계적인' 방식으로 결정될 수 있다는 것을 시사한다. 따라서 사회 행위 이론에 대한 홈우드와 스튜어트의 전반적인 맹비난에도 불구하고, 구조에 관한 추상적이고, 시간 초월적이고, 비공간적인 설명을 극복한 뒤에 특정한 행위자와 행위들뿐 아니라 특정한 시공간적 행동 지평들을 참조하는 맥락 특수적인 정세적 설명을 발전시키는 것이 가능하다. 그러나 이런 창의적이고 지략 있는 해결책은 구조와 행위의 변증법에 관한 적절한 설명, 곧 이 쌍둥이 현상에 대한 전략관계 접근이 어떻게 "그 범주들의 의미에 홀로, 그리고 함께 영향을 미치는지"(Holmwood and Stewart 1991, 115)에 대한 진지한 고찰을 필요로 한다.

셋째, 행위자들을 행위 맥락의 구조적-정세적 복잡성을 지향하는 성찰적이고 전략적으로 계산적인 주체들로 간주하면서, SRA는 행위자들이 자기들의 동일성과 이해들을 성찰하고, 경험에서 배울 수 있으며, 전략적으로 선택적인 제약과 기회들을 수반하는 맥락 속에서 행위함으로써 사회 구조를 변형시킬 수 있고 실제로 변형시킨다는 것을 시사한다. 사회 행위 이론가들이 일관적으로 이런 접근을 채택한다면, 이 접근이 제약과 기회들의 재접합에 관해 시사하는 바대로 그 이론가들은 새로운 자원, 새로운 규칙, 새로운 지식들의 잠재적 형성에 기꺼이 민감해질 것이다. 사회 행위 이론가들은 또한 행위자들이 자기가 수행한 행위의 전략적 맥락에 관한 경험과 지식의 변화를 고려해 전략을 (재)형성할 수 있다는 점을 인식하게 될 것이다.

넷째, 구조가 사회적 제약/기회의 상대화되고 관계적인 복합체로 간주된다면, 권력에 관한 분석은 특정한 시간 지평과 공간 지평에서 특정한 범위의 효과가 실현되는 것에 대한 책임을 특정한 행위자의 특정한 행동에 귀인시키는 것을 수반할 것이다. 권력이 그렇지 않으면 발생하지 않을 효과를 행위자가 생산하는 것을 수반한다면, 이런 행위자들이 직면하는 구조적 제약과 정세적 기회들을 확인하는 일, 그리고 다른 기회들보다 특정한 기회들을 실현시킴으로써 '차이를 만드'는 행위자들의 행위를 확인하는 일은 모두 필수적이다. 그럼에도 불구하고 전략관계 접근은 두 가지 측면에서 권력에 관한 전통적인 설명에 도전한다. 전략관계 접근은 권력의 행사를 **설명 원리**라기보다는 **설명 대상**으로 볼 뿐 아니라, 권력의 행사를 귀인 문제로 취급함으로써 근본적으로 상대화한다. 왜냐하면 설명 대상의 범위는 특정한 행위자들이 '차이를 만드는' 정세에 대한 공간적이고 시간적인 규정과, 사회적 시간과 공간 위에서 일어나는 가능한 효과와 영향의 범위의 상대적 폭에 따라 달라질 것이기 때문이다. 더욱이 권력 관계를 분석하는 일이 귀인 문제, 곧 일련의 특정한 효과를 실현하는 데 책임이 있다고 주장되는 사회 세력이나 행동들을 확인하는 문제를 제기한다면, 그런 일은 또한 다른 세력들의 책임을 면제해주는 것을 의미한다. 그러나 이런 분석은 권력의 행사라고 주장되는 것이 발생한 정세를 재규정함으로써(그 범위를 넓히거나 더 좁힘으로써), 그리고/또는 차이를 만들었다고 주장되는 행동을 한 행위자들의 앞선 구성체^{formation}에 초점을 둠으로써 뒤집힐 수 있다. 이런 관점은 개별 행동이 '차이를 만들지' 않는다는 것을 의미하지는 않지만, 권력에 관한 무조건적이고 비맥락화된 논의의 기반을 약화시킨다. 또한 전략관계 접근은 사회 세력들이 의도된 효과를 상당한 정도로 실현시킬 수 없다는 것을 의미하지도 않는다. 왜냐하면 사회 세력들은 자기들이 정세를 형성할 수 있고, 따라서 다른 세력들의 행동을 제약할 수 있는 제한된 맥락 안에서 그렇게 할 수 있기 때문이다. 물론 결과적인 영향이 그런 효과를 처음 실현하기 위해 무대를 설정한 행위자들의 통제뿐 아니라 행위자들의 인지에서 이내 벗어나리라는 것은 말할 필요도 없다(cf. Luhmann 1995; Matzner 1994).

요컨대 구조는 홀로 또는 함께, 그리고 다른 행위자들의 반대에 직면해 행동하는 특정한 행위자들이 수행하는 행위의 특수한 공간적이고 시간적인 지평의 바깥에 존재하지 않는다. 마찬가지로 행위자들은 항상 특수한 제도적 물질성들과 다른 사회적 행위자들의 상호 작용 사이의 결합에 따라 좌우되는 특수한 행위 맥락 속에서 행동한다. 우리가 전략의 방향을 결정짓는 동일성과 이해관계들에 관련해 특정한 행위자들 측에 어느 정도의 자기 성찰을 허락한다면, 전략 분석은 훨씬 더 진전될 수 있다. 왜냐하면 행위자들은 특수한 정세에서 그것에 뒤따르는 자기들의 동일성과 이해관계들을 성찰적으로 다시 만들 수 있으며 다시 만들기 때문이다. 결국 운영상 닫힌(또는 오토포이에시스적인) 다양한 체계들의 경로 의존적인 구조적 결합과 공진화를 연구함으로써 구조 분석이 더 진전될 수 있다(cf. Luhmann 1995).

이런 접근이 홈우드와 스튜어트가 확인한 문제들을 예방하는가? 나는 그렇다고 주장하려 한다. 첫째, 이런 접근은 추상적이고, 시간 초월적이고, 비공간적인 구조나, '문화적 얼간이cultural dupes'가 수행하는 전적으로 틀에 박힌 행위를 가정하지 않는다. 구조는 어쩔 수 없이 구체적이고, 시간화되고, 공간화된다. 그리고 구조는 특정한 전략을 추구하는 특정한 행위자의 맥락 바깥에서 어떤 의미도 갖지 못한다. 이런 측면에서 평범한 행동에 관한 구체적인 데이터에 모순되도록 만들어진 어떤 추상적 이론도 존재하지 않는다. 특정한 정세 아래 실제 행위의 복잡-구체적인 문제들을 추상적인 인식론적 또는 방법론적 지침을 통해 해결하려 하기보다는, '전략관계 접근'은 이런 문제들을 단순-추상적 수준에서 과소 결정되도록 남겨두며, 적절하게 상세한 정세 분석을 통해 이런 문제들의 해결을 가능하게 한다. 능숙한 행위자들이 장기적 전략, 그리고/또는 공간적으로 더 적절한 전략들을 선택함으로써 어떤 제약이 작동 불가능한 상태가 될 수 있기 때문에 행위의 특수한 시간 지평과 공간 규모 바깥에서 구조적 제약을 개념화하는 것은 불가능하다. 바로 이런 사실이 홈우드와 스튜어트가 매우 통렬하게 비판한 형태의 사회 행위에 관한 일반 이론의 어떤 가능성도 배제시킨다. 그러나 결론을 가장한 홈우드와 스튜어트의 처방에는 반대로, 전략관계 접근은 구조와 행위 사이의 변증법적 관계의 성격에 관한 그럴 만한 가치가 있는 추상적인 이론적 성찰을 막지 않는다. (Jessop 1996, 123~127)

이런 비판과 주장들은 SRA 시리즈의 초기 저작들에서 내린 일반적 결론들을 발전시켰다. 종합해서 볼 때 이 주장들은 우리가 '구조적 제약', '권력', 또는 '이해관계' 등 어떤 개념을 검토하든 항상 그 개념을 사회적 관계들 사이에 존재하는 관계들의 측면에서 고려하는 것이 필수적이라는 점을 시사한다. 특수한 정세에서 그 개념들의 의미는 요소들의 전체적 접합에서 비롯된다. 구조적 제약은 특정한 기간 동안 행위자(들)을 통해 바뀔 수 없는 상황의 요소들로 구성되며, 구성체의 전체 매트릭스에 자리한 행위자들의 전략적 위치에 따라 달라진다. 이런 매트릭스는 다른 행위자들을 제약하는 요소들에 영향을 미치는 기회의 범위와 확정성을 통해 결정되는 잠재적 권력들의 복잡한 위계를 수반한다. 이런 권력의 잠재력은 사회구성체의 다양한 위치들 사이의 관계뿐 아니라 사회 세력들의 조직, 계산 방식, 자원에 따라 좌우된다. 결국 권력의 실제 균형은 구조적 제약들의 차별적 구성을 통해 부과된 한계들 안에서 이런 세력들이 추구하는 전략이나 행위들의 상호 작용을 통해 사후적으로 결정된다. 권력의 행사를 통해 증진되거나 침해되는 이해관계들이 또한 관계적으로 평가돼야 한다. 왜냐하면 이해관계는 특정한 시기의 정세적 기회에 따라, 따라서 권력의 잠재적 균형에 따라 좌우되기 때문이다. 이 모든 것이 다양한 기간 동안 정치 전략을 계산하는 데 주요한 함의를 가지며, 또한 국가 권력의 성격 같은 문제들에 대한 정세적이고 관계적인 접근의 중요성을 두드러지게 한다(cf. Jessop 1982, 258).

이 일반화된 전략관계적 발견법은 다음 네 가지 맥락에서 적용되고 확장됐다. 첫째, 시공간적 선택성의 문제들과 제도적 전회institutional turn를 비판하고 정교화하는 데 영향을 줬다(Jessop 2001a). 둘째, 객관적 역사와 체현된 역사, 환경habitat과 아비투스habitus, 위치position와 성향disposition의 융합 가능성에 관한 관심에 더해 피에르 부르디외의 '방법론적 관계주의'(Bourdieu 1981; Bourdieu and Wacquant 1992)뿐 아니라, 다양한 과학 연구들 안에서 발전되고,

뒤이어 시장의 도입과 재생산에 관한 분석에 적용된 '행위자-네트워크 이론actor-network theory'(Callon 1998a; 1998b; 1999; Callon and Latour 1981; Jessop 2004b)을 비판하는 데 사용됐다.

셋째, SRA 자체가 속한 비판적 실재론적 전통에서 비롯된 구조와 행위에 관한 다른 태도들과 비판적으로 비교되고 대조됐다. 비판적 실재론은 실재적real 구조(메커니즘, 능력, 취약성), 현실적actual 과정이나 사건(특정한 잠재력의 현실화), 경험적empirical 증거(이런 사건의 흔적)를 구분하는 (자연과 사회) 과학 철학이다(Archer et al. 1998; Bhaskar 1978; Sayer 2000). 이 맥락에서 SRA는 로이 바스카의 '변형적 사회 행위 모델transformational model of social activity'(Bhaskar 1989)과, 마거릿 아처의 형태 형성적 접근morphogenetic approach(Archer 1995)에 유사하다. 그러나 (위에서 논의된) 구조와 행위의 이중적 상대화, 그런 상대화가 허용하는 전략적으로 선택적인 구조, 구조적으로 지향된 성찰적 행위의 재귀적 조정에 기반한 구조화된 응집성(과 역사적 블록)의 여지에 대한 강조 때문에, SRA는 이 학자들의 분석을 한두 단계 진전시킨다(Jessop 2001a; 2005b). 이 점은 다른 사회과학자들이 때때로 비판적 실재론적 대안에 우선해 SRA를 채택한 이유를 설명할 수 있다(cf. Hay 2002; Hay et al. 2005; Marsh et al. 1999). 더욱이 일반화된 판본의 SRA가 다른 비판적 실재론적 접근들에 일치하는 반면, 마르크스주의적 기원 덕분에 SRA는 일반적으로 이 접근법의 추가적인 개념들과 특히 잘 맞는 비판적 정치경제학의 특정한 문제들에 적용됐다.

넷째, SRA는 사회 구조, 행위자, 행위의 시공간성에 관한, 그리고 이런 요소들이 자연과 변형된 자연의 시공간성에 정치적-생태적 관점에서 접합되는 것에 관한 명시적 관심을 통해 확장됐다. 구조는 특정한 장소와 특정한 시간 속에서 드러나고, 하나 이상의 특정한 규모 위에서 특정한 시간적 행동 지평과 함께 작동하며, 다양한 공간적이고 시간적인 행동 지평을 접합하고 뒤섞는 자체의 특정한 방식들을 가지고, 공간과 시간 속에서 사회적 관계들을 확장시키며, 그리고/또는 사건들을 압축하는 자체의 특수한 능력을 발전시키고, 그 결과 자체적인 특수한 공간적 리듬과 시간적 리듬을 갖는다. 이런 특징들은 우연적이거나 부차적인 요소가 아니라, 하나의 조직, 제도, 제도 질서, 또는 구조적 형세를 또 다른 것에서 구분하도록 돕는 구성적 속성들이다. 모든 구조는 그 구조를 통제하고, 저항하고, 재생산하고, 또는 변형시키려 하는 사람들이 채택한 특정한 공간적이고 시간적인 행동 지평을 성공을 위한 하나의 조건으로서 특권화한다. 따라서 조직, 제도, 제도적 앙상블, 또는 구조적 형세의 시공간적 선택성은 다양한 양상들을 수반하는데, 이런 양상들 속에서, 그리고 이런 양상들을 통해 다양한 영역의 공간적이고 시간적인 행동 지평이 생산되고, 공간적이고 시간적인 리듬이 형성되며, 실천과 전략들이 관련 구조에 각인된 시간적이고 공간적인 패턴들에 '결합'되는 양상에 따라 특정한 실천과 전략들은 특권화되고 다른 것들은 저지된다. 시공간 매트릭스는 항상 차별적으로 확장되고 압축된다. 그리고 전략과 전술은 종종 가장 적절한 시공간 지평, 시공간 거버넌스 형태, 그리고 미래를 바꾸려는 과거와 현재의 성찰적 서술 등에 관련된다. 그리고 마지막으로, 장기적 전략의 변화가 존재한다면 특정한 행위자 또는 일련의 행위자들에 대한 단기적 제약은 정세적 기회가 될 수 있다. 이런 점은 행위자들이 다양한 형태의 동맹 전략을 추구할 수 있으며, 따라서 자기들과 다른 행위자들에 대한 사회적이고 제도적인 제약과 기회들의 선택적 영향을 바꿀 수 있다는 것을 시사한다. 행위자들이 여러 시간 지평을 가로지를 뿐 아니라 가변적인 공간적 규모들을 가로질러 작동할 수 있기 때문에, 공간적인 구조적 제약과 정세적 기회들은 또한 '전략관계적' 방식으로 결정된다. 요컨대 전략관계 접근의 또 다른 이점은 처음부터 시공간성을 통합할 수 있다는 점, 그리고 실제로 전략적 계산과 행위의 시공간적 차원이 갖는 중요성과 구조의 시공간적 선택성을 주장한다는 점이다.

전략관계적 접근의 발전에서 나타나는 이런 국면에서 추가적인 결론은 구조적으로 각인된 전략적 선택성과 구조적으로 지향된 전략적 계산 사이의 호혜적 상호 작용이 변이^{variation}, 선택^{selection}, 보존^{retention}의 통상적인 진화론적 메커니즘을 통해 '구조화된 응집성'으로 특징지어지는 형세의 형성으로 이어질 수 있다는 점이었다. 이런 구조화된 응집성이 띨 수 있는 하나의 형태는 '역사적 블록', 곧 서로 얽히고, 구조적으로 결합되고, 역사적으로 공진화하는 경제적, 정치적, 사회 문화적 관계들의 앙상블의 형성인데, 이런 앙상블의 구성은 유기적 지식인의 행동과 집단적 프로젝트뿐 아니라, 제도와 행동의 점진적이고 발현적인 상호 조정에 따라 좌우된다. 이런 결론은 시공간적 해결책, 곧 모순, 위기 경향, 갈등에 대한 유보와 추방을 촉진하고, 그렇게 함으로써 미래의 문제들, 다른 공간, 영토, 또는 장소들, 그리고 상대적으로 안정된 지역에서 배제되는 사회 세력들을 희생하고 상대적으로 안정된 지역을 조성하는 사회적 조정$^{social\ arrangements}$에 관한 분석을 포함하는 것으로 확대됐다(Jessop 2001a; 2002d; 2006b; 이 책 8장을 보라).

전략관계적 이론화를 구성하는 이런 국면에서 최종적인 예비적 결론은 구조화된 응집성이 항상 다양하게 경향적이라는 것이었다. 이 결론을 뒷받침하는 근거는 세 가지다. 첫째, 구조의 재생산은 언제나 단지 경향적일 뿐이다. 구조의 전략적 선택성 또한 그렇다. 둘째, 구조는 구조적이기보다는 전략적으로 선택적이기 때문에 항상 행위가 구조적 제약을 넘어서거나 우회할 여지가 존재한다. 셋째, 주체들은 통일적이지 않고, 전략적 행위의 조건을 충분히 인식하고 있지 않으며, 결코 자기가 선호하는 전략을 인식하도록 완전히 준비되지 않고, 다른 전략이나 전술을 추구하는 행위자들이 반대할 가능성에 항상 직면하기 때문에, 언제나 실패 가능성이 존재한다.

셋째 국면 — 문화적 전회

'문화 정치경제학^{CPE}'을 지지하는 주장들이 문화적 전회cultural turn의 일부로, 그리고/또는 이런 전회에 대한 반응으로 1990년대 동안 여러 맥락에서 출현한 것으로 보인다. 현재 판본은 훨씬 더 넓은 원천에 의존하는 랭카스터 대학교 출신 학자들을 통해 발전됐다. 랭카스터학파의 접근은 국가와 조절 이론에 대한 내 네오그람시적 접근에서, 1997년 홍콩이 중국에 반환된 일(Sum 1994)에서, 동아시아 경제 전략(Sum 1996; 2000)의 담론적이고 물질적인 차원에 관한 섬의 작업에서 예견됐다. 섬은 1990년대 초에 관련 개념이 생기기 전에 명시적인 전략관계적 분석틀 바깥에서 문화 정치경제학을 창시했고, 실제로 주체화의 메커니즘과 행위에 더 많은 비중을 뒀다(추가 사례는 참고 자료를 보라). 끊임없는 합동 토론과 공동 연구를 통해, 섬이 전략관계적 개념들을 통합시키고 내가 기호 작용에 더 많은, 그리고 더 명시적인 비중을 두면서 상호 융합이 발생했다. CPE에 관한 내 관심의 뿌리는 수년 전으로 거슬러 올라가지만, 오랫동안 국가 이론과 조절 이론 접근을 향한 관심에 우선순위를 내줬다. 물론 일부 '구제도주의'뿐 아니라 (마르크스주의 창시자가 한 작업의 여러 측면을 포함해) 비판적 정치경제학의 일부 주요한 판본에서 CPE가 예견된 점도 언급돼야 한다. CPE는 또한 분과 내부와 분과를 넘어서는 동시대의 다양한 시도들하고 유사점이 많다.[3]

이 접근법이 담론에 적용될 수 있다는 사실을 인식하고 명시적으로 SRA를 사용해 작업한 첫 번째 국가 이론가는 랭카스터 대학교와 버밍엄 대학교를 거쳐 현재 셰필드 대학교에 몸담고 있는 콜린 헤이다. 헤이는 담론적 패러다임들이 어떻게 다른 담론적 요소들보다 특정한 대화 상대, 담론적 동일성/포지셔닝, 담론적 전략과 전술, 담론적 진술을 특권화하는지를 탐구하려고 SRA를 채택했다(이를테면 Hay 1995a; 1996a; 1996b; 1998; Jenson 1995; Jessop

2004a). 마르크스는 빈곤의 물질적 원인과 사회적 책임에 관한 대안적 담론들, 그리고 보수 세력과 진보 세력 사이의 정치 투쟁에 관련한 그 담론들의 함의에 관련해(Marx 1844), 또한 몇 년 뒤 당대 자본주의에 적합한 진정한 혁명 전략 뒤에 놓인 하위 세력들의 동원에 대한 이용할 수 있는 정치 담론들의 부적절함에 관련해 이런 주제를 이미 탐구했다(Marx 1850; 1852; 또한 3장을 보라). 수동 혁명passive revolution과 헤게모니에 관한 그람시의 분석 또한 헤게모니 프로젝트를 접합시킬 기회의 변화에 대한 그람시의 민감성을 보여주려고 유사한 담론 이론적 측면에서 재독해될 수 있다(Gramsci 1971).

이런 분야에서 헤이가 처음 낸 저작은 관념, 내러티브, 그리고 더 일반적으로 담론이 사회적 구조화를 매개하는 데에서 결정적 구실을 하는 방식에 초점을 둔다. 특히 헤이는 종종 도덕적 또는 사회적 방향 상실에 관련된 도덕적 공황 또는 사회적 위기의 시기에 불확실한 정세를 해석하려는 투쟁들이 뒤이은 발전을 형성할 수 있다고 주장했다. 더욱 중요하게, 현재 맥락에서는 이런 투쟁들에서 승리하는 능력은 구조적 요인들(전략적 선택성)뿐 아니라 담론적 요인들(담론적 선택성)에 따라 좌우됐다. 왜냐하면 특정한 담론과 그 담론에 관련된 가상imaginaries과 프로젝트 사이에서 일어나는 공명은 더 일반적으로 담론적 장의 기능이기 때문이다(특히 Hay 1995a; 1996a을 보라). 뒤이은 저작에서 헤이는 이런 중요한 전략관계적 통찰을 행위에 관한

---

3 이를테면 Nonhoff(2006)는 독일에서 사회적 시장 경제의 헤게모니와 그 헤게모니의 신자유주의적 재발명을 분석한다. 우리의 접근은 Laclau & Mouffe(1985)가 창도한 포스트마르크스주의적 담론 분석과 상당히 다른데, 이런 분석은 선택과 보존의 담론 외적 메커니즘을 고려하지 않은 채 일방적으로 담론을 가치화하기 때문이다(전략관계 접근 측면에서 라클라우와 무페 이론에 가하는 비판에 관해서는 지주형, 〈사회운동 전략으로서 포퓰리즘? — 라클라우-무페 이론의 전략적 빈곤〉, 《시민과세계》 36, 2020, 1~51쪽을 참조하라 — 옮긴이). 정치경제학의 문화적 전회를 향한 그로스버그의 비판은 이런 태도를 표명하는 모든 시도에서 CPE 접근에 관한 인식이 결여된다는 것을 보여준다. "문화 연구는 매우 드물기는 해도 그런 시도가 문화적 전회를 진지하게 받아들이려 할 때도 정치경제학의 경로를 택할 수 없다. 결국 문화 연구는 문화를 경제가 전환되는 대상이자 경제를 움직이는 수단이지만 그것 자체의 어떤 실제 효과도 갖지 못하는 매개체로 본다"(Grossberg 2006, 19). 반박에 관해서는 Jessop and Oosterlynck(2007)와 Sum and Jessop(2008)을 보라.

인지적 프레이밍, 그리고 한층 더 강력한 이유로 이런 프레이밍을 둘러싼 전략과 투쟁의 중요성에 관한 광범위한 주장으로 좀더 발전시켰다. 따라서 헤이는 다음같이 주장한다.

구조와 행위 사이의 구분이 실제적 구분이라기보다는 분석적 구분이라는 주장이 논쟁적이라면, ([콜린 헤이를 통해] 여기에서 발전된) 전략관계 접근의 두 번째 존재론적 전제도 적어도 동일하게 논쟁적이다. 곧 물질적인 것과 관념적인 것 사이의 구분 또한 순전히 분석적인 구분이다. 구조와 행위자가 따로 존재하지 않는 것과 마찬가지로, 물질적인 것과 관념적인 것 또한 복잡하게 뒤섞여 있으며 서로 상호 의존적이다. 이런 존재론적 주장을 훨씬 더 논쟁적으로 만들 가능성이 있는 것은 물질적인 것 자체가 실재라는 영역의 한계를 규정한다는 통속적인 생각이다. 이런 생각이 실증주의 방법론에 대한 접근을 유지하기를 간절히 바라는 사람들에게는 하기 편리한 가정이라는 점은 틀림없는 반면, 우리 자신의 경험에 조화시키기는 조금 어렵다. 왜냐하면 우리가 앞으로 언젠가 그 관념들을 거부하게 되든 그렇지 않든, 우리 환경에 관해(이를테면 무엇이 실현 가능하고, 가능하며, 바람직한가에 관해) 우리가 갖는 관념들은 실질적인 효과들을 갖기 때문이다. 더욱이 그런 관념들은 그 환경 자체에 무관하게 그런 효과를 갖지 않는다. 효과들 자체와 우리가 처음에 형성한 관념들은 둘 다 우리가 처해 있는 맥락을 통해 매개된다. 결과적으로, 구조와 행위의 문제에 관련해 물질적인 것과 관념적인 것 사이를 분석적으로 구분하는 것이 유용할 수 있는 반면, 분석 전략이 존재론적 이원론으로 고정되지 않는 것이 중요하다. [······]

다시 한 번, 맥락 자체에 대한 접근은 담론적으로 매개된다. 행위자들이 어떻게 행동하는지는, 곧 행위자들이 처음 고려하는 전략, 행위자들이 최종 심급에서 사용하는 전략, 행위자들이 형성한 정책은 행위자들이 처해 있는 맥락에 대한 자기들의 이해를 반영한다. 더욱이 그런 이해는 다양한 모든 현실적인 대안들을 배제할 수 있고, 실제로 시간이 흐르면서 문제가 되는 맥락을 체계적으로 잘못 재현하는 것으로 증명될 수 있다. 그럼에도 불구하고 특정한 관념, 내러티브, 패러다임들이 행위자들이 세계를 해석하는 데 사용하는 인지적 틀cognitive template을 계속 제공하려면 그런 행위자들의 직접적이고 매개된 경험들에 대해 특정한 공명을 유지해야 한다. 이런 측면에서, 담론적인 것 또는 관념적인 것은 물질적인 것에서 단지 상대적으로 자율적일 뿐이다. …… 바라건대 위의 논의가 입증하는 것은 행위자와 구조, 곧 행동과 맥락 사이의 관계에 대한 어떤 적절한 이해에서 관념의 중요성이다. 위의 논의는 또한 행위자들이 전략적 환경을 해석하는 수단으로서 정책 패러다임 같은 인지적 필터를 제공할 수 있는 사람들의 권력을 시사한다. 요컨대 특정한 맥락이 **전략적으로 선택적인** 것처럼, 곧 다른 전략들보다 특정한 전략들에 대해 선택적이지만 결코 결정적이지 않은 것처럼, 그 맥락은 또한 **담론적으로 선택적이다**. 곧 특정한 맥락이 전유될 수 있는 수단으로서 담론들에 대해 선택적이지만 결코 결정적이지는 않다. (Hay 2001)

이런 아이디어들은 1990년대 중반에 존재한 전략관계 접근과 충분히 양립 가능하고, 실제로 이런 접근 안에서 일어난 진전을 나타낸다. 그 아이디어들의 의미는 사실상 실질적인 주장에 있지 않은데, 이런 의미는 전략관계 접근의 많은 다른 측면들처럼 명시적으로 드러나지 않을 때조차 많은 사회과학 분석에서 암묵적이다. 마치 주르댕 씨Monsieur Jourdain[4]가 자기가 평생 산문을 말하고 있었다는 사실을 놀라워하며 발견한 것처럼, 실제로 누군가는 전략관계적 이론화 또한 모든 복잡-구체적 우연성과 다양성 속에서 일상생활에 접근하는, 산문적 특성을 지닌 일상적인 사회 행위와 사회

---

[4] 몰리에르가 쓴 희곡 〈서민 귀족(Le Bourgeois gentilhomme)〉의 주인공 — 옮긴이.

분석이라고 주장할 수 있을지도 모른다. 오히려 SRA에서 이런 담론적 전회discursive turn의 의미는 전체적인 전략관계 접근의 발전에 관련해 이런 전회가 가지는 존재론적, 인식론적, 방법론적 함의에 있다. 왜냐하면 그런 전회가 사회 세계에서, 그리고 한층 더 강력한 이유로 선택성과 전략적 행위에 관한 적절한 분석에서 기호 작용의 존재론적 의미를 강조하기 때문이다. 그렇다면 SRA의 도전은 사회적 가상을 어떻게 전체적인 이론적 분석틀과 경험적 분석들에 가장 잘 통합시키는가 하는 도전이 된다. 다시 말해, 전략관계 접근은 선택성과 전략적 행위, 그리고 사회적 통합과 사회적 응집, 이 요소들의 긴장과 위기, 이 요소들의 재생산과 변형에 관련해 선택성과 전략적 행위가 지니는 함의를 기술하고 설명하는 데 어떻게 물질적 관심과 담론적 관심들을 결합시킬 수 있는가?

헤이가 박사 학위 연구와 그 뒤에 이어진 이론적이고 경험적인 연구에서 이런 아이디어들을 발전시키는 동안, 전략관계 접근에 관련해 내가 진행한 작업은 다른 경로를 통해 유사한 결론에 이르렀다. 이 작업은 축적 전략, 국가 프로젝트, 헤게모니 전망에 관련해 내가 제시한 명제들에 그람시가 미친 영향 덕분에 시작됐다(Jessop 1983). 그리고 대처리즘을 분석하는 과정에서 이데올로기적인 것이 지니는 중요성에 관한 논쟁들에 내가 개입하면서 계속됐다(Hall 1985; Hall et al. 1978; Jessop et al. 1984; 1988). 여기에 더해 비판적 담론 분석(특히 Fairclough 1992), 서사학narratology 연구들과 내러티브 정책 분석(특히 Somers 1994; Sum 1995; 1996), 권력과 지식에 관한 푸코주의적 주장(Foucault 1980b), 경쟁력과 유연성에 관한 경제 담론의 변화에 관한 연구들(Jessop 1992c; Jessop et al. 1991; 1993), 경제적이고 정치적인 재구조화에서 공간적 가상의 영향에 관한 관심(특히 Lefebvre 1974)이 영향을 미쳤다.

이런 다양한 궤적들은 경제사회연구위원회Economic and Social Research Council의 자금 지원을 받아 진행한 영국의 로컬 거버넌스에 관한 연구 프로젝트를 위해 준비된 공동 논문으로 수렴됐는데, 이 논문은 전략관계 접근에 관한 일반적인 설명 속에서 구조적 선택성과 담론적 선택성이라는 아이디어들을 결합하려 했다(Hay and Jessop 1995).

이것은 내 딴에는 경쟁력 담론의 변화, 기업의 내러티브, 기업 도시에 관한 추가적인 전략관계적 작업으로 이어졌다(Jessop 1997c; 1998b; Jessop and Sum 2000). 나이링 섬과 진행한 공동 연구는 SRA의 이런 문화적 전회를 강화시켰으며, 실제로 나이링 섬은 전략관계 접근의 발전에서 이런 단계를 기술하려고 우리들 사이에서 '문화 정치경제학'이라는 용어를 처음 도입한 사람이었다. 나이링 섬은 이전에는 자기가 만든 '담론적-물질적' 접근을 사용해 작업했는데, 이 접근은 정치경제학 영역 안에서 담론성과 물질성의 상호 작용에 대한 강조를 결합시켰다. 이 접근은 SRA를 명시적으로 채택하지 않은 반면, 물질적인 것과 담론적인 것뿐 아니라 구조와 전략의 문제들에 동시에 주목했다(이를테면 Sum 1994; 1995; 1996; 1999a; 1999b; 2000; 2001; 2002; 2004를 보라). 우리는 그 뒤 CPE를 발전시키는 과정에서 밀접하게 작업해왔다.

그러나 전략관계 접근의 발전에서 나타난 이 새로운 국면에서 결정적인 진전은 지식 기반 경제의 출현을 둘러싼 새로운 경제적 가상에 관련된 작업과 함께 일어났다. 나는 그때 변이, 선택, 보존의 진화론적 메커니즘이 담론적 선택성 개념에 적용될 수 있다는 사실을 깨달았다. 다시 말해 다른 담론들보다 특정한 담론들이 헤게모니적이 된 이유를 설명하기 위해 (특히 위기의 기원, 의미, 타개책에 대한 해석들을 제공하는 경쟁적 내러티브들이 대규모로 급증하던 위기 시기 동안) 어떻게 특정한 물질적이고 담론적인 메커니즘이 다른 시기에 다른 비중을 지니고 다른 방식으로 결합해서 다른 담론들 사이에서 특정한 담론들(가상들)을 선택했으며, 그리고 다음 라운드에서 앞서 선택된 담론들 중 일부를 보존(정신화, 체현, 제도화)했는지를 탐구하는 것이 필수적이었다. 이것은 '문화 정치경제학', 곧 정치경제의 기호 차원에 대한 주르댕식 매료 속에서 경제적 범주와 정치적 범주들의 물질적 특수성을 망각하지 않고 문화적 전회를 진지하게 받아들이는 것에 기반해 정치경제적 동학과 변형에 관한 전략관계적 분석을 발전시키는 과정의 기반이었다(cf. Fairclough et al. 2004; Jessop 2004a; Jessop and Oosterlynck 2007; Jessop and Sum 2001; 2006; Sum and Jessop 2008).

전략관계 접근의 셋째 국면에서 무엇이 중요한지는 문화 정치경제학에 관한 다음 진술에서 어느 정도 암시되고 있다.

CPE는 어떻게 텍스트가 의미를 생산하고, 그렇게 함으로써 사회 구조를 생성하도록 돕는지를 다룰 뿐 아니라, 어떻게 이런 생산이 본래적으로 기호학적 요인들뿐 아니라 사회 구조의 발현적이고 비기호학적인 특징들을 통해 제한되는지를 다룬다. (실천이 의미를 수반하는 한) 모든 사회적 실천이 기호학적인데도 불구하고 어떤 사회적 실천도 기호 작용으로 환원되지 않는다. 기호 작용은 결코 외적 참조를 하지 않는 순전히 기호 내적인 문제가 아니며, 기호들의 네트워크들 사이에 존재하는 차이들의 작용 이상을 포함한다. 기호 작용의 전모는 기호 작용을 가능하게 만들고 그런 작용의 효과성을 보장하는 기호 외적 조건을 확인하고 탐구하지 않고는 이해될 수 없다. 여기에는 특정한 기호학적 행위 맥락의 전반적인 형세, 그리고 모든 기호 작용이 발생하는 자연 세계와 사회 세계의 복잡성이 둘 다 포함된다. 이것은 위에서 개괄된 '경제적 가상' 개념의 기반이다. 왜냐하면 경제적 가상이 경제적 '사건'을 **해석하는**construing 기호학적 프레임을 제공할 뿐 아니라 또한 이런 사건과 그 사건의 경제적 맥락을 **구성하도록**construct 돕기 때문이다. (Jessop 2004a, 163~164)

비판적 기호 작용을 비판적 정치경제학에 결합시키게 되면 전략관계 접근은 정치경제학의 두 가지 상호 보완적인 오류를 피할 수 있다. 첫째, 기호 외적 맥락이 제외된 채 기호 작용이 연구된다면 사회적 인과 관계에 관한 설명은 불완전할 것이고, 기호학적 환원주의, 그리고/또는 기호학적 제국주의로 이어질 것이다. 그러나 둘째, 기호학적 차원과 기호학적 매개가 제외된 채 물질적 변형이 연구된다면 안정과 변화에 관한 설명이 객관적 필연성과 순전한 우연성 사이에서 동요하게 될 위험이 있다. '제3의 길'을 제시하면서 CPE는 자본주의가 일반화된 상품 생산에 관련된 일련의 특수한 경제적 형태들(상품 형태, 화폐, 임금, 가격, 재산 등)을 수반한다고 강조한다. 이런 형태들은 그렇게 분석돼야 하고, 따라서 경쟁적인 경제적 가상의 선택과 보존을 형성하는 자체의 효과를 지닌다. 따라서 마르크스주의적 CPE는 담론과 물질적 실천들의 융합을, 그리고 20년 동안 사회 이론을 괴롭혀온 더 일반적인 '담론 제국주의'를 확고히 거부한다.

마르크스주의적 CPE는 또한 새로운 경제에서 경제 생활의 '문화화 culturalization'에 관한 최근의 주장들을 모든 경제 행위의 기호학적 차원에 대한 때늦은 (잘못된) 인식일 뿐 아니라 잠재적으로 수행적 효과를 지닌 새로운 경제적 가상 안의 요소들로 보며, 이런 주장들을 비판하는 동시에 맥락화하는 강력한 수단을 제공한다(때때로 대조적인 견해들에 관해서는 du Gay and Pryke 2002; Ray and Sayer 1999를 보라). 게다가 많은 이론가들이 다양한 맥락에서 언급하듯이(그리고 정통 마르크스주의자들이 때때로 잊어버리듯이) 자본 관계를 구성하는 기본 형태들의 재생산과 다양한 사회구성체에서 그런 형태들의 특수한 사례는 순전히 시장의 객관적 논리를 통해, 또는 '생산자들의 배후에서' 작동하는 지배를 통해 보장될 수 없다. 왜냐하면 자본의 운동 법칙은 이중적으로 경향적이며, 때때로 경제적인 것으로 해석되는, 그리고/또는 구성되는 차원을 훨씬 넘어서는 우발적인 사회적 실천들에 따라 좌우되기 때문이다. CPE는 또한 이런 문제들에 대한 조정책을 제공한다. 부분적으로 이런 조정책은 시장의 힘의 경제 외적 토대를 구성하는 데에서 물질이 하는 구실에 대한 강조에서 비롯된다. 그러나 CPE는 또한 다양한 경제적 가상들이 어떻게 경제 외적 활동, 제도, 질서들과 경제적인 것을 구분하도록 기능하는지를, 따라서 기호 작용이 또한 축적 조건을 확보하는 데에서 어떻게 구성 요소가 되는지를 강조한다.

전략관계적인 잠정 결론

이 책은 아직 초반이라서 전략관계 접근에 관한 결론들을 이끌어내기에는 너무 이르다. 나머지 장들은 또한 전략관계 접근의 발전과 함의들을 다루고, 마지막 장은 앞으로 진행될 연구 의제를 제시할 생각이다. 따라서 이 장은 세 가지 개괄적 명제들을 제시하며 마칠 수 있다.

첫째, 그렇다면 SRA는 일반적인 사회적 존재론에 기반한 발견법이다. 따라서 특정한 이론적, 그리고/또는 경험적 문제를 분석하는 일련의 특정한 개념들을 입증할 수 없다. 실제로 일반적인 발견법으로서 SRA는 일련의 특정한 전략관계적 이론들하고 양립 가능한데, 이런 이론들은 다른 형태의 이론적 성찰, 경험적 관찰, 또는 실천적 개입에서 도출돼야 한다. 이런 측면에서, 앞으로 시도될 국가 이론에 대한 특수한 적용에 상관없이 SRA의 메타 이론적 주장들은 다른 방식으로 생존하고 발전될 수 있다.

둘째, 같은 이유로 SRA는 다른 이론적 접근, 새로운 개념, 경험적 분석들에 문제를 제기하고, 그런 요소들에 관련된 구조적이고 전략적인 차원들을 강조하고, 그런 요소들이 지니는 함의를 탐구하는 데 사용될 수 있다.

셋째, SRA가 포괄적 발견법이 되려면 또한 자기 자신에게 적용돼야 한다. 다시 말해 일반적인 발견법으로서, 그리고 동시에 그 특정한 형태들 속에서 전략관계 접근의 발전에 관한 전략관계적 설명을 제공하는 것이 가능해야 한다. 이런 시도는 하나의 특정한 전략관계적 패러다임의 출현, 선택, 보존, 경쟁, 그리고 또 다른 전략관계적 패러다임을 통한 대체, 또는 실제로 적어도 강력한 또 다른 전략관계적 발견법을 통한 일반적인 전략관계적 발견법의 대체 뒤에 놓인 물질적이고 담론적인 요인들에 관한 분석을 수반할 것이다. 이런 측면에서 이 책은 전략관계 접근의 선택과 보존을 촉진하려는 하나의 시도로 간주될 수 있다.

2장
×
다시 한 번, 국가를 불러오기[1]

1장은 전략관계 접근이 마르크스주의와 사회과학 철학의 특정한 논쟁에 대한 비판적 개입을 기반으로 발전된 과정을 보여줬다. 이 장은 마르크스주의적 국가 이론을 둘러싼 논쟁에 관한 더 일관된 설명을 제공하고, SRA를 발전시키는 데 다른 접근이 한 제한된 구실에도 불구하고 유사한 문제에 반응해 유사한 주장이 발전된 과정을 보여주는 다른 접근을 검토한다. 이런 검토는 SRA가 사회적 관계에 관한 자의적인 이론적 **해석**construal이 아니라, 사회적 관계가 실제로 구성되고 재생산되는 과정에 관한, 그리고 '구조적' 얼간이도 '문화적' 얼간이도 아닌 평범한 행위자가 전략적 행위에 참여하게 되는 과정에 관한 조금 적절한 묘사라는 것을 시사한다. 실제로 변이, 선택, 보존, 경쟁의 진화론적 메커니즘을 과학 발전 영역과 이런 영역이 더 넓은 사회 환경에 배태되는 과정에 적용하면서, 누군가는 SRA가 구조-

---

[1] 이 장은 Bob Jessop, "Bringing the state back in (yet again): reviews, revisions, rejections, and redirections," *International Review of Sociology* 11(2), 2001, pp. 149~173을 아주 많이 수정하고 갱신한 판본이다.

행위의 변증법을 기술하고 설명하는 과정에서 다른 대안보다 이론적이고 실질적으로 더 낫기 때문에 다양한 연구 분야에서 SRA와 그 등가물이 선택되는 경향이 있다고 주장할지도 모른다. 따라서 다양한 이론가들은 자기들이 더욱 추상적이고 편파적인 분석에서 더욱 복잡-구체적인 문제로 이동함에 따라 SRA와 유사한 어떤 것을 채택하는 경향이 있을 것이다. 그러나 이런 매끄러운 과학적 발전 과정에 많은 물질적이고 담론적인 장애물이 존재하며, 이런 장애물을 무시하는 것은 전략관계 접근 자체에 모순된다. 실제로 전략관계 접근을 SRA에 적용하는 것은 그 접근 자체가 경로 의존적일 뿐 아니라 경로 형성적이라는 것, 곧 그 접근이 특수한 문제를 통해 생성될 뿐 아니라 이런 문제를 해결하는 데 이용할 수 있는 물질적이고 담론적인 자원을 통해 형성된다는 것을 시사한다. 이런 점은 변이, 선택, 보존, 경쟁의 물질적-담론적 메커니즘을 두드러지게 하며, 이 메커니즘이 과학 영역을 비롯해 과학 영역을 사회적 관계의 더 넓은 결합체에 배태시키는 과정까지 포함한 모든 사회 영역에 적용된다는 것을 분명히 보여준다. 따라서 이 장은 국가 이론이 새로운 전략관계적 의제를 중심으로 궁극적으로 수렴한다는 승리주의적 설명을 제시하는 것보다는, 패러다임의 지속적 변화를 보여주고, 국가와 국가 권력에 관한 최근 연구와 앞으로 진행될 연구들에 연관해 이런 패러다임이 지니는 의미, 그리고 사회구성체의 성격과 발전에 관련해 국가 이론들이 지니는 일반적 의미를 평가하는 것에 더 관련 있다.

    나는 전후 국가에 관한 관심의 두 가지 주요한 물결을 검토하려 한다. 첫 물결은 1960년대 중반에 출현했으며, 주로 자본주의 국가의 일반적 형태와 기능들에 관심을 둔 서유럽 마르크스주의자들과 미국 급진주의자들이 주도했다. 핵심 조연은 이런 아이디어들을 가부장적 자본주의 국가로 확장시킨 마르크스주의 페미니스트들이 맡았다(이런 마르크스주의적 이론화에 관한 유용한 논평은 Altvater and Hoffman 1990; Barrow 1993; Carnoy 1984; Chandhoke 1995;

Clarke 1990; Jessop 1977; Thomas 1994를 보라; 그리고 마르크스주의-페미니즘은 Burstyn 1983; Mahon 1991을 보라). 이런 마르크스주의 논쟁의 궤적은 이론적 패러다임이 얼마간 선택되고 발전되며, 기세를 잃고 추방되고, 주변적 형태로 살아남아 이론적이고 경험적인 연구를 펼치는 새로운 단계에서 부활하는(또는 그렇게 하지 못하는) 과정을 드러낸다. 1970년대 후반의 두 번째 부흥은 좀더 이론적인 흐름과 실질적인 관심들을 포함했고, 또한 접근 방식에서 더 제도주의적이었다. '다시 국가를 불러오려고bring the state back in' 스스로 선언된 운동은 미국에서 비롯됐으며, 확장, 공고화, 궁극적 추방의 국면을 겪었다. 이 시기의 가장 혁신적인 작업의 일부는 서유럽의 덜 명시적으로 국가 중심적인 접근들에 근거했고, 실제로 이런 흐름의 일부는 정치 권력과 지배에 관한 분석에서 보통 말하는 국가가 그 중심적 위치에서 퇴위됐다고 주장한다. 이런 흐름은 1990년대에 국가 이론에 관한 관심이 쇠퇴하는 데 부분적으로 기여했지만, 그럼에도 불구하고 국가 이론에 관한 관심은 국가와 국가 권력에 관한 더욱 정통적인 작업에 관련해 흥미로운 함의를 지닌 새로운 방향으로 국가에 관한 연구를 이동시켜온, 덜 명시적으로 국가 이론적인 분석들에서 자연스럽게 재출현했다. 바르텔손은 학자들이 국가의 존재를 부정하거나 정치 분석의 중심에서 국가를 추방하려 할 때마다 국가는 또 다른 이름, 개념, 또는 이론의 형태로 재출현한다고 주장했다. 왜냐하면 연구 의제에서 명시적으로 제거될 때도 국가 개념은 연구 관행에 따라 은연중에 전제되기 때문이다. 그러므로 국가는 현대 정치 담론의 많은 중요 부분에서 여전히 근본적으로 남는다. 아무리 국가를 없애버리고 싶어해도 의미론적 정확성에 대한 압력이 완화되거나 무시될 때마다 국가 개념은 여전히 편리한 약칭으로 남는다(Bartelson 2001, 4~5, 10~11). 따라서 이 장은 이론적이고 경험적인 대상으로서 국가와 정치에 다가가는 사회과학적 개입에 관한 예비적이고 부분적인 전략관계적 탐구로 간주될 수 있다.

마르크스주의의 부활과 전략관계 접근

마르크스와 엥겔스의 유산에는 국가에 대한 적절한 이론이 포함되지 않는다. 마르크스와 엥겔스의 저작은 느슨하고 종종 양립 불가능한 일련의 철학적, 이론적, 저널리즘적, 당파적, 인신공격적, 그리고 순전히 임기응변적인 논평들로 구성된다(국가 이론에 마르크스와 엥겔스가 한 기여에 관한 진지한 논평은 Althusser 2006; Artous 1999; Draper 1977; 1978; Fine 1984; Frerichs and Kraiker 1975; Hennig 1974; Teeple 1983을 보라). 그럼에도 불구하고 마르크스와 엥겔스의 저작은 **사회적 관계로서 국가**에 관한 **암묵적인** 설명을 포함하고 있다. 곧 1장에서 언급된 대로 니코스 풀란차스(Poulantzas 1978b)를 통해 처음 **명시적으로** 확인된 설명 말이다. 이 설명은 사회 분석에 대한 마르크스의 전반적인 접근에 상당히 일치하고, 자본이 사회적 관계라는 마르크스의 기본 주장에 가장 잘 표현돼 있다.

> 만약 그 상관물, 달리 말해 임금 노동자, 곧 자기 자신의 자유 의지에 따라 자신을 판매할 수밖에 없는 다른 사람이 없다면 화폐 자산, 생활 수단, 기계, 그리고 그 밖의 다른 생산수단은 아직 한 사람을 자본가로 낙인찍지 않는다. …… 자본은 사물이 아니라 사물들을 수단으로 확립된, 사람들 사이의 사회적 관계다.
> (Marx 1867, 717)

동일한 주장이 국가에 관한 마르크스와 엥겔스의 성찰을 관류하며, 이런 주장은 국가 권력이 사법-정치 제도들, 국가 능력들, 정치 조직들을 수단으로 매개된 정치 세력들 사이의 사회적 관계라고 환언돼 해석될 수 있다(cf. Marx 1843; 1850; 1852; 1871a; 그리고 이 책 3장을 보라). 풀란차스는 국가 권력이 정치적 계급 투쟁 세력들의 제도적으로 매개된 균형의 응축이라는 명제로 이런 직관을 표현했다(이 책 6장을 보라). 그러나 마르크스와 엥겔스가 단순-추상적인 논증에서 복잡-구체적인 논증으로 체계적으로 나아가면서 이런 설명을 제시하지는 않았기 때문에, 뒤이은 마르크스주의 국가 이론화는 국가에 관한 마르크스와 엥겔스의 저작을 매우 선택적이고 종종 지나치게 단순한 방식으로 해석하기 쉬웠다.

넓게는 사회민주주의적 제2인터내셔널이, 좁게는 마르크스-레닌주의적 코민테른(또는 제3인터내셔널)이 둘 다 더 접근하기 쉬운 마르크스와 엥겔스의 국가 관련 핵심 텍스트에 관한 부분적 해석에 기반해 여러 가지 편파적인 설명을 발전시켰다. 제2인터내셔널은 주로 정치 세력 사이의 균형 변화, 자본주의의 단계, 자본주의의 상대적 (불)안정을 인식하기 위해 경우에 따라 수정된, 국가에 관한 도구주의적, 그리고/또는 부수 현상론적 견해를 발전시켰다. 도구주의는 주로 우연히 통제하게 된 어느 세력을 통해서 어떤 목적으로든 이용될 수 있는 사법적-정치적 장치로 국가를 본다. 그리고 부수 현상론은 국가의 형태, 기능, 목적을 경제적 토대(생산력과 생산관계)의 반영이자 경제 세력들 사이의 균형의 변화가 반영된 결과로 간주한다. 어느 경우든 국가장치에 많은 자율성이 부여되지 않았다. 그렇게 해서 국가 권력의 관계적 성격은 세력 균형의 변화, 그리고/또는 토대-상부구조 관계에 제한되고, 국가의 특수한 형태와 능력들은 일반적으로 무관한 것으로 여겨진다. 주요한 예외는 선거 승리에 기반한 사회주의를 향한 의회적 경로에 대한 지지와, 경제의 감제고지economy's commanding heights[2]의 국유화, 그리고/또는 국가 계획에 대한 지지다. 이 전략은 부르주아 민주주의 체제들이 정치적 점진주의에 상대적으로 유리한 조건을 제공하며, 조직화된 자본주의에 관

---

[2] 1922년 레닌이 소비에트 공산당 전당대회에서 처음 사용한 개념으로, 한 국가의 경제를 주도하는 기간 산업이나 주도 세력을 의미한다 — 옮긴이.

련된 경제 권력과 정치 권력의 집중과 중앙집권화의 증가가 사회주의의 권력 탈취를 촉진시킬 것이라고 가정한다. 이 전략은 결국 어느 정도 국가 권력이 구조와 세력들의 함수라는 것을 시사하는데, 여기서 국가 권력은 이 구조와 세력들에(또는 이것들 속에서, 그리고 이것들을 통해) 행사된다.

볼셰비키 혁명 뒤에 형성된 코민테른은 또한 도구주의와 부수 현상론적 견해로 기울었다. 국가와 독점 기업들이 경제적 착취와 정치적 억압이라는 단일한 메커니즘으로 융합됐다는 생각은 특히 금융 자본주의와 '전쟁 사회주의war socialism'의 공고화 경향과 함께 1차 대전 동안 발전된 레닌의 주장에 관련됐다. 또 다른 논증 방식은 각각 종속 계급의 경제 투쟁과 정치 투쟁에 대한 와해 효과, 그리고 시장 합리성과 다수결 선거의 한계 안에서 이런 투쟁에 대한 봉쇄 경향 때문에, 부르주아 민주 공화제가 성격상 본질적으로 자본주의적이라는 (레닌이 수정한) 마르크스의 주장을 발전시켰다(부르주아 민주 공화제가 자본을 위한 최상의 정치적 외피라는 레닌의 주장에 관련된 논증에 관한 전반적 논평은 Jessop 1978을 보라). 부르주아 민주주의의 이런 전략적 편향은 사회주의를 향한 의회적 경로를 배제하고, 파리 코뮌에서 예시된 노동자 평의회를 통한 직접 민주주의에 기반해 부르주아 민주주의를 대체할 완전히 새로운 국가 형태의 필요성을 제기했다. 직접 민주주의에 대한 전념과 공산당의 전위 구실 사이에는 분명한 긴장이 자리했다. 실제로 전략관계적 측면에서 전위당의 지배는 풀뿌리 민주주의보다는 권위주의를 유발했다.

양차 대전 사이의 다른 주요한 기여는 형태상 권위주의적이거나 전체주의적인 강한 관료주의 국가 경향을 다룬 1세대 프랑크푸르트학파 '비판 이론가들'에게서 나왔다.[3] 비판 이론가들은 이런 국가 형태가 조직화된 자본주의 또는 국가 자본주의의 발흥에 조응했으며, 이데올로기적 권력을 위해 점점 대중 매체에 의존했고, 정치적 토대로서 노조 운동을 통합시키거나 그렇지 않으면 전체주의적 지배의 공고화의 일부로서 노조 운동을 분쇄했다고 주장했다. 그람시 또한 이 시기에 살았지만(그리고 죽었지만), (1926~1934년 이탈리아 파시즘 아래에서 투옥돼 있는 동안 쓴) 옥중 수고에서 발견된 국가 이론에 관련한 가장 중요한 저작은 1950년대까지 이탈리아어로 출간되지 않았으며, 1960년대가 돼서야 널리 알려지고 영향력을 지니게 됐다(이 책 4장을 보라).

전쟁 전에 제기된 주요한 접근과 주장들을 훨씬 넘어서는 국가에 관한 마르크스주의적 관심의 진지한 부활은 1960년대 후반과 1970년대에 발생했다. 그런 흐름은 전후 경제를 관리하는 데 케인스주의 복지국가가 거둔 외견상의 성공, 그럼에도 불구하고 이런 국가 형태가 여전히 본질적으로 자본주의적이라는 것을 보여주려는 바람을 통해 자극됐다. 마르크스주의 이론가들은 처음에는 마르크스의 정치경제학 비판의 기본 범주들에서 자본주의 국가의 필연적 형태와 기능들을 도출하고, 당대 국가들이 자본주의의 위기 경향과 모순들을 유예시킬 수 없다는 것을 증명하려 노력했다. 자본주의 발전의 특정한 국면과 계급 세력들의 특정한 균형에 조응하기 때문에, 자본의 이해에 대항해 행동하는 개입주의 복지국가의 외견상의 자율성은 환상에 지나지 않았다. 그런 자율성은 기껏해야 자본의 모순을 추방하거나 유보할 수 있으며, 위기 경향이 경제적 또는 경제 외적 형태들로 재부상할 때 국가의 위기 관리 노력은 전후 국가의 자본주의적 성격을 드러냈다. 이런 접근은 정치 체제의 역사적 가변성과 자본주의의 다양한 형태를 분별없이 무시해버린 다수의 이론적 출발점과 고도로 추상적인 이론화의 무게를 못 이기고 1970년대 후반에 내부에서 붕괴하기 시작했다. 실제로 드문 예외를 제외하고 이런 논쟁에 대한 개별적 기여들은 시간의 안갯

3　비판 이론과 국가에 관해서는 Horkheimer(1942), Kirchheimer(1969), Neumann(1964)을 보라. Held(1980)는 프랑크푸르트학파에 관한 접근하기 쉬운 입문서다.

속으로 사라졌다(구체적인 기여는 Jessop 1982, 78~141을 보라).

그럼에도 불구하고 몇몇 더 나은 분석가들은 훨씬 더 넓은 이론적 범위에 관련된, 그리고/또는 좀더 구체적인 역사적이고 비교적인 문제들에 관련된 두 가지 핵심적인 전략관계적 통찰을 정식화했다. 항상 동일한 언어로 표현되지는 않았을지라도, 이런 통찰들은 그 바탕에 깔린 핵심 주장으로 수렴됐다.

첫째, 기능 분석에서 형태 분석으로 전환하면서, 마르크스주의 이론가들은 형태가 기능의 전조가 된다는 것을 발견했다. 아주 초기의 작업은 자본을 위해 수행할 필요가 있다고 여겨지는 기능에서 국가의 필연적 형태를 도출하려 했다. 이런 측면에서 볼 때 형태는 기능에서 비롯된다. 이것이 자본의 전체 이해를 충족시키는 국가의 능력에 제한된다면, 이 주장은 상대적 자율성과 일치한다. 나중의 작업은 자본주의 국가의 대표적 형태가 어떻게 자본 축적과 정치적 계급 지배를 위한 자본주의 국가의 전반적 기능을 문제화하는지를 탐구했다. 이렇게 볼 때 형태에서 역기능이 비롯될 수도 있는데, 왜냐하면 국가와 시장 경제의 제도적 분리, 곧 자본주의 사회들의 필연적이고 결정적인 특징으로 간주되는 분리는 국가와 시장 경제가 서로 다른(그리고 잠재적으로 모순된) 제도적 논리와 계산 방식에 따라 지배된다는 것을 의미하기 때문이다(이를테면 Hirsch 1976; 2005; Offe 1984; Poulantzas 1978b; Reuten and Williams 1989; Wood 1981). 따라서 설사 국가가 운영상 자율적이라 하더라도(그리고 실제로 바로 그렇기 때문에) 자본의 요구에 복무하는 정치적 결과는 보장될 수 없다. 이런 결론은 구조적 모순, 전략적 딜레마, 특수한 국가 형태의 경로 의존적(곧 역사적으로 조건지어진) 발전에 관한 작업을 자극했다. 또한 사회적 투쟁과 제도들의 복잡한 상호 작용에 관한 더 상세한 설명을 선호하는 고도로 추상적이고 종종 본질주의적인 이론화의 쇠퇴를 유도했다.

둘째, 단순한 사물이나 단일한 정치적 주체로서 국가장치에 관한 견해들을 점차 폐기하면서, 마르크스주의 이론가들은 국가 권력들을 복잡한 사회적 관계로 분석하기 시작했다. 일부 초기 저작들은 국가가 계급 지배의 중립적 도구에 지나지 않는다고 봤다. 일부는 누가 국가를 통제하는지에 상관없이 국가란 자본주의의 이해에 복무하도록 제도적으로 운명지어졌다고 보는 더욱 구조주의적인 견해를 채택했다. 그럼에도 불구하고 다른 사람들은 국가를 일종의 합리적 계산 주체, 곧 개별 자본들의 특정한 또는 인지된 이해들에 대항해 일반 자본capital in general의 실제적 이해들을 파악하고 추구할 수 있는 관념적 총자본가ideal collective capitalist로 봤다. 이런 견해들에서 어느 것도 만족스러운 것으로 증명되지 않았다(이런 태도들에 대한 비판은 Carnoy 1984; Jessop 1977; 1982; 1990b; Offe 1972; Poulantzas 1967; 1978b를 보라). 점차(그리고 부분적으로) 그런 견해들을 대체한 것은 다양한 국가들의 **구조적 선택성**과 **전략적 능력들**에 관한 암묵적으로 전략관계적인 연구들이었다. 따라서 이런 연구들은 제도들의 앙상블로서 국가가 특정한 국가 능력들에 대한 접근과 통제를 통해 특수한 이해관계와 전략들을 추구하기 위해 다양한 정치 세력들의 능력에 특수하고 차별적인 영향을 끼치는 방식들을 탐구했다. 국가 능력들 자체는 국가를 넘어서는 세력들과 권력들에 연계하는 과정에 국가 능력들이 미치는 효과에 달려 있다(이 개념은 특히 Offe 1972; Poulantzas 1978b를 보라). 이 연구들은 또한 이런 능력들, 그 능력들의 조직과 행사에서 나타난 변화를 연구했다. 이것은 국가 권력의 관계적 성격에 대한, 그리고 제도적 경계를 훨씬 넘어서는 사회 영역으로 자기의 권력을 투사하는 국가들의 능력에 대한 더 큰 강조를 촉발했다. 그리고 첫째 통찰처럼 투쟁, 제도, 정치 능력들에 관한 더 복잡한 연구들로 이어졌다. 이 책에서 제시된 SRA는 국가 이론에 대한 풀란차스의 기여에 비춰 내가 이 두 주제를 성찰한 것에서 출현했고, 이런 측면에서 이 주제들의 코드화와 정교화로서 비롯됐다.

이 최초의 전후 부흥에서 지속적인 관심을 끈 저작을 쓴 마르크스주의 국가 이론가 중에서 1990년대에는 그람시가 거의 유일하게 여전히 폭넓은 비평가들의 찬사를 누리고 있었다. 그람시가 일반적인 자본주의 국가를 이론화하기보다는 국가 권력의 구체적 양상들을 연구한 것은 결코 우연이 아니다. 그람시는 '포괄적 의미의 국가'(곧 '정치사회+시민사회')를 연구했으며, 부르주아 사회의 국가 권력이 '강압으로 무장한 헤게모니'에 의존한 양상을 보여줬다(Gramsci 1971). 더욱이 그람시는 특정한 제도와 장치들을 본질적으로 기술적인 통치 도구로 취급하기보다는 그런 제도와 장치들의 사회적 토대를 다뤘고, 어떻게 그 제도와 장치들의 기능과 효과가 이런 제도와 장치들하고 경제 체계와 시민사회의 연계를 통해 형성되는지를 강조했다. 국가에 관한 그람시의 경구와 다른 언급들을 지나치게 문자 그대로 독해한 탓에 페리 앤더슨(Anderson 1976)은 그람시라는 이탈리아인이 국가를 정치사회, 정치사회+시민사회, 또는 시민사회로 다양하게 정의하면서 국가에 관해 혼란스러워했다고 주장했다. 그러나 그람시는 국가장치를 정의하는 일보다는 암묵적으로 전략관계적인 방식으로 국가 권력의 양상을 자세히 설명하는 데 더 관심이 있었다(이 책 4장을 보라). 미완적이고 잠정적인 성격에 더해, 이런 점은 그람시의 접근을 몇몇 다른 이론적 흐름에 양립 가능하게 한다. 여기에는 담론 이론, 페미니즘, 푸코주의적 분석들, 포스트모더니즘이 있다(이를테면 Golding 1992; Holub 1992; Lester 2000; Sassoon 1987; Smart 1986). 종종 생산적 오해와 이론적 동맹의 장소가 된 덕분에, 그람시의 저작이 가진 결말이 정해지지 않은 다가적 구성은 이런 생명력을 유지할 수 있게 도왔다.

마르크스주의 국가 이론을 향한 관심을 지속시킨 더욱 최근의 원천은 훨씬 덜 직접적이다. 바로 정치경제학에 대한 조절 이론 접근이다. 조절 이론은 1970년대 후반에 출현해 1980년대에 번성했고, 국가 이론에 관한 관심의 제2의 물결의 일부가 됐다. 현재의 목적에 비춰 조절 이론의 본질적

(재)발견은 자본주의 경제가 사회적으로 배태돼 있고 사회적으로 조절화된다는 것이었으며, 이 발견은 일부 조절 이론가들이 축적의 재생산-조절 reproduction-régulation(또는 거버넌스)에서 국가가 하는 핵심 구실을 연구하게 이끌었다. 이 발견은 특수한 축적 체제와 성장 양식을 형성하고, 지속시키고, 약화시키는 데 국가가 하는 다양한 기여에 관련한 더욱 복잡하고 구체적인 분석들을 위한 길을 열어줬다. 이런 분석은 조절 이론의 세 가지 주요 형태, 곧 파리 조절학파, 서독 국가 이론 접근, 관국민적 transnational 역사 유물론을 내세운 암스테르담학파라는 2세대와 3세대 조절 이론의 주요 주제들 중 하나다(각각 Boyer and Saillard 2002; Häusler and Hirsch 1989; Overbeek 2003을 보라; 그리고 논평은 Jessop 1990a, 1997d, 1997e; Jessop and Sum 2006을 보라). 흥미롭게도 파리 조절 이론 접근의 선도적 기여자들은, 재생산-조절(또는 그 내재적 모순, 위기 경향, 갈등성에도 불구하고 자본 축적의 경제적 조절화와 경제 외적 조절화)에서 국가의 중요성에 관한 조절 이론의 인식에도 불구하고, 좀처럼 국가 자체의 성격에 자기만의 비판적 실재론적이고 관계적인 접근을 적용하지 않았다(cf. Jessop 1990b, 311~320; Jessop and Sum 2006, 90~103). 중요한 예외는 브루노 테레의 사회 위상학적 접근 social topological approach 으로, 자본주의 사회구성체의 제도적으로 차별화된 경제 체제와 정치 체제들 안의 경제적이고 정치적인 관계의 필연적 현존을 통해 생산된 매트릭스를 탐구했다(Théret 1992; 1994). 그리고 더 최근에는 스테파노 팔롬바리니(Palombarini 1999)가 있는데, 국가가 효과적인 경제 관리의 조건으로 계급 타협을 제도화한다는 파리학파의 주장을 발전시켰다. 서독 이론가들은 이런 측면에서 더욱 일관적이었고, 일부는 국가와 헤게모니 축적 체제의 구실에 관한 좀더 명시적인 전략관계적 분석에 주요한 기여를 했다(이를테면 유럽연합의 포드주의는 Ziltener 1999; 미국 헤게모니 아래 조직된 포스트포드주의의 신자유주의적 형태는 Candeias 2005).

제2의 물결, 부흥과 도전

국가에 관한 관심의 두 번째 부흥에서 아마도 가장 중요한 이론적 흐름은 사회 분석의 결정적인 설명 변수로서 '국가를 다시 불러오려는' (미국에서 가장 인기를 끈) 움직임이었다. 그러나 이런 흐름이 도전을 받지 않은 것은 아니었다. 그람시의 지속적인 영향과 다른 네오마르크스주의적 흐름들의 가변적인 영향 외에도, 몇몇 다른 경쟁적 접근과 추가적인 경쟁이 발생했다. 그중에는 다음 세 가지가 눈에 띈다. 첫째, 사회의 규율적 조직, 권력의 미시 물리학, 통치성의 형태 변화에 관한 푸코와 푸코 신봉자들의 작업이 있다(다시 한 번 이론적 관점에서 국가를 제거하려는 경향에서 신국가주의neo-statism에 반목한 접근(6장)). 둘째, 남성 주류적 국가 이론에 대한 폭넓은 페미니즘적 비판의 발전이 있다(다른 질문들 중에서도 페미니스트들(그리고 다른 사람들)이 진정으로 국가 이론을 필요로 하는가 하는 물음을 던진 접근). 셋째, 국가를 구성하는 담론과 실천들에 관한 관심의 증가가 있다(이론적 대상으로서 국가를 해체하고 재구성하는 것 사이에서 조금 동요한 접근). 이런 목록은 불완전하지만 두 번째 부흥을 구성하는 태도들의 범위를 보여주는 기능을 한다.

국가 중심적 접근

'국가를 다시 불러오라'는 요구는 지배적인 전후 정치 분석들이 지나치게 '사회 중심적'이었다고 주장한 사회과학자들에게서 나왔다. 사회 중심적 분석은 **국가**의 형태, 기능, 효과를 **사회**의 조직, 요구, 이해관계에 근거한 요인을 통해 설명하려고 잘못 시도했다. 마르크스주의는 토대-상부구조 관계와 계급 투쟁에 초점을 맞춘 탓에 경제 환원주의로 비난받았다. 다원주의는 국가 권력을 둘러싼 경쟁에 관한 설명을 시민사회에 근거한 이해 집단과 운동들에 제한하며, 따라서 국가 운영자의 독특한 구실과 이해관계를 무시한다는 문제로 비난받았다. 그리고 구조기능주의는 국가나 정치체계의 발전과 뒤이은 운영이 사회 전체의 기능적 요구에 따라 결정된다고 가정하는 문제로 비판받았다. '국가 중심적' 이론가들에게 이런 접근들은 본말전도로 비쳤다. 대신에 행정 기관 또는 억압 기관으로서 국가의 독특한 속성, 그리고/또는 국가를 포함한 더 넓은 정치 질서의 똑같이 독특한 속성이라는 측면에서 국가의 활동과 효과가 쉽게 설명된다고 국가 중심적 이론가들은 주장했다. 사회적 요인은 실제로 완전히 무관하다고 여겨지지 않았을 때 분명히 부차적이었다. 국정에 대한 사회적 요인의 효과는 항상 정치 체계와 국가를 통해 걸러졌다.

더욱 프로그램화된 겉모습 속에서 국가주의 접근은 종종 니콜로 마키아벨리, 카를 폰 클라우제비츠, 알렉시스 드 토크빌, 막스 베버, 오토 힌츠 같은 고전적 이론가들을 향한 회귀를 지지했다.[4] 그러나 실제로는 국가주의 패러다임 속에서 작업한 사람들은 베버라는 부분적 예외를 제외하고 이런 사상가들에 관한 (어떤 실제적인 친숙함은커녕) 관심을 거의 보이지 않았다.[5] 실제로 국가 중심적 사상의 오랜 전통에 연계시킴으로써 신국가주의를 정당화하려고 이런 사상가들이 주로 인용된 것으로 보인다. 어쨌든 국가 중심적 작업이 실제로 초점을 맞춘 것은 국가 건설, 정책 형성, 시행에 관한 상세한 사례 연구다.

이런 맥락에서 여섯 가지 주제가 강조된다. 첫째, 민족국가들의 국가 간 체계에서 국가의 지정학적 위치, 그리고 국가 행동의 논리에 관련해 그 위

---

[4] 이 사상가들이 모두 남성이라는 점은 결코 우연이 아니다.
[5] 심지어 베버의 저작도 다양하게 해석될 수 있다. 이를테면 베버는 국가가 존재하지 않는다는 것을 보여주려고 언급돼왔지만, 지배 엘리트의 정당성을 강화하려 이런 사상을 성찰적으로 사용하는 흐름 또한 존재한다(Melossi 1990, 63~65).

치가 지니는 함의, 둘째, 군사 조직의 동학, 그리고 국가 형성에 전쟁이 미치는 영향, 셋째, 근대 국가의 독특한 추출^{extractive}, 입법^{legislative}, 침투^{penetrative} 권력, 그리고 자기 영역 안에 속하는 다른 (경제를 포함한) 제도 질서, (자본주의 기업을 포함한) 조직, (계급을 포함한) 세력에 근대 국가가 미치는 전략적 영향의 범위, 넷째, 국가를 넘어서는 제도들, 집단 구성체, 이해관계 접합, 정치 능력들, 사상들, 요구들을 형성하는 데 국가가 하는 독특한 기여, 다섯째, (관료주의, 정치적 부패, 정부 과부하, 또는 국가 실패 같은) 정부와 정치 체계의 독특한 병리학, 여섯째, 다른 사회 세력에 비교해서 '국가 운영자들'(직업 관료, 선출 정치인 등)의 독특한 이해관계들과 능력들. 다양한 '국가 중심적' 이론가들은 다양한 요인들(의 조합)을 강조한다. 그러나 첫째, 국가의 형태와 기능을 형성하고, 둘째, 더 넓은 사회에서 발생하는 압력과 세력에 직면해 국가에 실제적이고 중요한 자율성을 부여하고, 그렇게 함으로써 셋째, 국민적 생활과 국제 질서에서 국가에 유일무이하고 대체 불가능한 중심성을 부여하는 독특한 정치적 압력과 과정이 존재한다는 것이 주요한 결론으로 남는다. 요컨대 국가는 경제나 시민사회에 종속되기보다는 그것 자체로 하나의 세력이다$_{\text{(e.g., Krasner 1978; Nordlinger 1981; Skocpol 1979; Stepan 1985)}}$.

이런 점은 '국가 중심적' 이론가들을 국가 자율성에 관련해 앞부분에서 고찰된 접근하고는 매우 다른 접근으로 이끈다. 마르크스주의 이론가들이 주로 특정한 자본들의 반대에 직면할 때도 자본의 장기적이고 집단적인 이해관계를 촉진하는 국가 능력의 측면에서 자율성을 이해한 반면, 신국가주의자들은 계급 이론적 또는 자본 이론적 설명을 거부한 뒤 국가가 그것 자체로, 그리고 국가 자체의 상당히 독특한 이해관계를 추구하면서 자율성을 행사할 수 있다고 주장한다. 신국가주의자들은 첫째, (특히 다원주의적 세계가 사회 세력들에게 폭넓은 책략의 여지를 제공하는 곳에서) 비국가적 세력들에 독립적으로(그리고 심지어 비국가적 세력들의 저항에 대항해) 권력을 행사하는 국가 운영자의 능력과, 둘째, 이런 능력을 국가 능력들이나 '하부구조infrastructural' 권력에 근거하는 것, 곧 자체의 전문화된 능력들을 통해 근대 사회를 침투하고, 통제하고, 감독하고, 내치하고, 훈육하는 국가의 능력을 강조한다. 신국가주의자들은 또한 국가 자율성이 국가, 정책 분야, 시기별로 다르다고 주장한다. 이런 상황은 어느 정도는 자율적 국가 행동에 가해지는 외적 제한 때문이며, 어느 정도는 비국가적 행위자들에 독립적으로 전략을 추구하는 국가 운영자의 능력과 준비 상태의 차이 때문이다(이를테면 Atkinson and Coleman 1989; Brødsgaard and Young 2000; Dandeker 1990; Fukuyama 2005; Giddens 1989; Mann 1984; 1986; Nordlinger 1981; Skocpol 1985; Tilly 1975; Weiss 1998; 1999; 2003).

전쟁 중심적 국가 이론은 국가 중심적 이론화의 독특한 형태의 하나다. 점점 더 많은 이론가 집단이 국가 이론의 군사적 차원을 복원시켰으며, 다른 학파들이 이 차원을 도외시하는 상황, 곧 계급 투쟁을 향한 마르크스주의자들의 지나친 관심과 산업주의의 본래적인 평화적 논리를 향한 사회학자들의 잘못된 믿음에 관해 불평했다. 이런 이론가들은 국가를 전쟁과 억압을 위한 장치로 간주하는데, 이때 국가는 외부의 적들에 대항해 영토를 보전해야 하는 의무를 부여받고, 군사적 준비 태세를 유지하면서 필요할 때는 강압에 의존함으로써 내부의 사회적 응집을 유지한다. 첫 번째 경우에 국가는 그 안에서 시민권이 실현될 수 있는 정치 공동체보다는 민족국가들의 세계에서 군사력의 담지자로 간주된다(cf. Giddens 1989). 실제로 일부 전쟁 중심적 이론가들에게 완전히 형성된 국가는 군사적-억압적 장치일 뿐 아니라 국가 형성 자체가 전쟁에 밀접히 관련된다. 왜냐하면 찰스 틸리(Tilly 1975)가 명쾌하게 언급한 대로 전쟁이 국가를 만들고 국가가 전쟁을 만들기 때문이다. 이런 언급은 국가가 보통 전쟁의 열기 속에서(승리 아니면 패배 속에서) 단조된다는 진부한 언급을 넘어선다. 이 언급은 또한 전쟁이 정치적 중앙 집권화를 가져오고, 근대적 과세 체계의 발전을 촉진하고, 대량 징병이 필요한 곳에서 시민권의 확장을 촉진하고, 근대 국가의 다른 독특한 특징들을 낳는다는 생각을 포함한다. 더욱이 일단 (전쟁이나 전쟁 준비를 통해) 국가가 출현하면, 국가의 형태와 기능의 많은 핵심 측면들이 주로 대외적 방어와 대내적 평화화pacification에 관한 관심을 통해 결정된다(이를테면 Bobbitt 2002; Dandeker 1990; Mann 1986; 1987; 1988; Porter 1994; Shaw 1991; Tilly 1975; 1992; 국가 형성과 더 넓은 사회에 전쟁이 미치는 영향에 연관해 접근할 수 있는 논평은 Hirst(2001)을 보라; 만의 역사사회학에 대한 비판적 평가는 Hall and Schroeder(2006)을 보라; Teschke(2003)은 또한 만의 조직적 유물론organizational materialism뿐 아니라 근대 국가 형성에 대한 신자유주의적인 현실주의적 접근들을 비판한다).

신국가주의에 대항해 다섯 가지 주요한 비판이 발전돼왔다. 첫째, 이런 접근은 전혀 새롭지 않으며, 이른바 '사회 중심적' 접근에서 여기에 관련된 모든 핵심 주제를 발견할 수 있다(이를테면 Almond 1988; Domhoff 1987; 1996). 둘째, 국가 바깥의, 그리고 국가를 넘어서는 정치 세력을 배제하고 국가와 정당 정치에 초점을 두기 때문에 신국가주의는 편파적이라고 주장된다. 특히 "(계급, 젠더, 인종 같은) 사회구성체를 정치인으로, 대중 정치를 엘리트 정치로, 사회 투쟁을 정치 투쟁으로"(Gordon 1990, 181) 대체한다고 비판받는다. 셋째, 어떤 비평가들은 국가주의 접근에 어느 정도의 신빙성을 부여하기 위해 인용된 다른 연구가 불완전하고 오도의 여지가 있는 설명을 포함할 뿐 아니라 몇 가지 핵심적인 국가주의 연구가 경험적 타당성을 결여하고 있다는 사실을 확인했다고 주장한다(이를테면 Cammack 1989; 1990; Mitchell 1991). 넷째, 정치적 부정bad faith에 대한 비난이 존재한다. 이를테면 레너드 바인더는 정치적으로 자율적인 국가 운영자가 경제적 근대화와 사회 개혁의 효과적인 행위자로 행동해야 하고 그렇게 하도록 장려돼야 한다는 것을 신국가주의가 시사한다고 주장했다(Binder 1986). 이런 비난을 지지하면서 바인더는 어떤 신국가주의 사례 연구도 신국가주의에서 나타나는 권위주의적 지배나 독재 지배의 해로운 효과를 드러내고 있지 않다고 언급한다.

마지막으로, 그리고 가장 심각하게, 신국가주의는 근본적인 이론적 오류에 의존한다고 주장된다. 신국가주의는 국가장치와 사회, 국가 운영자와 사회 세력, 국가 권력과 사회 권력 사이에 모호하지 않은 분명한 경계가 존재한다고 가정한다. 신국가주의는 국가(또는 정치 체계)와 사회가 서로 배타적이고 자기 결정적이며, 각각이 별도로 연구될 수 있고, 완벽한 설명을 제공하려 분석 결과들이 합산될 수 있다는 것을 시사한다. 신국가주의는 실제로는 발현적이고, 부분적이고, 불안정하고, 가변적인 구분들을 물화해서 절대적인 것으로 만든다. 신국가주의는 조합주의corporatism나 정책 네트워크들, 국가 기관과 다른 사회 영역들 사이의 유대 관계에 따른 국가 운영자 사이의 분열, 그리고 국가와 사회 사이의 다른 많은 중첩 형태 같은 혼성 논리를 배제시킨다(이를테면 Atkinson and Coleman 1989; Jessop 1990b; Poulantzas 1975). 그러나 이런 가정이 기각된다면 국가 중심적 접근과 사회 중심적 접근 사이의 차이는 사라진다. 이 점은 국가장치가 정치적이고 사회적인 사건을 설명하는 데에서 독립 변수로 취급돼야 한다는 극단적 주장이 틀렸음을 입증한다. 그리고 또한 완벽한 그림을 만들려고 국가 중심적 설명과 사회 중심적 설명을 결합하는 것 같은 덜 신국가주의적인 제안들의 한계를 드러낸다. 가정을 단순화함으로써 복잡성을 줄일 필요성을 고려할 때, 이런 사실은 국가 형성과 국가 권력의 동학에 관한 장기적인 연구 프로그램 안에서 다른 방향으로 막대를 구부리는 행동의 발견적 가치가 틀리지 않았다는 것을 입증할 수도 있다. 그러나 그러려면 국가 중심적 접근은 다른 제도 질서들과 국가의 구분이 자연적이라기보다는 사회적으로 구성되고 가변적인 특성을 지닌다고 간주해야 하며, 외부 압력에서 국가 권력을 방어하고 보호하는 수단일 뿐 아니라 제도 질서와 사회 세력을 연결하는 수단으로서 이런 구분의 기능을 탐구할 준비가 돼 있어야 한다. 여기에서 핵심 결론은 그런 분석들이 국가를 당연한 것으로 여기지 않는다면 국가에 대한 이론적 분석들이 중요하고 생산적일 수 있다는 점이다. 왜냐하면 바로 국가의 존재와 국가의 운영적 통일성이 문제적이기 때문이다. 따라서 미첼은 신국가주의에 대한 비판을 "**근본적으로 국가와 사회로 구분된 세계의 외양**을 형성시키는, 공간의 조직, 시간의 배열, 기능의 명시, 감독과 감시의 세밀한 과정들"을 연구하라는 호소로 끝맺는다(Mitchell 1991, 95, 강조는 저자; cf. Bartelson 2001). 이런 구분은 사회에 대한 국가의, 또는 국가에 대한 사회의 모든 가능한 영향에 개념적으로 선행한다. 그 구분은 국가-사회 구분의 양쪽 측면에 대한 실천들 속에서, 그리고 실천들을 통해 항상 생산되는 특성을 갖는다. 이런 상황은 우리를 푸코의 작업으로 이끈다.

푸코주의 접근

국가 중심적 이론가들이 추운 바깥에서 국가를 다시 불러오기를 희망했다면, 쓰레기 수거원을 위해 국가를 내다놓는 상황은 권력의 미시 물리학에 관한 관심에서 푸코의 궁극적인 목표를 묘사하는 것일지도 모른다. 푸코는 권력, 지식, 규율에 관해 수행한 역사적 연구들을 주권, 법, 국가에 관한 자유주의적이고 마르크스주의적인 견해들에 대한 한결같은 이론적 거부에 연결시켰다. 더 일반적으로 독립 변수이든, 매개 변수이든, 종속 변수이든 국가를 향한 국가 이론가들의 집착에 문제를 제기하기 때문에, 푸코의 작업은 모든 국가 이론가들에게 중요한 함의를 지닌다. 실제로 푸코는 국가에 관한 어떤 형태의 일반 이론을 개발하려는 노력도 거부했으며, 대신에 권력이 생겨나는 어느 곳에서든 권력 관계에 적용될 발견적 '권력 분석학analytics of power'을 개발했다(또한 이 책 6장을 보라).

국가 이론에 대한 푸코의 거부는 세 가지 핵심 주장에 근거했다. 첫째, 푸코는 국가 이론이 본질주의적이라고 주장했다. 국가 이론은 내재적이고 미리 주어진 속성들의 측면에서 국가와 국가 권력을 설명하려 시도하기 때문이다. 그 대신에 국가 이론은 (있다고 하더라도) 반드시 국가 안에 있지 않거나, 드러내놓고 국가를 지향하지 않는 특정한 실천들의 우연적인 결과로서 국가의 발전과 기능을 설명하려 시도해야 한다. 둘째, 국가 이론은 중앙 집권화되고 군주제적인 통치권, 그리고/또는 통일되고 사법적-정치적인 권력이라는 중세적 개념들을 보유한다. 대조적으로 푸코는 국가 권력의 행사에 수반되는 제도와 실천들의 엄청난 분산과 다양성을 강조하고, 대부분이 성격상 사법 외적이라고 주장했다. 그리고 셋째, 국가 이론가들은 국가장치의 정점에 자리한 최고 권력을 지닌 정치적 권력과 법적 권력의 형태들, 중앙의 권력을 정당화하는 담론들, 사회에 주권 국가가 영향을 미치는 범위에 집착한다고 주장됐다. 정반대로 푸코는 사회 행위자들의 동일성과 행동이 실제로 결정되는 여러 다양한 국지적이고 지역적인 장소들에 존재하는 분산된 형태의 권력 관계에 근거해 논의를 진행하는 상승적 접근과 상향식 접근을 지지했다. 푸코는 지배하려는 시도를 이끄는 거시 정치적 전략들보다는 자신이 권력의 미시 물리학, 곧 예속subjugation의 실제적 실천들로 기술한 것에 관심을 가졌다. 왜냐하면 국가 권력은 국가에 특유한 어떤 실질적이고 물질적인 자원들에 대한 통제에서 생겨나지 않기 때문이다. 국가 권력은 실제로 국가 안의, 그리고 국가를 넘어서는 다양한 사회 세력들의 복잡한 전략적 상호 작용의 잠정적이고 발현적인 결과다. 국가 권력은 분산돼 있으며, 단지 개인들에 대한 소극적 표적화가 아니라 개인들의 적극적 동원을 수반하며, 상당히 다양한 담론, 전략, 제도들로 이식되고 접합될 수 있다. 요컨대 권력은 국가에 집중되지 않는다. 권력은 모든 사회적 관계 안에 편재ubiquitous, 곧 내재한다(특히 Foucault 1980a; 1980b를 보라).

그럼에도 불구하고 푸코는 사법-정치 담론에서 기술된 주권 국가와 국가의 동일시를 거부한 반면, 통치술의 장소로서 국가들에 관한 일련의 강력한 주장을 발전시켰다. 따라서 푸코는 '통치성'(또는 통치 합리성 governmental rationality)의 변화를 통해 어떻게 다양한 정치 체제들이 출현했는지를 연구했다. 후기 푸코가 점점 더 관심 갖게 된 것은 통치의 기술 art of government, 곧 인구를 모니터하고, 외람되지만 특수한 국가 프로젝트에 맞게 인구를 조절하려 국가 능력들이 성찰적으로 사용되는 조건이 되는 능숙한 담론적 실천이었다. 푸코주의적 국가의 기원에는 국가 이성 raison d'état, 곧 종교와 도덕에서 구별되는 자율적인 정치적 합리성이 존재했다(Gordon 1990, 9). 이것은 결국 '치안 국가 Polizeistaat', 사회 국가, 또는 복지국가에 결합된 다양한 방식의 정치적 계산이나 국가 프로젝트들에 연결될 수 있다(Gordon 1991, 26~27). 더 국지적이거나 지역적인 권력의 장소들이 훨씬 더 일반적인 메커니즘과 형태의 포괄적 지배로 이식되고 접합되며, 뒤이어 전체 국가 체계를 통해 유지되는 것은 이런 통치 합리성이나 국가 프로젝트들을 통해서 가능했다. 또한 감시를 위해서든, 개인들에 관한 지식의 형성과 축적을 위해서든, 아니면 특수한 형태의 주체로서 개인들의 구성을 위해서든 간에, 푸코는 이런 형태의 미시 물리학과 지식 생산 메커니즘 사이의 관련성을 탐구할 필요성을 주장했다.

푸코의 저작은 국가와 국가 권력에 관한 많은 연구에 영감을 줬다. 아주 일부가 푸코주의 관점에 기반해 국가에 관한 일반적인 설명을 발전시키려 시도했다. 이를테면 크리스토퍼 단데커는 국가의 감시 메커니즘과 국가가 복무하는 이해관계들에 기반해서 국가 유형학을 만들려고 (산업주의, 자본주의, 군사주의와 함께) 근대 사회의 네 가지 제도적 군집들 중 하나로서 감시를 다룬 기든스의 몇몇 통찰을 정교화했다(Dandeker 1990; Giddens 1989). 구체적인 정책과 정책 장치들, 그리고/또는 국가 형성과 재형성의 경쟁적 과정에서 구체적인 정치 담론과 전략들에 초점을 둔 연구들은 훨씬 더 생산적이었다(이를테면 Barry 2001; Barry et al. 1996; Burchell et al. 1991; Chatterjee 2004; Cooper 1998; Dean and Hindess 1998; Ferguson and Gupta 2005; Hannah 2000; Meyet et al. 2006; Miller and Rose 1990; Mitchell 1988; 2001; Neocleous 1996; Rose 1999; Rose and Miller 1992). 국가 개입의 문제이자 장소로서 '안전'이 구성되는 사례가 증가하는 데다가 환경 안전, 생명 안전, 또는 '대테러 전쟁' 같은 문제들을 둘러싼 새로운 형태의 지식/권력에 관련해 지니는 함의 때문에 푸코의 저작은 영향력을 얻어왔다(이를테면 Agrawal 2006; Dillon and Reid 2001; Feldman 2004; Lemke 2000).

푸코가 일부러 자신의 작업을 결코 코드화하지 않았으며, 푸코의 견해가 각각의 단행본에 따라 변화하는 경향이 있었기 때문에, 푸코의 전작을 평가하는 일은 어렵다. 그러나 권력 관계의 편재성ubiquity, 권력-지식의 결합, 통치성에 관한 아이디어들을 종합할 때, 푸코는 마르크스주의 국가 이론의 더욱 편파적인, 그리고/또는 본질주의적인 분석들과 신국가주의에 속속들이 스민 국가를 당연하게 여기는 태도에 대한 이론적이고 경험적인 유용한 조정책을 제공한다. 그러나 푸코의 저작은 (판옵티콘적 감시건, 규율적 정상화건) 권력을 보편적 기술로 환원하는 경향 때문에, 그리고 계급과 가부장적 관계가 국가를 비롯해 더 일반적인 권력의 행사를 형성시키는 과정을 무시하는 점 때문에 비판받을 수 있다(이를테면 Kerr 1999; Ramazanoglu 1993). 푸코의 저작은 또한 근대 국가에서 법, 합법화된 폭력, 관료주의가 지니는 지속적인 중요성을 도외시한다(cf. Poulantzas 1978b). 더욱이 권력의 편재성을 강조하는 논리의 장점이 무엇이든, 푸코의 저작은 (이른바 평민적 봉기 정신을 제외하고) 저항의 토대들에 관한 설명을 거의 제공하지 못했다. 결과적으로 전통적 국가 이론과 주권 권력에 대한 비판에 기반한 푸코의 초기 연구들은 국가가 효과적인 행동에 관여하는 것을 조금이라도 가능하게 만드는 조직적 조건들에, 또는 심지어 가장 부강한 국가의 능력들에 대한 다양한 제약들에 거의 관심을 보여주지 못했다.

두 문제 모두 일반적 권력 분석학에 관련된 푸코의 저작에 나타나는 전형적인 개념과 가정들을 넘어서는 제도적 요인과 조직적 요인들에 관한 관심을 필요로 한다. 더욱이 심지어 후기에 국가와 통치술을 비롯해 더욱 거시 구조적이고 거시 전략적인 문제들을 연구했는데도 불구하고, 통치술 연구에 푸코가 한 결정적인 기여들 대부분이 번역되더라도 상당히 지연된 탓에 영어권의 푸코주의 연구가 지체됐다. 이런 문제는 1990년대 중반을 지나 어느 정도 극복되기 시작했으며, 점점 더 많은 저작들이 통치술과 통치성에 관한 푸코의 주장들을 대상으로 삼아 직접적인 논쟁을 벌이고 있다(이를테면 Corbridge et al. 2005; Walters and Larner 2004; 또한 이 책 6장을 보라).

페미니즘 국가 이론

국가 이론은 페미니즘에서 상대적으로 도외시된 주제다(Connell 1990; Genetti 2003; Knuttila and Kubik 2001; Kulawik and Sauer 1996; MacKinnon 1982). 왜냐하면 페미니스트들은 젠더와 사회적 관계의 젠더화에 관한 독특한 이론을 발전시켜 온 반면, 심지어 국가에 관심을 기울이던 곳에서도 국가의 일반적 성격과 형태에 관한 아이디어를 종종 바깥에서 가져왔기 때문이다. 이런 진단이 (국가 이론에 대비되는 것으로서) 정치 이론에 관한 여러 강력한 페미니즘적 비판을 과소평가하거나, 국가의 운영과 국가가 미치는 영향의 특수하고 젠더에 관련된 측면들에 관한 여러 중요한 페미니즘적 설명을 폄하하려는 의도는 아니다(이 책 7장을 보라). 대신에 나는 국가의 일반적 형태와 기능에 관한 독특한 페미니즘적 설명들을 발전시키는 데 수반되는 어려움을 강조하려 한다.

페미니즘이 이런 이론을 필요로 한다는 데 모든 페미니스트들이 지적으로, 또는 정치적으로 동의하는 것은 아니다. 주디스 앨런은 페미니스트들이 페미니즘적인 이론적 의제와 정치적 의제에 적합한 개념을 개발하는 데 집중하고, "페미니즘 외의 정치적 태도를 위해 구축된 (자신의) 정의, 범위, 분석 과제를 가진"(Allen 1990, 21) 기성의 국가 이론을 거부해야 한다고 주장했다. 앨런은 페미니즘적인 정치적 관심사에 직접적으로 관련된 내치, 법, 의료 문화, 관료주의 문화, 조직 범죄, 형제애fraternalism, 가부장주의, 여성 혐오, 주체성, 몸, 섹슈얼리티, 남성, 남성성, 폭력, 권력, 쾌락 같은 범주에 초점을 두라고 페미니스트들에게 촉구했다(Allen 1990, 28). 다른 경우 기성 이론의 거부를 자극한 것은 이른바 이런 이론의 무관함이라기보다는 이 이론의 해로운 '남성 주류적' 성격, 또는 훨씬 더 나쁘게 남근주의적phallocratic 성격, 그리고 결과적으로 나타나는 페미니즘적 사상과 동원에 대한 이 이론의 약화 효과다(이를테면 MacKinnon 1982; 1983). 그러나 다른 페미니스트들은 바로 젠더 관계에 대한 국가 권력의 침투 효과 때문에 국가 권력의 복잡성을 이론화하도록 자매들에게 요구한다. 따라서 웬디 브라운은 많은 여성 문제에 관련해서 국가가 매우 핵심적이며 매우 많은 여성이 국가에 종속된 존재이기 때문에 페미니스트들이 국가를 분석해야 한다고 주장했다(Brown 1992, 7; cf. Franzway et al. 1989, 12~13). 그러나 브라운은 국가, 국가의 담론, 권력 기술의 실제적인 전략적 복잡성을 나타내는 데 실패하는 단일한 만능 이론보다는 국가가 여성에게 보여주는 다양한 면모에 관련된 다양한 국가 이론의 통찰을 발전시킬 것을 제안했다.[6]

페미니스트들은 페미니즘과 마르크스주의의 미수에 그친 결혼에서 보통 말하는 그런 국가라는 문제를 상대로 처음으로 씨름하기 시작했다(cf.

---

[6] 이것에는 네 가지 면모가 존재한다. 첫째, 사법적-입법적 또는 자유주의적(페미니즘 법학에 적합한 초점), 둘째, 자본주의적(재산권과 자본주의), 셋째, 특권적(국가를 하나의 국가로 특징짓는 합법적인 자의적 권력(경찰, 군대, 안전)), 넷째, 관료주의적(Brown 1992, 13~14).

Mahon 1991; Pringle and Watson 1992). 이런 흐름은 1970년대 국가 이론의 부흥에서 중요한 부분의 하나였으며, 대표적으로 가부장제가 어떻게 자본주의에 복무했는지를, 그리고 자본주의가 어떻게 특수한 사회적 생산관계뿐 아니라 노동력과 젠더 관계를 재생산한 특수한 사회적 형태들에 차례로 의존했는지를 보여주기 위해 재생산과 가부장제 이론을 마르크스주의 생산 분석에 접목시키려는 시도들을 포함했다(이를테면 Eisenstein 1981; McIntosh 1978). 실제로 마르크스주의-페미니즘은 얼마간 페미니즘적 국가 이론을 지배했으며, 이런 영향은 포함, 도출, 접합 등 1970년대 페미니즘적 이론화의 주요 방법들에 반영돼 있다(cf. 마르크스주의 이론에서 채택된 방법들, Jessop 1982).

일부 급진적 페미니즘 이론들은 단순하게 가부장적 지배라는 포괄적 범주 아래 모든 개별 국가를 포함시켰다. 이런 국가들의 외견상 차이가 무엇이든 모든 국가는 가부장제 또는 남근주의phallocracy의 표출이며, 따라서 반대돼야 한다. 이런 주장은 국가를 일반적 가부장제에 견주거나, 아니면 국가 자체의 특수한 젠더화 메커니즘을 동일화한다. 일부 페미니스트들에 따르면 가부장제는 남성과 여성을 불평등하게 대우하고, 남성적 관점을 채택하며, 하나의 성으로서 남성의 이해관계에 복무하고 남성의 이해관계를 공고화하는 또 하나의 제도로서 국가와 함께 사회 전체에 확산된다. 따라서 국가는 여성에 대한 남성의 지배가 관철되는 또 하나의 장소에 지나지 않는다. 잘해야(또는 못해도) 국가는 '일반적 가부장general patriarch'(Mies 1986, 26)으로 기능한다.[7] 이런 접근의 더 복잡한 판본은 국가를 젠더 관계에

---

[7] "이론적으로 ('일반적 가부장'으로서) 국가의 이해관계는 또한 ('개별적 가부장individual patriarch'으로서) 남편의 이해관계를 지지하는 것으로 간주될 수 있는데, 이를테면 이것은 자기 아내를 구타하거나 강간한 남편의 '권리'를 침해하는 데 역사적으로 국가가 보여준 관심의 결여에서 분명히 나타나는 협업이다"(Michele Adams and Scott Coltrane. 2004. "Boys and Men in Families: The Domestic Production of Gender, Power, and Privilege." in Michael Kimmel, Jeff Hearn, and R.W. Connell, eds. *Handbook of Studies on Men and Masculinities*. London: Sage. p. 239) — 옮긴이.

대해 자신만의 특정한(그리고 독특한) 효과를 가진 특수한 형태의 가부장적 또는 남근주의적 지배로 본다. 국가는 가부장적인 전략적 선택성, 능력들, 요구들을 통해 특수한 방식으로 권력 관계를 생산한다.[8] 그러나 가부장제가 국가의 중핵을 규정하고 다른 모든 것은 부차적인 요소로 취급되는 한, 이런 견해는 포함주의적인 것으로 남는다(초기 페미니즘적 국가 이론들에 대한 비판은 Allen 1990, 26~27; Anthias and Yuval-Davis 1989; Connell 1990, 516~517; Pringle and Watson 1992, 62~63을 보라).

다른 페미니스트들은 (생산보다는) 재생산이라는 지상 과제에서, 가부장적 지배의 형태 변화에서, 또는 '가정의' 생산양식 등에서 가부장적 국가의 필연적 형태, 그리고/또는 기능들을 도출하려 했다. 이런 작업은 마르크스주의 도출 논쟁과 유사한 이론적 문제, 곧 형태가 필연적으로 기능에서 비롯된다는 가정과 그 가정의 결과로서 국가의 어떤 실제적인 자율성이나 우연성에 관한 거부라는 문제를 겪었다. 어떤 경우에 이런 작업은 단순히 경제주의의 페미니즘적 변형을 제공한다. 다른 경우에 우리는 국가의 가부장적 성격을 보장하는 메커니즘들을 너무나 잘 규정하는 더 정교한 판본의 포함주의를 발견한다(cf. Jenson 1986; Walby 1990의 비판).

다른 페미니스트들은 또한 국가로 결정화된 가부장적 형태의 지배와 자본주의적 형태의 지배 사이의 우연적 접합을 분석하려 한다. 주요 저작들은 가부장적 관계와 젠더 관계가 국가에서 차이를 만들어내는 것을 보여주는 동시에 이런 차이의 형태와 효과들을 예단하는 것을 거부한다. 다시 말해 "젠더 불평등이 존재한다는 점을 인정하는 것이 자동으로 모든 자본주의 국가가 같은 방식으로, 또는 같은 정도로 그런 불평등의 재생산에 관

---

[8] 여기에서 MacKinnon(1988)은 양가적이다. 매키넌은 법이 몰성적(gender-blind)이고, 젠더 이해관계 자체가 미리 주어지기 때문에 법을 가부장적인 것으로 취급한다.

여한다는 것을 의미하지는 않는다"(Jenson 1986, 10; cf. Brenner and Laslett 1991). 같은 종류의 접근이 젠더 집단들 사이의 차이뿐 아니라 여성들 사이의 차이를 강조하며, 이런 강조는 극단적 형태의 젠더 본질주의에 관한 중요한 조정책이다. 실제로 현재 특정한 국가 구조와 정책 영역들에서 계급, 젠더, 종족성ethnicity의 복잡하고 가변적인 형태의 접합에 관한 방대한 문헌이 존재한다(이를테면 Boris 1995; Sainsbury 1994; Williams 1995).

이런 '교차적' 접근은 제3 물결 페미니스트와 퀴어 이론가들을 통해 정교화됐다. 이 페미니스트와 퀴어 이론가들은 성과 젠더 동일성에 관한 지배적 견해들의 불안정성과 사회적으로 구성되는 자의성을 강조하고, 여성뿐 아니라 남성의 동일성과 이해관계에서 나타나는 폭넓은 가변성을 보여준다(제3 물결 페미니즘은 Butler 1990; Ferree et al. 1999; Fraser 1997; Mann and Huffman 2005; Randall and Waylen 1998; Yuval-Daivs 1997을 보라; 퀴어 이론에 관한 유용한 소개는 Duggan 1994; 유물론적 태도에서 이런 접근에 가한 비판은 Ebert 1996; 2005와 Hennessy 2000을 보라). 이런 접근은 최근 젠더와 국가에 관한 명시적인 관심이 부흥할 수 있는 이론적 공간을 형성해왔는데, 나아가 남성성과 여성성, 이런 쟁점들에 관련된 젠더 동일성, 이해관계, 구실, 몸 형태들의 특수한 구성이 어떻게 국가 자신의 담론, 제도, 물질적 실천들에서 특권화되는지를 포함해서 광범한 문제들에 걸쳐 많은 기여를 했다(법학, 범죄학, 복지국가의 정책과 실천들에서 점점 더 미묘한 차이를 지니게 된 페미니즘적 국가 이론 연구들에 대한 논평에 관해서는 Haney 2000을 보라). 이런 연구들은 국가를 가부장적 지배의 단순한 표출로 보는 어떤 분석도 배제하고, 또한 하나의 분석 범주로서 '가부장제'의 효용성 자체에 의문을 제기한다(이 책 7장을 보라).

국가 이론에 관한 가장 페미니즘적인 학문은 핵심적인 남성 주류적 가정들에 의문을 제기한다. 첫째, 근대 국가가 강압 수단에 대한 합법적 독점을 요구한다는 주장이 폭넓게 제기된다. 남성들이 가족의 테두리 안에서 여성에게 가하는 (살인까지는 아니더라도) 폭력에 합당한 처벌을 모면할 수 있으며, 또한 강간의 현실, 위협, 또는 공포를 통해 공적 공간에서 여성을 억압하기 때문에, 페미니스트들은 종종 이런 견해를 비난한다. 통설은 가족 안에서 일어나는 부모의 강압 또는 가부장적 강압의 행사보다는 시장 경제에서 나타나는 생산의 조직에서 강압이 분리되는 현상에 관해, 그리고 공적으로 조직화된 권력에 관련된 중앙 집권화에 관해 언급한다(흥미롭게도 베버도 이런 주장하고 똑같은 주장을 한다. Weber 1978, 56~58). 그렇지만 페미니스트들은 국가 강압에 대한 이런 합리적-법적 정당화가 단지 남성적 폭력이 띠는 공적 형태에 지나지 않으며, 가족과 시민사회 안에서 일어나는 이런 폭력의 사적 표출을 지지하는 데 실제로 사용된다는 주장을 덧붙일지도 모른다.

이런 주장들은 남성성과 국가의 다양한 형태를 다룬 저작에서 더 발전됐다(Connell 1995; 1996). 바로 앞의 이런 주장은 '공적인 것'과 '사적인 것' 사이의 사법적 구분에 대한 페미니즘의 비판이라는 페미니즘적 이론화의 둘째 결정적 기여에 관련이 있다. 이런 구분은 (마르크스주의자들이 주장해 온 대로) 계급 관계를 희석하는 기능을 할 뿐 아니라, 또한 그리고 아마도 훨씬 더 근본적으로 남성 지배의 핵심 메커니즘을 은폐한다. 따라서 마르크스주의자들이 자유주의적 부르주아 국가의 발흥, 그리고 그런 변화에 수반되는 공적 시민과 사적 개인 사이의 분열이 자본주의의 발전에 근거한다고 주장하는 반면, 페미니스트들은 이런 현상들을 부르주아 국가의 가부장적 질서의 산물로 해석하려 한다(Eisenstein 1981). 마르크스주의자들이 공적 영역과 국가를 동일시하고 사적 영역을 사유 재산, 교환, 개인의 권리에 동일시하는 경향이 있는 반면, 페미니스트들은 공적 영역을 국가와 시민사회 둘 다에 동일시하고 사적 영역을 가사 영역에, 그리고 재생산의 '자연적' 질서에서 여성의 장소라고 주장되는 것에 동일시하는 경향이 있다. 남성과 여성은 공적 영역과 사적 영역에서 다르게 놓인다. 실제로 역사적으로 여성은 공적 영역에서는 배제되고 사적 영역에서는 남성에 종속됐다. 그러나 시민으로서, 그리고 노동자로서 남성의 독립은 가정에서 남성을 돌보는 여성의 구실을 전제한다(Pateman 1988, 120, 123, 203). 더욱이 심지어 여성이 완전한 시민권을 얻어온 곳에서도, 여성들은 사적 영역에서 자신에게 가해지는 지속적 억압과 예속 때문에 이런 권리를 행사하고 향유하지 못하게 방해받는다(Siim 1988, 163).[9] 그렇다면 '공적인 것'과 '사적인 것' 사이의 구분은 정치적일 뿐 아니라 '사적' 영역의 조직 자체가 국가의 전략적 선택성에 관련해 중요한 함의를 지닌다.

페미니즘적 비판의 셋째 영역은 전쟁, 남성성, 국가 사이의 관계에 초점을 둔다. 간단히 말해서 코넬이 언급한 대로 "국가는 남성을 무장시키고, 여성을 무장 해제시킨다"(Connell 1987, 126; cf. Elshtain 1987). 가장 극단적인 경우에 이런 비판은 "사도-국가$^{sado\text{-}state}$"(Daly 1984) 같은 개념들, 곧 군사기구가 남성의 공격성과 파괴성의 단순한 표출이라는 주장, 또는 군사주의와 제국주의가 폭력적 남성성에 대한 숭배의 표출이라는 견해를 포함한다(Fernbach 1981). 따라서 로이드는 "시민권의 남성성과 전쟁의 남성성이 서구 사상에서 개념적으로 연결돼왔다"(Lloyd 1986, 64)고 언급한다. 더욱 미묘한 차이를 가진 역사적 설명은 국가 정당성이 어떻게 남성성의 측면에서 구조화되는지를 보여줬다. 이를테면 앙시앵 레짐이 개인과 가문의 명예, 정실주의, 무예와 용맹이라는 개념들을 중심으로 조직된 반면, 근대 국가는 합리성, 계산, 질서정연함, 위계, 비공식적인 남성적 코드와 네트워크라는 개념들에 의존한다(Connell 1990, 521; Landes 1988; 공적이건 사적이건 근대 관료주의는 Ferguson 1984; 더 일반적으로 다양한 형태의 남성성은 Connell 1995; 1996).

---

[9] 페미니스트들은 보통 공적인 것과 사적인 것의 구분이 가져오는 억압적 효과를 비판하지만, Elshtain(1981)은 공적 생활을 하게 된 여성이 가족 생활에 뿌리를 둔 모성적 가치들을 희생해야 한다고 주장한다.

비페미니스트 그리고/또는 비퀴어 이론가들은 이런 작업에 관련해 세 가지 폭넓은 태도를 취할 수 있다. 첫째, 서로 무관한 것으로 일축하거나, 둘째, 또 다른 설명이 한 핵심적인 기여에 관련된 중요한 보완으로 받아들이거나, 셋째, 사회적 통념에 대한 근본적인 도전으로 기꺼이 받아들일 수 있다. 첫째 태도는 지지받을 수가 없는데, 왜냐하면 둘째 견해가 시사하듯 페미니즘 연구는 다른 이론들이 국가의 형태와 기능들의 핵심 측면을 놓치거나 주변화했고, 또한 어떻게 형태가 기능을 문제화하고 특정한 모순, 딜레마, 갈등을 형성시키는지를 알려주는 새로운 사례들을 제공해왔기 때문이다. 이것은 전통적인 마르크스주의와 신국가주의 설명들, 국제 관계에 관한 연구(이를테면 Enloe 1983; 2000; Peterson 1992; Sylvester 1994; 2002), 푸코주의 분석에 관한 관심에도 적용된다(푸코주의 분석에 대한 페미니즘의 비판적 전유에 관해서는 Cooper 1994; Fraser 1988; McNay 1992; Ramazanoglu 1993; Sawacki 1991을 보라). 더욱이 셋째 견해를 지지할 때, 페미니즘 연구는 남성 주류적 이론화의 기본적인 결함을 보여준다. 따라서 국가의 전략적 복잡성에 관한 적절한 설명은 특수한 패턴의 젠더 관계를 재생산하는 데에서 국가가 하는 핵심 구실뿐 아니라 국가의 구조적 선택성과 행동 능력들의 젠더화된 성격에 관한 페미니즘의 핵심 통찰들을 포함해야 한다(이 책 7장을 보라).

담론 분석, 그리고 국가 없는 국가 이론

몇몇 담론 분석 저작을 읽는 일은 모든 공식적 비밀 중에서 최고의 비밀이란 국가가 존재하지 않는다는 사실이라는 것을 믿도록 우리를 이끌지도 모른다(이를테면 Abrams 1988, 77). 대신에 국가는 하나의 환상이며, 정치적 상상의 산물이다. 국가의 출현은 국가 담론들의 유행에 따라 좌우된다(cf. Neocleous 2003). 정치 세력들이 마치 국가가 존재하던 것처럼 행동하며 '국가'를 지향해 행동하기 때문에, 국가는 정치 무대에 출현한다. 그러나 국가에 관한 어떤 공통된 담론도 존재하지 않고(기껏해야 지배적이거나 헤게모니적인 담론들이 존재한다), 다양한 정치 세력들이 다양한 시기에 다양한 개념의 국가를 지향해 행동하기 때문에, 국가란 잘해야 다가적이고 다맥락적인 현상이 되며, 국가의 제도 구조, 운영 방식, 특수한 활동들은 지배적인 정치적 가상과 국가 프로젝트에 따라 변화한다. 다양한 이론적 접근과 분석적 접근들이 이런 주장을 지지한다.

첫째, 하나의 독특한 물질적 실체, 행위자, 기능, 또는 정치적 관계로서 국가를 정의하려는 마르크스주의를 비롯한 다른 시도들에 관한 논평에 뒤이어, 필립 에이브럼스는 이런 시도들이 단지 곤란함만을 만들 뿐이라고 언급했다. 에이브럼스는 연구의 물질적 대상으로서 국가를 폐기하자고 권고했다. 왜냐하면 정부를 구성하는 제도적 앙상블이 국가라는 개념에 의존하지 않고 연구될 수 있기 때문이다. 또한 '국가라는 개념'이 결국 자본주의 사회들하고 구분되는 집단으로 (잘못) 재현돼 연구될 수 있으며, 이런 상황은 정치적 실천의 진정한 성격을 가리도록 기능하기 때문이기도 하다(Abrams 1988). 정치 체계 이론가들은 국가 이론화에 수반되는 개념적 난국과 지루한 논쟁들을 비난해왔다(이를테면 Easton 1981). 그러나 정치적 지배를 형성하는 동시에 가장하는 데에서 본질적 구실을 '국가 개념'에 부여하기 때문에, 에이브럼스는 더욱 긍정적인 동시에 더욱 부정적이다. 결국 이것은 국가 체계가 변형될 때 수반되는 '문화적 혁명'(또는 이데올로기적 변화)에 관한 역사적 분석을 필요로 한다(cf. Corrigan and Sayer 1985). 이런 접근은 정치적 가상, 지정학적 가상, 위험과 안전 담론들의 본질적 구실에 관한 포스트구조주의적이고, 포스트모던적이고, 푸코주의적인 설명들이 발전하는 흐름에 따라 최근 훨씬 더 중요해지고 있다.

둘째, 다리오 멜로시는 '국가 없는 국가 이론', 곧 국가가 단지 사법적 개념에 지나지 않는다는 인식을 촉구했는데, 이런 개념은 국민이 '국가를 수행하는 것$^{\text{do the state}}$', 그러니까 자신과 다른 사람에게 자신의 행동에 관한 이유와 근거를 제공하는 것을 가능하게 만든다. 따라서 이런 개념은 관료들이 행동하는 (또는 행동하지 않는) 동기에 관련된 어휘 목록을 제공하고, 분열되고 불평등한 시민사회에서 국가의 통일성을 설명하는 데 다양한 유형의 관료들을 통해 성찰적으로 사용될 수 있다(Melossi 1990, 2, 6, 150). 따라서 국가 자율성은 물화된 국가의 물화된 속성으로 간주되지 않아야 한다. 대신에 국가 자율성은 특정한 시기에 특정한 장소에서 정부 엘리트들이 자신들에게 부여됐다고 보는 자율성의 정도에 따라 다양하다(Melossi 1990, 128; cf. Watson 1990, 7). 이런 주장은 정치적 수행성^{performativity}과 통치술의 관행이라는 영역에 관한, 그리고 정치 질서의 재생산에 일상적 실천과 아비투스가 하는 개입을 다룬 저작의 수가 점점 더 증가하는 현상에 관련 있다(이를테면 Bratsis 2006; Goswani 2004; Hood 1998; Neocleous 2003; Painter 2006; Scott 1998).

셋째, 일반적인 이데올로기적 탈신비화와 국가 개념의 자기 성찰적 사용에 대한 강조에 더해, 우리는 국가 권력의 특수한 서사적, 수사적, 또는 논증적 특징들에 관한 점점 더 증가하는 관심을 발견한다. 이런 현상은 국가 정책들이 국가 안에 또는 국가를 넘어서 존재하는 이해관계들을 객관적으로 대표하거나 정치 체계의 내적이고 외적인 환경의 '실제적' 문제들을 객관적으로 반영하지 않는다고 주장하는 정책 결정에 관한 다양한 사례 연구에 반영돼 있다. 왜냐하면 그런 특징들은 국가 행동을 통해 처리될 수 있는 '문제들'을 규정하고 서술하려는 투쟁의 산물이며, 이 과정이 전적으로 담론적으로 구성되지는 않더라도 담론적으로 매개되기 때문이다. 결과적으로 특히 그 효과성이 종종 단지 보는 사람의 눈(또는 귀)에만 존재하는 아름다움이라는 개념처럼 정책 결정의 효과성은 수사적이고 논증적인 프레이밍에 밀접히 관련된다(이를테면 Bevir and Rhodes 2003; Fischer and Forester 1993; Hajer and Wagenaar 2003; Roe 1994; Scharm and Neisser 1997을 보라). 이런 노선을 따르는 상세한 국내 정책 연구들에 더해, 특히 주권 담론들, '안전'과 안전에 대한 위협들이 지니는 성격의 변화, 국가가 가진 영토 경계들의 재형성(이를테면 Bartelson 1995; Campbell 1992; Dillon and Reid 2001; Kunz 2005; Luke 1994; Ó Tuathail 1996; Walker 1993) 등 '비판적 지정학critical geo-politics'이 국가의 핵심적인 국제적 차원들에 중요한 기여를 해왔다.

넷째, 점점 더 기능적으로 분화하는 근대 사회를 다루는 이론가들은 '국가'가 단순히 정치 체계의 자기 기술 또는 내적 모델이라는 아이디어를 발전시켜왔다. 현대 기능 체계들이 지니는 핵심 특징은 급진적인 운영적 자율성 또는 오토포이에시스다(오토포이에시스에 관해서는 Jessop 1990b; Luhmann 1989; 1990b; 1990c; 1995; 2000을 보라). 외부의 통제 시도들, 그리고/또는 그런 시도들이 환경에 미치는 다른 섭동적perturbing 영향들에도 불구하고 자기 자신의 운영 코드와 프로그램들을 결정할 수 있으며 자기 자신을 재생산(또는 변형)할 수 있는 기능 체계들의 권력에서 오토포이에시스는 비롯된다. 이런 체계들 중의 하나는 자기 조직적 지급 체계로서 근대 경제다(자본의 자기 가치 증식에 관한 마르크스주의자들의 설명에 비교할 것). 다른 두 가지는 법체계(자급적이고 자기 수정적인 법적 구속력을 갖춘 법적 결정들의 체계)와 정치 체계(통치자와 피통치자 사이를 통과하고, 모든 참여자들에게 구속력을 갖춘 결정들을 생산하는 권력 회로)다. 권력이 정치 체계를 계속해서 순환하기 때문에, 자기 자신의 권력과 자원들을 가진 독특한 실체로 취급함으로써 국가를 물화하는 것은 잘못이다. 확실히 기능적으로 분화된 근대 사회의 원심적 동학은 국가가 초기 근대 정치 이론에서 부여된 상위적 구실을 더는 할 수 없다는 것을 의미한다(Willke 1986). 국가는 정부와 야당 사이의 쟁점을 중심으로 양극화함으로써 참여자들이 정치 행동의 문제들을 단순화하는 수단으로서 가장 잘 이해될 수 있다. 그리고 정치체는 결국 다중심적이면서 근본적으로 무정부적인 사회의 여러 체계들 중의 하나로 간주돼야 한다. 정치체도 '국가'도 상위적이거나 주권적이지 않다. 대신에 그런 체계들은 공유 재산들에 관한 합법적이고 구속력 있는 결정들을 사회에 공급하는 수단들이다. 이 체계들은 (조직화된 폭력에 기반해 공유 재산을 보호하는 하부구조적 권력을 통한) 내적 안전과 외적 안전, (정부가 통제하는 재정과 금융 자원들에 관련된 핵심 기능을 통한) 경제적 안전과 사회적 안전, 그리고 가장 최근의 (하부 구조의 능력들이 집단적으로 조직화된 지식에 기반하게 되는) 기술적 안전과 생태적 안전을 포함한다. 이런 안전의 형태들 각각은 독특한 정치 프로젝트와 개입 형태들에 조응한다. 따라서 현대 정치체는 운영에 직접적인(그리고 무익한) 개입을 시도하지 않고 다른 기능 체계들을 가장 잘 '지도하는' 방법에 특히 관련된다. 이런 지도는 기능 체계들이 작동하는 범위를 규정하고, 그런 체계들이 벌이는 활동의 의도되지 않은 외적 결과들에 관한 지식을 생성하고, 사회적 프로젝트들에 관한 동의를 구축하려 시도함으로써 가장 잘 진행된다고 이야기된다(Luhmann 1990c; Teubner 1993; 그리고 이런 맥락에서 가장 중요한 자료로 Willke 1992; 1996을 보라; 국가 능력들과 지식의 변화에 관해서는 또한 Wagner 1989와 Wittrock 1989를 보라).

이 네 가지 경우에서 모두 국가의 물화에 관한 거부는 정치 체계, 그리고/또는 더 넓은 사회의 운영 안에서 국가 개념과 그 개념에 관련된 서사적이고 수사적인 실천들을 이론화하려는 노력들의 결정적 구실에 연결된다. 이런 구실은 신비화, 자기 동기 부여, 순전한 서사성, 또는 자기 기술로 다양하게 규정되지만, 관점에 상관없이 국가에 관한 담론들은 전체 사회에 연결된 정치적 관계의 복잡한 앙상블로서 국가를 형성하는 데 핵심적인 구성적 구실을 한다. 이런 접근은 국가 중심적 이론화에서 국가-사회 구분의 물화에 두드러지게 대조된다. 또한 정치 체계 안의 이런 설명들이 하는 기능을 강조함으로써 국가에 관한 정통적 설명들에 대한 푸코주의적 거부에 관련된 다른 견해를 제공한다. 그리고 적어도 오토포이에시스적 이론화의 경우, 근대 국가가 사회 위에 존재하고 외부에서 사회를 통제하는 상위적이고 주권적인 권력일 수 있다는 것을 반박하는 체계 이론적 논거를 추가로 제공한다.

새로운 연구 방향

국가에 관한 더욱 난해하고 추상적인 방식의 이론화를 향한 관심이 쇠퇴했는데도 불구하고, 최근 국가와 국가 권력에 관한 많은 연구가 폭발적으로 증가했고, 그 결과 더는 포괄적인 방식으로 문헌을 검토할 수가 없을 정도다. 그러나 우리는 다양한 관점에서 진지한 관심을 끌어온 다섯 가지 주제들을 언급하고, 위에서 개괄된 이론적 접근들 사이의 유용한 대립점을 제공할 수 있다. 이 주제들은 첫째, 국가성statehood or stateness의 역사적 가변성, 둘째, 국가들의 상대적 강함 또는 약함, 셋째, 지구화와 지역화regionalization 시대에 국민국가의 미래, 넷째, 규모, 공간, 영토성territoriality과 국가의 문제들, 다섯째, 거버넌스 메커니즘의 등장과 뒤이은 통치와 거버넌스 메커니즘의 접합이다. 이 다섯 가지 문제들 중에서 어떤 것도 국가 재발견의 첫 단계들을 특징지은 추상적 이론화를 폐기하지 않고서는 적절하게 다뤄질 수 없으며, 다섯 가지 모두 오직 잘 다듬어진 정교한 이론적 분석틀을 통해서만 해결하기를 기대할 수 있는 이론적이고 경험적인 문제들을 제기한다. 그럼 이 다섯 가지 주제들을 각각 살펴보자.

첫째, 국가성에 관한 관심은 많은 국가 이론의 추상적 성격(특히 편재적, 통일적, 주권적 국가에 대한 국가 이론의 가정)에 관한 동요가 증가하고 실제 국가들의 역사적 가변성에 관한 관심이 증가하는 두 흐름을 통해 촉발돼왔다. 이런 관심은 일부 이론가들이 하나의 개념 변수로서 국가에 초점을 두고 국가 개념의 다양한 현존을 검토하도록 이끌었다(Dyson 1980; Melossi 1990; Nettl 1968). 다른 이론가들은 독특한 정치 형태로서 국가의 차별적 현존을 검토했다. 따라서 버트랑드 바디와 피에르 빈바움은 모든 복합적인 사회적 노동 분업social division of labour에 필요한 정치적 중심과 이 중심이 자리하는 오직 하나의 가능한 제도적 장소로서 국가를 유용하게 구분한다. 바디와 빈바움에게 국가의 결정적 특징들이란 구조적 분화, 자율성, 보편주의, 제도적 연대다. 바디와 빈바움은 프랑스가 중심화된 사회에서 전형적인 국가를 갖고 있다고 본다. 영국은 정치적 중심을 갖고 있지만 국가를 갖고 있지 못하다. 독일은 국가를 갖고 있지만 중심을 갖고 있지 못하다. 스위스는 국가도 중심도 갖고 있지 못하다(Badie and Birnbaum 1983). 바디와 빈바움이 국가 개념을 역사화하며 폭넓고 다양한 국가의 제도적 형태들을 강조하기 때문에 이런 접근들은 중요하다. 중간 수준의 변화에 관한 상당한 관심과 함께 지방에서 국제에 이르는 모든 규모에서 이런 문제를 탐구하는 연구들이 점점 더 증가하고 있다.

둘째, 하나의 변수로서 국가성이 국가의 제도화에 관심을 가지는 반면, 강한 국가와 약한 국가에 관한 관심은 국가의 강함에 도움이 되는 요인들에 관심을 가진다. 이것은 두 가지 방식으로 해석될 수 있다. 내적으로는 사회에 권한을 행사하는 한 국가의 능력들을 의미하며, 외적으로는 국가들로 구성된 국제 사회에서 국가의 권력을 의미한다(뒤의 해석에 관해서는 특히 Handel 1990을 보라). 이런 관심은 종종 사회의 나머지에 침투하고 사회를 조직하는 국가의 능력에 관한 관심에 연결된다. 나아가 이런 관심은 약탈 국가, 그리고/또는 발전 국가에 관한 최근의 이론적이고 경험적인 저작에서 특히 두드러진다. 약탈 국가가 본질적으로 그 국가의 경제와 시민사회에 기생하는 특성을 지니는 반면, 발전 국가는 경제와 시민사회 중에서 하나 또는 둘 다를 발전시킬 수 있는 특성을 지닌다. 약탈 국가가 상당한 정도의 독재 권력을 갖는 반면, 발전 국가는 독재 권력과 하부구조 권력의 균형을 유지하며 이 권력을 시장 순응적 방식으로 행사한다(이를테면 Castells 1992; Evans 1989; 1995; Johnson 1987; Levi 1988; Weiss 1998; Weiss and Hobson 1995). 이런 문헌들이 대부분 가진 한 가지 문제는 강한 국가와 약한 국가 사이의 포괄적인 대조다. 강함(그리고 약함)에 대한 광범위한 해석은 또한 일관된 분석의 기반을 약화시킨다.[10] 가장 심각한 경우에 강함이 순전히 결과들의 측면에서 규정되는 한 많은 저작이 동어 반복의 위험을 갖는다(논평에 관해서는 Clark and Lemco 1988; Lauridsen 1991; Migdal 1988; Önis 1991; Waldner 1999를 보라). 한 가지 가능한 해결책은 정책 분야, 시간, 그리고 특정한 정세에 따른 국가 능력들의 가변성에 대한 전략관계 접근을 채택하는 방법이다.

셋째, 지구화에 관한 저작은 국민국가의 생존에 점점 더 문제를 제기하고 있다. 이런 문제는 금융의 국제화와 다국적 기업의 활동에 관한 초기 논쟁들이 벌어지는 동안 이미 제기됐다. 삼극 경제 블록(북아메리카, 유럽, 동아시아)의 출현, 국경을 넘는 지역 협력 체제의 발전, 그리고 (국제적) 경쟁의 주요 토대로서 도시, 지역, 공업 지구들의 재출현 또는 재발견과 함께 국민국가의 생존은 더욱 긴급해지고 있다.

넷째, 그리고 바로 앞의 문제에 밀접히 관련된 주제는 정치 규모의 변화다. 일부 이론가들이 정치 조직과 정치 행동의 주요 규모를 지구적 규모나 지역적 규모로 대체하는 것으로서 국민국가의 위기를 보는 경향이 있는 반면, 다른 이론가들은 규모의 상대화가 존재해왔다고 주장한다. 왜냐하면 국민국가가 대서양 포드주의라는 경제적 공간에서 정치 조직의 주요

---

[10] 따라서 국가는 강한 것으로 기술됐는데, 왜냐하면 대규모 공공 부문, 권위주의적인 지배, 강한 사회적 토대, 약하고 미발달한 시민사회, 응집력 있는 관료제, 개입주의 정책, 또는 외부 개입을 제한하는 권력을 가지기 때문이다(cf. Lauridsen 1991, 117).

규모를 제공한 반면, 현재 포드주의 이후의 시기는 그중 어떤 것도 주요하지 않은 와중에 조직의 모든 규모들을 가로지르는 정치 문제와 정책 문제들의 분산으로 특징지어지기 때문이다. 이런 특징은 특히 다양한 규모들을 가로질러 행동의 일관성을 확보하는 것에 관한 곤란한 문제를 제기한다(두 문제에 대한 다양한 접근은 Beck and Grande 2004; Brenner 1999; Caporaso 1996; Evers 1994; Hirst and Thompson 1995; Jessop 1999; Mann 1993; Scharpf 1999; Schmitter 1992; Taylor 1995; Ziebura 1996; Zürn 1992를 보라).

마지막으로, 대서양 포드주의가 주로 국가와 시장 사이의 관계에 관한 관심에 따라 지배됐다면, 현재의 이론적이고 경험적인 의제는 '거버넌스'와 네트워크들에 더 관심을 갖는다. 이것은 정부의 위계나 시장의 무정부성에 의존하는 것이 아니라 자기 조직에 기반한 조정^{coordination}이나 협조^{concertation}의 형태에 관련이 있다. 거버넌스는 (국제적 체제와 초국민적 체제들에서 국민적이고 지역적인 민관 협력을 거쳐 권력과 의사 결정의 더 지방화된 네트워크들에 이르는) 다양한 조직 규모에서 나타나고 있다. 이런 경향은 종종 국가 능력들의 축소를 의미하는 것으로 여겨지는데도 불구하고, 또한 국가의 이해를 확보하는 국가의 권력을 향상시키며, 실제로 다양한 거버넌스 체제와 메커니즘들에 대한 메타 거버넌스(또는 전반적 조정)에서 국가에 새로운(또는 확대된) 구실을 제공하는 것으로 간주되고 있다(거버넌스에 관해서는 Jessop 1995; 1998b; 2003c; Kitschelt 1991; Kooiman 1993; Messner 1998; Pierre 1999; Scharpf 1999; Streeck and Schmitter 1985를 보라).

결론

이런 검토는 여기에서 검토된 접근들 사이의 몇 가지 흥미로운 수렴을 드러낸다. 첫째, 국가를 사회 안의 상위적 지위에서 퇴위시키는 관점과 국가를 단순히 여러 가지 제도 질서들 중에서 하나의 제도 질서로 분석하는 관점에 모두 동의하는 것으로 보인다. 마르크스주의자들은 더는 국가를 관념적 총자본가로 다루지 않는다. 신국가주의자들은 더는 국가를 주권적인 법적 주체로 다루지 않는다. 국가는 푸코주의자들을 통해 해체돼왔다. 페미니스트들은 더는 국가를 단순히 일반적 가부장으로 보지 않는다. 그리고 아이러니하게 또는 그렇지 않게, 담론 분석가들과 오토포이에시스주의자들은 유사한 방식으로 국가를 우연적인 담론적 실천들이나 의사소통적 실천들을 통해 구성되는 산물로 본다. 요컨대 국가는 복잡한 사회 질서의 다른 체계들에 상호 의존적이고, 발현적이고, 부분적이고, 불안정한 체계로 간주된다. 이런 접근은 국가와 국가 운영에서 우연성의 영역을 방대하게 확장시켜왔으며, 또한 더욱 구체적이고, 역사적으로 특수하고, 제도적으로 민감하고, 행동 지향적인 연구의 필요성을 시사한다. 모든 학파들이 자기들이 내세우는 서로 다른 방식으로 이런 분석들을 제공하려 시도하며, 그 수가 점점 더 증가하는 국가성에 관한, 그리고 특정한 정치 체제들의 상대적 강함(그리고 약함)에 관한 실질적인 연구들에서 동일한 관심사를 발견할 수 있다. 이런 모든 것들은 국가를 단순한 사물이나 주체에 동일시하고, 그리고/또는 특정한 사회들 안의, 그리고 그 사회들을 가로지르는 복잡한 사회적 관계로서 국가의 가변성을 도외시하는 부정확한 논의에서 중요한 전반적인 진전을 나타낸다.

 둘째, 이런 구조적 권력들과 능력들은 국가 자체에만 초점을 두는 것을 통해 이해될 수 없으며 더 넓은 '전략관계적' 맥락에 놓여야 한다. 왜냐하면 구조적 선택성과 언제나 특수한 전략적 능력들 탓에 국가 권력들이 언제나 조건적이거나 관계적이기 때문이다. 국가 권력들의 실현은 국가와 국가의 포괄적인 정치 체계 사이의 구조적 유대 관계, 국가 운영자들과 다른 정치 세력들 사이의 전략적 연계, 국가와 정치 체계를 더 넓은 환경에 연결시키는 상호 의존성과 사회적 네트워크의 복잡한 그물망에 따라 좌우된다. 국가-사회 구분을 물화하는 경향 때문에 신국가주의가 종종 취약한 이론으로 증명되고, 담론 분석 작업이 때때로 국가 권력의 효과성을 형성하는 뿌리 깊은 담론 외적인 구조적 조건들을 놓치는 것은 바로 이 지점이다. 위에서 고찰된 다른 접근들은 이런 결론을 받아들이는 과정에서 몇 가지 어려움에 처한다.

마지막으로, 이런 검토는 적절한 국가 이론은 오직 더 넓은 사회 이론의 일부로서만 생산될 수 있다는 것을 시사한다. 심지어 사회 중심적 접근에 대한 신국가주의자들의 원칙적 거부도 국가의 독특한 논리와 이해관계를 드러내는 동시에 국가의 자율성과 효과성을 위한 조건을 탐구하기 위해 더 넓은 사회에 관한 주장들에 의존한다. 푸코주의자, 페미니스트, 담론 분석 연구들은 더 넓은 관심사를 훨씬 더 분명히 지향한다. 푸코는 사회적으로 분산된 권력의 미시 물리학에서 출발하며, 페미니즘은 젠더 관계를 다루고, 국가 없는 국가 이론은 국가의 담론적 구성에서 시작한다. 물론 최근 마르크스주의의 작업은 또한 계속해서 국가를 자본주의에, 그리고 시민 사회의 자율성에 결부시킨다. 이런 작업은 국가와 국가 권력에 관한 작업의 중요한 방향 전환을 수반한다. 그러나 국가 이론의 해결되지 않은 문제들이 대부분 놓여 있는 곳도 바로 이런 지형 위다. 왜냐하면 국가는 역설의 장소이기 때문이다. 한편으로 국가는 사회구성체 안의 여러 가지 제도적 앙상블 중에서 단지 하나일 뿐이다. 다른 한편으로, 특히 자신이 그 일부로서 속해 있는 사회구성체의 응집을 유지할 전반적인 책임이 국가에 부과된다. 사회의 부분인 동시에 전체로서 국가의 역설적 위치는 다양한 세력들이 국가에 여러 사회 문제를 해결하도록 지속적으로 요청한다는 것, 동시에 사회가 지닌 여러 문제의 매우 많은 부분이 국가의 통제를 훨씬 넘어서 존재하며 개입의 시도를 통해 심지어 악화될 수 있기 때문에 국가란 '국가 실패'를 발생시키도록 지속적으로 운명지어진다는 것을 의미한다. 위에서 고찰한 국가 이론들 사이의 차이는 대부분 이 역설의 다양한 구조적이고 전략적인 계기들에 대한 상반된 접근에 기인한다. 이 역설의 전반적 논리(또는 아마도 '비논리')를 이해하려 시도하는 것은 다중심적 사회구성체에서 국가의 전략관계적 성격에 관한 더욱 포괄적인 분석을 제공할 뿐 아니라, 이 차이들의 일부를 해결하는 최선의 경로임에 틀림없을지도 모른다.

2부

전략 관계 접근의 원천

3장
×
마르크스,
정치적 대표성과 국가[1]

《루이 보나파르트의 브뤼메르 18일The Eighteenth Brumaire of Louis Bonaparte》은 국가와 정치적 대표성representation에 관한 마르크스의 접근을 둘러싼 논쟁의 핵심 장소다. 일부 비평가들에 따르면 이 텍스트는 국가에 관한 두 가지 잠재적으로 상호 보완적인 이론을 구현한다. 따라서 마르크스가 일반적으로 국가를 지배 계급의 집행위원회나 직접적 도구로 본 반면, 심지어 국가가 계급적 기능을 계속 수행할 때도 특정 맥락에서 마르크스는 국가를 모든 계급들에게서 상대적으로 자율적인 것으로 봤다(이를테면 Miliband 1965). 지배 계급(들)에 **대항해** 스스로 자율성을 얻은 행정부(기구)를 고려하기 때문에, 다른 사람들에게 이 동일한 텍스트는 국가에 관한 마르크스의 계급 기반적 설명이 지닌 엄청난 모순을 드러낸다. 이런 모순은 **군부 국가**pretorian state의 경향적 발흥에 관한 마르크스의 그 뒤 언급에서 특히 분명하다고 이야

---

[1] 이 장은 Bob Jessop, "The politics of representation and the Eighteenth Brumaire," M. Cowling and J. Martin, eds., *The Eighteenth Brumaire Today*, London: Pluto Press, 2002, pp. 179~194를 조금 수정하고 확장했다.

기되는데, 여기에서 보나파르트 3세가 이끈 군대는 사회의 다른 쪽에 대항해 한쪽을 대표해서 행동하기보다는 사회에 대항해 자신을 대표하기 시작한다. 이것은 다음 같은 단 한 번의 진술에서 특히 분명하게 나타난다.

> 빼든 칼의 통치가 가장 명백한 언어로 선언되며, 보나파르트는 제국의 통치가 프랑스의 의지가 아니라 60만 보병에 달려 있다는 것을 프랑스가 분명하게 이해하기를 원한다. …… 제2제정 아래 군대 자신의 이해관계가 우위를 차지할 것이다. 군대는 더는 또 다른 쪽 국민에 대한 한쪽 국민의 지배를 주장하지 않을 것이다. 군대는, 자신의 왕조를 내세워, 일반적인 프랑스 국민에 대한 자신의 지배를 주장할 것이다. …… 그것은 **사회**에 대항해 **국가**를 대표할 것이다. 보나파르트가 자신이 시도하는 실험의 위험성을 인식하지 못하고 있다고 생각해서는 안 된다. 자신을 제1통령으로 선언하면서, 보나파르트는 모든 통령들을 자신의 경쟁자로 선언한다. (Marx 1858, 465)

이를테면 제프리 멜먼에 따르면 "보나파르트주의의 매력은 전적으로 그 계급적 내용을 비워온 국가의 출현에 있다"(Mehlman 1977, 15; cf. Hunt 1974, 47~56). 다른 사람들은 마르크스가 "보나파르트주의 체제를 계급 블록을 통해 조직화된 지배로 분석하지는 않더라도 계급 투쟁을 통해 결정된 산물로 분석함으로써"(Fernbach 1973, 15; cf. Berberoglu 1986) 이 모순이라고 주장되는 문제들을 해결한다고 말한다. 한편 다른 사람들에게 동일한 텍스트는 지배계급(들)의 이해관계를 더 잘 조직하고, 종속 계급의 지지를 더 잘 얻으려 상대적 자율성을 획득하려는 자본주의 국가의 (예외적이라기보다는) 일반적 경향을 확인시킨다(이를테면 Poulantzas 1973). 보나파르트주의 사례에서 국가 자율성의 예외적 성격은 단지 이런 구실을 해야 하는 상황의 예외적 성격을 나타낸다(Draper 1977을 보라).

《브뤼메르 18일》은 더 넓은 정치 체계에서 대표성의 성격과 의미에 관해 유사한 문제를 제기하는데, 왜냐하면 마르크스가 자신의 분석에서 작동 중인 계급 이해를 식별하게 되는 배경 조건이라고 주장한 이데올로기와 조직 형태의 복잡성이 경제적 계급과 정치적 세력 사이의 일대일 상관관계를 보여주려는 어떤 시도의 기반도 약화시키기 때문이다. 일부 논평가들은 이 텍스트가 이론적 분석에서 정치적 동일성, 정치 담론, 정치적 대표성의 형태를 진지하게 다룰 필요성, 그리고 경제적 이해를 진전시키는 데에서 이 텍스트가 제기한 실천적 문제를 탐구할 필요성을 나타낸다고 주장한다(Katz 1992; LaCapra 1987; Lefort 1978; McLennan 1981). 다른 논평가들에 따르면 이 텍스트는 경제적인 것과 정치적인 것 사이의 근본적 분리를 간단하게 확인해주며, 따라서 어떤 일방적 전환이나 전달 메커니즘도 정치가 경제적 계급 이해관계를 반영한다는 것을 보장해줄 수 없다(이를테면 Hindess 1978; Hirst 1977). 이 텍스트는 한동안 마르크스주의를 괴롭힌다고 주장된 경제적 계급 환원주의의 문제를 두드러지게 하며, 정치적 대표성이 자신만의 동학을 가지는 한편 숨겨진 경제 세력을 발견하려 정치 무대의 이면을 관찰하는 것이 효과가 없다는 쌍둥이 결론으로 이어진다. 그러나 다른 논평가들은 이 텍스트가 나중에 언어의 수행적 성격, 동일성과 이해관계의 담론적 구성, 그리고 정치 투쟁의 형태와 조건을 형성하는 데에서 이런 요소들이 하는 구실에 관한 담론 이론적 통찰을 마르크스가 얼마나 많이 기대했는지를 보여준다고 주장한다. 왜냐하면 《브뤼메르 18일》에서 마르크스는 정치를 상부구조라기보다는 구성적인 것으로, 반영적이라기보다는 수행적인 것으로 본 때문이었다(Petrey 1988; Stallybrass 1990).

이런저런 이유로 《브뤼메르 18일》은 마르크스의 국가 이론과 정치 이론에 관한 모든 해석에 관련해 핵심 텍스트로 보인다. 국가 이론과 계급 분석에 관련해 이 텍스트가 지니는 함의는 일반적으로 《공산주의 선언The

Communist Manifesto》(1848), 《정치경제학 비판을 위하여 서문Preface to the Contribution to the Critique of Political Economy》(1859), 또는 세 권의 《자본Capital》에서 다양하게 파생된 '일반적인' 마르크스주의적 태도(그리고 상당히 다른 결과들)에 대조된다. 사실 이런 대조는 매우 미심쩍다. 왜냐하면 《선언》이 계급 구성과 정치적 대표성에 관한 상세한 분석을 제공하기보다는 투쟁에 관한 예언자적 소명으로 기능하는 강령적 텍스트이며, 《정치경제학 비판을 위하여》가 출간될 수 있도록 출판사가 정한 마감 시한이라는 재정적 압박과 마르크스의 정치경제학 비판에 담긴 혁명적 함의에서 프로이센 검열관의 시선을 분산시키려는 정치적 압박 아래 쓰여진 점을 고려할 때 정전으로서 《서문》의 위상이 매우 의심스럽고(cf. Prinz 1969), 《자본》에서 마르크스의 계급 분석이 정치적 또는 이데올로기적 측면은커녕 심지어 경제적 측면에서 불완전하기 때문이다(cf. Krätke 2002; 2003; Lebowitz 2003). 《브뤼메르 18일》에 관한 어떤 무결한 독해도 존재할 수 없지만, 처음에는 구체적 정세에 관련되지 않은 다른 연구에서 비롯된 마르크스의 국가 이론과 계급 정치 이론에 관한 선입견 없이 이 텍스트를 독해하는 것이 유용할 수 있다. 따라서 첫째 질문은 다음 같다. 《브뤼메르 18일》이라는 역사서에서 마르크스가 성취하려는 목표는 무엇인가?(이 텍스트(Marx 1852)에서 모든 인용은 테럴 카버가 출간한 2001년 번역본을 따르며, 여기에서는 '18B'라는 약어로 표기한다).

《브뤼메르 18일》이 거둔 성취

첫째, 역시 기록학의 실질적 활동으로서 《브뤼메르 18일》은 1851년 12월 2일에 루이 보나파르트가 일으킨 쿠데타의 배경을 기술하고, 그 사건을 1799년 11월 9일(또는 혁명력에서 확인된 대로 8년 브뤼메르 18일)에 나폴레옹 보나파르트가 일으킨 비극적 쿠데타의 희극적 반복으로 다룬다. 마르크스는 정치적 전개의 시기 구분 측면에서 이런 쿠데타의 준비 단계를 제시하는데, 이 단계는 서로 긴밀하게 엮인 네 가지 연구 대상의 측면에서 분석된다. 그 연구 대상은 다음처럼 구성된다.

1. **정치 무대**, 곧 조금 잘 조직된 사회 세력들이 공개적이고 선언적인 행동을 통해 일반 대중 앞에서 행하는, 일상 정치가 일어나는 가시적이지만 '상상적인' 세계 (Poulantzas 1973, 246~247). 마르크스는 정치 무대를 기술하고 보여주려, 그리고 물질 환경, 전략, 분위기의 변화에 따라 결정되는 정치 연극을 서로 다른 캐릭터, 마스크, 배역을 맡은 행위자들이 어떻게 연기하는지를 비판적으로 평가하려 광범위한 이론적 은유와 인유allusions를 사용한다.

2. 이런 무대 위에서 행해지는 정치의 **사회적 내용**. 이것은 "상황과 당파들, 즉 **계급 투쟁**을 가리고 있는 이런 피상적 외양"(18B, 55)의 "무대 뒤"(18B, 57)를 관찰하는 것에 기반한, "거친 바깥 세계"(18B, 90)에 대한 면밀한 조사를 수반한다. 그럼에도 불구하고 이런 계급 투쟁은 순전히 사회적 생산관계에서 자신이 자리하는 위치의 측면에서 규정되는, 미리 정해진 계급에 관련된 추상적이고, 영원하고, 이상화된 이해관계보다는, 현재 상황과 그 다양한 전략적, 전술적 가능성들에 관련된다. 따라서 마르크스는 특수한 계급 관계의 '확대 재생산'[2]을 위한 경제적 조건과 경제 **외적** 조건의 복잡-구체적 접합과, 계급 투쟁에서 항상 상대적 우위인 것을 다시 서열화하는 문제에 관련해 이것이 시사하는 바를 강조한다.

---

[2] '확대 재생산'(Poulantzas 1975)이라는 용어는 경제적, 정치적, 이데올로기적 관계로서 계급 관계의 재생산에 관련한 경제적 조건과 경제 외적 조건들을 말한다. "의회, 법률 사무실, 상업 법정, 지방 의원, 공증인, 대학, 대변인과 그 자들의 연단, 신문과 인쇄물, 행정 수입과 소송비, 군대 급여와 국가 연금, 정신과 신체에 타격이 가해질" 때 "프랑스 부르주아지의 가장 자립적인 분파"(18B, 113)이던 부르주아지의 오를레앙 분파가 얼마나 심하게 약화됐는지를 보여줄 때, 마르크스는 이런 개념을 잘 표현한다.

이런 측면에서 마르크스는 또한 그람시(Gramsci 1971)가 나중에 '진지전'과 '기동전'이라고 부른 것에 관련된 이해관계, 전략, 전술이라는 용어를 그 용어가 만들어지기 전에 먼저 기술한다.

3. 그 구조를 유지하거나 변형시키려 다양한 정치 세력들이 투쟁하고, 실제로 그것 자체가 이데올로기, 정치, 경제 영역에서 벌어진 과거의 계급(또는 적어도 계급 관련) 투쟁들의 결과에서 비롯되기 때문에, 진지전, 그리고/또는 기동전의 특정한 전략과 전술의 추구를 차별적으로 제한하고 촉진시키는 구조적 틀을 수반하는 한에서, **국가의 제도 구조**와 더 넓은 정치 체계의 변형은 그것 자체로 전략적 행동의 표적을 제공한다.

4. 특정한 정세에서 취할 수 있도록 채택돼온 정치적 태도를 형성시키는 한에서, 다양한 기간에 걸친 **지역, 국민, 국제 경제**의 상호 연결된 운동. 여기에서 또한 마르크스가 프롤레타리아 사회 혁명의 궁극적 승리가 보장돼 있다는 자신의 믿음을 강하게 주장하는데도(그리고 실제로 여기에 관련해 심지어 매우 많이 항변하는데도) 불구하고, 마르크스는 또한 정치 행동을 현재 상황에 결부시킬 필요성을 강조한다.

이 네 가지 계기들은 전략관계성이 작동하는 다양한 방식과 시공간성에 매우 민감한 시기 구분에 대한 전략관계 접근을 의미한다는 점에 주목하기를 바란다.

둘째, 마르크스는 또한 정치의 계급적 내용을 재현하거나, 또는 더 흔하게 잘못 재현하게 만드는 배경과 수단이 되는 **언어와 다른 상징들**에 관해 이 텍스트 전체에서 질문을 제기한다. 이런 질문은 처음부터 마르크스의 저작에 존재했지만 좀처럼 충분한 인식이 주어지지 않은, 다양한 형태의 담론에 관한 관심을 반영한다(예외에 관해서는 Fairclough and Graham 2002를 보라; 첫 사례에 관해서는 Marx 1844를 보라; 그리고 더 일반적으로는 Cook 1982; Erckenbrecht 1973;

Lecercle 2004; Ruschinski and Retzleff-Kresse 1974를 보라). 따라서 《브뤼메르 18일》은 기호 작용에 대한 전략관계 접근을 발전시킨다. 마르크스는 정치 세력들이 자신의 동일성, 이해관계, 신념을 표현하는 기호 형태, 장르, 수사를 탐구하고, 프롤레타리아트가 자신의 요구를 정식화할 수단이 될 수 있는 적절한 정치 언어를 성찰한다. 19세기의 사회 혁명은 이전의 혁명이 그러하듯 '과거의 노래poetry'(18B, 34)에 의존하기보다는 자신만의 새로운 정치 언어를 개발해야 한다고 마르크스는 주장한다. 따라서 《브뤼메르 18일》은 계급 이해관계가 진전될 수 있는 매체로서 조직 형태보다는 계급 이해관계 재현의 담론적 한계("모든 죽은 세대들의 전통", "과거에 대한 미신", "서로 다르고, 특유하게 형성된 감정, 망상, 사고 방식, 인생관의 상부구조 전체": 18B, 32, 34, 56)에 더 관련된다. 이것은 특히 프롤레타리아트와 그 잠재적 동맹들에게 적용되는 적절한 정치 언어의 개발을 필요로 한다. 실제로 우리는 자본 축적의 정치경제학보다는 **기호학적** 경제 비판, 곧 계급 이해관계를 상상적으로 (**잘못**) 인식하고 (**잘못**) 재현하는 현상을 설명하려는 시도에 기여하는 것으로 이 텍스트를 해석할 수도 있다. 이런 현상의 가장 극단적인 사례는 유동적 기표인 루이 보나파르트 자신에게서 발견된다. 왜냐하면 마르크스가 《프랑스의 계급 투쟁The Class Struggles in France》에서 주장한 대로 보나파르트는 "프랑스에서 가장 단순한einfältig 사람"이었는데도 "가장 다양한vielfältig 의미를 얻"은 때문이었다. "바로 보나파르트가 아무것도 아니었기 때문에 보나파르트는 모든 것을 의미할 수 있었다. 보나파르트 자신만 빼고"(Marx 1850, 81). 따라서 다양한 계급 세력이 보나파르트에게 자신만의 희망과 공포를 투사할 수 있었다. 그리고 보나파르트는 결국 자신만의 목적을 위해 이런 다가성을 능숙하게 조종하고 이용했다.

셋째, 텍스트 자체로 진지하며 의식적으로 문학적인 저작으로서 《브뤼메르 18일》은 쿠데타의 역사적 배경을 서술하느라 매우 독특하고 강력한 문학 기법들을 채택한다. 무엇보다도 이런 내러티브를 전개하고, 프랑스 역사의 아이러니를 묘사하고, 계급 대표성의 문제를 표현하고, 역사 과정을 형성하는 데에서 외부 환경과 자발적 행동의 비중을 해명하려고 패러디 형식을 채택한다. 이런 성취에 관련해 마르크스의 언어 사용 자체는 몇 가지 수준에서 수행적이다. 실제로 2판에 실은 서문에서 언급한 대로 마르크스는 나폴레옹 1세에 대한 숭배를 "역사 연구, 비평, 풍자, 해학이라는 무기들"(18B, 8)에 굴복시키려는 의도를 가졌다. 따라서 루이 보나파르트에 관한 마르크스의 통렬한 기술은 또한 루이 보나파르트의 삼촌인 나폴레옹 보나파르트의 위상을 하찮게 만드는 기능을 한다. 개입이 프랑스 정치의 그 다음 과정에 영향을 미치도록 의도됐기 때문에, 특정한 문학 장르를 사용한 마르크스의 행위와 마르크스의 언어 선택은 특정한 교육적이고 정치적인 목적을 갖는다. 만약 임의적인 요소에서 거리가 멀다면, 브뤼메르 18일의 역사적 배경을 구성하는 마르크스의 방식은 이런 내러티브의 의도된 정치적 효과에 유기적으로 관련된다.

시기 구분의 문제

마르크스의 텍스트는 단순한 연대기보다는 당대 역사의 복잡한 시기 구분을 제시한다. 이런 특성 때문에 이 텍스트는 뒤이은 많은 마르크스주의 분석들에 영감을 줬고, 또한 이론적 영향력과 경험적 통찰 덕분에 많은 정통 역사가들의 존경을 받았다. 우선 마르크스는 계급 투쟁의 핵심 전환점을 정치 무대 위에서 전개되는 행동과 사건들에 관련시킨다. 마르크스는 연속적인 세 시기, 곧 짧은 기간의 첫 번째 시기, 각각 세 국면을 갖는 두 번째와 세 번째 시기, 그리고 네 가지 단계를 갖는 세 번째 시기의 세 번째 국면을 구분한다(18B, 110~111).³ 국가에 거리를 두고 발생한 행동과 사건들의 영향을 받기 때문에 마르크스의 시기 구분은 주로 의회와 당파 정치의 운동에 기반한다(이를테면 신문, 청원, 살롱과 술집, 파리의 거리, 지방 등에서: 18B, 50, 59, 70, 71).

마르크스는 세 시기를 다음같이 확인한다. 첫째, 루이 필리프를 타도한 뒤에 공화제를 위한 무대가 준비된 1848년 2월 24일부터 5월 4일까지 '2월' 시기, 곧 즉흥적인 또는 임시적인 정부 시기, 둘째, 공화제 또는 제헌 국민의회를 구성한 시기, 셋째, 입헌 공화제 또는 입법 국민의회(18B, 36~37). 여기에서 언급할 만한 점은 마르크스가 제공한 각각의 시기에 관한 세 가지 해석이다. 첫째, 마르크스는 그 시기가 갖는 직접적인 정세적 의미를 언급한다. 둘째, 마르크스는 그 안에서, 그리고 그곳을 둘러싸고 정치극이 전개되는 주요한 제도적 장소를 논의한다. 그리고 셋째, 마르크스는 과거, 현재, 그리고 이미 공식 기록에 있었거나 자신이 알 수 있는 것으로 여긴 한 미래의 의미라는 측면에서 각 시기(그리고 여기에서 구분되는 그 시기 안의 국면)를 검토한다.

시기 구분과 연대기는 세 가지 방식에서 다르다. 첫째, 연대기가 단일한 단선적 시간 척도에 행동, 사건, 또는 시기들을 배열하는 반면, 시기 구분은 몇 가지 시간 척도들을 가지고 작업한다. 따라서 《브뤼메르 18일》은 교차하고 중첩되는 시간 지평, 의식적일 뿐 아니라 의도하지 않은 반복, 놀랄 만한 전환과 진전뿐 아니라 극적인 반전과 어쩔 수 없는 후퇴, 진정한 의미가 오직 나중에 벌어지는 역사 과정에서 나타나는 행동과 사건들에 대한 언급들로 가득하다.

둘째, 연대기가 단순한 시간적 일치나 연속을 이야기하는 반면 시기 구

---

3 테럴 카버의 번역은 두 경우에 모두 시기(period)를 사용한다. 여기에서 나는 시기, 국면(phase), 단계(step)를 구분하는 풀란차스의 용어를 따른다(Poulantzas 1974).

분은 더 복잡한 정세들에 집중한다. 시기 구분은 다양한 시간 지평 동안 다양한 행동 장소에서 다양한 사회 세력들이 벌이는 행동에 관련한 (다양한 프로젝트를 추구하는 데 연관되는 제약과 기회의 특정한 조합으로서) 정세적 함의에 따라 행동, 사건, 시기들의 단계를 구분한다. 각 시기에 관해 마르크스는 그 시기가 다양한 행위자, 동일성, 이해관계, 행동 지평, 전략, 전술에 제공하는 가능성들을 확인한다. 마르크스는 또한 다양한 관점에서 시기들을 해석한다(이를테면 주인공들이 표방한 직접적인 이해관계에 대비되는 장기적인 민주적 관점에서). 그리고 마르크스는 세력 균형이 시간이 지나면서 어떻게 변형되는지를 강조한다(이를테면 일련의 계획적인 책략을 통한 군대 내부 민주적 성원들의 무력화). 그리고 결정적 전환점을 확인한다(이를테면 내각에서 배제되면서 질서파가 집행력을 행사할 수단을 상실한 시점)(18B, 55, 64, 67).

셋째, 연대기가 일반적으로 행동과 사건들의 단일한 시간적 연쇄를 확인함으로써 일어난 일에 관한 단순한 내러티브적 설명을 제공하는 반면, 시기 구분은 이런 하나 이상의 연쇄가 일으키는 우발적이고 과잉 결정된 상호 작용에 중점을 둔 설명 틀에 의존한다. 이런 점에서 《브뤼메르 18일》의 복잡한 구성에 관해서는 어떤 의심의 여지도 있을 수 없다. 왜냐하면 점점 통합되는 세계 시장이라는 더 넓은 맥락에서 근대 프랑스의 민족 자본주의가 도시는 물론 지방에서도 점점 공고해지고 있는 현실을 배경으로 한 《브뤼메르 18일》은 반복과 유보, 비극과 희극, 고도의 정치와 저급한 간계, 정치 연극과 군중 폭력으로 특징지어지는 이야기를 제시하기 때문이다. 이런 특성은 복잡한 내러티브를 위한 기반을 제공한다.

정치 무대

마르크스는 특히 정치 무대 위에서 벌어지는 정치 행동의 언어와 영향에 관심을 갖고, 광범위한 연극적 은유의 측면에서 이런 요소를 탐구한다. 이 방식은 프랑스 혁명 뒤 정치의 성격에서 나타난 실질적 변화, 그리고 구체적 연극과 소설에 관한 마르크스의 방대한 지식에 더불어 문학적 형식, 스타일, 수사에 관한 마르크스 자신의 관심을 둘 다 반영하는 것일 수도 있다. 왜냐하면 한편으로 프랑스 혁명이 문학적 연극과 공식적 대의 정치의 배우/행위자들이 한 예술 행위에서 나타난 주요한 변화들과 동시에 발생한 때문이었다. 1789년에서 1794년까지 프랑스의 연극과 정치에 관한 상세한 분석에 기반해서 프리드란드가 보여준 대로, 연극과 연기는 정치화됐고 프랑스 정치는 연극화됐다. 《브뤼메르 18일》에 관한 우리의 관심을 고려할 때, 앙시앵 레짐의 신분제에 나타난 대로 국민의회가 집단적 화신으로 기능하기보다는 이제 국민을 적극적으로 '대표'한다고 표방하게 된 배경으로서 새로운 대의 정치를 혁명의 주인공들이 발전시키려 하면서 실제로 프랑스 혁명의 정치가 과거의 정치 언어, 과거의 캐릭터 마스크, 과거의 배역을 채택한 점을 언급하는 것이 중요하다(Friedland 1999; 2002). 국민의회가 역사적 과거, 그리고/또는 극적 레퍼토리에서 캐릭터 마스크와 배역을 채택함으로써 자신의 관객을 설득하고 감동시키려 했기 때문에, 마르크스 또한 은유뿐 아니라 정치 행위자들 측의 의식적인 정치적 실천으로서 정치의 연극성을 강조한다. 그리고 다른 한편으로 마르크스는 문학과 연극 속의 고대 철학과 근대 철학, 그 이론과 역사, 그리고 마르크스와 엥겔스가 《공산주의 선언》에서 광범위하게 '세계 문학'으로 기술한 것에 단단히 기반했다(일반적으로 Prawer 1978; 특히 《브뤼메르 18일》에 관해서는 Petrey 1988; Riquelme 1980; Rose 1978; Stallybrass 1998; White 1973을 보라). 이런 특성은 두 명의 보나파르트를 조소하는 구성 양식으로서 마르크스가 열정적으로 패러디를 사용한 데 반영돼 있다.

마르크스는 정치 무대가 어떻게 자체적인 효과성을 갖는지를 무척 애써 강조한다. 이런 무대는 경제적 이해의 단순한 정치적 반영에서 거리가 멀고, 계급 관계에 관한 자신만의 논리와 영향력을 갖는다. 이것은 물론 모든 계급 투쟁은 정치 투쟁이라는 《공산주의 선언》의 주장에 상당히 일치한다. 상기해보면 이런 특징은 연재 목적으로 몇 달에 걸쳐 분리된 형태[4]로 쓰인 《브뤼메르 18일》의 첫 부분에서 마르크스가 다양한 정치적 당파들과 다양한 계급들 또는 계급 분파들 사이의 상응 관계를 수립하려 한 처음 시도에서 거의 극도로 명확하다. 그러나 심지어 이런 무대에서도 마르크스는 당파와 경제적 계급 이해관계 사이의 일대일 대응은 결코 존재하지 않는다는 것을 인식한다(이를테면 마르크스가 강조한 대로 공유된 정치적 반감과 민족주의 정서를 통해 통합된 정치적-지적 파벌 집단에 지나지 않는 순수 공화파에 관한 분석을 보라: 18B, 41). 그리고 《브뤼메르 18일》을 쓰는 동안 마르크스는 근대(그리고 자본주의 유형의) 국가에서 정치 투쟁의 논리에 관한 설명으로, 그리고 특정한 정세와 독특한 제도적 앙상블이 정치 투쟁의 형식과 내용을 형성시키는 방식에 관한 설명으로 나아간다. 여기에서 마르크스는 헤겔의 《법철학Philosophy of Right》에 관해 비판(Marx 1843)하면서 이미 확인한 국가와 시민사회 사이의 **제도적 분리**와 **잠재적 적대**를 기반으로 삼는다. 그리고 마르크스는 국가장치의 제도 영역을 탐구하고, 이런 영역과 더 넓은 공적 영역의 접합이 정치의 형태를 형성시키는 방식을 탐구한다. 마르크스는 정치 무대 위에서 벌어지는 다양한 투쟁**뿐 아니라** 정치적 세력 균형을 담론적으로, 조직적으로, 제도

---

4 이 점은 또한 서로 다른 연재분에서 나타난 주장의 변화뿐 아니라 이 텍스트가 사본으로 여러 번 반복된 것을 설명한다.

적으로 바꾸는 것을 목표로 한 투쟁 **또한** 직접적으로 조건 짓는, 공적 영역에 대한 국가의 조직과 집합(선거, 의회, 대통령, 관료제, 행정부, 군대, 국가가 은밀하게 조직한 군중 폭력 등)의 많은 독특한 특징을 언급한다.

    정치 투쟁의 과정에 정치 형태가 미치는 많은 영향들 중에서 다음 네 가지를 언급할 수 있다. 첫째, 우리는 다양한 정치 세력이 자신의 열망을 표출하는 배경과 수단이 되는 정치 장르와 언어의 (불가피하게 제약적인) 선택을 언급할 수 있다. 왜냐하면 마르크스는 사회적 동일성, 이해관계, 욕구가 진정으로, 그리고 분명하게 표현될 수 있는 배경과 수단이 되는 어떤 중립적 언어도 존재하지 않는다는 것을 암묵적으로 수긍하면서, 모든 정치 운동이 자신의 이해관계를 진전시키는 정치적 표현의 수단으로서 적절한 담론과 상징을 찾을 필요가 있다는 것을 강조하기 때문이다. 둘째, 마르크스는 한 계급의 **문필적 대표자들**을 위해 특정한 정치 형태가 형성한 정치적 공간을 언급한다(18B, 59). 따라서 마르크스는 공통의 물질적 이해관계나 생산 관계에서 차지하는 위치보다는 정치 감정을 둘러싸고 조직된 의회 공화파의 출현을 언급한다. 마르크스는 단지 "루이 필리프라는 인물에 대한 국민의 반감, [1789~1799년에 존속한] 구공화정에 관한 추억, 몇몇 열성파의 공화주의 신념, 그리고 무엇보다도 **프랑스 민족주의** 등에 자신의 영향력이 달려 있던 공화주의 성향의 부르주아, 저술가, 법률가, 장교, 관료들의 파벌 집단"(18B, 41)에 지나지 않는 존재로 순수 공화파를 기술한다. 셋째, "그 환자를 상상의 세계에 가두고, 이런 환자에게서 거친 바깥 세계에 대한 자신의 감각, 자신의 기억, 모든 지식을 빼앗아가는 **의회** 크레틴병"(18B, 90)이라는 현상이 존재한다. 넷째 (그러나 결코 최종적인 것은 아닌) 사례는 사익 추구적인 군사적이고 관료제적인 카스트의 출현이다(아래를 보라).

정치의 사회적 내용

정치 무대 위의 피상적인(그럼에도 불구하고 중요하고 인과적으로 효과적인) 운동들에 관한 마르크스의 설명은 "정치의 사회적 내용"(18B, 57)에 관한 분석에 결합된다. 이런 분석들에서 경제적 '토대'는 두 주요 측면에서 중요하다. 첫째, 국가와 시민사회 사이의 필연적인 제도적 분리와 잠재적 적대(그리고 따라서 특정한 형태의 정치 무대의 존재와 이런 무대가 경제에서 분리될 가능성)는 특정한 형태의 경제 조직에 따라 좌우된다. 둘째, 그리고 현재 목적에서 더 중요하게, 경제적 '토대'는 옳건 그르건 정치 투쟁을 **사회적이고 물질적**으로 조건 짓는 궁극적 원천으로 다뤄진다. 여기에서 마르크스는 정치 투쟁이 일어나는 배경으로서 변화하는 경제 정세와 지속적인 성장 양식을, 그리고 더 일반적으로는 근본적으로 자본주의적인 사회구성체에서 이런 투쟁과 기본적인 경제적 이해관계 사이의 잠재적 관련성을 둘 다 언급한다. 그럼에도 불구하고 정치의 사회적 내용은 생산양식의 수준에서 확인되는 추상적 이해관계보다는 특정한 사회구성체의 특정한 정세, 그리고/또는 특정 시기의 경쟁적 계급들과 계급 분파들의 경제적 이해관계에 주로 관련된다. 물론 이 접근은 중간 계급(이를테면 프티 부르주아지), 생산에서 어떤 직접적 구실도 하지 않는 계급(이를테면 과잉 인구), 또는 몰락한 부류(이를테면 룸펜 프롤레타리아트)에 관련해 특히 중요하다. 그러나 이 접근은 다른 계급에도 적용된다. 이를테면 프랑스 정치에서 농민이 한 핵심 구실에 관해 쓸 때 마르크스는 산업화와 금융 자본의 영향력 증가가 농민의 계급 위치를 변형시킨 과정을 언급했다. 농민이 나폴레옹 1세 아래 토지 재분배의 주요 수혜자인 반면, 토지 분할과 부채는 많은 소규모 농지가 가진 생존 능력의 기반을 약화시키고 혁명적 농민과 보수적 농민 사이에 분열이 증가되는 현상을 촉발했다. 보나파르트가 (실제로 거의 도움이 되지 않은 반면) 소유 동일성과 전통적 열망을 대표한다며 표방하고, 또한 다른 사회 세력에 대항해 실행한 정치적 책략에서 핵심 **지지 계급**으로 동원한 세력은 보수적 농민이었다.[5] 마찬가지로 금융 귀족과 산업 부르주아지 사이의 관계를 연속적으로 분석하는 동안, 마르크스는 이 세력들의 본래의 적대가 근대적 형태의 금융 자본의 출현을 통해 어떻게 완화됐는지를 강조하는 데 이른다(상세한 내용은 Bologna 1993a; 1993b; Draper 1977을 보라).

게다가 마르크스는 정치 투쟁에서 표층의 (그럼에도 불구하고 효과적인) 운동과 심층의 사회적 내용 사이에 괴리의 여지를 조심스럽게 강조한다. 따라서 마르크스는 "마치 사생활에서 우리가 한 사람이 자신에 관해 생각하고 말하는 것과 그 사람의 실제 모습이나 그 사람이 실제로 행동하는 것을 구분하듯이, 역사적 투쟁에서 더욱더 우리는 당파들의 화려한 말과 포부, 그리고 당파들의 실제 조직과 실제 이해관계, 곧 당파들의 이미지와 실제를 구분해야 한다"(18B, 56)고 쓴다. 이를테면 "'이른바' 인민의 당"과 실제 인민의 당을 구분하는 것이 중요하다(18B, 55). 마찬가지로 부르주아지의 오를레앙파와 정통파에 관해 쓰면서 마르크스는 다음처럼 주장한다.

의회의 거대 정당으로서, 상위 정치high politics[6]와 국가적 사안들이 펼쳐지는 공적 무대 위에서는 오를레앙파와 정통파는 형식적인 경례 행위로 자신들의 왕가를 지나쳐버렸고, 왕정복고를 무기한 연기했으며, **질서파**로서, 곧 **정치적** 기치보다는 **사회적** 기치 아래, 부르주아 세계 질서의 대변자로서, …… 공화파에 대항하는 왕당파가 아니라 다른 계급들에 대항하는 부르주아 계급으로서 자신의 실제 직무를 수행했다. (18B, 57)

---

5 김영순·이용우, 《국가이론》, 한길사, 1991, 15~17쪽을 참조하라 — 옮긴이.
6 일반적으로 군사 안보 분야의 정치를 말한다 — 옮긴이.

흥미롭고 의미심장하게도 마르크스는 또한 경제 상황이 더 위태로울수록 정치적인 것과 사회적인 것 사이의 괴리가 덜 중요해진다고 지적한다. 왜냐하면 이때 정치 영역의 분열이 가급적이면 더 기본적인 사회 갈등을 둘러싸고 재정렬되기 때문이다. 이를테면 전체 부르주아지가 위협받을 때 부르주아지 내부의 분열이 극복된다. 국가와 사회의 분리가 너무 적대적이고 갈등적이 될 위험이 있을 때, 정치 위기는 또한 국가와 사회의 재정렬을 촉발할 수 있다. 따라서 브뤼메르 18일 몇 년 뒤에 거의 완전히 자율화된 형태로서 사회에 대한 보나파르트주의적 '칼의 지배'가 사회적 동요 때문에 위협받을 때, 나폴레옹 3세는 부르주아 시민사회에 대한 연계를 철수하고 재건할 필요성을 인식한다(보나파르트주의적 '군부 지배', 그 지배의 특수성과 한계에 관해서는 특히 Marx 1858을 보라; 이런 문제에 관한 마르크스의 저술에 관한 개요와 비판적 해석은 Draper 1977, 459~463을 보라).

국가장치, 그리고 국가장치의 궤적

마르크스가 한 분석의 또 다른 차원은 프랑스에서 국가 권력의 중앙 집권화가 증가하는 현상과 국가와 사회 사이의 적대에 관련해 그런 현상이 가지는 함의에 연관된다. 여기에서 두 가지 요점을 지적할 수 있다. 하나는 국가의 전반적 구조 변화가 어떻게 정치 투쟁의 지형을 형성시키고 정치적 세력 균형에 영향을 주는지에 관련된다. 의회, 내각, 대통령의 권한 사이의 접합이 바뀌면서, 또는 한편으로 전국 곳곳의 사회생활의 모든 측면에 대한 국가의 통제가 증가하면서 전략적 가능성과 전술적 가능성들이 달라졌다. 이런 주장은 군부 국가에 관해 마르크스가 나중에 한 언급에서 추가로 다뤄졌다. 그리고 《프랑스 내전The Civil War in France》(Marx 1871a; 1871b)에서 훨씬 더 세심하게 정교화됐다. 그런 주장은 제도적으로 분리된 국가(그리고 더 넓은 정치 체계)의 존재가 정치 영역이 경제적 계급 이해관계의 단순한 반영이 될 어떤 가능성도 배제시킨다는 주장을 강화시킨다. 대신에 일반적 형태의 국가와 특정한 형태의 정치 체제가 세력 균형을 바꾸고, 그렇게 함으로써 계급 투쟁 자체와 이해관계를 갖게 된다. 마르크스는 자신들의 공동 이해를 수호하는 부르주아지의 두 주요 분파가 가진 능력에 관련해 군주제에서 의회 공화제로 나아가는 이행이 지닌 함의를 탐구하면서 이런 주장을 가장 강하게 발전시킨다. 따라서 마르크스는 다음같이 쓴다.

의회 공화제는 프랑스 부르주아지의 두 분파, 정통파와 오를레앙파, 곧 대토지와 산업이 동등한 권리를 갖고 동거할 수 있는 중립 지대 이상의 것이었다. 의회 공화제는 **공동** 지배, 곧 프랑스 부르주아지의 특정 분파의 요구들과 사회의 다른 모든 계급들의 요구들을 부르주아 계급의 일반 이해에 종속시키게 하는 유일한 국가 형태를 위한 불가피한 조건이었다. 왕당파로서 정통파와 오를레앙파는 자신들의 오랜 적대, 곧 토지와 화폐 사이의 패권 다툼에 빠졌고, 이 적대의 최고의 표출, 곧 그 화신은 자신의 왕들, 곧 자신의 왕조들이었다. (18B, 94)

둘째, 그리고 마르크스가 입증하려 애쓴 것처럼 이런 국가의 변형은 순수한 것에서 거리가 멀다. 국가의 변형은 어느 정도 세력 균형의 변화를 확보하는 것을 의식적으로 지향한 정치 행동의 결과다. 《브뤼메르 18일》에서 이런 변형의 가장 분명한 사례는 대통령의 수중에 권력을 집중시키려고 루이 보나파르트가 진지전을 수행한 것, 그리고 나서 최후의 기동전을 통해 이 특유한 보나파르트주의적 희극의 대단원으로 기능한 쿠데타를 감행한 것이다. 그러나 이런 모든 변형이 의도적이며 그 결과가 의도된 것이라고 말할 수는 없다(설사 그런 결과가 예상됐을지라도). 왜냐하면 마르크스는 또한 프랑스 부르주아지 자신이 자신을 동일한 정세에 처해 있다고 발견하게 된 배경으로서 이중 구속을 언급하기 때문이다. 실제로 그런 변형은 "자기 자신을 포함한 모든 의회 권력의 존립 조건을 무효화하는 동시에 행정부 권력, 곧 자신의 적수를 저항할 수 없는 존재로 만드는 자신의 계급 위치를 통해 강제됐다"(18B, 68).

정치적 대표성에 관한 이어진 논의

앞의 분석은 주로 《브뤼메르 18일》(1852)에서 비롯된다. 《프랑스의 계급 투쟁》(1850)에서 수행한 앞선 2년에 관한 분석과 함께 이 텍스트를 검토할 때 마르크스는 시기 구분뿐 아니라 정치적 대표성은 물론 정치적 대표성과 정치적 계급 지배 사이의 접합의 성격과 동학에도 정교한 접근을 한 것이 분명해진다. 마르크스는 좀처럼 계급 위치, 계급 동일성, 당파 소속 사이의 일대일 상관관계를 시사하지 않았으며, 보통 각각의 우발적 접합과 실제로 빈번한 탈구disarticulation를 탐구하려 무척 애썼다. 이런 점은 어느 정도 정치 무대, 국가의 제도 구조, 그리고 다양한 경제적, 정치적, 사회적, 지적 세력들에게 전략적으로 선택적인 제약/기회를 발생시키는 경제적이고 정치적인 형태와 관계들의 더 넓은 앙상블 안에 국가가 배태되는 과정 사이를 마르크스가 엄격하게 구분한 사실을 반영한다. 더욱이 이런 일대일 대응을 거부하면서 마르크스와 엥겔스는 또한 특정한 사회 세력이 표방한 **계급 동일성**과 그 참여자와 지지자들의 잠재적 **계급 위치**에는 거의 관계없이 특정한 형태의 경제적, 정치적, 사회적, 지적 행동(그리고 무행동)의 **계급 관련성**class relevance에 대한 자신들의 계산에 기반해서 계급 위치, 계급 동일성, 계급 정치를 분명히 구분해 작업해온 것으로 보인다(또한 Jessop 1982, 212~225를 보라). 특히 마르크스와 엥겔스는 계급 동일성보다는 계급 관련성을 우선시했으며, 그러므로 계급 관련성에 연관해 당강령, 당 정치, 당 조직의 중요성을 검토했다. 1848년 《선언》이 조직화된 정당보다는 상대적으로 조직화되지 않은 정치적 흐름을 위해 의도된 사실을 여기에서 기억해야 한다. 마르크스와 엥겔스는 계속해서 공산주의자들이 그야말로 가장 계급 의식이 높고, 가장 이론적으로 급진적이고, 가장 단호한 활동가들이라고 봤으며, 공산주의자들의 임무가 투쟁 중인 노동자들을 지원하고 노동 계급의 조직을 심화시키거나 확장시키는 것이라고 봤다(Debrizzi 1982). 요컨대 계급은 당이 아니라 정치에 다가가는 마르크스와 엥겔스의 접근에서 핵심적인 개념이다(cf. von Beyme 1995).

그럼에도 불구하고 마르크스와 엥겔스는 정당이 계급 정치에서 핵심적 구실을 수행한다고 강조했다. 실제로 1848년 혁명이 일어나면서 대중 정치 시기가 출현한 뒤에 마르크스와 엥겔스의 정치 프로젝트는 당 형태 조직의 성공에 따라 강하게 좌우됐다. 그 뒤 마르크스와 엥겔스는 혁명 이론이 무장 해제돼야 하며(심지어 무력의 관점에서도 봉기적 접근은 시대에 뒤떨어졌다), 음모 집단에서 프로파간다 조직으로 변화해야 한다고 강조했다(Marx and Engels 1850; 또한 Nimtz 2000, 83~112, 141~167).[7] 더욱이 당 정치 조직의 필요성을 주장하면서 마르크스와 엥겔스는 비밀 결사와 음모 집단 같은 그 밖의 정치 형태들을 거부했고, 당국이 허용하는 한에서 개방적 형태의 정치 조직을 요구했다.

몬티 존스톤은 마르크스와 엥겔스가 다양한 시기에 촉진시키려 함께하거나 시도한 다양한 유형의 당이라는 측면에서 이런 문제를 탐구해왔다.

---

7. 그람시 또한 대중 정치가 발흥하려면 영속 혁명이라는 48년식 방법에서 진지전에 비중을 두는 방향으로 변화할 필요가 있다고 주장했다(Gramsci 1971, 179~180, 220~221, 241, 243).

존스톤은 다섯 가지 유형을 언급한다. 첫째, 1847년에서 1852년까지 공산주의자동맹Communist League 안에서, 그리고 공산주의자동맹을 통해 조직되고, 주로 프로파간다와 대중 노선을 발전시키려 다른 당에 들어가는 데 관심을 가진 소규모 국제 공산주의 간부단. 둘째, 혁명적 소요가 벌어진 시기 이후에 노동 계급 운동의 퇴조에 뒤이어 나타난 어떤 분명한 조직 형태도 없는 지적 중심으로서 마르크스와 엥겔스가 발전시키려 한 '마르크스 당.' 셋째, 폭넓은 국제적 노동 계급 조직 연맹과 국내 민주주의에 기반한 대중 정당을 촉진시키려 마르크스와 엥겔스가 이용한 제1인터내셔널. 넷째, 급진적인 공산주의 강령을 채택하게 하려고 마르크스와 엥겔스가 폭넓은 지지와 격려를 보낸 국민적 마르크스주의 대중 정당. 다섯째, 이런 대중 정당과 많은 수의 사회주의 지식인들이 부재한 와중에 마르크스와 엥겔스가 후원하고 차티스트 노선에 매진하라며 격려한, 중간 계급 정당에서 분리돼 독립적으로 조직된 폭넓은 노동 계급 정당(Johnstone 1967).

이런 분석은 시기가 자기 해방 쪽으로 무르익을 때 마르크스와 엥겔스가 특정한 '당'을 단지 '계급'의 일시적 표출로 봤다는 존 컨리프의 주장에 상당히 일치한다(Cunliffe 1981). 따라서 마르크스와 엥겔스가 이 용어를 가장 보편적으로 사용한 사례는 일반적인 노동 계급 정치 조직을 의미했으며, 어떤 특정한 형태의 당 조직을 특권화한 것은 아니었다. '거대한 역사적 측면'에서 보면, 당은 자신의 정치 조직의 빠짐없는 발현을 포함해 노동 계급 운동의 점진적, 자발적, 역사적 발전을 의미했다. 이런 견해는 음모적 쿠데타를 통해, 그리고/또는 억압받는 대중에게 설파된 유토피아적-메시아적 프로파간다를 통해 노동 계급을 해방시키려 한 모든 분파 조직에 대비되는 것이었다. 특정한 유형에 관계없이 '당'의 가 사례는 규모가 크며 민주적 내부 구조를 갖는다. 둘째, 이런 틀 안에서 마르크스와 엥겔스는 또한 '당'이라는 용어를 노동 계급의 권력 획득에 강령적으로 헌신한 공식적으로 조직된 집단에 적용했다. 셋째, 이 용어가 공산주의자동맹이나 제1인터내셔널 같은 조직에 관해 어느 정도의 모호함을 남겼기 때문에, 마르크스와 엥겔스는 또한 오직 국민적 조직과 국민적 강령을 가지며 국민적 틀의 국가 권력을 지향한 당에 적용되는 더 제한적인 정의를 제공했다. '차티스트'와 독일 사회당SPD은 이런 세 번째 유형의 당을 예시했다. 마지막으로 조직적이든, 국민적이든, 강령적이든 분파주의를 거부하고 권력이 증가하게 되면서 역사적인 당에 자리를 내주는 한, 마르크스주의 이론을 이해하고 전파하는 것을 열망하는 그런 집단을 언급하려고 마르크스는 때때로 '당'을 사용했다. 컨리프는 각 정의의 공통 요소가 '당'과 '분파' 사이의 구분이며 마르크스와 엥겔스가 자신들의 모든 정치 투쟁에서 공개적이고 자발적인 노동 계급 조직에 헌신했다고 결론짓는다(Cunliffe 1981). 지배적인 국가 형태와 정세에 관련해 다양한 형태의 당 조직과 동원이 가지는 의미를 평가하는 동시에 특정한 시간 지평 안에서, 그리고 국민적 경계 안과 이 경계를 가로지르는 조금 폭넓은 동맹에 기반해서 무엇을 합리적으로 성취할 수 있을지에 관한 전략적 맥락 분석에 비춰 따를 수 있는 적절한 정치 전략을 계산하는 한, 이런 분석은 국가 권력에 대한 전략관계 접근과 상당히 일치한다.

노동 계급 조직에 관한 성찰에서 정치적 대표성의 형태로서 정당에 관한 더 일반적인 분석으로 전환할 때, 마르크스의 접근에 어떤 일관성이 나타난다. 마르크스의 저작은 특히 자유민주주의 국가에 전형적인 경제적인 것과 정치적인 것, 대표자와 대표되는 자들 사이의 형식적인 제도적 분리를 초월하는 대안적 형태의 정치 조직에 관련이 있었다(특히 헤겔의 《법철학》에 관한 비판과 파리 코뮌에 관한 논평을 보라). 우리가 당을 선거 전략이나 유권자, 당, 지도자들 사이의 관계 이상을 포함하는 것으로 본다면, 당은 이런 맥락에서 핵심 구실을 했다. 왜냐하면 정당은 대표성의 형태를 국가 체계와 권력 행사의 제도적 구조에 연계시키는 다양한 사회 세력들 사이의 유기적 연결을 제공해야 하기 때문이다. 그러나 마르크스의 역사 분석이 몇 번이고 증명한 것처럼, 그리고 마르크스 자신의 정치 투쟁이 유사하게 증명하려 한 것처럼, 이런 유기적 연결은 당연한 일로 여겨질 수 없다. 민주적 수사와 비민주적 실천 사이의 괴리는 마르크스가 그 문제에 관해 좀처럼 상세히 설명할 필요가 없던 1830년대와 1840년대에 매우 분명했다(Doveton 1994; cf. Nimitz 1999; 2000). 그 뒤《브뤼메르 18일》과《프랑스 내전》이 보여준 대로 마르크스는 외양과 실재 사이를, 곧 당이 쓰는 언어와 내세운 상상적 포부하고 당의 실제 성격과 이해관계 사이를, 자본주의 사회의 제도에 결정적인 이데올로기적 지원을 제공하는 과정에서 공화주의 담론이 하는 역사적 기능과 계급 착취의 물질적 토대가 제거됐을 때 공화주의 제도가 갖는 잠재력 사이를 구분할 수 있었다(cf. Isaac 1990). 실제로 마르크스는 즉자적 계급classes-in-themselves과 토론 서클, 클럽, 협동조합, 노조, 직능 단체, 신문, 정당 등을 통해 즉자적 계급이 대자적 계급classes-for-themselves으로 조직화되는 것 사이의 빈번한 탈구를 통절히 인식하고 있다. 탐구되고 설명돼야 하는 즉자적 계급과 대자적 계급 사이의 메울 수 없는 간격을 메우려면 이런 조직 형태들에 진지하게 주목하는 것이 필수적이다(cf. Balibar 1978; Gramsci 1971; Poulantzas 1967; 1978b).

이 점에 관련해 클라우디오 카츠는 마르크스가 계급 갈등의 두 가지 축을 구분한다고 주장한다(Katz 1992). 첫째 축은 특정한 방식으로 이런 갈등의 형세와 이해관계를 형성시키는 다양한 사회 세력들 사이의 갈등에 관련되며, 둘째 축은 계급들이 계급과 계급 이해관계를 규정하려는 투쟁에서 (그리고 계급들이 행동한 결과로) 발생하기 때문에 계급들 사이의 갈등에 관련된다(Cf. Przeworski 1977). 카츠는 나아가《브뤼메르 18일》의 복잡성이 두 축을 상대로 씨름하려는 마르크스의 시도 때문이라고 주장한다. 이런 시도는 19세기 프랑스 농민의 다양한 분파에 관한 마르크스의 분석에서 특히 분명하다. 농민 계급에 관한 구조적 정의는 작은 필지를 사적으로 소유한 계급이다. 그러나 우리는 과거 투쟁의 유산, 다양한 조건에서 농민들 사이에 일어난 내부 분열의 비중, 정치 문화의 문제를 고려하지 않고서는 귀족 지주와 근대 자본에 대항한 농민의 차별적 계급 투쟁 능력을 이해할 수 없다. 따라서 마르크스의 관심은 농민의 저항이 띠는 다양한 형태와 농민이 국민 기반의 독립적 계급 행동을 하지 못한 이유를 이해하는 것이었다. 이런 기반에서 카츠는 계급 행동은 오로지 한 계급의 구조적 좌표에서 비롯될 뿐 아니라(설사 이것들이 폭넓게 규정될지라도) 문화와 정치가 저항과 투쟁 능력에 영향을 미치는 과정이나 사회 정세의 변화에 따라서도 좌우된다고 결론짓는다.

이런 사실은 특정한 형태의 국가와 그 국가가 더 넓은 정치 체계에 삽입되는 과정에 구조적으로 각인된 선택성에 관련해서, 그리고 다양한 시공간적 행동 지평에 놓인 사회 세력들의 정치적 성찰과 자기 조직 능력에 관련해서 전략관계적 성격의 주요 문제들을 제기한다(이 책 1장과 9장을 보라). 우리가 국가장치를 그것 자체의 제도적 동학을 가진 전략적으로 선택적인 지형으로 간주하고, 국가 권력을 이런 지형 위에서 전략을 추구하는 사회 세력들의 행동의 결과로 간주할 때, 국가가 국가의 형식적 부분 안의 제도로 환원될 수 없다는 점은 분명하다. 국가의 형식적인 제도적 특징들에 더해(대표성 형태, 내적 접합, 개입 형태), 국가의 결정적인 실질적 측면들이 존재한다. 이전 저작에서 나는 그중 세 가지, 곧 국가의 사회적 토대, '국가 프로젝트', 국가의 헤게모니 프로젝트(Jessop 1990b, 7~9, 345~347)를 언급했다. 대체적으로 이 세 가지는 대표성 형태, 내적 접합, 국가의 개입주의적 구실에 상응한다. 우리는 정당 체계, 지식인의 구실, 추구하는 전략의 측면에서 이 요소들 사이의 관계를 분석할 수 있다. 그렇지 않으면 구조적 요인들을 지나치게 강조하기 쉽기 때문에 전략을 고려하는 것이 필수적이다. 이를테면 이런

맥락에서 입헌 부르주아 민주주의 국가에 적합한 집권당natural governing party이
란 실현 가능한 축적 전략과 국민적-대중적 프로젝트를 배경으로 선거 지
지를 동원할 수 있는 정당이다. 왜냐하면 정치 권력의 통일성은 주권의 헌
법적 보장에서 자동으로 생겨나지 않으며, 또한 국가의 편향된 지형 위에
서 작용하는 힘의 평행사변형이 가져오는 마술적 결과가 아니기 때문이다.
대신에 정치 권력의 통일성은 정치적 리더십, 곧 국가의 적극적 구성과 응
집의 결과다. 더욱이 자본주의 계급 지배를 지속적으로 재생산하려면, 이
윤 지향의 시장 매개 경제 질서와 법에 기반한 다수결주의 정치 질서 사이
의 제도적 분리를 지속적으로 재생산하는 과정이 필요하다. 왜냐하면 경제
적 계급 투쟁이 시장의 한계 안에 국한되고 정치적 계급 투쟁이 다수결 선
거의 제약 아래 작동하는 한, 경제 질서와 정치 질서에는 유사하게 자본주
의 지배의 재생산 쪽으로 구조적으로 각인된 전략적 편향이 존재하기 때문
이다(cf. Gramsci 1971; Moore 1957; Portelli 1973; Poulantzas 1973; 1978b).

결론

이런 언급들에 기반해서 나는 《브뤼메르 18일》을 대상으로 하는 (재)독해
를 역사 환경과 사회 행동 사이의 문제적 변증법에 관한 다섯 가지 간략한
논평으로 결론짓고자 한다. 첫째, 마르크스는 '재현의 문제'를 부정하기보
다는 분명히 인식한다. 처음부터 마르크스는 동일성, 이해관계, 열망을 표
현하는 데 정치 세력들이 이용할 수 있는 기호 자원을 탐구한다. 인간이 자
기 자신의 역사를 만들지만 그런 역사를 정확히 스스로 선택한 환경에서
원하는 대로 만드는 것이 아니라면, 주어지고 물려받은 현재 환경의 한 가
지 핵심 특징은 인간이 과거에서 물려받은 기호의 레퍼토리다(18B, 32). 《독

일 농민전쟁The Peasant War in Germany》을 논평하면서 봉건제를 정당화하는 과정을 종교가 지배한 탓에 독일 봉건제에 대항한 모든 혁명적인 사회적 교의와 정치적 교의가 필연적으로 신학적 이단이 됐다고 쓸 때, 엥겔스는 거의 동일한 주장을 한다(Engels 1850, 412~413; cf. 421; 451). 이런 이유 때문에 프롤레타리아트가 자신의 동일성, 이해관계, 열망을 표현할 '새로운 노래'를 찾는 것이 매우 중요하다(cf. Löwy 1989).

둘째, 이런 환경의 또 다른 핵심 특징은 지도적 정치 세력들이 다양한 관객들에게 지지를 호소하는 정치 무대의 지형, 그리고 정치적 연출에 관련해 이런 지형이 낳는 문제들이다. 정치 행위자들이 다양한 캐릭터 마스크, 배역, 정치 행동 방식을 채택하기 때문에, 마르크스는 정치 무대를 실험적 연극의 장소로 본다. 이런 환경의 셋째 핵심 특징은 정세다. 이것은 다양한 정치 세력들이 가능성의 지평(곧 특정한 그러나 변화하는 정치 행동 영역에서 가능한 행동의 범위)을 확인하기 위해, 그리고 펼쳐진 채 열려 있는 비결정적 영역에서 이익을 최대화할 수 있는 적절한 전략과 전술을 확인하기 위해 현재 상황을 정확하게 읽는 것을 긴요한 일로 만든다. 마르크스는 일반적인 정치적 전개 방식(상승과 하강 등)을 읽는 것, 그리고 그 결과에 따라 행동을 선택하는 것의 중요성을 지적한다. 이를테면 1848년 6월에서 루이 보나파르트의 쿠데타까지 프롤레타리아트가 맞닥트린 조건에서는 패배한 혁명적 프롤레타리아트가 보나파르트주의의 진격 앞에서 소극적으로 남는 선택이 꽤 옳았다. 실제로 그럼에도 불구하고 방관적 태도에 국한된 중립적 관찰자에서 거리가 먼 마르크스는 이런 선택이 국가와 사회 사이의 간격을 결정화하고, 그렇게 함으로써 혁명 운동의 성패가 달린 문제를 명확하게 하기를 바랐다.

정치 행위자들이 직면하게 되는 환경의 넷째 차원은 계급적으로 편향된 국가 구조, 그리고 국가를 변형시키려는 행동을 통해 이런 편향을 극복할 필요성이다. 이것에 관련해 보나파르트는 '가능성의 예술'의 능숙한 전문가로 증명됐다. 《프랑스 내전》에서 마르크스는 결국 혁명적 정치 체제를 위한 가장 적절한 정치 형태로서 코뮌을 확인한다. 그리고 다섯째, 우리는 가능성의 틀을 제공하는 경제적 토대의 성격과 계급 투쟁의 동학을 배경으로 해서 이런 다른 차원들을 이해해야 한다. 두 가지 좋은 사례는 농민의 경제적 조건의 변화(위를 보라), 그리고 1840년대와 1850년대의 근대 재정 금융 체계의 발흥과 크레디 모빌리에Crédit Mobilier[8]라는 새로운 보나파르트주의적 제도에 관련해 금융 자본과 산업 자본의 융합이 증가한 현상에 관한 마르크스의 설명이다(이것에 관해서는 Bologna 1993a; 1993b를 보라). 실제로 이런 측면은 보나파르트주의와 근대 자본주의 경제의 발전에서 보나파르트주의가 한 구실에 관한 마르크스의 분석에서, 그리고 따라서 자본주의 국가의 한 형태로서 보나파르트주의의 의미에 관한 마르크스의 분석을 추가로 수정하는 과제에서 점점 중요한 구실을 할 것이다.

---

[8] "제2제정이 시작되는 1852년에 생시몽주의자였던 유대인 은행가 페레르 형제가 창설한 동산신용은행(Société Générale du Crédit Mobilier). 6000만 프랑의 자본금으로 발족한 뒤, 거액의 사채 발행을 자금원으로 삼아 프랑스 내외의 철도 건설을 중심으로 운하 건설, 제철소 건설 등의 사업에 대한 적극적인 투자 활동을 전개함으로써 산업 기반의 확립에 커다란 공헌을 했다"(나카무라 슈이치, 〈크레디 모빌리에〉, 마토바 아키히로 외 지음, 오석철·이신철 옮김, 《맑스사전》, 도서출판 b, 2011) ― 옮긴이.

4장
×
그람시,
국가 권력의 지리학[1]

이 장은 그람시의 실천 철학이 그 분석 범주들의 **역사화**뿐 아니라 **공간화**에도 관련된다고 주장한다. 이런 이론적 실천들은 그람시의 '절대적 역사주의'[2] 안에서 깊이 얽혀 있다. 이런 주장은 그람시가 자주 지리학적 주제들을 탐구하기 때문만이 아니라 '다른 방향으로 막대 구부리기'가 그람시의 전반적인 접근에 대한 우리의 이해를 풍부하게 하기 때문에 유용하다.

나는 그람시가 지리학자가 될 뻔했다거나, 또는 역사학자라기보다는 지리학자였다고 주장하는 것이 아니다. 이런 주장은 이탈리아 철학과 역사적 유물론의 전분과적 전통과 이탈리아 국가 형성이라는 정치 의제에 부적절한 분과적 질문이다. 반대로 에드워드 사이드처럼 그람시의 친숙한 공간

---

[1] 이 장은 Bob Jessop, 2005, "Gramsci as a spatial theorist", *Critical Review of International Social and Political Philosophy* 8(4), pp. 421~437을 조금 수정하고 확장했다.
[2] 그람시의 '절대적 역사주의'에 관해서는 이태규, 〈그람시 문화정치의 재구성〉, 서강대학교 대학원 정치외교학과 석사 논문, 2001과 나종만, 〈한국에서의 그람시 시민사회론〉, 《부산정치학회보》 7(2), 1997, 569~591쪽을, 비판과 논의에 관해서는 루이 알튀세르, 배세진 옮김, 《무엇을 할 것인가? — 그람시를 읽는 두 가지 방식》, 오월의봄, 2018과 한상원, 〈마키아벨리의 정치적 독자들 — 그람시와 알튀세르〉, 《마르크스주의연구》 17(2), 2020, 40-72쪽을 참조하라 — 옮긴이.

적 은유들이 지닌 의미를 고찰하는 것이 분명히 적절한 반면, 여기에서 오로지 이 문제들에 집중하게 되면 오도의 여지를 남길 수 있다(Said 2001).[3] 왜냐하면 이런 시도가 사회적 관계의 본래의 공간성뿐 아니라 시간성에 관한 그람시의 덜 분명하지만 더 의미 있는 분석에서 주의를 돌리게 할 수 있기 때문이다. 이런 접근은 이론적일 뿐 아니라 상당히 실천적인 함의를 지녔으며, 여기에서 내가 주로 논의할 초점이다.

실천 철학을 공간화하다

그람시는 모든 사람은 지식인이지만 모든 사람이 지식인으로서 사회적 구실을 하는 것은 아니라고 쓰고 있다(Gramsci 1971, 9). 우리는 모든 사람은 장소place, 공간space, 규모scale에 관한 상식을 갖고 있지만 모든 사람이 지리학자로서 사회적 구실을 하지는 않는다고 덧붙일 수 있을 것이다. 이런 말은 분명히 그람시에게도 적용된다. 그람시는 매우 공간적인 사상가였지만, 그람시는 명시적으로 공간적 사고를 우선시하지 않았다. 이런 점은 그람시가 "충분하고 명시적으로 자신의 지리학적 통찰을 발전시키지 않은 이유"(Morera 1990, 89), 그리고 그람시 사상의 본래 공간적인 성격이 도외시돼 온 이유를 둘 다 설명할 수 있다. 그러나 그람시는 지리학을 진지하게 받아들였다. 그람시는 (1912년에 지리학 과목 시험을 통과하면서) 토리노 대학에서 언어학philology이라는 전공 과목과 함께 지리학을 공부했다. 그람시는

---

[3] 그람시는 사이드에게 "인류 역사와 사회에 대한 본질적으로 지리적이고 영토적인 이해"를 제공했는데, "실천적 측면에서 루카치보다 훨씬 더 정치적이었으며, 쟁취하고, 투쟁하고, 통제하고, 장악하고, 상실하고, 획득해야 할 영토에 대한 실제적이고 역사적인 경쟁으로 정치를 생각"했기 때문이다(Said 2001, 464).

'읽기, 쓰기, 산수, 지리, 역사'(Gramsci 1971, 30)의 일부로 초등학교에서 지리학 교육을 해야 한다고 요구했다. 그리고 공산당 당원 교육 교재에 잠재적으로 "지역 상황에 관한 비판적-역사적-문헌학적 검토(지역은 차별화된 지리 경제적 유기체를 의미)"(Gramsci 1985, 415)를 포함해야 한다고 제안했다. 그람시는 대학교를 떠난 뒤 계속해서 지질학, 지리학, 지정학을 탐구했고, 또한 체포 뒤 감옥에서 역사와 지리를 가르쳤다(Gramsci 1971, 30; 1995, 195~217; Hoare and Nowell-Smith 1971, lxxxix). 그람시는 지리적 소설의 인기를 언급했다(Gramsci 1985, 360). 그리고 클럽을 순회하는 프로그램을 통해 지리와 스포츠를 결합함으로써 민족 문화를 고취시켜야 한다고 권고했다(Gramsci 1995, 153). 그람시는 이탈리아, 유럽, 국제주의, 미래의 세계 정치에 관련해 1920년대에 열린 국제회의가 지닌 지정학적이고 지리경제학적인 함의를 성찰했다(Gramsci 1995, 195~215). 또한 그람시는 자주 '구조적'(경제적, 계급적) 요인의 측면뿐 아니라 지역적 측면에서 정치적 문제에 접근했다(cf. Morera 1990, 149).

이런 관심은 그람시가 메초조르노^{Mezzogiorno}(이탈리아 남부)에서도 가장 착취당하고 억압받는 지역에서 태어난 사르데냐인으로서 겪은 경험, 피에몬테 주 주도이자 북부의 산업 중심지인 토리노로 근거지를 옮긴 사실을 반영한다. 또한 이탈리아의 경제적, 정치적, 문화적 발전에 더욱 전반적으로 영향을 주는 요인들에 관한 그람시의 성찰에서 비롯된 것이기도 하다. 여기에는 유럽의 지도자 구실을 하면서 오랜 전통의 초국민적 지향을 보유한 전통적 지식인 엘리트의 지지를 받아온 이탈리아 중심에 자리한 코즈모폴리턴 소국가로서 바티칸의 구실, (특히 1870년대부터) 남부 문제를 둘러싸고 벌어진 오랜 논쟁, 이탈리아 통일 운동인 리소르지멘토^{Risorgimento}의 공간성과 피에몬테 주가 주도한 결함 있는 이탈리아 통일 과정, 불균등 발전과 종속적 발전에 더해 실제로 이탈리아 내부 식민주의가 제기한 지속적인 경제 문제와 사회 문제들, 북부 자본과 남부 농지 소유 계급 사이의 계급 동맹을 깨트리고 북부 노동자와 남부 농민 사이의 동맹을 건설하는 과정에서 공산주의자들이 맞닥트린 정치적 문제들, (유럽에서 아메리카주의와 포드주의의 확산에 관련된 장애물, 도전, 기회를 포함해) 제국주의의 성격과 형태들의 변화, 소비에트 연방의 국제적 고립이 제기한 더 넓은 공산주의 운동의 문제들이 포함된다.

마테오 바르톨리Matteo Bartoli 교수 아래에서 언어학을 공부한 경험도 그람시의 공간적 감수성을 자극했다. 그람시는 언어의 사회적 규칙성을 다루는 역사 과학으로 언어학을 바라보는 바르톨리의 새로운 접근을 따랐다(Gramsci 1985, 174, 551). 바르톨리는 "지배적 언어 공동체가 인접한 종속적 공동체들에, 곧 도시가 주변 지방에, '표준'어가 방언에, 지배적 사회 문화 집단이 종속적 사회 문화 집단에 위세를 행사하는 방식"(Forgacs and Nowell-Smith 1985, 164)을 추적하려 한 '공간적' 언어 분석을 발전시켰다. 그람시는 또한 우세한 랑그langue에서 수신적 랑그로 **개신**innovation[4]의 연속적 흐름을 기록했는데, 그 결과 처음의 언어 형태가 중심 지역보다는 주변 지역에서, 접근이 쉬운 지역보다는 고립된 지역에서, 소규모 지역보다는 대규모 지역에서 발견됐다(Brandist 1996, 94~95). 그람시는 바르톨리의 분석을 강한 유물론적 방향으로 굴절시키고, 그 분석이 지닌 실천적 함의를 강조했다. 왜냐하면 그람시가 혁명의 문제를 인민의 통합에, 곧 다양한 계급, 계층, 집단을 통합할 수 있는 응집된 집단 의지가 나타나려면 언어라는 도구를 거쳐야 하던 과업(Helsloot 1989; Ives 2004a, 2004b; Lo Piparo 1979)에 밀접히 연계된 것으로 봤기 때문이다. 그 결과로 나타나는 복잡성은 언어 사용의 계층화에 관련된 그람시의 분석에서 명확하다. 많은 사례 중에서 지방 사람이 도시의 방식

---

[4] "기존의 언어 현상에 새로이 나타나기 시작한 변화. 변화라는 용어와 달리 그 시초만을 일컫는 용어로서, 언어 지리학적인 연구에서 뿐만 아니라 사회 방언학적인 연구에서도 널리 사용된다"(방언연구회, 《방언학 사전》, 태학사, 2001) ─ 옮긴이.

을 어떻게 흉내내는지, 하위^{subaltern} 집단이 상위 계급을 어떻게 모방하는지, 도시로 이사한 농민이 어떻게 말하는지 등에 관한 그람시의 언급이 있다 (Gramsci 1985, 180~181). 요컨대 헤게모니 도구로서 언어에 관한 그람시의 저작은 단지 역사적일 뿐 아니라 공간적으로도 매우 민감하다.

이런 영향들은 앞서 언급한 대로 공간 이론가로서 그람시에게 자신만의 유명한 몇 가지 공간적 은유를 사용하는 것 이상이 존재한다는 사실을 시사한다(상자 4.1을 보라). 이 요소들은 그람시 저작을 수용하는 과정에서 분명히 영향력을 미쳐왔지만, 우리는 또한 사회적 관계와 실천의 은유적 공간성보다는 실제적인 공간성에 관해, 사회적 관계와 실천의 공간적 조건화에 관해, 그리고 사회적 관계와 실천들이 공간적 사안에 갖는 연관성에 관해 그람시가 보인 관심을 고려해야만 한다. 왜냐하면 그람시는 모든 사회적 관계의 **역사적 특수성**뿐 아니라(Morera 1990, 85), **장소, 공간, 규모**에서 사회적 관계의 독특한 **위치**에도 민감했기 때문이다. 실제로 이 두 가지는 모든 사회적 관계의 앙상블에서 분명히 서로 연결돼 있다. 따라서 나는 이제 그람시가 자신의 실천 철학에서 장소, 공간, 규모를 통합시키는 과정을 고찰하려 한다. 그러나 그람시가 이런 통합을 주로 '전^{pre}이론적' 방식으로 시도하기 때문에, 나는 그람시의 이론과 실천에 관련해 지닌 의미를 보여주기 전에 먼저 이 개념들을 정의할 생각이다.

장소는 사회 세력들 사이의 면대면 관계, 그리고/또는 그 밖의 직접적 상호 작용이 일어나는 조금 경계 지어진 곳을 의미한다. 장소는 일반적으로 일상생활에 밀접히 관련되고, 시간적 깊이를 가지며, 집단 기억과 사회 동일성에 밀접한 관계를 지닌다. 장소의 경계는 포함하는 동시에 연결하는 기능을 한다. 장소는 직접적 상호 작용에 전략적으로 선택적인 사회적이고 제도적인 환경을 제공하는데, 이런 환경은 다른 동일성과 이해관계보다 특정한 동일성과 이해관계를 특권화한다. 또한 장소는 다양한 규모의 다른

상자 4.1 그람시의 몇 가지 공간적 은유

- 동/서 국가 형태론
- 북/남 대중 우주론
- 진지전
- 기동전
- 토대와 상부구조
- 역사적 블록
- 헤게모니 블록
- 분자적 변형
- 수동 혁명
- 통일전선
- 전위
- 참호, 요새, 보루, 외곽

장소와 공간에 연결될 수 있는 가능성을 구조화한다. 이런저런 이유로 장소의 명명, 경계 구분, 의미화는 언제나 경합적이고, 가변적이며, 모든 특정한 물리적 공간의 좌표는 다양한 동일성, 시공간적 경계, 사회적 의미를 가진 다양한 장소들에 연결될 수 있다(cf. Massey 1995). 그람시는 이런 모든 측면들에 민감했다. 그람시는 상식, 대중문화, 일상의 실천이 다양한 형태의 도시와 지방의 생활, 곧 장소의 설계(이를테면 학교 구조), 또는 건설 형태(이를테면 거리 배치와 거리 이름)에 따라 형성되는 방식에 관해 언급하면서 장소의 중요성을 강조했다(Gramsci 1971, 30~33, 40, 90~92, 282~283; 1995, 155). 그람시는 장소의 통제를 둘러싼 투쟁을 논의한다(공장, 공공 건물, 거리, 동네 등)(Gramsci 1977; 1978). 잘 알려진 대로 그람시는 미국의 헤게모니가 공장에 근거하고 있다고 강조했다(Gramsci 1971, 285). 그람시는 산업 부르주아지와 지주 부르주아지의 안전한 회합 장소를 노동 계급 지역의 취약성에, 그리고 도시의 거리("프롤레타리아트가 대가 없이 모일 수 있는 자연스러운 장소")를 방어하는 문제에 대조시킨다(Gramsci 1978, 35, 268~269). 그람시는 장소들의 경합성, 그 장소들과 다른 장소들의 뒤얽힘을 탐구하는 것에 더해 기억, 동일성, 시간성과 장소들의 연계를 언급한다(Gramsci 1971, 93~95; 1978, 446). 이 점은 하위 계급과 지방 계급의 민속folklore에 관한 그람시의 언급에서, 그리고 비공간적이라기보다는 공간적으로 특수한 계급 측면에서 지식인의 사회적 태생과 다양한 형태의 헤게모니를 건설하는 것에 관련해 공간적 특수성이 지니는 함의에 관한 그람시의 논의에서 특히 분명하다. 그리고 물론 그런 연계는 사회 계급과 정치적이고 지적인 세력들이 특정한 장소, 공간, 규모의 경제적, 사회적 삶에 착근rootedness(또는 그 반대)되는 과정에 관한 강조와 함께 남부 문제에 관한 그람시의 분석 곳곳에 스며들어 있다.

공간은 사회적으로 생산되는 사회생활의 격자와 지평을 의미한다. 공간은 공간과 시간 위에 펼쳐진 사회적 관계를 발전시킬 수 있는 일련의 모든 전략적으로 선택적인 가능성들을 제공한다. 그람시는 몇 가지 관점에서 공간을 고찰한다. 첫째, 도시와 지방 사이의, 북부와 남부 사이의, 다양한 지역, 국민, 심지어 대륙 경제 사이의 공간적 노동 분업, 둘째, 정치 권력의 영토화, 국가 형성 과정, 그리고 정치 생활에 미치는 국내의 영향과 외부의 영향 사이의 변증법, 셋째, 다양한 공간적이고 규모적인 가상들, 그리고 공간의 다양한 재현들. 그람시는 공간이 그것 자체로 존재한다고, 곧 공간을 구성하고, 재생산하고, 공간 안에서 발생하는 특정한 사회적 관계에서 독립돼 존재한다고 생각하지 않았다. 심오한 관계적 사상가이자 실천적 사상가로서, 그람시는 결코 이런 공간 물신주의에 미혹되지 않았다.[5] 또한 그람시는 19세기 '과학' 영역에서 흔하던데다가 여전히 민속과 상식에 반영되던 지리 결정론, 곧 물리적 환경, 그리고/또는 인간 환경을 사회적 관계

---

[5] "단지 수세기 동안 문화만이 이탈리아의 유일한 '국민적' 발현이었기 때문에, 누군가는 이탈리아의 '자코뱅' 지식인들을 '이탈리아적인 것'으로 기술할 수 있다. 이것은 그야말로 언어적 착각이다. 이런 이탈리아 문화의 기반이 어디에 있었는가? 그것은 이탈리아에 있지 않았다. 이런 '이탈리아적' 문화는 제국과 교회의 전통에 연결된 중세 코즈모폴리터니즘의 연장선상에 있다. '지리적인 것'에 관련된 보편적 개념이 이탈리아에 자리잡고 있다"(Gramsci 1971, 117)는 그람시의 주장을 참조하라.

와 그 관계의 역사적 발전의 가장 중요한 결정 요인으로 간주하는 결정론을 수용하지도 않았다. 그람시의 실천 철학 또한 이런 결정론을 아주 꺼려했다.[6] 대신에 그람시는 공간을 역사처럼, 곧 관계적 측면에서 다뤘다. 이를테면 그람시는 "언어적 사실이, 다른 모든 역사적 사실처럼, 국민적 경계를 엄격하게 규정할 수 없었다"(Gramsci 1985, 181)고 주장하며, 역사 문법(언어학)을 비교해 고찰했다. 이런 고찰은 그람시가 지역의 언어 용법과 특수주의Particularism, 영토의 통일과 분열 경향, 국어에 미치는 외부의 영향을 탐구한 것에 반영돼 있다. 그람시는 "역사는 언제나 '세계 역사'이며, 특정한 역사들은 오직 세계 역사의 틀 안에 존재한다"(Gramsci 1985, 181; cf. 1971, 182)고 결론짓는다. 이런 결론은 국민국가가 자기 폐쇄적인 '권력 담는 그릇'이 아니라 다른 규모의 국가들과 정치 세력들하고 갖는 복잡한 상호 연관성이라는 측면에서 연구돼야 한다는 그람시의 견해에 직접 비교될 수 있다. 실제로 그람시는 초기 형태의 "역사 지리적 유물론"(cf. Harvey 1982)에서 시간적이고 공간적인 관점들을 결합시킨다.

규모는 경계 지어진 상이한 크기의 공간들로 구성된 계열화된nested(그리고 때때로 그렇게 계열화되지 않은) 위계를 의미한다. 이를테면 지방적, 지역적, 국민적, 대륙적, 지구적 규모 말이다. 규모는 일반적으로 권력과 통제를 향한 사회적 투쟁의 산물이다. 그람시는 규모의 문제, 경제적, 정치적, 지적, 도덕적 권력의 규모적 위계, 그리고 이 요소들의 영토적, 비영토적 발현에 극히 민감했다. 그람시는 국민적 규모를 당연한 것으로 여긴 '방법론

---

6 그람시가 자연자원과 경관이 사회석 실천을 제약할 뿐 아니라 촉진한다고 주장한 반면 이런 주장은 단일 인과적 결정론에는 관련이 없다. 실제로 그람시의 "영토관은 남부 문제에 관한 일부 주창자들의 위험하고 오만한 범주화와 달랐고, 그람시는 자신과 이런 주창자들의 본질주의를 주의 깊게 구분했다. 이런 지리 결정론은 …… 단지 북부의 권위주의적이고 제국주의적인 태도를 정당화했다. 오히려 영토성은 정치적 경계선에 해당했다. 그것은 중심의 제국적이고 전략적인 지배에 종속되는 주변적 장소를 의미했다"(Pandolfi 1998, 286).

적 민족주의자'가 아니었고, 일반적으로 어떤 특정한 규모를 다른 규모들과 그 규모의 연관성이라는 측면에서 분석했다. 따라서 지방 수준(이를테면 다른 프랑스 도시들에 대한 파리 도시 블록의 지배), 지역 수준(이를테면 결함 있고 불완전한 이탈리아 통일 과정에서 피에몬테가 가진 지배권, 또는 지배적인 북부 도시 블록과 남부 농촌 블록의 동맹에 기반한 조반니 졸리티의 수동 혁명 전략), 국민 수준(이를테면 유럽 대륙 전체에서 지도적 지배 계급으로서 프랑스 부르주아지가 가진 영향력), 대서양 양안 수준(이를테면 아메리카주의와 포드주의), 반구 수준(이를테면 경제적이고 정치적인 지배권이 미국에서 아시아로 이동할 가능성)에서 헤게모니와 지배 관계를 검토했다. 여기에 포함된 일반적인 방법론적 원칙들은 이탈리아 국민 형성에서 국내 세력들과 국제 세력들의 유기적 연결을 "등위와 종속"(Gramsci 1985, 199)의 문제로 해석하는 관점을 가진 주장에서, 그리고 구조와 상부구조가 연계됨으로써 형태를 갖추고 응집성을 갖게 된 역사적 블록의 발전, 공고화, 위기에 관한 역사적일 뿐 아니라 공간화된 분석에서 명확하다.

결국 각 규모별로 일련의 독특한 경제적, 정치적, 사회적 관계를 지니며 지방 수준에서 지구 수준에 이르는 규모들의 단순한 '계열화된 위계'가 존재한다고 결코 단언하지는 않은 그람시는 뒤얽힌 규모적 위계가 경제, 정치, 사회경제적 불안정의 원천으로 작용하는 방식에 특히 민감했다. 이를테면 이 점은 "1870년 이후 시기에, 유럽 국가들의 식민지가 팽창하면서 이 모든 요소들은 변화한다. 국가의 국내적 조직 관계와 국제적 조직 관계가 더 복잡하고 거대해지며, '영속 혁명'이라는 48년식 방법이 '시민적 헤게모니'라는 방법을 따르는 정치학 속에서 확대되고 초월된다"(Gramsci 1971, 243)는 그람시의 언급에서 확인할 수 있다.

규모의 분석에서 결정적인 문제는 경제적, 정치적, 지적, 도덕적 삶에 대한 다양한 규모의 상대적 지배다. 규모의 지배는 "특정한 공간 규모의 조직들이 더 높거나 더 낮은 다른 규모의 조직들에 행사할 수 있는 권력"(Collinge 1999, 568)이다. 규모의 지배는 전략적으로 선택적인 권력과 지배의 지형으로 여겨지는 다양한 규모들 사이의 일반적 관계에서, 그리고/또는 다양한 규모들에 존재하는 조직들의 특징, 성격, 능력, 활동들에서 비롯될 수 있다. 하나 이상의 규모들은 다양한 사회적 실천 영역들 안의, 그리고 이 영역들을 가로지르는 규모적 노동 분업에서 지배적 구실을 함으로써 특별한 사회정치적 의미를 얻을 수 있다. 또한 결절적 규모nodal scales는 전반적으로 비지배적이지만, 그럼에도 불구하고 특정한 시공간 질서 또는 매트릭스에서 특정한 활동들을 하는 주요 장소로 기능한다(Collinge 1999, 569). 결국 하위 규모들은 중요하지 않거나 주변적이지만, 또한 저항의 장소가 될 수 있다.

그람시는 역사적이고 동시대적인 지배 패턴을 분석하면서 암묵적으로 이런 구분을 사용해 작업한다. 이를테면 그람시는 이탈리아의 국가와 국민 형성에서 국민적 수준이 지배적이기보다는 결절적이었다고 주장했다고 해석될 수 있다. 왜냐하면 그람시는 '이탈리아가 만들어지고 있기 때문에, 우리는 이탈리아인을 만들어야 한다Italia fatta, bisogna fare gli Italiani'는 정세에서 살았으며, 특히 정치적으로 유럽 대륙의 지배 권력, 곧 프랑스와 독일을 특징짓는 것으로 보인 국민적 규모의 우위를 가정할 수 없었기 때문이다. 이탈리아는 국내적으로 약하게 통합돼 있었고, 국민적 규모는 아직 지방적 규모와 지역적 규모에 견줘 지배적이지 않았으며, 이런 특성이 부르주아 혁명의 완성과 혁명적 공산주의 전략에 모두 문제를 제기했다고 그람시는 주장했다. 그람시는 또한 이탈리아 국가의 국제적 취약성과 이탈리아 국가의 발전에 외부적 요인들이 미치는 영향력을 통절히 인식하고 있었다.

다른 한편으로 그람시는 "이탈리아 가톨릭이 민족과 국가 정신의 대용물로 여겨질 뿐 아니라 전세계적 헤게모니 제도, 곧 제국주의 정신으로 여겨졌다"(Gramsci 1985, 220~221)고 봤다. 그람시는 또한 세계적 규모에 대비되는 대륙적 규모에서 지배적 규모와 결절적 규모 사이의 차이를 인식했다. 이를테면 유럽 정치와 세계 정치에 관련해, 그람시는 이렇게 썼다. "이 둘은 같지 않다. 베를린과 파리 사이, 또는 파리와 로마 사이 싸움의 승자가 세계의 주인인 것은 아니다. 유럽은 영향력을 잃어왔고, 세계 정치는 유럽 대륙에 따라 좌우되기보다는 런던, 워싱턴, 모스크바, 도쿄에 따라 더 좌우된다"(Gramsci 1995, 195). 그리고 더 일반적으로, 그람시는 다음을 검토할 필요성을 언급했다.

> 한 국가의 국내 정책과 대외 정책 사이의 유기적 관계. 국내 정책이 대외 정책을 결정하는가, 아니면 그 반대인가? 이 경우 또한 다음을 구별할 필요가 있다. 상대적으로 국제적 자율성을 가진 강국과 그렇지 못한 국가 사이, 또한 정부의 다양한 형태들 사이(나폴레옹 3세 정부처럼 한 정부는 외관상 두 개의 정책을 지녔다. 국내적으로는 반동적 정책, 대외적으로는 진보적 정책). (Gramsci 1971, 264)

요컨대 그람시에게 국제 질서란 형식적 주권 민족국가들 사이의 기계적 상호 작용의 측면에서 연구돼서는 안 되고, 복잡하게 뒤얽힌 내외 관계로 특징지어지는 국가들의 비공식적 위계[7]와 (가톨릭 같은) 그 밖의 국제 세력들에 기반한, 구체적이고 발현적인 국제 질서로 연구돼야 한다. 따라서 국민적 헤게모니를 위한 투쟁에 관한 그람시의 분석은 국민적인 것에 국한되지 않고, 지방적, 지역적, 국민적, 초국민적 규모들의 접합을 포함해 실제로 이런 규모들의 상호 침투를 면밀히 검토했다. 그람시는 다양한 제도 질서를 가로지르는 규모들의 괴리, 특히 세계 시장의 형성이 증가하는 현실과

---

[7] 그람시는 선진 자본주의 국가, 반선진 자본주의 국가, 주변 자본주의 국가들이라는 위계의 맥락에서 제국주의와 제국주의 경쟁을 검토했다. 이를테면 각각 영국과 독일, 프랑스와 체코슬로바키아, 이탈리아가 해당된다(Ghosh 2001, 3~4).

국민국가의 생존이 지속되는 현상 사이의 괴리 속에서 다양한 사회 세력들에 수반되는 각각의 기회와 제약들에 관해 언급했다(Gramsci 1995, 220). 그람시는 이런 괴리에 관련된 행동과 영향의 다양한 규모적 지평을 논의했다. 물론 가장 잘 알려진 사례는 로마 제국에서 로마에 기반한 당대 가톨릭교회에 이르기까지 전통적인 이탈리아 지식인들의 코즈모폴리터니즘과 대외 지향, 그리고 이런 지향이 이탈리아 정치와 유럽 정치에 미친 영향이다. 그리고 괴리의 영향과 다른 세력들이 아니라 특정한 사회 세력이 이용할 수 있는 규모 점프scale jumping[8]의 가능성에 관해 언급한 것처럼, 또한 특정한 프로젝트를 배경으로 다양한 사회 세력을 동원하고, 그리고/또는 새로운 역사적 블록을 형성할 수 있는 새로운 형태의 규모 간 접합의 필요성을 인식하고 정교화했다. 이런 점은 남부 문제(아래를 보라)에 관한, 그리고 스탈린의 '일국 사회주의' 정책이 낳은 고립에서 소비에트 연방을 벗어나게 하는 적절한 정치 전략에 관한 그람시의 언급에서 특히 분명하다.

다양한 규모의 경제적, 정치적, 지적, 문화적 조직에 관한 주장은 또한 개인 동일성의 형성과 집합 의지의 형성에 관한 그람시의 분석에서도 핵심적이었다. 이를테면 루이지 피란델로가 자기 자신을 지방적, 국민적, 유럽적인 존재로 동일화한 점을 언급하면서 그람시는 피란델로가 스스로 탈지방화하고 유럽인이 됐기 때문에 비로소 이탈리아 작가이자 국민 작가가 될 수 있었다고 주장했다(Gramsci 1985, 139, 141~142). 이런 관찰은 자신이 알바니아인인지, 사르데냐인인지, 이탈리아인인지, 아니면 어쩌면 지방적, 지역적, 국민적 관점에서 출발한 국제주의자인지에 관련한 그람시의 주저함을 반영하는지도 모른다. 더 일반적으로 그람시는 다양한 형태의 헤게모니를 구

---

[8] 이 책 8장 297쪽의 주석을 참조하라 — 옮긴이.

축하는 데에서 **북부**(산업적, 기술적) 지식인과 **남부**(농업적, 유기적) 지식인의 사회적 기능 사이를 구분했다(Gramsci 1971, 11~12, 93~94). 그람시는 또한 전통적 이탈리아 지식인들의 코즈모폴리턴적 구실이 반도의 영토 분열을 지속시키는 데 기여했다고 관찰했다(Gramsci 1971, 18~19). 그리고 규모 괴리의 또 다른 사례에서 그람시는 지식인들이 국민의 삶에서 탈배태된 탓에 특정한 국민적-대중적 프로젝트를 발전시키는 데 실패했을 수 있고, 그 대신 다른 국민적 복합체에 의존하거나[9] 추상적 코즈모폴리턴 철학과 세계관을 제시했을 수도 있다고 언급했다(Gramsci 1985, 118).

그람시와 남부 문제

많은 사람들이 남부 문제를 이탈리아 국가와 국민 형성의 핵심 문제 중 하나라고 주장했다. 이질적이고 분열된 국민과 엄청난 지역 격차에도 불구하고 이탈리아 북부의 부르주아지가 반도를 통일시키려 할 때 발생한 '수동 혁명'의 측면에서 그람시는 이 쌍둥이 과정을 분석했다(Davis 1979). 이탈리아의 취약한 경제 통합, 정치 통합, 사회 통합과 국민적 규모에서 지배의 결여는 그람시의 초기 정치적 저술, 곧 (1926년에 팔미로 톨리아티하고 함께 쓴) 〈리용 테제Lyons Theses〉와 〈남부 문제의 몇 가지 측면Some Aspects of the Southern Question〉(1926)에 관한 그람시의 미완성 에세이에 영향을 미치게 된다. 이 저술들은 세 가지 문제를 논의한다. 첫째, 북부의 산업적, 금융적 축적 중심

---

[9] "모든 국민적 복합체가 종종 이질적인 요소들의 결합체라서 이런 코즈모폴리터니즘 때문에 지식인들이 국민적 내용과 일치하는 것이 아니라 다른 국민적 복합체에서 빌려온 내용과 일치하거나, 또는 심지어 추상적이고 코즈모폴리턴적인 내용과 일치하는 경우가 발생할 수 있다"고 그람시는 말했다(Gramsci 1985, 118). — 옮긴이.

에 대한 부차적 축적 중심의 복잡하고 다층적인 경제적이고 정치적인 종속과 계급 동맹에 관련해 이런 종속이 지니는 함의, 둘째, 민족 통일의 자코뱅 노선을 방해한 계급 구성, 지역 격차, 그리고 도덕적인 삶의 분열된 형태들에 따른 복잡성, 셋째, "노동 인구 중 소수를 차지하며, 이런 식으로 지리적으로 분포된 결과 사전에 농민 계급하고 맺는 관계 문제를 확실하게 해결하지 않는 한 승리를 보장하는 권력 투쟁을 이끌 수 없는"(Gramsci 1978, 316, cf. 233~234; 299) 프롤레타리아트의 지도적 구실에 관련해 앞의 사안이 제기한 문제. 따라서 〈리용 테제〉에서 그람시와 톨리아티는 다음처럼 쓴다.

> 자본주의의 핵심 부분인 산업주의는 이탈리아에서 매우 취약하다. 산업주의의 발전 가능성은 지리적 상황 때문에, 그리고 동시에 원료의 부족 때문에 제한된다. 그러므로 산업주의는 이탈리아 인구의 대부분을 흡수하는 데 성공하지 못한다(400만 산업 노동자는 350만 농업 노동자와 400만 농민들에 나란히 존재한다). 산업주의는, 자신을 자연스럽게 국가 경제의 기반으로 제시하는 농업에 대치된다. 그러나 극도로 다양한 지형 조건, 그리고 이런 조건에 따른 경작과 소작 제도의 차이는, 프롤레타리아트의 조건에 더 가까우며 프롤레타리아트의 영향을 받고 프롤레타리아트의 리더십을 수용하기 더 쉬운 빈곤 계층이 확산하는 흐름에 맞춰 농업 계층 사이에 고도의 분화를 초래한다. 산업 계급과 농업 계급 사이에 상당히 큰 규모의 도시 프티 부르주아지가 존재하는데, 이 계급은 매우 커다란 중요성을 갖는다. 이 계급은 주로 장인, 전문직, 공무원으로 구성된다. (Gramsci and Togliatti 1978, 343)

그람시는 남부 문제에 관한 에세이에서 이런 주제를 다시 이어간다. 그람시는 이탈리아 프롤레타리아트가 다른 하위 계급들에 견줘 수가 너무 적고 지나치게 북부에 집중돼 있어 계급 동맹을 형성하지 않고서는 지도적이고 지배적인 계급이 될 수 없었다고 주장한다. 해결책은 폭넓은 농민 대중의 실제적 동의와 적극적 지지를 동원하는 것이었다(Gramsci 1978, 79~82, 129~131, 449~450; Gramsci and Togliatti 1978, 347). 그러나 농민 문제는 언제나 역사적으로 결정된다. 이 문제는 '일반적인 농민과 농업 문제'가 아니다. 이탈리아에서 농민 문제는 이탈리아의 특수한 전통을 통해, 그리고 이탈리아 역사의 특수한 발전을 통해 대표적으로 두 가지 특정 형태를 띠었다. 바로 바티칸과 남부 문제였다(Gramsci 1978, 443).

이런 주장, 그람시의 초기 분석들, 그람시의 《옥중 수고 Prison Notebooks》는 모두 계급, 사회적 범주, 정치 세력에 관한 비공간적이라기보다는 매우 공간화된 분석에 관련된다. 따라서 그람시는 도시와 지방 사이의 관계에 기반해서 이탈리아의 다섯 가지 핵심 세력을 확인했다. 그 다섯 가지는 "1. 북부 도시 세력, 2. 남부 농촌 세력, 3. 중북부 농촌 세력, 4. 시칠리아 농촌 세력, 5. 사르데냐 농촌 세력"이다(Gramsci 1971, 98). 이런 분석을 기반으로 그람시는 북부 도시 세력이라는 기관차를 가진 기차의 비유를 사용해 도시 간 관계와 지역 간 관계를 분석했다. 그렇다면 핵심 질문은 공산주의를 향한 빠르고 성공적인 경로를 따르려면 이런 기관차가 어떤 다른 세력들을 동원해야 하는지가 된다. 따라서 그람시는 공산당이 프롤레타리아트하고 농민과 프티 부르주아 지식인이 맺는 헤게모니 동맹을 촉진시키고 갈등의 최종적인 군사적-정치적 해결에 앞서 프롤레타리아트를 진지전으로 이끌어야 한다고 권고했다. 이런 동맹은 농촌 프티 부르주아와 도시 프티 부르주아지의 지지에서 또한 혜택을 받은 북부 기업가와 남부 지주 사이의 방어 동맹을 와해시킬 수 있다.[10]

---

10 장석준, 〈그람시를 '다시' 읽자〉, 《장석준의 적록서재》, 뿌리와이파리, 2013, 184~199쪽을 참조하라 — 옮긴이.

아메리카주의와 포드주의

경제적 관계에 관한 그람시의 분석들은 역사적일 뿐 아니라 공간적이다. 실제로 역사적이기 때문에 공간적이라고, 또는 더 낫게는, 본래 시공간적이라고 쓰는 편이 더 나을 것이다. 경제적 자유주의와 경제주의적 마르크스주의뿐 아니라 고전적 정치경제학과 속류 정치경제학을 거부하면서, 그람시는 경제 조직과 경제적 규칙성이 놓인 폭넓은 역사적 장소와 구체적인 시공간적 특수성을 강조했다. 이것이 그람시가 합리적 경제인의 행동에 기반한 초역사적 경제 분석을 규정된 시장mercato determinato(관련된 경향적 법칙에 따라 조직되고 조절되는 규정된 형태의 시장 관계) 개념으로 대체한 이유다.[11] 따라서 그람시는 메초조르노에서 일어나는 종속적 발전, 이탈리아에서 내부 식민지를 향해 드러나는 일반적 경향, 도시와 지방 사이의 관계에 나타나는 지리적 차이에 더해서 다양한 정당들이 이런 관계를 개조하는 것을 목표로 한 과정을 포함해 다양한 경제적 장소와 공간들 사이의 상호 관계(Gramsci 1971, 90~102), 지방적, 지역적, 국민적, 국제적, 관국민적 경제들 사이의 상호 연결, 접합, 실제적이거나 잠재적인 긴장들을 탐구했다. 그람시는 공간적 노동 분업, 국토 안과 해외 시장에 모두 관련된 농촌, 도시, 지역 경제들의 차별적 통합이라는 문제들, 새로운 세계 시장에서 규모의 중요성, 장소와 공간 사이의 갈등에 잘 대응했다. 그리고 그람시는 경제 조직의 장소화, 공간화, 규모화에 뒤따르는 계급 관계에 이론적이고 실천적으로 특별한 주의를 기울였다. 요컨대 그람시의 '절대적 역사주의'에 대한 날카로운 해석자인 에스테베 모레라가 주장한 대로 "그람시는 시간 조건뿐

---

[11] 안토니오 그람시, 이상훈 옮김, 《그람시의 옥중수고 2》, 거름, 1999, 262쪽과 273쪽 참조 — 옮긴이.

아니라 공간 조건에서 주의를 돌리게 한다는 이유로 사회학을 거부했다. 곧 사회적 과정의 지리적 조건에서 말이다"(Morera 1990, 89).

국제 경제적 관계로 전환할 때 그람시는 민족국가를 경제 정책 입안의 지평으로 간주하는 경향과 세계 경제가 문제 없이 시장 조절에 맡겨질 수 있다고 가정하는 경향에 관련해 자유주의를 비난했다(Vacca 1999, 160). 같은 맥락에서 다양한 경제적이고 정치적인 전략과 정책들이 장소와 공간하고 맺는 특수한 관계에 근거하고 있다고 말하면서, 그람시는 자유방임주의가 농업이 아니라 오직 상업과 견실한 산업에 근거할 수 있다고 주장한다. 그람시는 또한 세계 시장의 코즈모폴리터니즘과 정계의 민족주의 사이에서 증가하는 모순에 관해 언급했다. 나아가 이런 모순이 혁명적 사회주의 운동에서 국제주의를 향한 모든 움직임의 출발점이 돼야 했다고 주장했다(Gramsci 1995, 220). 그람시는 새로운 지구적 자본주의의 불균등하고 결합적인 발전의 동학에 관심 있었다. 아메리카주의와 포드주의에 관한 그람시의 노트들은 경제적 역동성의 중심이 유럽에서 미국으로 이동하고 있던 과정과 이런 이동이 유럽을 적응하도록 자극한 과정을 탐구했다. 그람시는 여기에서 단순한 기술 결정론은커녕 미국의 경제 발전에 관한 협소한 경제 결정론적 관점을 채택하지 않았다. 대신에 그람시는 미국에서 새로운 기술 경제 패러다임이 발전하게 만든 특수한 역사적이고 물질적인 조건들을 검토했는데, 여기에는 기업, 공장 도시, 더 넓은 사회 수준에서 경제 프로그램의 수립이 포함됐다. 기술적 생산수단의 수출과 기술적 노동 분업을 넘어서는 요소가 필요하기 때문에 축적 체제, 규제 방식, 생활 양식으로서 포드주의가 지니는 독창성과 중요성에 발목 잡힌 끝에 이런 축적 체제는 유럽으로 전파되지 못했다. 그럼에도 불구하고 결국 유럽으로 확산될 정도로 포드주의는 또한 미국 제국주의의 헤게모니를 촉진시켰다.

코민테른에 대조적으로 그람시는 유럽에서 미국으로 경제적 무게 중심이 이동한 것을 강조했는데, 미국은 더 합리적으로 조직된 경제를 발전시켰다. 노동자들이 이런 모델을 채택하는 데 앞장선다면 그런 시도는 노동계급이 세계의 역사 발전을 이끄는 기반이 될 수 있다(Baratta 1997; Vacca 1999, 9). 그러나 그람시는 이번에는 대서양에서 태평양으로 무게 중심이 또다시 이동할지를 예언자처럼 묻는다.

> 세계 인구의 대부분이 태평양에 있다. 중국과 인도가 대규모 산업 생산량을 가진 근대 국가가 되고, 그 결과 두 나라가 유럽에 종속된 상태에서 벗어난다면 사실상 현재의 균형 상태는 붕괴될 것이다. 미 대륙의 변형, 미국의 생활 축이 대서양 연안에서 태평양 연안으로 이동하는 것 등. (Gramsci 1995, 196)

영토성과 국가 권력

그람시는 국토를 미리 주어지거나 미리 운명 지어진 국가 형성의 기반으로 자연화하거나 물신화하지 않았다. 그리고 실제로 그람시가 인식한데다가 극복하려 애쓴 국민 형성의 역사적 문제들을 고려할 때, 그렇게 행동할 수 없었다. 정치 권력의 영토화는 국민국가 형성과 국민 형성에서 결정적인 첫 번째 물질적 단계다.[12] 그렇다면 그람시가 중세 코뮌에서 절대주의 체제로, 절대주의 체제에서 부르주아 자유민주주의 국가로 나아가는 이행의 문제(이를테면 이탈리아 대 네덜란드), 그리고 정치적으로 분열된 중세 도시적

---

12 그람시는 스웨덴 사회학자인 루돌프 셸렌이 어떻게 "정치적으로 조직된 영토 단위(지리학의 발전, 곧 물리 지리학, 기술 인류학, 지정학)와 그 영토 위의 사회에서 생활하는 인간 집단(지정학과 인구 정치학)을 자신의 출발점으로 삼아 새로운 기반 위에서 국가와 정치에 관한 과학을 구성"하려 했는지를 언급한다(Gramsci 1995, 325).

관계들의 경제적-조합적 국면에서 벗어날 필요성을 연구한 사실은 놀랄 일이 아니다. 따라서 그람시는 계급 의식이 국가에 대한 분명한 이해에 따라 좌우되며(Gramsci 1971, 272~275; 특히 275), "이탈리아에서 정치, 영토, 민족의 통일이 빈약한 전통을 갖고 있다(또는 아마도 전통을 전혀 갖고 있지 않다)"(Gramsci 1971, 274)는 사실 때문에 이탈리아가 여전히 약한 계급 형성과 적극적이기보다는 소극적인 계급 의식으로 어려움을 겪고 있다고 언급했다.

그람시는 또한 영토의 통일 자체가 정치의 통일을 보장하지 않는다는 사실을 알고 있었다. 이런 점은 그람시가 장 보댕과 니콜로 마키아벨리를 비교한 부분에서 분명하게 드러난다.

> 보댕은 마키아벨리가 기초한 이탈리아의 지형보다 훨씬 더 발전되고 복잡한 지형 위에 프랑스 정치학의 기초를 두고 있다. 보댕에게 문제는 영토적으로 통일된 (국민)국가를 수립하느냐, 곧 루이 11세 시대로 돌아가느냐가 아니라, 이런 이미 강력하고 잘 뿌리내린 국가 안에 존재하는 갈등하는 사회 세력들 사이의 균형을 유지하느냐다. 보댕은 강제의 계기가 아니라 동의의 계기에 관심이 있다. (Gramsci 1971, 142)

또한 정치 통일을 보장하려면 국가가 적절한 국가 형태를 통해 제도적으로 통합되고, 더 넓은 사회적 관계의 앙상블에 배태되고, 적절한 국가 프로젝트와 국민적-대중적 프로젝트를 통해 상대적으로 통일된 행동에 개입하는 능력을 가질 필요가 있다. 이탈리아의 실패한 민족 통일 프로젝트의 징후로 그람시는 바티칸과 남부 문제, 그리고 피에몬테와 온건당의 지배 아래 발생한 수동 혁명을 자주 언급한다. 그리고 국가 이론에서 가장 잘 알려진 비교 중 하나에서 그람시는 "동구에서는 국가가 모든 것이었으며 시민사회는 원시적이고 미발달됐지만, 서구에서는 국가와 시민사회 사이에 적절한 관계가 존재했으며 국가가 동요할 때 시민사회의 견고한 구조가 즉각 드러났다"(Gramsci 1971, 238)고 주장한다.[13]

이런 접근은 수동 혁명, 헤게모니, 역사적 블록에 관련해 결정적 문제를 제기했다. 그람시는 정치 통일이 형성되는 메커니즘이 갖고 있는 그 밖의 다양한 문제 사례들을 제공하고, (순전한 강압에서 강제-협잡-매수와 수동 혁명을 거쳐 포괄적 헤게모니에 이르는) 그 형태의 엄청난 다양성을 확인한다. 또한 그람시는 이런 통일성을 주로 행정, 국가장치의 정치적 개혁, 또는 헌법 설계 같은 기술적 문제로 보지도 않았다. 대신에 이런 통일성은 계급적, 종교적-세속적, 영토적 측면에서 국가의 사회적 토대에, 그리고 통합적 측면에서 국가를 형성하는 데 수반되는 정치사회와 시민사회 사이의 접합에 깊게 관련됐다. 이런 특성은 그람시가 계급 관계를 분석하기 위해서 개발한 풍부한 개념 어휘와 경제적, 정치적, 군사적, 지적, 도덕적 측면에서 드러나는 세력 균형의 다양한 계기들에 반영돼 있다(Gramsci 1971, 곳곳). 그리고 현재의 목적을 위해 그람시가 지식인, 공무원, 관료, 군인, 성직자 등의 지방, 지역, 도시-농촌 태생과 코즈모폴리턴적-국민적 지향에 얼마나 많은 주의를 기울였는지를 언급하는 것이 특히 중요하다(Gramsci 1971, 79, 203~204, 214~217; 1995, 12). 왜냐하면 광범한 능력들을 가진 중립적 도구가 되기는커녕 국가란 모든 시공간적 특수성 속에 놓인 더 넓은 사회적 관계들의 앙상블에 배태되는 측면에서 이론적으로 분석되고 정치적으로 다뤄져야 했기 때문이다. 이것은 결국 사회적 관계로서 국가의 역사성뿐 아니라 공간성을 시사한다.

---

13 다음 문장은 이렇다. "국가는 단지 외곽의 참호에 지나지 않았으며, 그 뒤에는 강력한 요새와 토루들의 체계가 포진해 있었다." 이렇게 그람시의 문제 설정에서 서구의 시민사회는 위기에 대응하는 동시에 혁명을 방어하는 구실을 한다. 타리크 알리는 시민사회의 이런 반동적 성격을 대변하는 영국의 정치 세력을 '극단적 중도파'라는 용어로 개념화했다 — 옮긴이.

이탈리아 지식인들의 주된 결점은 강력하고 탄력적인 '문화 헤게모니'를 형성했다는 점이 아니라, 국민적이기보다는 코즈모폴리턴적이었기 때문에 어떤 진정한 헤게모니도 실현된 적이 없다는 사실이었다. 피에몬테의 인위적이거나 왜곡된 국가 헤게모니처럼, 르네상스 인문주의자들에게서 유래한 문화 전통은 단지 약하고 기이한 형태의 헤게모니만 제공할 수 있었는데, 그 이유는 그런 전통이 국민적이지 않았기 때문이다. (Ghosh 2001, 36)

그람시와 국제 관계

그람시가 프랑스 자코뱅의 국가 형성 프로젝트의 성공에 비교해 이탈리아 민족국가의 실패를 유감스럽게 생각하는데도 불구하고, 그람시는 심지어 국가가 형성되는 데 수십 년이 걸렸으며 당대의 민족국가들이 변화가 많은데다가 경쟁이 심한 국제적 맥락 속에서 구축되고 있었다는 점을 인식한다. 이를테면 그람시는 베르사유 조약이 민족국가들의 특권을 재확립시킨 반면 볼셰비키의 세계 혁명 프로젝트는 궁극적으로 국제연맹society of nations을 목표로 했다고 주장한다. 베르사유 조약이 체결된 뒤에 민족은, 설사 그전에 완전히 지배적이었다고 하더라도 이제 더는 국가 생활의 지배적 지평으로 남을 수 없었다. 따라서 국내 세력 균형이 국제 세력들과 국가의 지정학적 위치에 따라 과잉 결정된 과정을 분석하는 것, 그리고 국제 세력 균형이 국내 세력들을 변화시켜 진보적이고 혁명적인 운동들을 강화시키거나 깨트린 과정을 평가하는 것이 핵심이었다(Gramsci 1971, 116). 그러므로 그람시는 "국제 관계가 이런 민족국가의 국내 관계들에 뒤얽혀 있으며, 새롭고, 독특하고, 역사적으로 구체적인 결합들을 형성시킨다는 사실을 고려할 필요가 있다"고 생각했다(Gramsci 1971, 182). 그람시는 또한 국제적 헤게모니를 획득하는 과정은 어느 정도는 교육적 관계에 기반하며, 이런 과정이 국민적이고 대륙적인 문명들의 뒤얽힘에 영향을 미쳤다고 언급했다(Gramsci 1971, 350; cf. 1995, 207~208). 이런 언급은 아메리카주의와 포드주의뿐 아니라 국제 공산주의 운동이 맡은 구실과 국제 공산주의 운동이 통일전선 활동에 개입하는 방식에도 적용됐다.

경제, 정치, 사회문화 관계의 국제적 차원을 탐구할 때, 그람시는 국제 관계의 기본 단위가 국민 경제, 국민국가, 또는 국민으로 구성된 시민사회라고 가정하지 않았다. 대신에 경제 조직과 정치 조직의 상호 영향, 그런 조직들의 사회적이고 문화적인 전제 조건, 경제적, 정치적, 지적, 도덕적 삶이 펼쳐지는 지배적 규모들의 괴리가 가져온 결과들을 탐구했다. 이 과정을 통해 그람시는 규모 간 관계의 복잡성에 민감해졌으며, 그런 규모들이 단순한 계열화된 위계 속에서 질서를 형성한다고 결코 가정하지 않았다.[14]

국제 관계에 대한 그람시의 접근은 여섯 가지 이유 때문에 흥미로운데, 결코 체계적 형태로 제시되지 않았다. 그러나 당연시되는 국민적 규모에서 시작해 대서양을 가로지르거나 좀더 넓은 관국민적 규모까지 이르는 그람시의 주장들을 단순하게 일반화해 재구성하려는 매우 널리 퍼진 경향에도 불구하고, 몇 가지 함의를 끌어낼 만하다. 그렇지만 수동 혁명, 역사적 블록, 헤게모니, 권력 블록 등 같은 개념들을 지나치게 단순화해 '규모 조정'을 하면 장소, 공간, 규모의 문제에 그람시가 한 개입의 복잡성을 포착하는 데 실패하게 된다. 실천 철학과 토착어적 vernacular 유물론(Ives 2004b) 덕분에 그람시는 사회적 관계, 제도, 동일성의 국제적 차원을 포함해서 이런 요소

---

[14] "이를테면 고도로 발전된 나라에서 발생한 특정 이데올로기가 덜 발전된 나라들에 전파되고, 이것은 지역에서 일어나는 결합적 상호 작용에 영향을 준다. 국제 세력들과 국민 세력 사이의 이런 관계는 모든 수준에서 다양한 세력 관계를 가진, 모든 국가 안에 존재하는 구조적으로 다양한 몇 개의 영토 부분들의 존재 때문에 더 복잡해진다"고 그람시는 썼다(Gramsci 1971, 182).

들의 사회적 구성에 매우 민감해졌다. 실제로 그람시는 '북'과 '남'이나 '동' 과 '서' 같은 범주들이 사회적으로 구성되고, 이 범주들에 유럽 교양 계급 의 관점이 반영되고, 이 범주들이 문명들 사이의 차이를 이데올로기적으로 재현하고, 실생활에서 이 범주들이 어떤 물질적 의미를 갖는지를 강조하 는 데 신경을 썼다(Gramsci 1971, 447). 이런 특징은 또한 그람시가 이탈리아에 서 자유주의, 종속적 발전, 내부 식민주의의 위기, 그리고 자본주의와 초보fledgeling 사회주의 사이의 제국주의 경쟁과 충돌을 동반한 국제 질서의 유사 한 위기에 대응해 장소, 공간, 규모를 재구성하려는 물질적이고 지적인 투 쟁에 관심이 있었다는 것을 의미했다. 이런 그람시의 접근이 가지는 함의 는 다음처럼 구성된다.

첫째, 마르크스가 주로 자본주의 생산양식에 관한 단순-추상적 분석을 발전시킨 반면, 그람시는 이것을 당연시한 뒤 제국주의와 볼셰비키 혁명이 만든 세계에서 새롭게 발전된 자본주의 사회구성체의 구체적 정세에 초점 을 뒀다. 둘째, 그람시는 구조와 상부구조에 관한 분석을 구체적 정치 분 석에 통합시켰다. 이런 통합은 그람시의 역사적 블록 개념에서, 그리고 이 런 관계들을 매개하는 데에서 지식인이 하는 구실에 관한 그람시의 체계적 관심에서 핵심 요소였다(이를테면 Portelli 1973을 보라). 이런 분석은 국민적 규모 아래에서 시작돼 그 이상으로 확대됐다(이를테면 이탈리아 지식인, 아메리 카주의와 포드주의, 볼셰비키 혁명이 '동'에서 '서'로 확산되지 못한 실패에 관한 분석들). 셋째, 경제주의를 이론적이자 정치적으로 반대하면서, 그람 시는 국제적 수준 이하의 다양한 규모들에서 경제적 관계를 구성하고 재 구성하는 데에서 정치사회와 시민사회가 하는 구실을 보여줬다. 넷째, 더 최근의 국제 관계 이론에서 등장하는 (신)현실주의에 대조적으로, 그람시 는 민족국가를 분석의 기본 단위나 기본 규모로서 물신화하지 않았다. 실 제로 그람시의 저작은 "자신을 국민국가로 구성하는 데에서 이탈리아 국가의 실패, 곧 국내 세력과 국제 세력의 균형 때문에 지연된 근대 이탈리아 민족의 힘겨운 출현을 반영하는 실패"(Gramsci 1985, 199)에 관한 장기간의 성찰로 해석될 수 있다. 다섯째, 제국주의 간 경쟁과 함께 자본주의 블록과 초보 소비에트 연방 사이의 공개적 적대 행위를 동반한 1차 대전이 진행되는 기간과 전후 시기에 글을 쓰면서 그람시는 특히 두 가지 문제, 곧 (a) 노동 계급 운동의 패배와 파시즘 발흥의 국민적 맥락과 지역적 맥락뿐 아니라 국제적 맥락, (b) 이탈리아와 더 일반적으로 유럽에서 근대화의 기반으로서 아메리카주의와 포드주의의 확산을 다뤘다. 그리고 여섯째, 그람시는 국제 관계에 관심이 매우 많았으며, 국제적 세력 균형이 지니는 정치적 함의를 더 잘 이해하려고 지정학과 (현재는 생명 정치bio-politics라고 불리는) 인구 정치학demo-politics을 다룬 저작을 연구했다.

이런 맥락에서, 그리고 국제 관계에 관한 생각에 여전히 많은 영향을 미치는 방법론적 민족주의에 대조적으로 그람시는 국민적인 것과 국제적인 것 사이를 엄격히 구분하지는 않았지만, 더 복잡하고 변증법적인 방식으로 규모 간 접합과 상호 영향의 문제를 탐구했다.

국제 관계가 기본적인 사회적 관계에 (논리적으로) 앞서는가, 아니면 뒤따르는가? 뒤따른다는 것에 의심의 여지는 없다. 사회 구조의 모든 유기적 혁신은 기술적-군사적 표출을 통해 국제 영역의 절대적이고 상대적인 관계도 또한 유기적으로 변화시킨다. 심지어 국민국가의 지리적 위치도 구조 변화에 (논리적으로) 앞서지 않고 뒤따르지만, 또한 어느 정도로 (바로 상부구조가 구조에 반작용하고 정치가 경제 등에 반작용하는 정도로) 구조 변화에 다시 반작용한다. 그러나 국제 관계는 (정당들 사이의 헤게모니에서 드러나는) 정치적 관계에 수동적이자 능동적으로 반작용한다. (Gramsci 1971, 176)

그람시는 국내 계급 동맹과 대외 경제 정책 사이의 관련성을 다룬 분석에서 경제 전략, 정치 전략, 국제 전략 사이의 관련성을 탐구한다. 이탈리아 지배 계급은 "남부 농민하고 맺은 동맹, 자유 무역 정책, 보편적 참정권, 행정 분권화, 산업 제품의 낮은 물가"에 기반한 농촌 민주주의와, "보편적 참정권의 결여, 관세 장벽, 고도로 중앙 집권화된 국가의 유지(특히 남부 섬 지역에서 농민에 대한 부르주아지의 지배의 표출), 임금과 노조의 자유에 관련해 개혁주의 정책을 내세우는 자본가/노동자의 산업 블록"(Gramsci 1978, 449~450) 사이에서 선택해야 했다. 그람시가 그다음에 즉시 덧붙인 대로 지배 계급이 뒤의 해결책을 선택한 결과는 결코 우연이 아니었다.

결론

그람시는 모든 사회적 관계의 **역사적 특수성**을 강조했을 뿐 아니라 **장소, 공간, 규모에서** 사회적 관계의 독특한 **위치**에도 덜 명시적이지만 적절하게 대응했다. 따라서 그람시의 핵심 개념들은 거의 모두 시기 구분, 역사적 구조, 구체적 정세, 사회적 동학의 문제들뿐 아니라 장소, 공간, 규모의 문제들에 민감하다. 우리가 생산관계, 규정된 시장, 아메리카주의와 포드주의의 역동성 대 유럽식 계획 경제와 소비에트식 계획 경제의 상대적 정체 사이의 대조, (경제적, 정치적, 지적) 계급 관계의 형태, 국가 형성의 영토성과 (정치사회와 시민사회라는 두 측면에서 고려된) 특정 국가의 상대적 강점 또는 약점, 지식인들의 공간적 뿌리와 경제, 정치, 도덕 조직에서 지식인이 하는 다양한 구실, 정치적 동맹의 성격, 경제적-조합적, 정치적, 군사적 전략의 적절한 형태 등 무엇을 고려하든, 그람시는 역사적 사상가로서 드러나는 만큼 공간적 사상가로서 드러난다. 이런 특성은 모든 사회적 관계들의 시공간성에 관한 그람시의 심오한 역사주의적 관심에 근거한다. 게다가 그람시의 전략 분석은 시간성과 공간성에 관해 은유적으로 민감할 뿐 아니라 객관적으로 민감했다. 그람시는 다양한 시간성들이 복잡한 정세와 상황 속에 얽히는 뒤섞임을 강조하고 경로 의존적 현재와 가능한 미래 사이의 틈을 탐색했을 뿐 아니라 전략이 본래 공간적 성격을 지닌다고 생각했다. 그람시는 각각 자체의 독특한 결정성과 전략적 선택성을 갖는 장소, 공간, 규모 안에서, 그리고 이런 요소들을 가로질러 동원할 필요성을 항상 인식하고 있었다. 두 경우에서 모두 중요한 것은 시공간적 행동 지평의 변형, 그리고 다양한 시간성과 공간성들의 뒤섞임이다. 그람시의 진지전과 기동전 개념은 오직 이런 맥락에서 이해될 수 있다. 왜냐하면 장소, 공간, 규모에 관한 그람시의 관심은 단순히 학문적인 차원이 아니라 혁명 정세에 관한 자신만의 분석에 관련된 때문이었다. 따라서 "역사적 사건이 발생하는 특정한 시간과 지리적 공간에서 하나의 행동이 조율돼 동시에 일어나게 하는 데 필요하고 충분한 정도로"(Gramsci 1971, 194) 집합 의지가 형성돼야 한다고 그람시는 주장한다. 요컨대 좌파 전략의 정치적 실패들에 관한 그람시의 언급은 역사적으로, 또한 공간적으로 적절한 대응이기도 하다.

5장
×
폴란차스,
국가는 사회적 관계다[1]

[《국가, 권력, 사회주의State, Power, Socialism》는] 내가 이전에 견지한 특정 개념, 곧 심급instances 또는 수준의 측면에서 사회적 실재를 고찰하는, 국가의 상대적 자율성 개념에서 거리를 두고 있다. 요컨대, 그 개념은 알튀세르적 개념이었다. 여기에서 나는 일련의 비판들을 제공할 것인데, 왜냐하면 그 개념이 국가의 특수성을 정확히 위치시키는 데 성공하지 못하고, 국가, 사회, 경제 사이의 관계를 충분히 정확한 방식으로 파악하는 데 성공하지 못한 개념이기 때문이었다. …… 이를테면 한동안 내가 (심지어 이데올로기적 장치들을 포함한 넓은 의미의) 국가를 권력 제도의 (거의) 배타적 장소로 생각하는 경향이 있었다는 것은 사실이다. 이런 생각은 오류였다. 사회에는 극히 중요한 일련의 다른 권력 중심들이 다수 존재한다. …… 이 책에서 나는 국가를 권력의 총체totality로 생각하는 개념

---

[1] 이 장은 Bob Jessop, "The strategic selectivity of the state: Reflections on a theme of Poulantzas", *Journal of the Hellenic Diaspora* 25(1-2), 1999, pp. 1~37의 매우 축약된 판본이다. 또한 Bob Jessop, *Nicos Poulantzas: Marxist Theory and Political Strategy*, New York: St Martin's Press 1985의 일부를 포함한다.

과 국가의 구실을 전적으로 또는 거의 전적으로 도외시하는 또 다른 개념, 곧 푸코의 개념 또는 궁극적으로 《레뷔 리브르Revue Libre》[코르넬리우스 카스토리아디스, 클로드 르포르, 마르셀 고셰 편집]의 개념하고 모두 단절하려 시도했다.
(Poulantzas 1978a, 27~28, 필자 번역)

니코스 풀란차스는 정치 행동에 관한 연구 프로그램과 지침으로서 역사적 유물론을 여전히 고수하는 와중에 국가에 관한 새로운 통찰을 발전시키는 능력과 주요 문제들에 관련된 정치적 변화로 종종 우리를 놀라게 한다. 이론적으로 보면 풀란차스는 처음에는 사르트르의 실존주의, 그다음에는 알튀세르의 구조주의, 나중에는 권력의 관계적 성격과 편재적 분산에 관한 푸코의 관점을 통해 영감을 받았다. 정치적으로 보면 풀란차스는 민주주의 정치, 마르크스-레닌주의, 좌파 유로코뮤니즘, 그리고 최종적으로 여럿으로 분열돼 있던 급진적 민주주의 정치에 잇따라 헌신했고, 계급 횡단 동맹과 사회운동을 위한 독자적 구실에 헌신했다(cf. Jessop 1985a; 1991). 그리스와 프랑스의 정치를 이해하려는 풀란차스의 관심은 결국 **국가는 사회적 관계**라는 통찰, 곧 풀란차스가 마르크스주의 국가 이론의 오래 기다린 깨달음으로 제시한 통찰로 이어졌다(cf. Poulantzas 1976c; 1977; 1980b).

마르크스주의 이론과 정치 전략

'지나친 추상주의'와 이론적 모호함을 향한 비판이 제기되는데도 불구하고(Miliband 1970; 1973), 풀란차스의 저작은 당대의 노동 계급과 대중적-민주적 투쟁에 대한 깊은 헌신이 주요 동기가 됐다(Jessop 1985a). 따라서 풀란차스는 국가독점자본주의론, 곧 초제국주의가 현재 미국이라는 초국가의 헤게모니 또는 초국적 독점 자본의 지배 아래 조직됐다는 견해, 그리고 유럽경제공동체EEC가 미국 자본의 헤게모니에 대항한 투쟁에서 유럽 자본에 복무하는 초국민적 정치 기구가 되고 있다는 견해를 비판했다. 정치 전략에 관한 풀란차스의 관심은 제국주의의 변화와 유럽의 국민국가나 계급 투쟁에 관련해 이런 변화가 가지는 함의에 관한 분석, 1970년대 중반의 그리스, 포르투갈, 스페인에서 독재가 위기를 겪은 뒤 민주주의 사회로 나아가는 민주적 이행에 보인 관심, 국가사회주의의 새로운 위기에 관한 성찰, 권위주의적 국가주의 경향에도 불구하고 급진적 민주주의의 전망에 보인 흥미에서 특히 두드러진다. 이런 주제들을 해결하려는 노력 속에서 풀란차스는 국가 이론과 정치 전략에 관한 오랜 관심을 전통 마르크스주의 경제학의 주제에 더 밀접하고 더 일관성 있게 통합시켰다. 경제학적 주제들은 자본의 국제화에 관한 풀란차스의 저작(Poulantzas 1975)에서 처음 두드러졌고, 그 주제들은 그다음에 《국가, 권력, 사회주의》(Poulantzas 1978b)에서 풀란차스의 국가 이론에 훨씬 더 밀접하게 통합됐다.

풀란차스는 또한 전통적 마르크스주의 정치경제학 비판에 새로운 통찰을 가져왔다. 특히 풀란차스는 국가의 구성적 효과와 행위들이 항상 나타나는 배경이 되는 복합적인 경제적, 정치적, 지적 노동 분업의 측면에서 노동 과정을 분석했다. 그리고 유사한 맥락에서 풀란차스는 생산, 분배, 소비에서 사회 계급의 장소에 관련된 '협소한' 경제적 관심보다는 사회 계급의 '**확대** 재생산' 측면에서 사회 계급을 연구했다. 확대 재생산이라는 아이디어는 기술적 노동 분업뿐 아니라 관리 통제와 이데올로기적 관계의 형태 변화를 포함해 자본 순환 내부의 경제적, 정치적, 이데올로기적 관계와 비자본주의적 생산관계의 구실에 관련이 있다. 풀란차스가 언급한 대로 마르크스는 공장 전제주의factory despotism와 자본주의 생산 과정에서 과학의 구실에 관한 논의에서 이 점을 지적했다(Poulantzas 1978b, 55). 그러나 풀란차스는 두 측면에서 이 분석을 발전시켰다. 첫째, 자본주의 생산 내부의 경제적, 정치적, 이데올로기적 관계들 사이의 접합의 변화(Poulantzas 1975, 109~138), 둘째, 자본주의 국가 형태와 정신-육체 분할 형태의 변화, 그리고 사회적 생산관계 전체를 재생산하는 데 이런 형태 변화가 담당하는 구실(Poulantzas 1975, 165~168; 1978b, 26~27, 55~57, 80~82, 166~194). 종합하면 풀란차스의 접근은 "정치적-이데올로기적 관계가 생산관계의 실제 구성 안에 이미 존재한다"는, 그리고 "생산과 착취 과정이 정치적-이데올로기적 지배와 종속 관계의 재생산을 수반한다"(Poulantzas 1978, 26; 27)는 핵심 주장에 의존한다. 따라서 풀란차스는 **이런 확대된 또는 통합적 측면의**[2] 사회적 생산관계를 계급 투쟁에 관한 분석의 중심에 가져다놓으며, 자본 순환 안의, 그리고 자본 순환을 넘어서는 축적에 관련해 서로 연관된 경제적, 정치적, 이데올로기적 조건의 측면에서 생산관계의 사회적 재생산을 검토했다(Poulantzas 1975; 1978b를 보라).

새로운 방법론적 고찰

풀란차스는 마지막 주요 저작에서 폭넓은 의제에 착수했다. 풀란차스의 관심은 현대 자본주의의 변화와 새로운 형태의 자본주의 국가의 발흥에서 출발해, 현존 사회주의를 거쳐, 정치 전략과 급진적 민주주의에 이르렀다. 그러나 풀란차스는 먼저 특정한 이론적 지침과 주장들을 제안했다. 대부

---

2 이 문구는 '정치사회1시민사회1로서 국가에 관한 그람시의 통합석 분석에서 유래한다. 풀란차스는 계급의 확대 재생산 측면에서 계급을 분석했다(Poulantzas 1975; 1978b). 실제로 《파시즘과 독재(Fascism and Dictatorship)》(1974)에서 드러나는 프티 부르주아지에 관한 지나치게 정치화되고 이데올로기적인 관점을 제외하고, 풀란차스는 항상 경제적 착취, 소유, 통제라는 사회적 관계의 측면에서 계급을 정의했다. 풀란차스는 또한 다른 제도 질서들(특히, 국가)이 사회적 생산관계의 재생산에 깊이 관련돼 있다고 강조했다.

분 풀란차스의 첫 저작에서 발견되지만, 어떤 것은 《국가, 권력, 사회주의》에서 처음으로 제시된다. 특히 풀란차스는 국가의 '제도적 물질성'에 관한 관계적 접근을 정교화했으며, 푸코의 권력 분석하고는 결정적이지만 부분적인 화해를 했다(이 책 6장을 보라). 핵심 아이디어는 〈서론〉에 제시된다. 다시 한 번 국가 권력에 관한 도구주의적 접근과 주의주의적voluntarist 접근을 모두 거부한 뒤, 풀란차스는 자신의 접근을 이전보다 더 상세히 정교화했다. 특히 정치적 계급 지배가 국가 체계의 물질적 조직과 제도들에 각인돼 있으며, 이런 '제도적 물질성'이 결국 생산관계와 사회적 노동 분업에 근거하고 있다고 주장했다(Poulantzas 1978b, 14).

생산관계와 사회적 노동 분업을 논의하면서 풀란차스는 좀더 구조주의적인 첫 저작, 곧 《정치 권력과 사회 계급Political Power and Social Classes》(1973)보다는 《현대 자본주의의 계급Classes in Contemporary Capitalism》(1975)에 더 크게 의존했다. 왜냐하면 자본주의 생산양식의 경제적, 정치적, 이데올로기적 영역들을 통해 구성되는 구조적 매트릭스보다는 사회적 노동 분업의 조금 뚜렷이 구별되는 경제적, 정치적, 이데올로기적 계기들을 해석하는 데 초점을 뒀기 때문이다. 풀란차스는 생산 과정이 생산관계의 지배 아래 조직된 노동 과정과 생산관계의 **통합**에 기반한다고 주장했다. 이런 관계들은 (단순히 기술적이기는커녕) 순전히 경제적이지 않을 뿐 아니라 특수한 정치적, 이데올로기적 계기들에도 관련된다. 권력은 경제적 착취 안에, 국가 바깥의 다양한 권력 장치와 메커니즘들 속의 다양한 계급들의 장소 안에, 국가 체계 자체 안에 명확한 기반을 갖는다. 계급 권력은 사회적 노동 분업 속에서 다양한 계급들이 점유한 대조적 위치들에 따라 우선 결정된다. 그러나 계급 권력은 다양한 계급 투쟁 영역에서 계급들의 다양한 조직 방식과 계급들 각각의 전략에 따라 추가로 결정된다(Poulantzas 1978b, 147; cf. 1973, 95, 105~107). 왜냐하면 생산과 착취는 또한 정치적-이데올로기적 지배와 종속 관계를 구현하고 재생산하기 때문이다(Poulantzas 1978b, 26~27). 다시 말해 정치와 이데올로기는 생산이 일어나는 일반적인 외적 조건들을 재생산하는 과정에 제한되지 않는다. 정치와 이데올로기는 또한 사회적 생산관계의 구성적 계기로서 노동 과정의 중심에 존재한다. 따라서 생산관계는 그것들을 구체화하고 정당화하는 더 일반적인 정치적 관계와 이데올로기적 관계들에 유기적으로 접합된, 특수한 **계급 권력들**로 표출된다(Poulantzas 1978b, 26~27).

새로운 관계적 접근을 제시하면서 풀란차스는 경제 영역과 정치 영역이 "**맨 처음부터** 경제와 정치의 상호 관계와 접합, 곧 생산관계의 결정적 구실에 따라 각 생산양식에서 일어나는 과정을 통해 구성된다"(Poulantzas 1978b, 17, 강조는 원문)고 주장한다. 이런 주장은 경제나 국가에 관한 어떤 일반 이론도 배제하며, 특수한 형태의 경제나 국가에 관한 특수한 이론적 분석의 필요성을 나타낸다. 풀란차스는 또한 자본주의 생산양식에서 국가의 상대적인 제도적 분리가 뚜렷이 구별되는 분석 대상을 제공한다고 반복해 말한다. 《정치 권력과 사회 계급》에서 그런 것처럼 국가는 더는 자본주의 생산양식의 전체적 접합 안의 뚜렷이 구별되고 상대적으로 자율적인 영역으로서 정치적인 것이 아니다. 대신에 국가는 이제 "생산관계의 구성과 재생산에서 정치적인 것이 자본주의 형태로 현존하는 것에 지나지 않는 것"으로 재정의된다(Poulantzas 1978b, 19). 따라서 이런 독특한 현존은 자본주의 국가에 관한, 그리고 사회 계급과 계급 투쟁에 자본주의 국가가 맺는 관계에 관한 풀란차스의 영역 이론의 새로운 초점이 된다(Poulantzas 1978b, 14~22, 25~27; cf. 1973, 13, 17~18, 22).

이런저런 간략한 방법론적 언급 뒤에, 풀란차스는 자본주의 국가의 일반 성격을 논의했다. 여기에는 억압, 그리고/또는 이데올로기적 기만 이상이 포함된다. 자본주의 국가는 소극적으로 경제적 게임 규칙의 범위를 정하고 보호하며, 그리고/또는 종속 계급들 사이에 '허위의식'을 심어주는 구실 이상을 한다. 왜냐하면 자본주의 국가가 생산관계와 사회적 노동 분업을 구성하고 유지하는 데, 권력 블록을 위한 헤게모니적 계급 통합을 조직하는 데, 그리고 인민 대중popular masses 사이에서 동의의 물질적 토대를 유지하는 데 적극적으로 개입하기 때문이다. 요컨대 계급 지배를 재생산하는 데에서 국가가 하는 구실은 적극적이며, 결코 억압-이데올로기라는 단순한 쌍으로 환원될 수 없다.

풀란차스는 계급 분할된 구성체에서 권력의 초석은 계급 권력이라고 강조했다. 이런 권력은 국가보다는 경제 권력과 생산관계에 기초한다. 그러나 풀란차스는 또한 생산관계의 궁극적인 결정적 구실을 고려해 정치 권력이 근본적이라고 주장했다. 왜냐하면 국가 권력의 변화가 계급 관계와 비계급 관계에서 다른 모든 본질적 변형을 조건 짓기 때문이다. 따라서 푸코를 연상시키는 방식으로(이 책 6장을 보라), 풀란차스는 생산관계를 구성하고 재생산하는 데에서 국가의 적극성과 편재성을 끊임없이 강조했다. 풀란차스는 국가를 "특정한 생산양식에 특수한 형태로 정치적-이데올로기적 관계를 집중하고, 응축하고, 물질화하고, 구현하는 요인"(Poulantzas 1978b, 27)이라고 생각했다. 그러므로 국가는 도처에 존재한다. 실제로 풀란차스는 "우리는 어떤 사회 현상(어떤 지식, 권력, 언어, 또는 글쓰기)이 국가 이전의 상태에 놓여졌다고 상상할 수 없다. 왜냐하면 모든 사회적 실재는 국가와 계급 분할에 관련해 존재하는 것임에 틀림없기 때문이다"(Poulantzas 1978b, 39)고 주장했다. 모든 사회적 실재는 국가하고 구성적 관계를 유지한다고 생각돼야 한다. 모든 권력 관계에 개입하고, 계급 관련성class pertinence을 부여하며, 지배 계급의 경제적, 정치적, 이데올로기적 권력 망에 휘말리게 하기 때문에, 국가는 계급 관계와 비계급 관계를 둘 다 포함한다(Poulantzas 1978b, 40, 43). 그러나 언제나, 그리고 반드시 투쟁의 관계이기 때문에, 계급 관계는 장치들로 통합되는 데 저항하고 모든 제도적 통제에서 벗어나는 경향이 있다. 이런 측면에서 실제로 권력 메커니즘은 자기 제한적이다. 왜냐하면 권력 메커니즘은 반드시 피지배 계급을 완전히 통합하고 흡수하지 않고도 항상 피지배 계급의 투쟁을 통합하고 응축하기 때문이다. 계급 투쟁은 언제나 권력의 제도-장치보다 우위를 갖는다(Poulantzas 1978b, 149~152). 그리고 계급 투쟁과 비계급 투쟁이 둘 다 국가의 통제에서 벗어나기 때문에 국가 권력은 늘 잠정적이고, 깨지기 쉬우며, 제한적이다(Poulantzas 1978b, 43~45).

국가, 그리고 정치적 계급 투쟁

풀란차스는 국가의 성격이 사회적 노동 분업에 밀접히 관련되며, 한층 더 강력한 이유로 자본주의 유형의 국가는 특히 자본주의 형태의 (특히 정신노동과 육체노동 사이의) 이런 분할에 밀접히 관련된다고 주장했다. 그러나 풀란차스는 자본주의 국가 이론이 국가를 사회적 노동 분업과 일반적 계급 투쟁에 관련짓는 과정 이상을 포함한다고 즉시 덧붙였다. 이런 이론적 경향은 자본주의 국가의 모든 형태를 차이가 불명확한 "부르주아지 독재"(Poulantzas 1978b, 158) 아래 포함시킬 위험이 있었다. 대신에 자본주의 국가는 독특한sui generis 정치 현상으로 간주돼야 하며, 다양한 정세 속에서 벌어지는 정치적 계급 투쟁의 특수성에 관련돼야 한다(Poulantzas 1978b, 123~126). 이 점은 부르주아지의 정치적 지배가 확보되도록 정치적 계급 투쟁이 국가 장치 안에서 재생산되고 변형되는 과정에 주목해야 할 필요성을 제기한다.

이런 맥락에서 풀란차스는 《정치 권력과 사회 계급》에서 처음으로 폭넓게 발전시킨 주장을 반복했다. 그 책에서 풀란차스는 자본주의 국가의 주요한 정치적 구실을 권력 블록을 조직하고 인민 대중을 와해시키는 것으로 규정했다. 그러나 풀란차스는 이제 두 측면에서 모두 이 주장을 넘어서고, 국가 관료state personnel의 구실에 관한 자신의 언급에 단서를 달았다. 특히 계급 갈등과 계급 모순에, 그리고 정치적 계급 지배를 두고 경쟁하면서 다양한 계급, 분파, 범주들이 추구한 특정 전략에 더 많은 비중을 뒀다. 이런 측면에서 풀란차스는 국가가 단일체적monolithic 블록도 아니고 단순히 최고 권력을 지닌 법적 주체도 아니라고 강조했다. 대신에 국가의 다양한 장치, 부문, 수준들은 권력 블록 안의 다양한 분파 또는 분파 동맹들의 권력 중심으로, 그리고/또는 인민 대중 사이의 다양한 요소들의 저항의 중심으로 기능한다. 따라서 국가는 권력 네트워크들의 교차를 통해 형성되는 전략적 장으로 이해돼야 하는데, 이런 권력 네트워크들은 헤게모니 분파의 정치적 책략에 유리한 지형을 구성한다(Poulantzas 1978b, 136, 138). 국가가 권력 블록을 조직하도록 돕는 것은 이런 지형을 구성할 때다.

국가는 또한 대중을 와해시키는 데에도 관여한다. 국가는 국가에 대항하는 통일전선을 방해하고, 물질적 양보라는 술책을 통해 다양한 부문들을 각각 권력 블록에 연계시킨다. 특히 국가는 프롤레타리아트를 상대로 동맹을 맺을 수 없도록 (직접적으로, 아니면 국가 자체에 대한 지지를 통해) 권력 블록을 향한 지지에 프티 부르주아지와 농업 계급을 동원한다고 풀란차스는 주장한다(cf. 이 책 3장에서 분석한 마르크스의 《브뤼메르 18일》). 권력 블록 안의 다양한 분파들은 대중에 대한 다양한 전략들을 채택한다. 이것은 이런 분파들이 다양한 사회적 토대를 가진 다양한 국가 형태를 선호하는 현상, 그리고/또는 인민 대중을 자신의 분파 투쟁에 결집시키려 시도하는 현상을 설명한다(Poulantzas 1978b, 140~142). 그러나 설사 대중이 특정한 국가장치들에서 물리적으로 배제되더라도 대중 투쟁은 여전히 두 가지 방식으로 국가장치들의 운영에 영향을 미친다. 첫째, 대중은 국가 체계의 다양한 수준에서 다양한 계급 소속을 가진 국가 관료를 통해 매개될 수 있다. 이 방식에 관련해서 현대 프랑스의 경찰, 사법부, 국가 행정부 안에 자리한 불만 세력들이 언급될 수 있다(Poulantzas 1976b; 1977; 1978a). 둘째, 국가에 거리를 둔 대중 투쟁은 또한 권력 블록 안에 있는 분파들의 전략적 계산에 영향을 미칠 수 있다. 이 방식은 그리스, 스페인, 포르투갈에서 군사 독재가 궁극적으로 붕괴하는 과정에서 나타난다(Poulantzas 1978b, 143~144).

종합해서 보면 이런 점은 대중 투쟁이 국가 체계를 위에서 아래로 가로지른다는 것을 의미한다. 이것이 국가 안에 있는 대중의 교두보들이 권력 블록의 다양한 분파들에 점유된 **권력 중심**과 동일한 방식으로 작동한다는 것을 의미하지는 않는다. 왜냐하면 이런 방식은 자본주의 국가 **안에** '이중 권력'이라는 영구적 상황이 존재한 결과 그런 권력이 자본의 정치적 계급 권력뿐 아니라 노동의 정치적 계급 권력을 대표한다는 것을 시사하기 때문이다. 대신에 풀란차스는 인민 대중이 단지 국가 안에 **저항의 중심**을 갖는다고 주장했다. 이런 중심은 지배 계급의 실제 권력에 대항할 수 있지만 대중 세력들의 장기적인 정치적 이해를 진전시킬 수는 없다. 결국 풀란차스는 대중 세력들이 일반적인 자유민주주의 대의제 형태에 도전하는 평민rank-and-file 민주주의나 자주관리 네트워크 등을 위한 운동을 확립함으로써 자본주의 국가를 압박할 수도 있다고 언급한다(Poulantzas 1978b, 144~145).

마지막으로 풀란차스는 국가 관료의 독특한 구실을 고찰했다. 풀란차스는 지배 이데올로기가 국가 체계의 기능을 통합하도록 도울 수 있다고 언급했다. 그러나 풀란차스는 또한 국가 관료의 계급 소속이 서로 다른 탓에 지배 이데올로기도 국가 안에서 발생하는 내부 다툼과 분열을 제거할 수는 없다고 주장했다. 그럼에도 불구하고 지배 이데올로기를 통해 저항한다고 주장되기 때문에 국가 관료는 좀처럼 지배자와 피지배자 사이의, 또는 정신노동과 육체노동 사이의 사회적 노동 분업에 문제를 제기하지 않는다. 그러므로 국가 관료는 평민 발의권과 자주관리를 지지하는 행동을 꺼리며, 단순히 '경제적-조합적' 이해를 지키려는 이유뿐 아니라 좀더 일반적인 국가 숭배와 국민적 이해관계에 관한 견해 등 때문에 민주적 사회주의를 향한 어떤 이행 과정이든 국가장치의 지속성을 유지하려 한다. 따라서 사회주의 운동은 국가 구조가 근본적으로 재조직돼야 하는 이행기 동안 국가 관료를 '조심해서' 다뤄야 한다(Poulantzas 1978b, 154~158).

풀란차스에 따르면 국가 체계를 구성하는 모든 부문 사이의, 그리고 이런 부문들 안의 내부 분열, 균열, 모순 속에서 진행되는 계급 투쟁의 재생산은 푸코가 '권력의 미시 물리학'이라고 부른 측면에서 볼 때 여러 국가 정책이 가진 놀라울 정도의 비일관성과 혼란스러운 성격에 반영돼 있다(Poulantzas 1978b, 132, 135~136, 229; cf. Poulantzas 1974, 329~330; 1976a, 49~50, 84). 그러나 풀란차스는 또한 전략적 지형으로서 국가 조직은 이런 다양한 미시 정책들에 일반 노선이 부과되는 결과를 보장한다고 주장했다(Poulantzas 1978b, 135, 136). 이런 일반 노선은 국가의 제도적 매트릭스에서, 그리고 특수한 전략과 전술들의 충돌에서 복잡한 방식으로 드러난다. 이런 결과는 오로지 제도적 앙상블로서 국가의 효과로 환원되지 않는데, 왜냐하면 여기에는 항상 계급 모순과 계급 갈등이 개입하기 때문이다. 따라서 클라우스 오페(Offe 1972)에게서 풀란차스가 가져온 용어로서 불변하는 제약을 의미하는 **구조적 선택성**에 대조적으로, 풀란차스의 접근은 **전략적 선택성**에 관련된 것으로 더 잘 기술될 수 있다. 또한 새로운 일반 노선은 전체 국가 체계의 정점에서 수립된 일관되고 포괄적인global[3] 전략의 조금 성공적인 적용으로 환원되지도 않는다(Poulantzas 1978b, 135~136). 왜냐하면 일반 노선을 설명할 수 있는 요인은 오직 국가의 구조적 매트릭스와 다양한 세력들이 추구하는 특수한 전략 사이의 상호 작용이기 때문이다.

---

[3] 이런 맥락에서 'global'은 '세계적(worldwide)'이라기보다는 상대적으로 '포괄적(comprehensive)'을 의미한다고 언급할 만하다. 이런 용법은 프랑스어에서 'global'과 'mondial' 사이의 구별을 반영한다.

요컨대 풀란차스는 정치적 지배가 국가의 제도적 물질성, 곧 국가의 제도적 매트릭스 안에 각인돼 있다고 강조했다. 이런 접근만이 "한편으로 생산 관계와 사회적 노동 분업의 변화, 그리고 다른 한편으로 계급 투쟁, 특히 정치적 투쟁의 변화가"(Poulantzas 1978b, 158) 낳은 국가에 대한 공동의 영향을 해명할 수 있다. 이런 관계적 관점은 다음 같은 문제를 밝혀준다. 첫째는 특정 민족국가에서 발전돼온 특수한 정치적 관계의 물질적 응축에 따라 각 국민국가 체계가 독특한 방식으로 발전하는 과정, 둘째는 자본주의의 각 단계와 국면에 따라, 정상적 시기와 예외적 시기에 따라, 그리고 다양한 형태의 체제들을 가로질러 국가가 변화하는 과정이다(Poulantzas 1978b, 158~160).

관계적 접근과 전략적 선택성

풀란차스는 국가는 사회적 관계라고 주장했다. 이런 접근은 국가를 단순한 도구나 주체로 취급하는 어떤 시도도 배제한다. 따라서 풀란차스는 국가 권력에 대한 접근에서 계급 세력들 사이의 균형 변화의 중요성을 분명히 강조하면서도, 동시에 국가가 계급들 사이에서 어느 정도 중립적이라는 주장을 단호히 반박했다. 대신에 실제로 단순히 그런 균형을 반영하기보다는 구성하도록 돕는 한에서 국가는 계급 세력들 사이에 존재하는 균형의 **물질적** 응축이다. 풀란차스는 또한 국가를 통일된 정치적 주체보다는 **제도적 앙상블**로 취급한다. 국가는 모순으로 가득하며, 자기만의 어떤 정치 권력도 갖지 않는다. 이런 주장은 판별적 가치가 분명한 반면 실제적인 이론적 내용은 덜 분명하다.

가장 단순한 설명은 자본주의 국가를 본질적 실체로 여기지 않아야 한다는 풀란차스의 주장이다. "'자본'처럼 **자본주의 국가는 오히려 세력 관계**

이며, 또는 더 정확히 말하면 계급들과 계급 분파들 사이의 세력 관계의 물질적 응축인데, 이런 세력 관계는 필연적인 특수한 형태로 국가 안에서 표출된다"(Poulantzas 1978b, 128~129, 강조는 원문). 사회적 관계로서 자본에 관한 마르크스의 분석에서 유추해 이런 주장은 다음같이 재정식화될 수 있다. 곧 (보통 말하는 국가장치가 아니라) 국가 **권력**은 정치 투쟁과 정치에 관련된 투쟁에서 발생하는 세력 균형의 **형태 결정된**form-determined 응축으로 간주돼야 한다. 이런 재정식화는 필연적인 특수한 형태, 물질적 응축, 세력 균형이라는 주제들을 결합시킨다. 이런 주제를 탐구하는 과정은 두 가지 문제를 수반한다. 첫째, 우리는 계급 세력들의 균형을 반영하고 변화시키는 특수한 패턴의 '전략적 선택성'을 가진 복잡한 제도적 앙상블로서 국가 형태를 검토해야 한다. 둘째, 국가 전체에 각인된 전략적 선택성을 성찰하고 여기에 대응할 수 있는 능력을 포함해 계급 세력들의 구성과 전략 자체를 고려해야 한다. 요컨대 전략관계적 관점에서 국가의 효과성은 항상 국가 너머에 존재하는 능력들과 세력들에 따라 정해진다. 실제로 풀란차스가 말한 대로 계급 투쟁은 국가보다 우위를 점하며 국가 훨씬 너머에 이른다. 게다가 권력 관계가 결코 계급 관계로 완전히 설명되지 않기 때문에, 권력 관계는 또한 계급 관계를 넘어설 수 있다(Poulantzas 1978b, 43).

풀란차스 다시 읽기

나는 이제 전략관계 접근을 다룬 더욱 최근의 저작에 비춰 국가의 '구조적 선택성'[원문 그대로], 전략, 전술에 관한 풀란차스의 견해를 재검토하려 한다. 국가의 제도적 물질성에 관한 풀란차스의 아이디어를 탐구하며 더 추상적인 분석에서 더 구체적인 분석으로 나아가려 한다. 마찬가지로 전략에 관한 풀란차스의 아이디어를 탐구하며 권력 블록과 헤게모니의 구성에 관한 일반적 언급에서 시작해 더 구체적인 정세 분석으로 옮겨가려 한다.

풀란차스는 독특한 형태의 자본주의 국가의 기초를 자본주의 생산관계, 곧 사회적 생산관계의 지배 아래 일어나는 생산, 분배, 교환의 접합에 뒀다. 이런 관점은 경제 영역 훨씬 너머에 이르고 국가와 이데올로기 영역에도 침투하는 정신노동과 육체노동 사이의 분할을 검토할 필요성을 제기한다. 이런 맥락에서 풀란차스는 국가가 정신-육체 분할을 구성하고 재생산하는 데 직접 관여한다고 주장했다. 실제로 국가는 육체노동에서 분리된 지적 노동의 독특한 물질적 구현이다(Poulantzas 1978b, 55~56). 이런 점은 자본주의 국가 안의 **지식**과 **권력** 사이의 관계에서 확인할 수 있다. 따라서 국가는 독특한 국어와 글쓰기 양식을 확립하고, 또한 교육 같은 제도들을 통해 정신-육체 분할을 재생산하는 데 관여한다. 공적 영역과 사적 영역, 또는 정치사회와 시민사회 사이의 사회적으로 구성되는 구분의 안이든 밖이든, 이런 관계는 국가의 핵심(이른바 '억압') 장치와 이것에 관련된 이데올로기적 국가장치들 안에서 발생한다. 이런 관계는 정치 권력에 대한 완전하고 효과적인 참여에서 인민 대중을 배제하는 기능을 한다(Poulantzas 1978b, 56). 특히 공적 담론과 관료적 비밀주의가 정치 권력의 실재를 보기 어렵게 만들기 때문에 참여를 하려면 특정한 지적 기술이 요구된다. 이런 관계는 또한 국가에 적을 둔 지식인과 공무원이 권력 블록을 통일시키고 이런 권력 블록의 대중적 헤게모니를 확보하는 바탕이 되는 제도적이고 이데올로기적인 매트릭스를 형성시킨다(Poulantzas 1978b, 57~62).

이런 분석틀에서 국가의 구조적 선택성은 특정한 분파 또는 계급의 이해관계를 진전시키는 (또는 방해하는) 기능을 하는 복합적인 일련의 제도적 메커니즘과 정치적 실천들에 있다. 여기에는 정보의 선택적 필터링, 특정한 문제들에 관한 체계적 조치의 결여, 서로 모순되는 우선 사항과 기피 사항들의 규정, 국가 체계 안의 다른 장소에서 비롯된 조치들의 불균등한 시행, 국가 체계의 특정한 부문에 영향을 미치는 특수한 정세적 문제들에 관련된 임기응변적이고 조율되지 않은 정책들의 추구 등이 포함된다(Poulantzas 1978b, 132~134; cf. 1976b, 40). 따라서 국가 체계는 국가 앙상블을 구성하는 다양한 부문들 사이의 복잡하고, 횡단적이고, 분권화되고, 비위계적이고, 적대적인 관계들을 포함한다. 그러나 풀란차스는 또한 "국가는 분리될 수 있는 부분들의 단순한 조합으로 구성되지 않는다. 국가는 일반적으로 중앙 집권화 또는 **중앙 집권제**라는 용어로 지칭되고, 분열 번식적인 **국가 권력의 통일성**에 관련 있는 **장치 통일성**을 보여준다"(Poulantzas 1978b, 136, 강조는 원문)고 주장했다. 이런 주장은 분명히 국가의 제도적 통일성과 계급적 통일성을 설명하는 데 문제들을 제기한다. 곧 어떻게 이런 미시 다양성이 결국 통일된 부르주아 지배 체계가 되는가?

통일성은 헌법과 행정법의 측면에서 설명될 수 없다. 권한의 범위가 엄밀히 정해지고 공적 권위의 정확한 위계가 규정됐다고 하더라도, 이런 요소는 실제 권력 구조에 영향을 미치지 못한다(Poulantzas 1978b, 134). 오히려 통일성은 모든 제도적 통일성을 확보한 헤게모니 분파의 이해를 대표하는 부문 또는 장치의 지배였다. 이것은 두 가지 방식으로 발생한다. 왜냐하면 헤게모니 분파는 이미 이런 분파의 이해관계를 결정화한 국가장치에 대한 지배를 확립할 수 있고, 이미 지배적인 모든 장치는 이런 분파의 특권화된 이해관계의 중심으로 변형될 수 있기 때문이다(Poulantzas 1978b, 137). 이 주장은 전략적 실천을 언급함으로써 보완된다. 왜냐하면 풀란차스는 또한 지배적 장치가 추구하는 정치적 실천의 측면에서 국가의 계급 통일성을 설명했기 때문이다. 국가의 계급 통일성은 법규를 통해 확립될 수 있는 어떤 형식적이고 사법적인 통일성에 기인하지 않는다. 대신에 국가의 계급 통일성은 헌법적 형식성을 지나치게 고려하지 않고 주위에 실제 권력을 이동시키는 지배적 장치의 능력에 따라 좌우된다. 따라서 지배적 장치는 종속 부문들을 배가시키고, 자체적인 '유사 권력 네트워크parallel power networks'를 수립하고, 다른 장치들의 관료에 침투하고, 국가 체계의 다른 장소에서 진행되는 의사 결정을 단락시키고, 적절한 시점에 전통적 권력 위계를 재조직하며, 헤게모니 분파의 전체적 이해관계에 맞게 권력의 교체자와 회로를 바꾸게 된다(Poulantzas 1978b, 137; cf. Poulantzas 1976b, 41~42). 이런 과정은 다양한 방식으로 진행될 수 있으며, 지배적 '대중mass' 정당[원문 그대로]은 이때 권위주의적 국가주의에서 결정적 구실을 한다(Poulantzas 1978b, 232~240).

그러나 이런 메커니즘들은 국가의 전략과 전술과 관련해 검토돼야 한다. 때때로 국가는 정치적 계급 지배에 필요한 전략과 전술을 공개적으로 형성하고 표현한다(불분명하고 다양한 공적 담론을 통할지라도). 그러나 가장 적절한 전략은 더 자주 국가 체계의 다양한 부분들에서 형성된 서로 모순적인 미시 정책과 정치 프로젝트 사이의 충돌을 통해 사후적으로 드러날 뿐이다. 따라서 당대의 푸코를 현저하게 떠올리게 하는 어법으로, 풀란차스는 국가 정책의 일반 노선이 "확실히 전략적 계산의 측면에서 해독될 수 있는"데도 불구하고 "보통 국가 자체 안에서 (그리고 국가를 통해) 미리 알려져 있지 않다"(Poulantzas 1978b, 136, 33)고 쓰고 있다. 일반 노선은 "일관적이고 포괄적인 프로젝트의 합리적 정식화"(Poulantzas 1978b, 136)로 여겨지지 않아야 하며, 실제로 "항상 합리적 정식화의 가능성이 존재하지는 않는다"(Poulantzas 1978b, 33, 수정된 번역). 요컨대 풀란차스는 알튀세르식의 순전한 **구조적** 인과성이 아니라 **전략적** 인과성에 의존했다. 전략전 인과성은 계산하는 주체가 부재하는 전략적 계산 과정의 측면에서 국가 정책을 설명한다.

따라서 다시 한 번 푸코의 표현 방식을 가지고 징난하는 듯한 언어로, 풀란차스는 정치적 계급 지배의 통일성이 권력 관계의 전략적 코드화를 통해 설명돼야 한다고 주장했다.

[국가는] 권력 네트워크들이 교차하는 전략적 장이자 과정이다. …… 보통 국가에 각인되는 제한된 수준에서 매우 명확해지는 전술들이 이 전략적 장을 가로지른다. 이 전술들은 특정한 장치들을 자신의 표적으로 삼거나 다른 전술들을 통해 단락되는 와중에 교차하고 갈등하며, 결국에는 국가 안의 대립들을 가로지르는, 이른바 세력의 일반 노선, 곧 국가 정책을 수립한다. (Poulantzas 1978b, 136)

일련의 목적과 목표 없이는 이런 장 위에서 어떤 권력도 행사될 수 없다. 그러나 어떤 개인, 집단, 또는 계급 주체도 갈등하는 미시 권력 게임의 최종적 결과를 선택하거나 결정했다고 이야기될 수 없다. 따라서 정치적 계급 지배는 의도적인 동시에 비주체적이다.[4]

이런 주장은 몇 가지 수준에서 발전된다. 왜냐하면 풀란차스는 그다음에 모든 다양한 사례들에 수정되지 않고 적용될 수 있는 자본주의 유형의 국가에 관한 일반 이론을 발전시키지 않았기 때문이다. 대신에 풀란차스는 마르크스주의 정치경제학 비판의 첫 번째 원칙들에서 출발하는 국가 이론에 관한 일련의 방법론적 지침들을 제공했다(Poulantzas 1978b, 18~20; cf. 1973, 123~156). 이 지침들은 국가의 구조적(또는 전략적) 선택성을 탐구하는 데 풀란차스가 사용한 광범한 개념들을 설명하며, 구체적으로는 다음 같다. (a) 자본주의 형태의 국가, (b) 자본주의 유형의 국가의 단계들(이행, 자유주의, 개입주의, 권위주의적 국가주의), (c) 자본주의 유형의 국가의 정상적 형태와 예외적 형태(부르주아 민주주의 틀 안의 국민적-대중적 대의제를 위한 제도화된 메커니즘의 존재-부재의 측면에서 구분되는 형태), (d) 다양한

---

[4] "역사와 권력 현상은 많은 개인들의 의도가 개입되는 '의도적' 현상이지만 특정 개인의 의도가 그대로 관철되지 않고 힘의 관계의 벡터에 의해 이 의도들이 종합된다는 점에서 '대문자의 전략가'는 존재하지 않으며("전체로 볼 때는 무의식적이고 의도가 없이 작동") 비주체주의적이라는 것이다"(손호철, 《푸코의 권력론 읽기 — 무늬만 탈근대성》, 《국가와 민주주의》, 이매진, 2018, 278쪽). 그럼에도 불구하고 풀란차스는 국가의 적극적 개입과 계급 투쟁의 우위를 강조한다 — 옮긴이.

대의제 장치들(입법부, 행정부, 권위주의적 대중 정당)의 상대적 지배의 측면에서 구분되는 다양한 '정상적' 정치 체제들과 다른 국가장치들(군대, 관료제, 정치 경찰, 파시스트 정당 등)의 상대적 지배의 측면에서 구분되는 다양한 '예외적' 정치 체제들, (e) 정치적 대의제의 특수한 메커니즘(내각제 대 대통령제, 정당 제도의 유형, 정부의 다양한 층들 사이의 관계 등), 그리고/또는 국가장치를 구성하는 부분들 사이에 접합의 다양한 형태의 측면에서 정치 체제들의 추가적 구분, (f) 구체적인 정세 분석과 위기 국면. 이런 분석들은 점점 더 정교한 형태로 국가의 제도적 물질성의 전략적 선택성들을 설명하려는 목표를 지닌다.

현대 국가의 예외적 요소들

현대 국가에서 예외적 요소들이 강화되는 현상에 관한 분석은 풀란차스의 전반적인 전략관계 접근에서 탁월한 사례다. 고전적 마르크스주의의 주장을 따라서 풀란차스는 정상적 형태의 자본주의 국가가 갖는 두 가지 핵심 특징이 민주주의 제도와 헤게모니 계급의 리더십이라고 봤다. 공개적 계급 갈등과 분파 갈등을 위한 공간을 제공하기 때문에 대의제 민주주의 제도는 헤게모니의 유기적 순환과 재조직을 촉진시킨다. 이 제도는 사회적 응집에서, 그리고 한층 더 강력한 이유로 정치적 계급 지배 체계에서 커다란 단절이나 단락을 억제시킨다. 그러나 정치 위기와 이데올로기 위기가 계급 세력들의 정상적인 민주적 게임을 통해 해결될 수 없다면 민주주의 제도는 유보되거나 제거돼야 하며, 위기는 헌법적 이상constitutional niceties을 무시하는 공개적 '기동전'을 통해 해결돼야 한다. 그러나 민주주의 제도를 폐지하는 바로 그런 행위는 예외 국가가 안정화된 때 우세한 세력 균형을 경직되게 만드는 경향이 있다. 이런 특징은 일상적이고 점진적인 정책 조정을 통해 새로운 위기와 모순을 해결하는 것과 새로운 타협 균형을 수립하는 것을 더 어렵게 만든다. 실제로 예외 국가가 가진 외견상의 힘은 실제적인 취약성을 가린다. 이것은 모순과 압력이 축적되는 데 따른 갑작스런 붕괴에 대해 예외 국가를 취약하게 만든다. 반대로 외견상 약한 민주주의 국가는 압력에 따라 구부러지며, 따라서 정치적 계급 지배를 조직하는 더 유연한 수단을 제공한다(Poulantzas 1976a, 30, 38, 48~50, 90~93, 106, 124).

요컨대 정상 국가들이 부르주아 헤게모니가 안정적이고 확실한 정세에 부합하는 반면, 예외 국가들은 헤게모니 위기에 대한 반응이다. 이런 기본적 차이는 두 가지 국가 형태 사이의 제도와 운영상 차이들로 구성되는 네 가지 세트에 반영돼 있다. 첫째, 정상 국가는 보편적 선거권과 경쟁적 정당들을 수반하는 대의제 민주주의 제도를 갖는 반면, 예외 국가는 (하향식으로 면밀하게 통제되는 국민투표를 제외하고) 선거 원칙을 유보하고 복수 정당제를 중단시킨다(Poulantzas 1974, 123, 230; 1973, 324~327; 1976a, 42, 91, 114). 둘째, 정상 국가는 권력 이양이 헌법과 법적 원칙들을 따르면서 안정되고 예측 가능한 방식으로 일어나는 반면, 예외 국가는 헤게모니 위기를 해결하도록 돕는 데 필요하다고 주장되는 헌법적이고 행정적인 변화들을 촉진시키려 법치를 유보한다(Poulantzas 1974, 226~227, 311; 1973, 320~324; 1978b, 87~92). 셋째, 정상 국가의 이데올로기적 국가장치들은 일반적으로 '사적인' 법적 지위를 가지며, 공식적인 정부 통제에서 상당한 자율성을 누린다. 대조적으로 예외 국가의 이데올로기적 국가장치들은 일반적으로 억압적 국가장치에 종속되며, 실제적 독립성을 결여한다. 이런 종속은 강압에 대한 의존이 증가하는 현상을 정당화하는 기능을 하며, 헤게모니 위기에 수반되는 이데올로기 위기를 극복하도록 돕는다(Poulantzas 1973, 314~318; 1976a, 113~112). 그리고 넷째, 지배적 부문이 종속 부문과 권력 중심에 침투함으로써, 그리고/

또는 다양한 부문과 중심들을 가로지르고 연결하는 유사 권력 네트워크와 전달 벨트가 확장됨으로써 억압적 국가장치 안의 권력들의 형식적 분리는 더욱 줄어든다. 이런 변화는 정치적 통제의 더 많은 중앙 집권화를 낳으며, 국가 안의 정치적 통제의 적용 지점을 증대시킨다. 이것은 헤게모니를 재조직하고, 내부 분열에 대응하면서 내부 저항을 단락시키고, 관료적 타성에 직면해 유연성을 확보하는 기능을 한다(Poulantzas 1973, 315~316, 327~330; 1976a, 50, 92, 100~101; 1978b, 87~92).

풀란차스는 예외적 형태의 국가들 사이의 중요한 차이들을 확인했다. 가장 유연하고 궤도 수정이 쉬운 체제는 파시즘이며, 그다음에 보나파르트주의가 오고, 군사 독재가 가장 취약한 체제다(Jessop 1985a, 96~97). 그러나 풀란차스는 또한 어떤 예외적 체제도 부르주아 자유민주주의에서 나타나는 현상, 곧 사회 세력들의 어느 정도 유연하고 유기적인 통제와 헤게모니의 순조로운 순환을 확보할 수 없다고 주장했다(Poulantzas 1976a, 124). 따라서 정상 국가에서 예외 국가로 나아가는 변화가 연속적이고 선형적인 경로를 취한다기보다는 정치적 위기와 단절들을 수반하듯, 예외 국가에서 정상 국가로 나아가는 이행 또한 단순한 자기 변형 과정이라기보다는 일련의 단락과 위기들을 수반하게 된다. 따라서 민주화 과정 동안 헤게모니를 획득하려는 정치적 계급 투쟁에 특별한 중요성이 부여된다. 실제로 풀란차스는 정상 국가의 계급적 성격이 이런 투쟁의 결과에 따라 꽤 달라질 것이라고 주장했다(Poulantzas 1976a, 90~97, 124; and passim; 또한 1976b, 20~24, 30~38을 보라).

분석에 기반해서 풀란차스는 선진 자본주의 사회들에서 새로운 국가 형태가 출현하고 있다고 주장했다. 풀란차스는 이 형태를 '권위주의적 국가주의authoritarian statism'로 부르고, 이 형태의 기본적인 발전 경향이 "정치적 민주주의 제도가 급진적으로 퇴보하고 이른바 '형식적' 자유가 엄격하고 다양한 방식으로 제한되는 경향과 함께 모든 사회경제적 생활 영역에 대한 국가의 통제가 강화되는 현상"(Poulantzas 1978b, 203~204)이라고 확인했다. 이 형태는 행정부 기능의 증대, ('국민에서 국가로'보다 '국가에서 국민으로' 나아가는 전달 벨트로 작동하는 기능을 가진) 지배적 '국가당state party', 새로운 반민주주의 이데올로기를 수반한다. 또한 정치적 의사 결정에 대중이 이미 제한적으로 참여하고 있는 현실의 기반마저 약화시키며, (심지어 다수 정당들이 온전히 살아남은 곳에서도) 정당 제도의 유기적 기능을 크게 약화시키고, 민주주의 형태를 띤 정치 담론의 생명을 차츰 무너트린다. 따라서 모든 사회적 생활 영역으로 권위주의적 국가주의 형태가 지속적으로 침투하는 경향을 막는 장애물이 거의 존재하지 않게 된다. 우리가 국가의 능력들과 권력 기술들을 과대평가하지도 말고 저항 능력들을 과소평가하지도 말아야 하는 반면, 풀란차스가 확인한 경향들은 30년 전보다 현재 훨씬 더 두드러진다. 풀란차스는 다음 같은 9개 경향을 확인했다.

1. 권력이 입법부에서 행정부로 이동하며, 심지어 행정부에 집중된다. 대표적으로 인물주의적 지배의 인상을 주는 총리실 또는 대통령executive president[5]실 안에.
2. 입법부, 행정부, 사법부 사이의 융합이 가속되며, 당파적, 자유재량적 통제를 선호하고 법치의 쇠퇴가 발생한다.
3. 권력 블록과 인민 대중 사이를 잇는 유대 관계가 약해지면서 정부의 특권화된 대화 상대로서, 그리고 헤게모니를 조직하는 지도 세력으로서 정당이 하는 구실이 쇠퇴한다.
4. 정부가 정당의 정당화 기능을 떠맡으면서, 여기에 상응해 정당의 정치적 의미가 당 강령을 둘러싼 타협과 동맹을 통해 정책을 정교화하고 선거 경쟁을 통해 국

---

[5] 내각제의 명목상 대통령에 대조되는 대통령제하의 대통령 — 옮긴이.

가 권력을 정당화하는 전통적 기능에서 행정 결정을 위한 전달 벨트라는 더 제한된 구실로 변화한다.

5. 이데올로기적 국가장치들 안의 우위는 학교, 대학, 출판사에서 대중 매체로 이동되는데, 이제 대중 매체는 정치적 정당화와 동원에서 핵심 구실을 하고, 실제로 의제와 상징을 모두 점점 더 정부에서 얻으며, 또한 정부의 직접적 통제가 점점 더 증가하고 다양해지는 현상을 경험한다.

6. 새로운 테크노크라시, 그리고/또는 신자유주의 형태의 정당화와 함께 새로운 국민투표와 포퓰리즘 형태의 동의가 증가하는 현상은 이런 변화들에 관련 있다.

7. 유사 권력 네트워크 또한 증가하고 있다. 이 네트워크들은 관련 활동에서 결정적 구실을 하고, 핵심 공무원과 지배적 대중 정당 사이의 물질적이고 이데올로기적인 이해관계 공동체를 증진하며, 대중 세력을 희생하고 국가장치 외부의 지배적 이해관계를 내부 세력에 접합시키는 정책 공동체를 공고화한다.

8. 예비적인 억압적 준국가장치 또한 증가하는데, 이런 국가장치는 국가의 주요 기관과 유사하며, 부르주아 헤게모니에 대한 대중 투쟁과 다른 위협들을 단속하는 예방 기능을 한다.

9. 도구적 합리성과 테크노크라시 논리를 선호하며, 일반 의지와 민주주의 같은 개념들을 배제할 뿐 아니라 1960년대의 특정한 자유주의적이고 자유지상주의적인 주제들을 통합시킴으로써 지배 이데올로기가 재조직되고 있다. (cf. Poulantzas 1978b; 1979a; 1979b; 1979c; 1979d; 1980a)

우리는 풀란차스가 다양한 분석 수준을 가지고 작업한 사실을 기억해야 한다. 풀란차스는 자본주의 본국과 자본주의 속국을 비슷하게 특징짓는, 현 시기 자본주의에서 나타나는 새로운 형태의 자본주의 국가 유형으로서 권위주의적 국가주의를 다뤘다. 권위주의적 국가주의는 다양한 형태의 체제, 이를테면 프랑스의 더 신자유주의적인 체제와 독일의 더 권위주의적인 체제에 관련될 수 있다(cf. Poulantzas 1979b). 따라서 이런 일반적 경향들에 주목하면서 풀란차스는 또한 권위주의적 국가주의의 실현과 영향이 각각 다를 수 있으며, 권위주의적 국가주의가 어느 정도까지 공고화되는지는 이 유형을 발전시키려 취해진 조치들 못지않게 여기에 맞서서 싸우고 저항하려 취해진 조치들에 따라 좌우된다는 사실을 잘 알고 있었다. 이런 이론적 주장과 그 안에 담긴 정치적 함의는 모두 추가 연구를 할 가치가 있다.

계급 투쟁의 시기를 구분하기

국가 형태에 전략적으로 각인된 전략적 선택성에 관한 이런 분석들은 계급 투쟁의 정세 측면에서 실행되는 국가 권력의 시기 구분을 통해 보완된다. 이런 아이디어들은 2차 대전 이전 이탈리아와 독일에서 나타난 파시즘과 1970년대에 남부 유럽에서 나타난 군사 독재의 위기가 전개되는 과정에 관한 풀란차스의 설명에서 가장 충분하게 발전됐다. 두 경우에서 모두 풀란차스는 국가 구조의 의미가 계급 투쟁에 따라 변화하는 과정을 강조했다. 풀란차스는 계급 투쟁에서 파시즘이 하는 구실에 관한 포괄적 일반화를 거부하고, 진지전과 기동전으로 구성된 복합전의 연속적 단계에 따른 신중한 회고적 시기 구분을 주장했다. 마찬가지로 남부 유럽의 민주주의 이행에 관한 풀란차스의 분석은 정치 행동이 실현될 수 있는 지평을 확인하기 위해 실시간 시기 구분을 시도했다(이해관계를 계산하는 데 이런 지평이 갖는 관련성에 관해서는 Poulantzas 1973, 60~62, 110~112를 보라).

여기에서 두 가지 문제가 중요하다. 첫째, 국가 권력이 투쟁 세력들의 형태 결정된 응축이라는 점을 고려할 때, 특정 행위자들이 추구한 특정 전략들의 의미는 국가의 성격에 따라 다르다. 다양한 형태의 국가와 정치 체제는 다양한 형태의 행위자와 전략들에 선택적으로 보상한다. 둘째, 다시 한 번 국가 권력이 투쟁 세력들의 형태 결정된 응축이라는 점을 고려할 때, 국가장치와 그 국가장치의 행동 능력은 국가를 변형시키려 (또는 변형을 막으려) 투쟁하고, 국가에서 거리를 둔 채 작동하며, 국가 안에서 대표되는 세력들의 능력들과 목표들에 따라 크게 좌우된다. 사회 세력들은 미리 구성된 계급 동일성과 계급 이해관계의 단순한 담지자가 아니라, 변화하는 행동 지평에 관련해 시사하는 바에 따라 특수한 정세에서 자신의 동일성과 이해관계를 성찰하는 적극적 행위자다. 따라서 다양한 형태의 국가와 정치 체제는 다양한 블록과 동맹들이 추구한 다양한 형태의 전략에 조금 취약할 것이고, 이런 취약성은 기동전과 전술전으로 구성된 복합전 속의 전체적 세력 균형에 따라 변화하게 된다.

여기에는 두 가지 간략한 예시면 충분하다. 첫째, 이탈리아 파시즘이 발흥하는 단계에서 노동 계급이 공세를 펼치는 동안 파시스트 운동은 반격을 하려고 주로 대자본, 대지주, 부농의 재정을 지원받는 무장 집단으로 존재했다. 상대적 안정화 국면에 접어들자 권력 블록은 파시스트 집단을 버렸고, 파시즘은 자신들을 대중 정당으로 변형하려 시도했다. 부르주아지의 공세가 시작되면서 파시스트 운동은 점점 대중 정당으로 전환됐고, 한 번 더 대자본가 집단의 공개적 지원을 받았다. 처음에 파시스트당은 순수하게 프티 부르주아지의 단기적인 정치적 이해관계를 대변했으며, 유권자에서 당 고위 간부에 이르는 모든 수준에서 프티 부르주아지 계급을 상대로 조직적이고 이데올로기적인 유대 관계를 확립했다. 그 뒤 파시즘은 독점 자본 전체의 지지를 얻었고, 지배 계급의 다른 구성 부분들을 상대로 조직적 유대 관계를 건설하려 시도했다. 풀란차스는 파시즘의 빌흥에서 나나나는 이 결정적 단계를 '**돌이킬 수 없는 국면**point of no return'으로 확인했는데, 그 국면에서 사건의 흐름을 되돌리기는 어렵게 된다. 이런 단계는 권력 블록과 프티 부르주아지 사이의 이해관계가 정세적으로 일치하는 현상과 동시에 발생했는데, 이 과정은 권력 블록과 프티 부르주아지의 요구 사이의 절충을 확보하는 데 양보라는 술수를 쓴 파시스트당을 통해 매개됐다. 파시즘이 권력을 장악한 때, 파시스트당이 대중적 지지를 공고화하려 하는 동시에 대자본에 유리한 정책들을 추구함에 따라 초기에는 불안정기가 존재했다. 그러나 결국에는 파시스트의 안정기가 찾아왔다. 안정기는 파시스트당이 국가장치에 종속되고, 국가장치를 구성하는 프티 부르주아지 성원들이 출신 계급하고 맺은 대의제적 유대 관계를 깨트리고, 독점 자본이 헤게모니 분파와 지배 계급의 지위를 모두 갖춘 때 도래했다(Poulantzas 1974 곳곳을 보라).

둘째, 남부 유럽에서 독재의 위기 뒤 나타난 정세를 분석하면서 풀란차스는 그 시기에 행동 지평이 민주화 형태에 제한됐다고 주장했다. 정세는 사회주의를 향한 즉각적인 이행으로 확대되지 않았다. 그러므로 반민주적인 보수적 반동 속에서 세력 균형을 양극화시킬지도 모르는 더욱 급진적인 사회주의 강령을 채택하기보다는 (19세기 자유주의적 의회주의 측면이 아니라 현재의 권위주의적 국가주의 형태의 국가 측면에서 이해되는) 부르주아 민주주의에 헌신한 세력들을 안정화시키려는 목적이 전략적으로 중요했다(Poulantzas 1976a; 1976c; 1977; 1979a; 1979b).

국가의 시공간 매트릭스

풀란차스는 또한 국가의 시공간적 선택성에 관해 언급했다. 이런 언급들은 민족국가에 초점을 뒀는데, 풀란차스는 민족국가를 자본주의 국가의 대표적 형태로 봤다. 자본주의 형태의 국민성^{nationhood}과 민족주의를 구성하고 재생산하는 데에서 국가가 하는 구실에 관한 풀란차스의 분석은 많은 부분 앙리 르페브르(Lefebvre 1974)의 논의에 빚지고 있으며, 국민 동일성에 관련해서는 오토 바우어(Bauer 1924)의 논의에 기댄다. 국민성은 자본주의 국가의 제도적 매트릭스에서 핵심 요소다. 역사적으로 이런 매트릭스는 불변하는 단일한 국민을 포함하는 경향이 있다. 그리고 근대 국민은 자신만의 국가를 수립하려는 상응하는 경향을 갖는다(Poulantzas 1978b, 95). 자본주의 유형의 국가는 독특한 국어와 글쓰기 양식을 확립하며, 또한 교육이나 다른 제도들을 통해 정신적-육체적 노동 분업을 재생산한다(Poulantzas 1978b, 56).

자본주의 유형의 국가가 국가 권력에 대한 직접적 통제에서 인민 대중을 배제하는 경향이 있지만, 풀란차스는 이렇게 말한다.

> 국가는 또한 국민적 계급 투쟁 과정, 다시 말해 노동 계급에 대항한 부르주아지의 투쟁과 부르주아지에 대항한 노동 계급의 투쟁이 함께 가져온 결과다. 민족 문화, 역사, 또는 언어처럼 국가는 노동 계급과 대중의 투쟁과 저항이 한쪽 끝에서 다른 쪽 끝까지 일군 전략적 장이다. 비록 왜곡된 방식일지라도 이런 투쟁과 저항은 국가에 각인돼 있으며, 언제나 국가가 노동자들의 기억 주위에 둘러쌓은 침묵의 벽을 돌파한다. (Poulantzas 1978b, 119)

특히 이런 국가 유형은 국민의 영토적 동일성과 사회문화적 전통이 결정화되는 특수한 시공간 매트릭스를 확립한다. 시간과 공간이라는 근대적 개념의 기초를 자본주의적 생산의 조직에 두고 있는데도 불구하고, 풀란차스는 근대 국가가 이런 개념들을 체계화하고 그 개념이 적용되는 범위를 정치 영역으로 확장시킨다고 덧붙인다. 따라서 풀란차스는 국경을 정하고, 이 경계 안에서 국민적 공간을 통합하고, 그렇게 해서 구성되는 국내 시장을 통합하고, 국토 안에 사는 '국민'을 동질화하는 과정에서 국가가 하는 구실을 논의했다. 풀란차스는 또한 일단 국경, 국내 시장, 국민이 구성되면, 이런 요소들은 생산의 관국민화transnationalization, 영토 재분할 전쟁, 심지어 제노사이드의 결절점이 된다고 언급한다(Poulantzas 1978b, 99~107, 117). 풀란차스는 또한 시간과 역사성을 구성하는 데에서 국가가 하는 구실에 관해 언급한다. 특히 풀란차스는 국가가 시간 기준과 측정 기준을 확립하고, 사회 발전의 다양한 시간성과 리듬을 지배하려 시도하고, 속국의 전통을 억압하고, 민족 전통을 독점하며, 국민의 미래를 계획하는 과정 등을 언급한다(Poulantzas 1978b, 107~115, 119).

따라서 우리는 공간(그리고 시간) 생산의 **계보학**과 공간과 시간의 전유의 역사를 모두 고찰해야 한다(Poulantzas 1978b, 100). 풀란차스는 말한다.

> 그러나 실제로는, [곧 자본주의의 이행과 발전 속에서] 시공간 매트릭스의 변형은 사회적 노동 분업의 물질성, 국가 구조의 물질성, 그리고 자본주의의 경제적, 정치적, 이데올로기적 권력의 실천과 기술의 물질성에 관련 있다. 시공간 매트릭스의 변형은 시공간의 신화적, 종교적, 철학적, 또는 '경험적' 표출의 실제 기층이다. 이런 변화들이 그것들이 초래한 표출로 환원될 수 없는 것과 마찬가지로, 시공간 매트릭스의 변형은 우리가 이런 변형을 파악할 수 있게 해주는 공간과 시간이라는 과학적 개념에 동일시될 수 없다. (Poulantzas 1978b, 98)

공간 조직과 시간 조직에 모두 관련해, 풀란차스는 국가가 언제나 '자연적으로' 미리 주어진 것으로 가정되는 국민성의 요소들을 변화시킨다고 강조한다. 따라서 국가는 언제나 경제적 통합, 영토, 언어, 전통 같은 요소들을 자본주의의 기본적인 시공간 매트릭스 안으로 통합시킨다. 실제로 풀란차스는 자본주의 사회들의 공간 조직과 시간 조직을 고대 제도와 봉건 제도의 공간 조직과 시간 조직에 주의 깊게 대조하고, 민족들 사이의, 문명인과 야만인 사이의, 믿는 자와 믿지 않는 자 사이의 분할 각각에 관련해 이런 시공간 조직이 갖는 함의를 주의 깊게 추적한다. 여기에 관련해 풀란차스는 근대 국민은 언제나 국가 개입의 산물이라는 점, 그리고 전정치적pre-political이라거나 근본적인 것으로 간주되지 않아야 한다는 점을 강조한다(Poulantzas 1978b, 94, 96~103, 108~110, 113).

풀란차스는 또한 시간, 공간, 국민성이라는 개념들이 계급 투쟁을 통해 과잉 결정된다고 강조한다. 자본주의의 시공간 매트릭스에는 부르주아 변형과 프롤레타리아 변형이 존재하고, 또한 국민에는 서로 대립하는 계급 형태들이 존재한다. 근대 국민은 부르주아지의 창조물일 뿐 아니라 실제로 '근대' 사회 계급들 사이의 세력 관계를 반영한다. 그러나 이런 점은 부르주아지의 발전을 통해 훨씬 현저하게 두드러진다. 실제로 자본주의가 관국민화를 겪고 있을 때도 부르주아지의 재생산은 여전히 민족국가에 초점을 둔다. 따라서 근대 국민, 국민국가, 부르주아지는 밀접히 연결돼 있으며, 모두 자본주의적 관계라는 동일한 지형 위에서 구성된다. 풀란차스는 "근대 국민은 국가에 기입돼 있으며, 부르주아지를 지배 계급으로 조직하는 실체는 이런 국민국가다"(Poulantzas 1978b, 117)고 결론짓는다.

국가의 제도적 앙상블은 또한 국가에 접근하고, 거리를 둔 채 국가에 영향을 미치고, 국가의 구조적 선택성을 변형시키려 하는 사람들이 특정한 공간적, 시간적 행동 지평을 채택하는 것을 특권화한다. 전략관계 접근에 관한 더욱 최근의 설명들에 의존할 때(Jessop 2001a; 2002d; 2009), 여기에서 시공간적 선택성은 다양한 영역의 공간적, 시간적 행동 지평이 생산되고, 공간적, 시간적 리듬이 형성되고, 국가 구조에 각인된 시간적, 공간적 패턴과 '정합성'에 따라 특정한 실천과 전략들은 특권화되고 다른 실천과 전략들은 저지되는 다양한 방식을 의미한다. 이런 특성은 전자본주의적 구성체에 비교할 때 경제, 정치, 이데올로기 투쟁 형태에 관련해 자체적인 독특한 함의를 갖는, 자본주의 국민국가에 관련된 공간성과 역사성의 일반적 형태에 반영돼 있을 뿐 아니라(Poulantzas 1978b, 99~106, 116), 자본주의의 다양한 단계와 계급 투쟁의 다양한 국면에 관련된 탈영토화와 재영토화, 시공간 확장distantiation과 시공간 압축compression의 특수한 형태(Poulantzas 1978b, 116~120)에도 반영돼 있다. 이런 아이디어는 대부분 자본주의 사회의 추상적 공간 안에 각인된 전략적 선택성과 권력 관계에 관한 르페브르의 분석에서 발전됐다(Lefebvre 1974, 272~282). 이런 국민적인 시공간 매트릭스의 의미는 또한 "오직 **사회주의로 나아가는 국민적 이행**은 …… 사회주의로 나아가는 본래의 길이 갖는 다양성 측면에서 가능하며, 노동자 운동의 이론과 경험에서 도출된 사회주의의 일반 원칙들은 이런 길 위의 표지판에 지나지 않는다"(Poulantzas 1978b, 118, 강조는 원문)는 풀란차스의 결론에 반영돼 있다.

풀란차스는 시공간성에 관한 이런 언급들이 매우 예비적이라는 점을 인정했다(Poulantzas 1978b, 119~120). 그러나 이 언급들이 (대서양 포드주의 시기까지 이르는) 자본주의 초기 단계들에 관련해 국민 구성체의 우위를 고집했으며 지구화-지방화의 현단계에 관련해 규모의 상대화를 예상하지 못했다고 말하지는 못했다. 왜냐하면 새로운 형태의 시공간 확장과 시공간 압축, 그리고 사이버 공간과 나노 세컨드(10억분의 1초) 시간성의 출현이 자본 축적의 국민적 매트릭스를 변형시키고 있으며, 그 결과 국민국가가 경제, 정치, 이데올로기 투쟁의 주된 규모라는 사실이 더는 자명하지 않기 때문이다. 이것이 국민적인 것이 쓸모없다는 의미, 곧 국민국가가 끝났다거나 국민적 투쟁이 (부르주아지에게든 또는 다른 계급에게든) 더는 문제되지 않는다는 의미는 아니다. 실제로 풀란차스는 국제화와 민족국가에 관한 분석에서 왜 국민적인 것이 여전히 그렇게 많이 문제가 되는지에 관한 설득력 있는 근거를 제공했다(Poulantzas 1975, 70~84; 또한 Jessop 2002b를 보라). 그러나 자본주의의 시공간 매트릭스의 지속적 발전은 투쟁 형태를 형성하는 데에서 국민국가가 하는 기능을 변화시키고 있다(이 책 8장을 보라).

결론

한 이론가의 유산은 그 이론가의 학문적 유작이 아니라, 동시대인과 계승자들이 그 유작을 어떻게 이어받고 사용하는지에 존재한다. 따라서 하나의 유산은 원래 학문적 아카이브보다 훨씬 많은 내용을 포함하게 된다(그리고 역설적으로 이런 아카이브의 일부를 주변화하거나 배제하는 상황도 충분히 벌어질 수 있다). 이론가의 유산은 다음 세대가 이런 유작을 때로 의도하지 않거나 왜곡된 형태로, 때로 종합적이거나 절충적으로, 때로 논쟁적이거나 부정적인 참조점으로, 때로 부차적이거나 주변적으로 사용하려는 시도를 포함한다. 또는 주세페 프레촐리니가 말한 대로 "한 저자의 실제 생명은 그 저자의 독자, 제자, 논평가, 반대자, 비평가들에게서 나온다. 한 저자는 결코 그 밖의 다른 방식으로 존재하지 않는다"(Prezzolini 1967, 190). 요컨대 이론가의 영향력은 좋건 나쁘건 그 이론가의 저작이 다른 이론가의 저작에 인식할 수 있는 흔적을 남기는 만큼 지속된다. 이런 측면에서 풀란차스의 유산은 양가적이다. 풀란차스는 1970년대에 국가 이론의 이론적 의제, 특히 이른바 국가의 '상대적 자율성'에 쏟아진 관심에 상당히 기여했다. 풀란차스는 또한 중간 계급이나 생산적 노동과 비생산적 노동에 관한 논쟁, 제국주의나 자본의 국제화와 분화 형태의 변화에 관한 논쟁, 그리고 한동안 민주적 사회주의로 나아가는 민주적 이행의 문제에 관한 논쟁에 참여했다. 그러나 그 밖의 측면에서 풀란차스의 영향력은 제한적이었다. 따라서 자본주의적 법의 특수성, 예외적 체제의 성격과 동학, 이데올로기적 계급 투쟁의 형태들, 권력에 대한 푸코의 '미시 물리학'이 지닌 난해함에 관한 풀란차스의 변함없이 흥미롭고 종종 예리한 언급에는 대체로 사람들이 귀를 기울이지 않은 듯하다. 더욱이 심지어 풀란차스가 이론적 의제를 설정하도록 도운 분야를 봐도, 국가 이론이나 계급 분석에서 통설로 받아들여지게 되거나 정치 전략에서 논쟁의 조건을 설정한 것은 풀란차스의 해결책들이 아니었다.

어떤 이론이 그 뒤를 이은 발전에 따라 폐기되는 서로 연결된 일련의 주장들을 제공하고 원래 형태로는 더는 설득력이 없을 때, 하나의 이론은 '고전적'이 된다. 그러나 문제 제기 방식이 여전히 생산적이기 때문에 이론은 이론적 도전, 긴요한 것, 또는 문제로서 살아남는다. 따라서 이론의 권위는 양가적이다. 이론은 **어떻게** 뭔가를 성취하는지가 아니라 **무엇을** 해야 하는지를 나타낸다(Luhmann 1982a, 4; cf. Baehr and O'Brien 1994). 이런 구분은 우리가 풀란차스가 쓴 저작의 문제들을 확인하고, 그 저작들을 계속해서 국가, 사회 계급, 정치적 동원에 관한 생산적인 발견법으로 여기도록 만든다. 특히 풀란차스의 저작은 풀란차스가 제시한 새로운 관계적 접근의 발전을 적절한 혁명 전략에 관한 정치적 편견에 종속시킬 때 가장 문제적이다. 그리고 풀란차스의 정치적 예상에 일치하지 않는 실제 정치적 사건을 통해 두드러지는 분명한 예외들에 직면해서 핵심 문제들을 재고하려고 이런 접근을 사용했을 때 풀란차스의 저작은 가장 생산적이다. 풀란차스 자신은 특히 조직의 책무에 구속되지 않은 때 언제나 기꺼이 핵심 가정들을 재고할 준비가 돼 있었지만, 풀란차스는 여전히 잔여적 계급 환원주의를 보유했으며 대서양 포드주의의 위기에 따라 발생한 자본주의의 상당한 재조직화를 예상할 수 없었다. 이 장은 (내가 쓴 《니코스 풀란차스》에 기반해) 풀란차스의 이론적 유산을 전용하고 국가에 대한 풀란차스의 전략관계 접근의 의미를 되찾으려는 그다지 대단하지 않은 추가적 노력이다.

나는 풀란차스의 이론이 고전적인 동시에 동시대적이라고 결론지으려 한다. 우리는 풀란차스가 무비판적이고 수동적인 방식으로 쓴 내용을 받아들일 수 없다. 이런 점은 (이를테면 조절 이론 접근이 다룬) 정치경제학의 문제들이나 이데올로기의 문제들(알튀세르적 구조주의의 뚜렷이 구별되는 이론적 대상으로서 담론 분석을 통해 꾸준히 해체되고 있는)에 대한 풀란차스의 접근이 상대적으로 충분히 발전하지 못한 현상에서 특히 분명히 나타난다. 그러나 풀란차스의 저작은 여전히 비판적 국가 이론의 전통을 지속시키기 위한 중요한 원천이며, 최신 '국가 중심적' 분석들뿐 아니라 전통적인 '사회 중심적' 분석들의 발전을 촉진할 수 있다. 또한 풀란차스의 전략관계 접근에는 커다란 가치가 있다. 여기에서 마르크스주의 국가 분석의 근본적인 이론적 혁명이라는 미완의 작업을 지속하는 것이 중요하다. 우리는 풀란차스가 자신이 한 여러 연구에서 채택한 것과 동일한 비판적 정신으로 풀란차스의 저작에 접근해야 한다. 곧 그 저작의 중요한 이론적 단절들을 인식하고, 그 저작의 틈을 메우고, 새로운 문제들과 이론적 흐름들이 그 저작하고 맺는 관련성을 평가하고, 새로운 방향으로 그 저작을 발전시켜야 한다. 다행히 여러 학자가 풀란차스-밀리반드 논쟁을 통해 지름길을 추구하기보다는 책 한 권 분량인 풀란차스의 연구들을 읽고 이 연구들이 지닌 동시대적 함의를 평가하면서 최근 풀란차스의 부흥을 알리는 증거들 몇 가지가 나타나고 있다(네 가지 예를 들면, Aronowitz and Bratsis 2002; Bretthauer et al. 2006; Demirović 2007; 또한 밀리반드에 관해서는 Wetherly et al. 2007을 보라).

6장
×
푸코,
국가, 국가 형성, 통치술[1]

이 장은 《"사회를 보호해야 한다Society Must be Defended"》(1975~1976, 2003으로 번역됨), 《안전, 영토, 인구Sécurité, territoire, population》(1977~1978, 2004a로 첫 출간), 《생명 정치의 탄생Naissance de la biopolitique》(1978~1979, 2004b로 첫 출간)으로 묶인 통치성과 생명 정치에 관한 강의들에 비춰 푸코의 권력 분석을 재논의한다. 푸코는 국가 이론에 관한 비판으로, 동시에 권력에 관한 고유한 상향식 접근으로 유명하다. 그러나 특히 통치성에 관한 이런 강의들은 국가성과 통치술의 형태 변화와 자본주의를 재생산하는 데에서 이 요소들이 하는 뒤이은 구실로 결정적으로 전회한다. 이런 전회는 푸코의 이른바 반국가주의와 반마르크스주의를 새롭게 조명하며, 복잡하고 부단한 푸코의 지적 발전이 갖는 성격에 관한 새로운 통찰을 제공한다.

[1] 이 장은 Bob Jessop, "From micro-powers to governmentality: Foucault's work on statehood, state formation, statecraft, and state power", *Political Geography* 26(1), 2007, pp. 34~40을 수정하고 확장한 글이다. 그리고 또한 Bob. Jessop, *State Theory*, 1990b와 Bob Jessop, "Pouvoir et stratégies chez Poulantzas et Foucault", *Actuel Marx* 36, 2004, pp. 89~107의 내용을 포함한다.

이런 통찰을 보여주기 위해서 나는 마르크스주의와 국가 이론들을 향한 푸코의 적대를 검토하고, 마르크스주의에 대한 푸코의 비판이 전략관계적 국가 이론가들에게 어느 정도 적용되는지를 평가하기 위해 풀란차스와 푸코의 저작을 비교하며, 그다음 권력 관계의 미시 물리학과 미시 다양성에서 시작해 정상화하고 통치화된 국가를 통한 권력 관계의 거시 물리학과 전략적 코드화로 나아가는 푸코의 분명한 전회를 고찰하고, 마지막으로 새로운 형태의 통치술에 관한 이 새로운 주장들에 기반해 국가 형성에 관한 진화론적 설명을 발전시키는 방법을 제안한다. 이런 개입은 통치성에 관한 푸코의 관심 속 숨겨진 정수를 드러내려는 의도가 아니라, 단지 푸코 작업의 이런 단계에 관한 더욱 전통적인 설명과 함께 대안적 독해를 제공하려는 목표를 지닌다.

푸코 그리고 '마르크스주의의 위기'

1968년 5월 사건 뒤에, 많은 프랑스 지식인들은 '마르크스주의의 위기'를 선언했다. 첫 번째 마르크스주의의 위기는 19세기 말에 토마시 마사리크 Tomáš Masaryk가 선언했으며, 그 뒤 다른 위기들이 자주 선언되고 있다. 그러나 '포스트 68'의 위기는 더욱 심각해 보였으며, 단순히 전통적 마르크스주의를 부활시키거나 수정함으로써 위기를 해결할 수 있다는 데 많은 사람이 의문을 가졌다. 실제로 1968년 5월은 정통 마르크스주의와 구조주의적 마르크스주의 둘 다에 관한 강한 이론적 대응을 촉발시켰다(Ferry and Renaut 1985). 가장 극단적인 표출은 적의에 찬 반마르크스주의적, 포스트 극좌파적, 포스트모던적 신철학nouvelle philosophie이었다(Dews 1979; Resch 1992). 더 온건한 표출은 다른 이론들에 의존함으로써 정통 공산주의와 스탈린주의와 마르크스주의의 이른바 과잉 동일시에서 마르크스주의를 구하려는 시도들이었다. 여기에는 실존주의, 구조주의, 포스트구조주의, 정신 분석, 언어학, 푸코의 작업이 포함됐다(Poster 1984, 20~40; 변화하는 지적 분위기 동안 1968년 5월에 관한 푸코의 성찰에 관해서는 Foucault 1977, 115, 125를 보라).

푸코의 작업은 공식 마르크스주의와 속류 마르크스주의 태도를 향한 노골적 반대와 마르크스가 한 통찰의 암묵적 전유와 발전이라는 역설을 드러낸다.[2] 푸코는 마르크스주의를 비판하면서 좀처럼 구체적 이론가들을 확인하지 않았고, 상세한 비판보다는 일반적 문제화를 선호했다(Fontana and Bertani 2003, 287). 시간을 달리해 푸코는 속류 마르크스주의, 프로이트 마르크스주의, 아카데미(또는 대학) 마르크스주의, 준마르크스주의para-Marxism, 노동을 "인간의[원문 그대로] 구체적 본질'로 취급하는 경향(Foucault 2001, 86), '잉여가치에 관한 끝없는 논의', '계급' 투쟁의 주체, 이해관계, 양상에 관한 상세한 연구보다는 '계급'에 관한 추상적 관심, 경제 관계, 그리고/또는 계급 관계에 권력의 근거를 두는 경향, 생산력과 생산관계를 관리하는 일련의 기능들로 국가를 환원하는 경향, 신체와 해부 정치anatomo-politics의 물질성보다는 의식과 이데올로기에 관한 관심, 하부구조와 상부구조의 관계에 관한 부수 현상론적 분석, 빈약한 변증법과 모순론, 사회 분석과 정치 분석의 '지나친 마르크스화hypermarxfication', 마르크스주의적 성인전, '공산주의학communistology'을 거부했다.[3] 푸코는 또한 마르크스의 정치경제학을 '고전적' 에피스테메의 일부로서 일축했고, 마르크스주의가 다른 형태의 지식을 배제하며 과학성을 주장한다고 비난했다.

---

2 실제로 푸코는 자신의 몇몇 아이디어를 마르크스에 간절히 연계시키고 싶어할 때도 있었다. 푸코의 저작을 편집한 편집자들은 마르크스가 계급 투쟁에 관한 자신의 견해가 인종 투쟁에 관한 프랑스 역사가들의 저작에서 유래한다고 인정했다는 주장의 잘못을 지적한다(Foucault 2003, 83).
3 *Dits et écrits*(1995)에서 마르크스주의에 관한 푸코의 많은 논평을 보라.

이런 사실에도 불구하고 "푸코는 마르크스와 일종의 '끊임없는 대화'를 지속했는데, [마르크스는] 사실 권력의 문제와 권력의 규율이라는 문제에 관해 인지하지 못하지는 않았다"(Fontana and Bertani 2003, 277). 따라서 우리는 '공식 마르크스주의' 바깥의 일부 덜 환원주의적인 당대의 흐름들에 대한 분명한 관여뿐 아니라, 마르크스의 정치경제학 비판의 일부가 의도적이고 도발적으로 선언되지 않은, 몇 가지 핵심 주제에 관한 점점 동조적이지만 일반적으로 암묵적인 언급들을 발견할 수 있다(Balibar 1992; Elden 2008; Kalyvas 2004; Lemke 2003). 따라서 푸코는 특히 자본주의가 잉여 이윤을 형성시키려 사람들의 신체와 시간을 각각 노동력과 노동 시간으로 변형해 자본이 착취하게 만드는 다양한 권력 기술을 필요로 하기 때문에 이런 체제가 우리의 실존에 깊숙이 침투하고 있다고 주장하기 시작했다(Foucault 2003, 32~37; 또한 Marsden 1999를 보라). 이런 사실 때문에 발리바르는 푸코가 "처음에는 '이론'으로서 마르크스주의에 대한 포괄적 비판을 포함시키고, 그다음에는 마르크스주의적 교의나 마르크스주의에 양립 가능한 주장을 어느 정도 사용하며 …… 따라서 모순적 방식으로 마르크스주의 '이론'에 대한 반대는 점점 깊어진 반면, 마르크스에게서 가져온 분석과 개념들의 융합이 점점 중요해지면서"(Balibar 1992, 53) 마르크스주의를 향한 태도가 단절에서 전술적 동맹으로 변화했다고 주장했다.

풀란차스와 푸코

마르크스주의에 관한 이런 외견상 모순적인 태도들은 권력과 국가에 관한 전략관계적 분석에 관련해 푸코와 풀란차스를 비교하는 훌륭한 토대를 제공한다. 푸코에 대조적으로 풀란차스는 결코 마르크스주의를 향한 근본적 헌신을 포기하지 않았다. 그럼에도 불구하고 1968년 5월의 여파 속에 놓인 다른 사람들처럼 풀란차스는 마르크스주의에 새로운 활기를 불어넣으려 다른 학문과 접근들에 의존하자고 권고했다. 여기에는 언어학, 정신 분석, 푸코의 작업이 포함됐다(Poulantzas 1979c, 14~15; 1979b; 1979e). 그러나 풀란차스는 대체로 정신 분석을 무시하고, 언어학에 제한된 주의를 기울이고, 오직 푸코만 진지하게 받아들였다. 그렇다고 하더라도 풀란차스는 인식론자이자 일반 이론가인 푸코와 특수한 권력 기술과 국가 형태의 여러 측면에 관한 분석가인 푸코를 구분했다. 왜냐하면 풀란차스는 푸코의 일반적인 인식론적, 이론적 프로젝트를 거부한 반면 규율, 권력, 지식에 관한 푸코의 비판이 유용하다는 점을 발견했기 때문이다(풀란차스는 대작 《국가, 권력, 사회주의》(1978b, 66~69)에서 조건부 동의를 붙여 《감시와 처벌Discipline and Punish》과 《성의 역사》 1권을 인용했다). 이런 거부는 두 측면에서 이해가 된다. 한편으로 푸코의 인식론은 마르크스주의와 양립 불가능하다(Lecourt 1975). 더 자세히 말하면, 푸코는 마르크스의 정치경제학을 '고전적' 에피스테메의 일부로 일축하고, 심지어 이런 측면에서 마르크스보다 리카도에 더 큰 비중을 부여했다(Foucault 1970, 262~266). 더욱이 푸코가 국가 이론의 유혹들을 거부한 반면, 풀란차스는 폭넓은 역사적 유물론 접근 안에서 자율적 마르크스주의 정치학을 발전시키려는 의도를 지녔고, 궁극적으로 마르크스의 미완의 국가 이론을 완성시킨다는 목표를 표방했다. 그러나 풀란차스는 이런 완성 작업이 권력에 관한 더 일반적이고 확고하게 관계적인 설명의 발전 정도에 따라 좌우된다는 점을 인식했고, 이런 측면에서 푸코에 상당히 의존했다.

몇 가지 분명한 차이들에도 불구하고 마르크스주의를 향한 푸코의 비판이 풀란차스의 작업에 거의 적용되지 않는다는 점은 분명하다. 실제로 몇 가지 흥미롭고 놀라운 수렴이 1970년대 동안 푸코와 풀란차스의 작업에서 발전됐다. 두 사상가가 모두 초기의 이론적 접근을 넘어서서 각각 자신만의 방식으로 권력, 저항, 그리고 권력과 저항의 전략적 코드화의 복잡성에 점점 초점을 뒀기 때문에, 이런 수렴은 1968년 5월의 카타르시스적 영향에 대한 반응인 듯하다. 실제로 1972~1977년의 혼란스런 정치적 정세와 이론적 정세는 두 사상가에게 모두 특히 창조적인 시기였다(푸코에 관해서는 Gordon 1980, ix를 보라). 풀란차스와 푸코가 모두 국가에 대한 관계적 접근을 발전시킨 과정에 주목하려는 시도는 특히 흥미롭다. 풀란차스는 초기에 비교해 후기 저작에서 전략을 더 많이 강조하고, 푸코는 권력의 미시 물리학에 관한 초기의 강조에 비교해 국가에서 권력 관계의 제도적 코드화에 더 많이 관심을 가진다. 실제로 풀란차스는 많은 비평가들이 주장하는 정도보다 훨씬 덜 정통 '마르크스주의자'인 동시에 훨씬 더 '푸코주의자'였다. 반대로 푸코는 공산당 기관원과 게으르거나 이기적인 이론주의^{theoreticism}가 왜곡한 마르크스주의를 향한 맹렬한 비평가이던 반면에 마르크스의 정치경제학 비판에서 도출된 개념과 주장들에 결코 적대적이지 않았다.

이 동시대인들 사이에 여덟 가지 주요 영역에서 이론적 수렴이 나타난다. 이 영역들을 열거하면서 나는 때때로 인물에 초점을 두려 하는데, 이 인물들의 태도는 두 사상가에 관한 사회 통념의 측면에서 볼 때 더욱 놀랍다.

1. 두 사람은 자유 의지가 부여된 주체의 존재를 부인했고, 둘 다 행위하고 인식하는 주체가 구성되는 배경과 수단으로 작동하는 메커니즘을 검토했다. 풀란차스가 자본주의 사회의 사법-정치 제도를 통해 생산되는 '고립 효과'의 측면에서 이런 메커니즘을 탐구한 반면, 푸코는 개별화와 정상화의 메커니즘을 탐구하는 한편 권력의 다양한 역사적 시기와 장소 속에서 정신뿐 아니라 신체를 형성하는 데 이런 메커니즘이 하는 구실을 탐구했다. 풀란차스는 나중에 '고립 효과'[4]에 관해 자신이 한 설명에 비교해서 정상화에 관한 푸코의 분석이 갖는 우

월성과 육체성corporality을 형성하는 데에서 국가가 하는 구실을 인정한다(Foucault 1978b, 70).

2. 두 사람은 주권과 개별 시민권 사이의 관계, 그리고 그 관계가 정치 관계에 미치는 영향을 탐구했다. 풀란차스에 관련해서는 5장에서 이 문제를 설명했기 때문에, 이제 푸코를 인용하려 한다. 푸코는 이렇게 주장했다. "그렇다면 19세기부터 우리 자신의 시대에 이르는 근대 사회는, 각 시민의 사회적 신체와 위임 상태라는 접합 원리를 가진 공권public right에 기반한 입법, 담론, 조직을 통해 특징지어질 뿐 아니라, 또한 사실상 이런 사회적 신체의 응집을 보장하려는 목적을 가진 밀접히 연계된 규율적 강제들의 격자를 통해 특징지어졌다"(Foucault 1980b, 106).

3. 두 사람은 권력에 대한 관계적 접근을 채택하고, 권력과 전략 사이의 연계를 탐구했다. 실제로 권력을 특정한 정세에서 이해관계를 실현시키는 능력으로 취급함으로써 이런 측면에서 푸코를 앞지른 반면(Poulantzas 1973), 풀란차스는 푸코식 아이디어들을 국가에 대한 자신의 새로운 전략관계 접근으로 통합시키는 데까지 나아갔다. 나중에 풀란차스는 계급 이해, 계급 권력, 계급 전략 사이의 복잡한 연계를 검토하고, 결국 국가 권력이 투쟁 중인 계급 세력들 사이에 존재하는 균형의 물질적 응축이라고 결론지었다. 푸코는 같은 시기 동안 권력에 관한 자신의 관계적 분석을 발전시켰는데, 처음에는 권력의 미시 물리학을 강조하다가 곧 권력 관계의 전략적 코드화에서 국가가 하는 구실로 전회했다.

4. 두 사람은 권력이 언제나 저항에 관련 있다고 주장했다. 풀란차스는 처음에 이런 주장의 기반을 계급 분할된 사회에서 사회적 생산관계의 적대적 성격, 그리

---

4 "풀란차스는 경제에 대한 국가의 상대적 자율성이 자본주의 국가의 주요한 특징들을 설명할 수 있게 해준다고 주장한다. 우선 이런 자율성은 계급 투쟁에서 경제 투쟁과 정치 투쟁을 상대적으로 자율적으로, 즉 분리되게 만든다. 이 중 경제적 관계에서 자본주의 국가의 법 이데올로기는 사회 계급 구성원들을 계급 구성원이 아니라 평등하고 자유로운 개인적, 법적 주체로 구성시키고 계급 관계를 은폐하는 '고립 효과'를 창출한다"(손호철, 《니코스 풀란차스의 국가 이론》, 《국가와 민주주의 — 새로운 진보 정치학의 모색》, 이매진, 2018, 193쪽) — 옮긴이.

고 정치적 장과 이데올로기적 장에서 이 적대성이 미치는 영향에 뒀다. 풀란차스는 "어떤 사회 계급도 자신들에 맞서 투쟁 중인 적대 세력에 선행해 존재하지 않"으며, "계급 투쟁은 결코 계급 관계의 바깥에 존재하지 않는다. 둘은 동시적이다"고 언급하면서, 나중에 이런 주장을 확대시키려고 푸코식 언어로 장난을 했다(Foucault 1978b, 27, cf. 45, 141, 145; Foucault 1980a, 95와 비교하라).

5. 풀란차스와 푸코는 권력이 단순히 억압적이고 부정적인 성격보다는 생산적이고 긍정적인 성격을 지녔다고 여기는 데 동의했다. 1970년대 중반에 이미 풀란차스는 권력이 억압적이고, 검열적이고, 부정적이라는 '니체식 가설'을 거부하고, 권력이 생산관계, 물질적 양보의 조직, 권력 블록의 통일, 지식 생산, 자본주의 사회의 시공간 매트릭스 형성 등에 관련해 생산적이고, 정상화하고, 긍정적인 기능을 가질 수 있다는 점을 받아들였다(Poulantzas 1975; 1976a; 1978b). 그리고 푸코는 처음에 억압 메커니즘으로서 니체식 권력을 거부한 동시에 더 긍정적이고 생산적인 해석을 발전시키는 데까지 나아갔다(아래를 보라).

6. 푸코가 권력과 지식의 상호 관계에 관한 분석으로 널리, 그리고 틀림없이 유명한 반면, 풀란차스는 정치적이고 이데올로기적인 계급 지배가 정신적-육체적 노동 분업을 통해, 그리고 '비밀 또는 지식'에서 노동 계급과 다른 하위 성원들을 배제하는 데 이런 분업이 미치는 영향을 통해 어느 정도 재생산된 과정을 언급했다(Foucault 1975, 31, 180, 233, 237~240, 249, 255, 274~275, 322~323). 풀란차스는 또한 기초 연구, 기술, 관리, 관료 조직하고 지배 이데올로기가 항상 밀접히 뒤섞여 있다고 주장하고, 이런 과정이 관념들뿐 아니라 이데올로기적 지배의 구체적인 물질적 실천들을 수반한다고 덧붙였다(Foucault 1975, 181, 236~238, 240, 255).

7. 둘 다 파시즘과 스탈린주의를 향한 확고한 비판자였지만, 또한 자유민주주의와 파시즘이나 스딜린주의 형태를 띤 진체주의 사이의 연속성이 공적인 것과 사적인 것 사이의 가변적 구분의 사회적 구성, 정치적 주체들의 개별화, 근대 국가에서 민족주의의 구실에 더해 국가성의 매트릭스에 기초한다고 언급했다

(Poulantzas 1974, 320~324; 1978b, 72~74; Foucault 1995). 1970년대 후반에 두 사상가 모두 전후 복지국가의 재구조화, 새로운 권위주의 경향들, 신자유주의의 발흥으로 전회했다(Foucault 2004b; Poulantzas 1978b).

8. 1968년 5월과 새로운 형태의 투쟁이 전개되면서 두 사상가 모두 '미시 저항', 평민 운동rank-and-file movements, 그리고 풀란차스가 '국가에서 거리를 둔 투쟁'이라고 이름 붙인 것에 관심을 갖게 됐다. 더욱이 풀란차스가 미시 저항이 오직 분산되고 조율되지 않은 채 남을 경우에만 성공할 수 있다고 한 주장에 관련해 푸코를 비판한 반면, 푸코는 나중에 다양한 형태의 저항이 사회 변혁의 포괄적 전략을 통해 재조정되고, 보강되고, 변형될 필요가 있다는 점을 받아들였다(Foucault 1980a, 96; 1980b, 159, 203; 1979b, 60).

이런 수렴에도 불구하고(또는 아마도 이런 수렴 때문에) 풀란차스는 특히 수렴이 발생한 영역에서 여러 번 푸코를 비판했다. 푸코는 다양한 당대 마르크스주의 태도들을 향한 빈번한 비판에서 적대자를 특별히 지목하지는 않았다. 그럼에도 불구하고 푸코의 후기 저작은 일반적으로 의식적이지 않고 아마도 의도적이지 않을지라도 그람시와 풀란차스의 태도를 포함한 더 세련된 마르크스주의 태도들하고 몇 가지 흥미로운 수렴을 보여준다. 내가 풀란차스의 비판을 개괄하기 전에, 그 비판이《감시와 처벌》(Foucault 1975/1979a)과《성의 역사》1권(Foucault 1976/1980a)의 권력 분석을 겨냥한 점이 언급돼야 한다. 풀란차스는 푸코가 관심의 방향을 통치성으로 전회한 콜레주 드 프랑스 강의들(1975~1979)를 고려하지 않았다(또는 할 수 없었다). 풀란차스가 확인하지 못한 다른 오류들뿐 아니라 풀란차스가 비판한 몇 가지 오류에 대한 푸코의 자기비판을 포함하기 때문에, 이 강의들은 특히 흥미롭다. 이런 자기비판과 수정이 발생한 사실에 관한 언급이 푸코가 풀란차스의 비판에 직접 반응했다는 의미는 아니다. 나는 아래에서 풀란차스의 비판과 이 비판에 푸코가 보일 수 있는 반응의 형태로 이런 오류들을 제시하려 한다.

첫째, 해부 정치와 생명 정치에 관한 관심은 자본주의 생산관계와 계급투쟁에서 국가의 실제적 토대를 무시한다(Poulantzas 1978b, 75). 자본주의 생산에 직접적으로 연루되지 않은 사람들에 관련된 행동의 규율적 정상화에 관한 푸코의 초기 저작에서는 이런 지적이 사실일 수 있지만(이를테면 정신 병원, 감옥, 학교, 병영), 푸코가 콜레주 드 프랑스에서 한 강의들은 이런 실천들이 자본과 근대 국가에 복무하게 된 과정을 고찰한다.

둘째, 권력이 권력 관계 자체를 넘어서는 어떤 기반도 갖지 않는다고 주장하면서, 푸코는 권력의 기반이 순전히 여러 분산된 장소들을 가로지르는 권력의 행사 방식에 있다고 주장한다(Poulantzas 1978b, 70). 이런 주장이 《감시와 처벌》에서 첫 권력 분석에 적용될 수 있는 반면, 푸코는 나중에 권력 기술에 관한 자신의 작업이 '대문자 권력에 관한 형이상학'이 아니라고 주장했다. 실제로 풀란차스에 관한 아마도 간접적인 언급에서, 푸코는 "나에게 권력이란 '내생적'이며 내가 권력에서 권력을 연역하는 실제적이고 진정한 존재론적 순환을 구성하고 싶어한다고 주장하는 일부 프랑스 '마르크스주의자들'"을 비판했다. 반대로 푸코는 "항상 정확히 반대로 하려고 노력했다"(Foucault 1978, 185). 따라서 권력은 항상 기성의 구별들 위에서 작동하며, 다양한 매체와 메커니즘, 다양한 목표, 다양한 형태의 제도화, 다양한 합리화들을 포함할 수 있다(Foucault 2001, 337, 344~345; 1980b, 164). 푸코는 또한 권력 관계가 조건 짓는 기능과 조건 지어지는 기능을 동시에 하는 다른 종류의 관계들(생산, 친족, 가족, 성)하고 뒤섞여 있다고 주장했다(Foucault 2001, 425). 그리고 푸코는 권력 형태란 이런 다양한 측면들이 접합되는 방식에 따라 다르다고 주장했다. 이를테면 수도원과 교도소는 권력과 복종에 관한 강조의 예가 됐다. 작업장이나 병원은 목표 지향성의 예가 됐다. 도제 제도는 의사소통에 기반했다. 그리고 군사 규율에는 세 가지 권력 메커니즘이 모두 스며들어 있다(Foucault 2001, 83, 338~339). 푸코는 또한 국가가 전능한데도 불구하고 권력 관계의 전체 영역을 점유하지 않고, 단지 다른 기성 권력 관계들에 기반해 작동하며, 국가 자체가 기능할 수 있게 하는 일종의 '메타 권력'을 생성하려 조건 짓는-조건 지어지는 관계에 기성 권력 관계를 부여하고 이식한다고 주장했다(Foucault 1980a, 122~123). 실제로 우리가 아래에서 살펴볼 것처럼 푸코는 "권력 관계가 국가 제도의 형태로, 또는 국가 제도의 후원 아래 점진적으로 통치화, 다시 말해 정교화, 합리화, 중앙 집권화되고 있다"(Foucault 2001, 345)고 주장했다. 이것은 블랑딘 바레-크리겔이 나중에 "푸코의 사상이 국가와 법에 관한 연구로 돌아가는 길을 열었다"(Barret-Kriegel 1992, 192)고 언급할 수 있던 이유를 설명한다.

셋째, 푸코는 저항보다 '권력'을 특권화하고, 기껏해야 자연적이고 원시적인 평민적 저항 정신의 측면에서 저항을 설명했을 뿐이다. 대조적으로 풀란차스에게 권력의 한계는 권력 메커니즘이 피지배 계급을 완전히 통합하고 흡수하지 않고도 피지배 계급의 투쟁을 통합하고 응축하는 방식에 내재돼 있다(Poulantzas 1978b, 149~152). 푸코는 아마 예속적 주체화assujettissement 와 자기 기술이 권력 행사에 저항할 독립적 기반을 형성시킨 과정의 측면에서 저항을 설명하기 시작했다고 대답했을 것이다(Foucault 1982).

넷째, 푸코는 단지 법의 억압적이고 금지적인 측면과 규율 (국가) 권력의 긍정적이고 생산적인 측면만을 강조했다. 그러므로 푸코는 근대 국가에서 규율 기술의 일반적 중요성, 그리고 복종을 확보하는 데에서 생산적이고 긍정적인 힘으로서 규율 기술이 하는 특정한 구실을 과장했다(Poulantzas 1978b, 77~78). 그러나 이런 비판은 초기 푸코의 권력 분석을 잘 겨냥한 반면 미출간된 콜레주 드 프랑스 강의에서 이런 태도들을 거부한 후기 푸코를 고려할 수는 없었다. 따라서 푸코는 자신이 니체식 억압 가설을 채택하면서 규율 권력을 지나치게 강조한 점을 인정하고, 그 결과 자신들의 자기 규제 속에서 권력 주체들의 적극적 공모를 확보하는 수단으로서 '통치 기술'(행동의 지도conduct of conduct)에 초점을 두기 시작했다. 신자유주의, 질서자유주의, 시카고학파에 관한 후기 분석들은 푸코가 직접적 억압, 헌법, 경찰 수단, 자기 규제의 복합적 접합과 상호 관계를 인식했다는 점을 보여준다(특히 Foucault 2004a를 보라).

다섯째, 푸코의 분석들은 궁극적으로 기술적descriptive이고, 더 심하게는 판옵티콘 연구에서 드러나듯 기능주의적이다(Poulantzas 1978b, 67~68). 푸코는 벤담의 판옵티콘을 권력 행사의 실제 모델로 기술하는 태도를 거부하고, 대신에 결코 시행된 적 없는 이념형적 구조물로 취급했다고 주장했다(Foucault 1978, 183). 그러나 여러 다양한 제도적 장소에서 발견할 수 있었고, 19세기 규율 사회를 특징지었으며, 어떤 복잡한 계보학을 가지든 뒤이어 산업자본주의에 복무하는 데 동원된, 권력의 독특한 기법technique, 기술technology, 또는 도식diagram으로서 '판옵티시즘panopticism'의 계보학을 푸코가 분명히 제공한 사실을 인정해야 한다(아래를 보라).

권력 분석 대 국가 이론

풀란차스가 자본주의 국가 비판에 삶을 헌신한 반면, 푸코는 국가 이론에 반감이 있었다. 실제로 푸코는 언젠가 "나는 국가 이론을 그냥 넘어가며, 넘어가고 싶고, 넘어가야만 한다. 마치 우리가 소화할 수 없는 음식을 그렇게 하는 것처럼"(Foucault 2004b, 78, 필자 번역)이라고 주장했다. 이런 반감은 그 형태가 사법적-정치적이건, 마르크스주의적이건, 또는 현실주의적이건 국가에 관한 일반적 이론화에 대한 푸코의 잘 알려진 적대에, 그리고 푸코가 근대 권력이 존재하는 한 근대 국가의 권력과 통제의 근거를 주권보다는 사회 규범과 제도에 두는 데 반영돼 있다. 푸코는 '명목론적' 권력 분석에서 세 가지 주제를 강조했다. 곧 권력은 모든 사회적 관계들에 내재하고, 제도뿐 아니라 담론에 접합돼 있으며, 사회적 관계, 담론, 제도가 다양한 전략들로 통합되는 방식에 따라 영향과 의미가 다르기 때문에 필연적으로 다가적polyvalent이다. 푸코는 또한 권력 기술에, 권력-지식 관계에, 그리고 권력 관계를 구조화하고 효율적으로 사용하려는 전략의 변화에 초점을 뒀다. 이런 권력 분석을 발전시키면서 푸코는 국가 권력, 또는 더 일반적으로 권력에 관한 어떤 일반 이론을 개발하려는 시도들도 거부했는데, 이런 시도들은 권력의 통일성이 필수적이고, 권력은 미리 정해진 기능을 가지며, 권력은 자신의 동학을 통해 확장하려는 내재적 경향이 있고, 주인 주체master subject가 권력을 포괄 전략적으로 사용한다는 선험적 가정들에 기반했다(특히 Foucault 1979b; 1980b; 곳곳을 보라; cf. 2003, 27~31; 2004b, 79, 193~194).

1975년에서 1979년까지 생명 정치와 통치성을 주제로 콜레주 드 프랑스에서 진행한 강의에서 대체로 다시 개괄된 푸코의 초기 언급들에 기반할 때, 푸코의 권력 분석은 다음같이 요약될 수 있다. 권력에 관한 연구는 이질적이고 분산된 권력의 미시 물리학 속에서 아래부터 시작돼야 하고, 다양한 제도적 장소들에서 권력 행사의 특수한 형태들을 탐구해야 하며, 적어도 존재한다면 이 형태들이 접합돼 더 넓고 더 지속적인 사회적 형세societal configuration들을 낳은 과정을 고찰해야 한다. 연구자는 중앙에서 정당화되는 권력보다는 권력이 개인들에게 행사되는 지점에서 권력을 연구해야 한다. 지배하려는 시도를 이끄는 의도보다는 예속의 실제 실천들을 탐구해야 한다. 그리고 권력이 특정한 지점들에서 적용되기보다는 네트워크들을 순환한다는 점을 인식해야 한다. 그러나 이런 초기의 움직임을 따라 푸코는 다양한 분산된 장소들을 가로지르는 권력 관계의 미시 다양성과 함께 아래에서 출발한 반면, 점점 두 가지 추가적인 상호 관련된 문제들을 고찰할 필요가 있다고 주장하기 시작했다. 첫째, 어떻게 다양한 권력 관계들이 더 포괄적인 형태의 지배를 지속시키는 더욱 일반적인 메커니즘에 이식되고 접합되는가? 둘째, 어떻게 그런 관계들이 지식을 생산하는 특수한 형태와 수단에 연계되는가?

푸코는 국가의 역사적 구성과 시기 구분, 그리고 권력 관계와 이것에 연관된 담론들의 중요한 전략적 차원과 전술적 차원을 탐구하려고 여기에서 통치의 문제 설정을 발전시켰다. 왜냐하면 국가와 국가 권력에 관한 다양한 본질주의적, 초역사적, 보편적, 연역적 분석을 거부하면서, 푸코는 권력 기술, 거버넌스의 대상, 통치 프로젝트, 정치적 계산 방식들의 서로 연관된 변화들을 배경과 수단으로 하는 국가 권력의 '다형적 결정화'(cf. Mann 1986)를 탐구할 공간을 형성시켰기 때문이다. 실제로 푸코는 "국가란 다수의 통치성 체제의 유동적 효과에 지나지 않는다"(Foucault 2004b, 79)고 주장했다. 푸코에게 이런 주장은 역사적으로 특수하고 구체적인 실천들을 통해 국가에 문제를 제기하고, 나아가 국가를 해체하려면 우리에게 사전에 보편적인 국가 개념이 필요하다는 의미는 아니다. 푸코는 국가가 항상 이미 존재하지 않는다면 우리가 어떻게 역사를 탐구할 수 있는지를 질문함으로써 이런 역설을 피한다(Foucault 2004b, 4~5). 이를테면 《사회를 보호해야 한다》는 보편적 국가에 관한 근대적 관념이 복잡한 일련의 담론적 변화들에서, 그리고 재규정된 주권의 틀 안에서 일어나는 규율 권력과 생명 정치 권력의 궁극적 결합에서 출현한 과정을 보여준다(Foucault 2003, 37~39, 242~250). 이제 여기에서 다룬 두 텍스트에서 수행되는 '국가 효과'의 역사적 출현에 관한 탐구가 의미하는 바를 살펴보자.

통치술의 계보학자 푸코

비록 국가를 자주 언급하기는 했지만 푸코는 국가의 존재가 당연하게 여겨질 수 있다는 견해를 부정했고, 따라서 이런 가정에 의존한 어떤 국가 이론의 효용성도 거부했다. 현재의 텍스트들은 국가가 어떤 본질도 갖지 않으며, 보편적인 실체가 아니고, 권력의 독자적 원천이 아니라는 사실을 반복해서 말한다. 대신에 국가는 끊임없는 업무 처리, 복수의 통치성, 끊임없는 국가화의 발현적이고 가변적인 효과다(Foucault 2004b, 79).

> 권력의 측면에서 실행되는 분석은 국가 주권, 법의 형태, 또는 지배의 전체적 통일성이 처음부터 주어진다고 가정해서는 안 된다. 오히려 이것들은 단지 권력이 취하는 최종적 형태들이다. …… 권력은 우선 작동 영역에 내재하고 자체의 조직을 구성하는 다수의 세력 관계들로서, 끊임없는 투쟁과 대립을 통해 이런 세력 관계들을 변형시키고, 강화하고, 뒤바꾸려는 과정으로서, 이런 세력 관계들이 서로 발견하고, 그렇게 함으로써 연쇄나 체계를 형성시키거나, 아니면 반대로 서로 고립시키는 괴리와 모순을 형성시키는 토대로서, 그리고 마지막으로 이런 세력 관계들이 효과를 발휘하는 바탕이 되는 전략으로서, 곧 국가장치, 입법, 다양한 사회적 헤게모니들로 구현되는 일반적 설계나 제도적 결정화를 포함하는 전략으로서 이해돼야 한다. 권력의 가능 조건과 사회 질서의 이해 가능성을 돕는 [권력의] 격자는 중심점이라는 일차적 존재에서, 곧 이차적 파생 형태들이 나올 수 있는 주권의 유일한 원천에서 찾으면 안 된다. 그 조건은 끊임없이 권력 상태(그러나 이런 권력 상태는 항상 국지적이고 불안정하다)를 낳게 만드는 불균등함에 따른 세력 관계의 기층 변화다. …… 권력은 도처에 있다. 그 이유는 권력이 모든 것을 포괄하기 때문이 아니라 도처에서 생겨나기 때문이다.
> (Foucault 1980a, 92~93, 필자 번역)

이런 맥락에서 통치술 또는 통치성은 "인구를 표적으로 삼고 정치경제학을 주요한 지식 형태로 하며, 안전 장치들을 기본적 기술 수단으로 갖는, 비록 복잡할지라도 이런 매우 특수한 형태의 권력 행사를 가능하게 하는 제도, 절차, 분석, 성찰, 계산과 전술들로 구성된 앙상블"(Foucault 2001, 219~220)을 의미한다고 이야기된다. 따라서 푸코는 국가를 관계적 앙상블로 간주하고, 통치성을 일련의 본질적이지 않은 정치적 관계의 지형 위에서 작동하는 일련의 실천과 전략으로 취급한다. 이런 점이 푸코가 사법적-정치적 심급, 계산 주체, 계급 지배의 도구, 또는 생산관계의 부수 현상으로서 국가(또는 복수형의 국가들)를 분석하는 태도를 비판한 이유다.

그러나 후기 저작에서 푸코는 새로운 통치 프로젝트와 계산 방식에 연계된 권력 관계들의 전략적 (재)코드화를 위한 핵심 장소로서 국가(들)을 분석하기 시작했다. 이 권력 관계들은 국가라고 불리는 것 위에서 작동한다. 그러나 국가는 거버넌스의 대상으로서 미리 주어질 뿐 아니라 통치의 실천에서 나타나는 변화를 통해 (재)구성되는 어떤 것이다(Foucault 2004b, 5~6). 요컨대 통치성을 연구하는 과정은 국가가 보편적이거나 일반적인 본질을 갖는다고 가정하지 않으면서 통치의 실천을 배경과 수단으로 하는 다양한 국가 형태의 역사적 구성을 연구하는 과정이다. 따라서 국가에 관한 일반 이론을 개발하려는 어떤 시도도 피하면서, 푸코는 분명히 다양한 맥락과 시기 속에서 통치의 성격과 목적(따라서 대안적 형태의 국가 이성raison d'état)을 확인할 수 있는 새로운 전략들(국가 프로젝트, 통치화 프로젝트)을 연구했다. 특히 1975년에서 1979년까지 콜레주 드 프랑스에서 진행한 강의에서 푸코는 규율 권력이 나중에 새로운 형태의 통치 합리성ratio gouvernementale 으로서 생명 정치와 안전의 출현을 통해 보완됐다고 주장했다. 앞의 것이 개별 신체들의 수준에서 주권 권력의 실패를 보충할 수 있는 반면, 인구를 통제하는 더 어려운 과제는 오직 생명 정치의 개발을 통해 해결됐다.

이런 주장이 여기에서 고찰하는 두 강의 모음의 핵심 주제였다. 왜냐하면 이 강의들은 통치술에 관한 이론과 실천들의 변화뿐 아니라 이런 실천들에 연계된 제도와 제도적 앙상블의 변화를 연구했기 때문이다. 따라서 푸코는 주권sovereignty, 규율disciplinarity, 통치성이라는 세 가지 형태의 통치를 확인했다. 첫 번째는 관습법, 성문법, 소송에 기반한 중세 국가에 관련되며, 토지와 부에 대한 통제에 연관된다. 두 번째는 다양한 제도적 맥락에서 개별 신체들에 대한 규율적 규제에 기반한 15세기와 16세기 시기 행정 국가의 발흥에 관련된다. 그리고 더욱더 통치화된 국가에 관련되는 세 번째는 16세기 후반에 시작돼 19세기에 결실을 맺게 됐는데, 이때부터 국가의 관심은 보통 말하는 영토권을 통제하는 것보다는 국토 위의 인구 대중을 통제하는 데 초점을 뒀다(Foucault 2004a, 221; cf. 똑같은 순서지만, 다른 시기에 관해서는 Foucault 2003, 37~39, 249~250).[5] 나아가 이런 설명을 확장시키면서 푸코는 통치에 관한 관심의 기원을 영토 군주제의 행정에 관한 16세기의 관심, 국가의 요소, 차원, 힘 요인들 전부에 관한 '통계statistical' 지식, 곧 국가 관련 지식의 새로운 분석과 형태들의 16~17세기에 걸친 발전, 그리고 마지막으로 중상주의와 관방학적 경찰학Polizeiwissenschaft의 발흥까지 추적한다(Foucault 2004a, 212). 이런 측면에서 통치 국가의 발흥은 국가 능력에, 그리고 공적인 것과 사적인 것 사이의 구분에 관한 지속적 정의와 재정의에 기반해서 사회의 국가화보다는 국가의 통치화를 수반했다(Foucault 2004a, 220~221).

---

5   또한 주권 권력, 규율 권력, 생명 권력의 구분에 관해서는 진태원, 〈생명정치의 탄생 — 미셸 푸코와 생명권력의 문제〉, 《문학과사회》 19(3), 2006, 216~237쪽, 심성보, 〈옮긴이 후기: 생명정치 분석학을 위한 백가쟁명〉, 토마스 렘케 지음, 《생명정치란 무엇인가》, 그린비, 2015를 참조하라 — 옮긴이.

푸코를 넘어서 푸코하고 함께

권력과 사회생활에서 권력의 의미에 관한 푸코의 분석을 둘러싼 몇몇 모호함과 혼란스러움은 권력 관계 발전의 세 가지 국면을 구분하면 해결될 수 있다. 세 가지 국면은 권력의 대상, 주체, 목적, 기술들의 **변이**, 다른 기술과 실천들이 아닌 특정한 기술과 실천들의 **선택**, 이런 기술과 실천들이 국가 권력, 그리고/또는 계급(또는 민족이나 인종) 권력의 더 넓고 더 안정적인 전략들로 통합된 결과에 따른 일부 기술과 실천들의 **보존**이다. 이 세 가지 국면은 실제 사회적 관계에서 중첩되고 상호 작용하지만, 푸코는 자신의 작업에서 이런 국면들에 개별적으로 접근하는(또는 적어도 정교화하는) 경향이 있었다. 푸코는 먼저 계보학적 변이에, 그다음에 다양한 권력 기술이 새롭게 출현하는 부르주아지에게 경제적 또는 정치적 효용성을 갖는다고 여겨지면서 일어나는, 지배의 일반적 조건을 설명하는 다양한 권력 기술들의 새로운 융합과 선택에, 그리고 마지막으로 어느 정도 통일된 목표를 지향하는 포괄적 전략을 낳는 통치 실천들의 전략적 코드화와 보존에 초점을 뒀다. 첫 번째 단계는 계보학이라는 친숙한 개념을 도입하는데, 많은 논평가들이 이 초기 텍스트들에서 이 개념의 중요성을 폄하한다. 그러나 두 번째 단계, 그리고 그것보다 훨씬 더 세 번째 단계가 국가 권력을 전략적 행위의 새로운 핵심적 장으로 재도입한 부분, 그리고 국가, 자본, 또는 부르주아지를 당연하고 미리 주어진 사회 세력으로 결코 취급하지 않으면서 자본주의 정치경제학의 문제와 새로운 부르주아 계급의 이해관계를 국가 권력에 연계시킨 부분은 이런 궤적에서 볼 때 훨씬 더 흥미롭다. 이런 경향은 때때로 여러 논평들에 포함돼 있지만, 자본주의 발전과 국가 형성에 관한 반본질주의적, 비목적론적, 사후적인 기능주의적 설명에 관련해 이 경향이 갖는 중요성은 좀처럼 언급되지 않는다.

첫째, 사회적 사건들에 관한 총체적 설명을 제공하려는 시도들을 더욱 일반적으로 거부한 뒤에 푸코는 전반적으로 다양한 형태의 권력이 연결돼 계급 지배의 전체적 패턴을 낳는다는 어떤 선험적 가정도 거부했다. 푸코는 근대 국가의 규율 기술이 앙시앵 레짐의 국가 권력의 중심들에서 멀리 떨어지고 자본주의 생산의 새로운 장소들에서 멀리 떨어진 분산된 국지적 장소들에서 비롯된다고 언급했다. 따라서 규율적 정상화는 자본주의적 생산에 직접적으로 연루되지 않은 사람들의 행동에 초점을 뒀다(이를테면 정신 병원, 감옥, 학교, 병영). 둘째, 푸코는 특정한 기술과 실천들이 선택되며 그런 기술과 실천들이 권력의 다른 장소들로 통합된다는 점을 인식했다. 따라서 《감시와 처벌》이 권력 메커니즘의 분산을 강조한 반면, 《성의 역사》는 다양한 메커니즘들을 더욱 일관적이고 상호 보완적으로 만드는 전략적 코드화를 통해 이런 다양한 메커니즘들이 결합돼 사회 질서를 낳는 과정을 탐구하기 시작했다. 이 책과 동시대의 다른 책, 곧 《"사회를 보호해야 한다"》에서 푸코는 이런 과정을 경제적 수익성과 정치적 효용성에 관한 부르주아지의 인식에 명시적으로 연결시킨다(Foucault 1979a, 114, 125, 141; 2003, 30~33). 셋째, 푸코는 기성의 권력 관계들이 코드화될 뿐 아니라 공고화되고 제도화되는 방식을 탐구했다. 국가는 여기에서 권력의 미시 관계들을 결합하고, 배치하고, 고정하는 데 핵심적인데, 이런 과정은 다양한 은유로 표현된다. 내재하는 다수의 권력 관계와 권력 기술들이 "상호 관계들 속에서, 그리고 더 '포괄적인 현상들'과 '더 일반적인 권력들' 속에서 '이식되고', '사용되고', '전위되고', '확장되고', '변경되고', '보강되고', '변형되고', '강화되고', '뒤바뀐다' 등" 말이다(Dean 1994, 157; Foucault 2003, 30~31).

푸코에 따르면 이런 코드화와 공고화는 경제의 기능적 필요에서 파생될 수 없지만 그것 자체의 전사와 발전 동학을 갖는 상당히 특수한 역사적 조건들 속에서 발생했다. 이를테면 인구 문제의 출현이 권력으로 하여금 엄연히 가족보다는 경제에 다시 초점을 두게 만드는 한 오직 포스트 주권 국가만이 새로운 형태의 통치를 공고화할 수 있다고 푸코는 주장한다(Foucault 2004a, 214~215). 경제와 정치의 접합은 기능적 종속이나 형식적 동형화의 측면이 아니라 기능적 과잉 결정과 전략적인 정교화 또는 완성이라는 영속적 과정의 측면에서 설명돼야 한다(Foucault 1979b, 89; 219; 1980b, 195f). 기능적 과잉 결정은 "긍정적이거나 부정적인, 의도적이거나 의도적이지 않은 각각의 효과가 다른 효과들과 공명하거나 서로 모순되고, 그렇게 됨으로써 다양한 지점들에서 표면화되는 이질적 요소들의 재조정이나 재작동이 요구"(Foucault 1980b, 195)될 때 발생한다. 이런 일반 노선을 기술하면서 푸코는 '사회적 헤게모니', '헤게모니 효과', '부르주아 헤게모니', '메타 권력', '계급 지배', '초권력sur-pouvoir'(또는 잉여가치에서 유추한 '잉여 권력'), '포괄적 전략' 같은 개념들을 언급했다(이를테면 Foucault 1980a, 92~93, 94; 1982, 156, 122, 188). 푸코는 또한 다수의 권력 관계들의 전략적 코드화가 일어나는 지점이자 헤게모니, 메타 권력, 또는 '초권력'이 결정화되는 장치로서 국가에 특권적 구실을 부여했다(이를테면 Foucault 1980a, 92, 141; 1982, 101, 122, 199~200). 이를테면 17세기와 18세기에 출현한 규율의 재가치화와 재접합을 위한 공간, 곧 학교, 공장, 군대 등을 형성시킨 요인은 정치경제와 내치에서 일어난 인구-영토-부 결합체의 발흥이었다(Foucault 2004a, 217~219).

이런 측면에서 푸코의 저작에 접근하면서 우리는 미시 권력과 거시 권력의 이분법, 미시 권력 분석과 주권 이론의 이율 배반, 권력 관계의 미시적 다양성과 거시적 필연성 사이의 문제적 관계에서 벗어날 수 있다(cf. Jessop 1990b; Kerr 1999, 176). 권력 관계의 전략적 코드화로서 통치라는 아이디어는 미시적 다양성과 거시적 필연성 사이에 가교를 제공하며, 푸코가 주장한 대로 미시 권력에 관한 초점은 규모를 통해 결정되지만 모든 규모들을 가로질러 적용된다. 그 초점은 하나의 관점이며, 한 규모에 제한된 실재는 아니다(Foucault 2004b, 193; cf. 2003, 244). 생명 정치라는 개념을 도입하려는 시도는 푸코가 국가의 포괄적 전략에 관해, 그리고 "국지적 대립을 가로질러 이런 대립을 서로 연결시키는 세력의 일반 노선"(Foucault 1980a, 94)에 관해 더 많은 내용을 말하도록 요구한다. 이런 식으로 우리는 변이에 관한 분석에서 출발해 특정한 역사적 맥락에서 경제적인 것과 정치적인 것의 독특한 접합을 낳는 선택과 보존이라는 핵심 문제로 이동할 수 있다.

결론

푸코는 일반 이론을 개발하려는 시도들을 언제나 거부했으며, 자신의 변화된 관심과 정세의 변화에 따라 방향과 주장을 변화시켰다. 이 점이 우리가 '푸코의 정수'를 찾아서는 안 되는 이유다. 그럼에도 불구하고 통치성에 관한 세 강의(Foucault 2003; 2004a; 2004b)는 정치경제학과 통치술이라는 복잡하고 우연적인 문제들에 관한 관심의 증가를 나타낸다. 푸코는 사회경제적 발전에 관한 조야한 '자본 논리적' 주장들과 국가에 관한 국가 중심적 설명들을 분명히 거부했다. 그러나 1970년대 중반에서 후반 동안 푸코의 '비판적이고 효과적인 역사학들'[6]은 정치경제학과 16세기부터 20세기까지 이어진 국가의 역사적 구성이라는 문제에 점점 더 집중했다. 푸코의 참신하고 매우 생산적인 접근은 또한 경제와 국가가 결코 자본주의 정치경제의 핵심 특징들로 환원되지 않고서, 그리고 이런 특징들이 결과적으로 완

---

6 니체의 '효과적 역사학' 개념을 빌려 쓴 푸코의 '효과적 역사학'은 인간이 과거를 성찰할 수 있게 해주는 거울로서 '객관적 역사학'에서 한발 더 나아가 역사학을 자신이 누구라고 생각하는지에 관한 인간의 가정과 이해를 깨뜨리는 효과적 수단으로 간주하는 방법론이다(L. Fendler, *Michel Foucault*, Continuum Library of Educational Thought, Vol. 22, Richard Bailey(Series Ed), London: Continuum Press, 2010, pp. 38~42). — 옮긴이.

전히 미리 주어지지 않고서 자본주의 정치경제의 핵심 특징들에 따라 점차 조직화되는 과정을 보여줬다. 이런 측면에서 자본주의에 대한 마르크스와 푸코의 접근에 관한 리처드 마스든(Marsden 1999)의 재독해에 기반해 일반화하면, 마르크스가 자본 축적과 국가 권력의 **이유**를 설명하려 한 반면 규율과 통치성에 관한 푸코의 분석은 경제적 착취와 정치적 지배의 **방법**을 설명하려 한 듯하다. 물론 이 시기에 푸코가 한 작업은 훨씬 더 많은 요소들을 담고 있지만, 이런 재독해는 비판적 마르크스주의 분석과 푸코주의 분석들 사이의 대화를 위해 많은 사람들이 생각하는 것보다 더 많은 공간이 있다는 사실을 보여준다.

3부

전략관계
접근의 적용

7장
국가의
젠더 선택성[1]

이 장은 페미니즘 이론가들, 남성성에 관한 최근 작업, 그리고 '퀴어 이론'의 몇 가지 통찰들을 자유롭게 종합했다. 또한 국가의 제도적 구조와 운영에서 젠더 편향의 우연적 필연적contingently necessary 성격을 보여주려는 목표를 지니며, 비판적 실재론과 전략관계적 관점에서 우연적 필연성을 설명하는 방식을 제안한다. 이 장은 첫째, 젠더 선택성의 분석에 관련해 SRA가 지니는 함의, 둘째, 선진 자본주의 민주주의 국가들의 젠더 선택성, 셋째, 페미니즘 행동에 관련해 전략적 선택성이 지니는 몇 가지 함의 등 세 부분으로 구성된다. 이 장은 반본질주의적 분석틀 안에서 젠더 선택성을 기술하고 설명하는 과정 중에 발생할 수 있는 문제들에 관한 일반적 진단으로 끝을 맺는다.

---

[1] 이 장은 Bob Jessop, "Die geschlechtsspezifische Selekitivität des Staates", E. Kreisky, S. Lang, and B. Sauer, eds., *EU, Geschlecht, Staat*, Vienna: Wien Universitätsverlag, 2001, pp. 55~85을 축약하고 갱신했다.

젠더 선택성을 분석하기

국가의 젠더 선택성에 대한 전략관계 접근은 국가가 남성과 여성 사이의 지배 양식(또는 제도적이고 담론적으로 물질화되고, 비대칭적으로 구조화된 권력 관계)을 변형시키고, 유지하고, 재생산하는 방식을 검토해야 한다. SRA는 모든 동일성, 이해관계, 전략, 시공간 지평의 우연적이고 관계적인 성격을 전제로 한다. 또한 이런 것들을 당연시하지 않고 성찰적 변형을 고려한다. 이런 전제들은 국가의 젠더 선택성을 평가하는 참조점으로 기능할 수 있는 젠더 동일성과 이해들의 우연성과 다양성을 강조함으로써 국가의 젠더 선택성을 문제화한다. 조앤 스콧이 언급한 대로 우리는 "무시 못할 경험이 가해지는 '여성'이라고 불리는 동질적 집단성의 지속적 존재"(Scott 1999, 78)를 가정할 수 없다. 동일한 전제가 광범한 설명 요인들을 시사한다. 왜냐하면 젠더 관계에 관한 적절한 전략관계적 분석은 남성과 여성 둘 다에게 경쟁적이고, 비일관적이고, 심지어 모순적인 동일성들이 구성되는 경향, 이런 동일성들이 남성성, 그리고/또는 여성성에 관한 담론과 환상들에 입각하는 경향,[2] 다양한 제도와 물질적 실천들에 명시적으로, 그리고/또는 암묵적으로 배태되는 경향,[3] 인간의 몸으로 물리적-문화적으로 물질화되는 경향을 참조할 것이기 때문이다. 국가 자신의 담론, 제도, 물질적 실천들에서 남성성과 여성성의 특정한 구성, 이것들에 관련된 젠더 동일성, 이해관계, 구실, 몸 형태가 특권화되는 방식이 특히 중요하다.

---

[2] (유전적 자질에 기인하든, 외과 수술에 기인하든, '난처한' 경우를 포함하는) 다양한 생물학적 성, (트랜스젠더 동일성에 관한 인식의 증가 때문에) 성적 동일성, (게이, 레즈비언, 양성 운동의 발흥을 통해, 그리고 수간, 근친상간, 소아 성애, 포르노, 사도마조히즘 같은 문제를 둘러싼 논쟁을 통해) 성적 선호에 관련해 국가의 선택성에 관한 문제들이 또한 발생한다.

[3] 담론, 제도, 물질적 실천들을 구분할 때, 내가 담론들의 물질성을 거부하거나 제도 또는 물질적 실천이 비담론적이라고 주장하는 것은 아니다. 나는 단순히 모든 담론들이 이런 담론들의 내용으로 환원될 수 없는 발현적 속성들을 가진 제도와 물질적 실천들로 전환되지 않는다고 언급하고 있을 뿐이다.

이런 접근은 젠더와 젠더 관계를 사회적, 그리고/또는 담론적 구성물로 분석하기보다는 그 관계들을 '자연화'하는 반복적 경향에 이의를 제기하는 데 매우 유용하다. 이 경향은 '남성 주류적' 분석들에 국한되지 않는다. 이 경향은 많은 페미니즘 작업들, 특히 제1 물결 페미니즘과 제2 물결 페미니즘에서도 발생한다(훌륭한 비판은 Fraser 1997; Scott 1999를 보라). 몇 가지 이론적 전략과 정치적 전략들이 이런 경향을 극복하기 위해 제안됐다. 여기에서는 두 가지를 언급할 만하다. 첫째, '퀴어 이론'에 따르면 성 또는 젠더 동일성들(그리고 유추해서 모든 다른 동일성들)은 양가적이고 불안정한 경향이 있으며, 성적 지향과 실천들은 '다형체적polymorphous'이다(국가에 관해서는 Duggan 1994를 보라. 그리고 퀴어 이론이 지닌 몇 가지 정치적 함의에 관한 비판은 Walters 1996을 보라). 둘째, '이성애 규범적heteronormative' 분석에 관한 이런 거부를 공유하건 공유하지 않건 많은 다른 접근들이 계급, 종족성, '인종', 장애 등과 젠더의 차별적 접합(또는 교차intersection)을 강조한다(아래를 보라). 젠더와 섹슈얼리티의 이런 급진적 해체는 국가의 젠더 선택성, 시공간적인 것을 포함해서 국가의 젠더 선택성이 지닌 본래적인 관계적 성격, 국가의 젠더 선택성이 정치적 전략과 실천에 미치는 가변적 영향이 복합적으로 작용해 일어나는 과잉 결정을 드러낸다. 이런 접근은 국가가 가부장적 지배의 단순한 표출이라는 점을 거부하며, 심지어 하나의 분석 범주로서 '가부장제'의 효용에 의문을 제기한다. 이런 접근은 다양한 가부장제 구조들이 존재한다는 인식, 이 구조들이 변형되기 쉽다는 인식, 서로 맞물린 가부장제 형태들 안에 있고 이 가부장제 형태들을 가로지르는 모든 변화가 우연적이며 과잉 결정된다는 인식 너머로 우리를 이끈다. 이런 가부장적 구조들의 의미와 특정한 '젠더 체제gender regimes'를 생산하는 이 구조들의 접합은 오직 제3 물결 페미니즘, '퀴어 이론', 그리고 지배의 다른 장소와 형태들에 관한 유사한 분석 방식들에서 영감을 받은 추가적 해체 과정을 통해서만 적절하게 파악될 수 있다.

이런 주장들은 존 맥키네스(MacInnes 1998)가 '포스트 가부장제post-patriarchal' 근대 시기라고 부른 것에 관련해 유익하게 발전될 수 있다. 맥키네스의 저작은 동일성 정치를 향한 제2 물결과 제3 물결 페미니즘의 관심에서 때때로 도외시된 제도적 남성성의 지배에 관한 두 가지 질문 모음을 제기하게 만든다(Fraser 1997). 첫째, 일부 마르크스주의자들이 경제 체계와 정치 체계의 '분리 속 통합unity-in-separation'으로 간주한 것 속에서 가부장제의 생존과 변형에 관련해 자본주의적 사회 형성이 지닌 함의, 둘째, 지배와 저항의 더욱 복잡한 장소로서 체계 세계system-worlds와 생활 세계life-worlds의 복합적 접합이다.

맥키네스는 근대 시기가 (소멸 직전의) 전통적 가부장제와 (잠재적인) 비가부장적 미래 사이의 이행기라고 주장한다. 공공연한 사적 가부장제와 공적 가부장적 지배 시대에서 시작된 중요한 제도적이고 이데올로기적인 유산들이 위협받게 되고, 실제로 경우에 따라 상당한 일시적 역전에도 불구하고 시장과 자유민주주의의 더욱 보편주의적인 논리들에 따라 이 유산들의 기반이 점점 약화되는 한, 이 시기는 다양한 구조적이고 담론적인 모순들로 특징지어진다. 맥키네스는 이렇게 쓰고 있다. "지난 300년의 역사는 소유적 개인주의가 가부장제를 침식한 역사였다"(MacInnes 1998, 130). 물론 이런 침식은 불균등하게 발전됐으며, 아직 완전함에는 미치지 못했다. 또한 소유적 개인주의의 확대가 절대적 선은 아니다.[4] 맥키네스는 "남성과 여성이 자신들의 성 때문에 일상적으로 서로 다른 활동을 수행하거나 서로 다른 사회적 구실을 맡고, 서로 다른 물질적 보상을 받고, 대조적 수준의 권력과 지위에 대한 접근권을 갖는"(MacInnes 1998, 1) 성별 분업sexual division of labour

---

[4] 이 점은 프리드리히 하이에크와 밀턴 프리드먼 같은 신자유주의 이론가들이 젠더 차별을 통해 이윤 최대화를 위한 자원의 효율적 배분이 가로막히기 때문에 광범한 사회적 관계가 합리적 시장 계산에 지배받게 되면 젠더 차별도 사라지게 된다고 생각한다는 사실을 통해 알 수 있다.

이 잔존한다는 점을 인정한다. 그러나 이런 영속적 불평등들은 (자연화된) 젠더 차이의 측면에서 설명될 수 없는데, 왜냐하면 맥키네스에게 이런 불평등들은 이른바 남성과 여성 사이의 차이들에 기반한 남성성과 여성성의 사회적 구성뿐 아니라 "성별 분업을 둘러싼 물질적 투쟁의 이데올로기적 결과"이기 때문이다(MacInnes 1982, 2; cf. Scott 1999; Weeks 1996). 이런 물신주의는 결국 가부장제의 '자연스러움'이 시장 관계와 자유민주주의 정치의 형식적[5] 평등에 대한 약속을 통해 도전받은 뒤 성별 분업의 정당성을 다시 주장하려는 노력의 불안정한 표출로서 가장 잘 이해될 수 있다. "이데올로기적 수준과 물질적 수준 둘 다에서 가부장제의 유산과 가부장제의 역사적 타파 사이에, 곧 성적 계약sexual contract과 사회 계약social contract 사이에 근대성의 실재적인 모순"(MacInnes 1998, 131)이 존재한다고 맥키네스는 결론짓는다.

맥키네스의 접근은 젠더 선택성과 근대 사회의 다양한 기능 체계들, 곧 자본주의 경제, 형식적 민주주의 국가, 가족[6] 등의 운영 논리 사이에 상당한 구조적이고 담론적인 모순이 존재하리라는 점을 시사한다. 이런 논리들 각각은 가부장제의 **실질적인** 제도적이고 담론적인 유산과 근대 제도의 적어도 **형식적으로** 젠더 중립적인 잠재력 사이의 역사적 모순을 배태하고 있다. 그러나 제3 물결 페미니즘과 퀴어 이론에 의존할 때 맥키네스의 설명은 세 가지 근거에서 비판될 수 있다. 첫째, 가부장제 시기, 이행 시기, 포스트 가부장제 시기를 나눈 맥키네스의 구분은 역사에 관한 진보적이고, 자유

---

5 물론 시장 관계와 자유민주주의 정치에서 형식적 평등은 실질적 불평등과 양립 가능하다. 다름 아닌 자본주의의 임금 관계와 사회적 생산관계의 논리를 통해 발생되건, (분절된 노동 시장 또는 상품 시장에서 전형적으로 예시되는) 교환 관계와 기존의 실질적 불평등 사이의 우발적 접합을 통해 발생되건, 국가의 민주주의적인 공적 형태와 자원(그리고 종종 정당성)에 관련해 자본주의 경제의 성과에 대한 국가의 실질적 의존 사이에 존재하는 자본주의 사회의 모순을 통해 발생되건, 또는 시민의 형식적 평등과 공적 의지 형성, 정책 결정, 정책 시행에 대한 시민들의 차별적 접근권 사이의 모순을 통해 발생되건 말이다.
6 적어도 실제로 존재하는 가족들의 총합보다는 이데올로기적 국가장치로서, 곧 사법적-정치적 통제를 당하는 복합적인 제도적 앙상블로 검토되는 경우.

주의적이며, 다분히 목적론적인 해석에 가깝다. 맥키네스의 분석은 역전의 여지뿐 아니라, 이를테면 사적 가부장제에서 공적 가부장제로 나아가는 가부장제 변형의 여지를 무시하는 경향이 있다. 맥키네스의 분석은 또한 자본주의 시장이나 자유민주주의 등의 개인주의적이고 보편주의적인 가치들뿐 아니라 이런 체계들이 연관된 다양한 담론적, 제도적, 체계적 경계들, 그리고/또는 배제-포함 메커니즘들을 지지하는 경향이 있다. 그리고 충실한 페미니즘적(그리고 실제로 다른 급진적) 비판이 그런 '몰성적gender-blind' 담론과 제도들의 편향을 확인하는데도 불구하고 맥키네스의 분석은 이 개인주의적이고 보편주의적인 가치들이 실현될 때 가부장제가 침식될 것이라고 시사하는 경향이 있다. 이런 경향은 맥키네스의 분석에 암묵적으로 존재하는 자유주의적 전략들을 비판하고 반대하는, 제3 물결 페미니즘과 '퀴어 이론'의 주장과 전략들을 고려할 여지를 거의 남기지 않는다. 둘째, 아마도 맥키네스의 분석이 서구 정치 이론과 급진적 제1 물결 페미니즘에 대한 비판에 매우 강하게 근거하고 있기 때문에, 맥키네스의 주장들은 유럽 중심적이거나, 적어도 계몽주의 사상에 근거하는 경향이 있다. 그러므로 맥키네스의 주장은 제국주의, 식민주의, 탈식민주의를 통해 제기된 문제들을 무시하고, 유럽과 북아메리카의 심장부 바깥에 존재하는 가부장제의 (유럽 중심적 관점에서 볼 때) '특이성'을 무시한다. 따라서 맥키네스의 분석은 모든 사회가 이른바 가장 진보적인 서구 사회들의 모습과 유사한 포스트 가부장제의 미래를 마주하게 될 것이라고 주장하는 암묵적인 근대화 테제를 재생산할 위험이 있다. 그리고 셋째, 맥키네스의 분석은 어느 정도 오로지 '성-젠더' 결합체에 근거한 적대에 초점을 두는 경향이 있으며, 그렇게 함으로써 젠더, 계급, '인종', 종족성, 민족, 그리고 다른 동일성들의 교차에 관한 제3 물결 페미니즘 분석들의 교훈을 무시한다. 이런 문제들을 고려하면 동일성, 이해관계, 동맹, 정치적 전략과 전술, 시공간적 행동 지평,

경계와 국경에 대한 존중 등에 관련해 상당히 다양한 문제들이 제기된다.

우리가 '생활 세계'의 복잡성을 고려할 때, 이런 주장은 강화된다. 이런 주장은 주로 체계 세계 너머에 자리한 사회적 동일성, 가치, 담론, 실천으로 구성된다.[7] 생활 세계는 (위에서 정의된) 다양한 지배 양식이 존재할 수 있으며, 또한 분명히 존재하는 복잡하고 이질적인 공간이다. 젠더 관계는 생활 세계 안의, 비록 매우 중요할지라도 단지 한 장소에 지나지 않으며, 그 밖에 종족성, '인종', 민족, 세대, 생활 양식 같은 (마찬가지로 사회적으로 구성되는) 사회적 관계들이 포함된다. 결과적으로, 때로 이상화된 하버마스적 측면에서 그렇듯이 체계 세계에 국한된 지배 영역에 대비되는 자유 영역으로서 생활 세계를 두드러지게 하는 태도는 적절하지 않다. 각각의, 그러나 종종 중첩되는 복수 상태의 체계 세계와 생활 세계는 모두 투쟁의 장소가 된다. 전략관계적 측면에서 전근대 가부장제의 유산과 근대 기능 체계의 논리 사이의 일반적 모순이 특정한 사회구성체에서 과잉 결정되기 때문에, 체계 세계와 생활 세계는 이 모순을 해결하려는 시도를 위한 전략적 지형을 구성한다. 그리고 남성성과 여성성에 관한 우세한 담론들이 이 두 이질적인 세계 안에서, 그리고 이 세계를 가로질러 표출되기 때문에, 체계 세계와 생활 세계는 이런 담론들에 도전하기 위한 전략적 지형을 구성한다. 이런 젠더 투쟁 영역들에서 출현하기 쉬운 일시적이고, 부분적이고, 불안정한 타협들은 다양한 담론, 제도, 실천들로 코드화된다. 적어도 어떤 영역들은 우세한 헤게모니적 또는 지배적인 남성성과 여성성의 이미지들을 제도화하게 된다. 심지어 아마도 다른 영역들이 이런 남성성과 여성성의 이미지들에 대한 전략적 저항이나 전술적 반대의 토대를 제공할 때에도.

---

[7] 내가 경제적인 것과 사법적-정치적인 것보다 더 많은 체계들을 구별하고 생활 세계를 의사소통 영역 이상으로 간주하는 한, 여기에서 체계 세계와 생활 세계에 관한 내 용법은 하버마스의 용법과 다르다.

이런 아이디어들은 많은 페미니즘 주장에서 한동안 암묵적이던 두 가지 기본 가정에 대한 거부에 일치한다. 첫째는 다양한 영역에서 표출되는 자체의 독특한 논리를 가진 단일하고, 잘 규정되고, 강력하게 제도화된 형태의 가부장제가 존재한다는 가정이다. 둘째는 모든 남성과 모든 여성 사이에 적대는 아니더라도 뚜렷한 구분이 존재한다는 가정이다. 다양한 형태의 가부장제가 존재하고(이를테면 Walby 1990), 남성성과 여성성 둘 다에, 따라서 존재 가능한 '젠더 체제'에 폭넓은 변이가 존재하며(이를테면 Connell 1990; 1995), 젠더 체제가 언제 어디에서나 적어도 계급, 민족, 종족성, '인종'에 따라 과잉 결정된다(이를테면 Boris 1995; Callaway 1987; Canning 1992; Collins 1998; Fraser 1997; Jenson 1986; Mohanty et al. 1991; Yuval-Davis 1996; 1997)는 주장이 현재 폭넓게 인정되고 있다. 논쟁은 국가가 '일반적 가부장'(Mies 1986)으로 정의될 수 있다거나, 국가의 여성 정책이 자본주의 사회들의 생산, 그리고/또는 재생산 논리(들)에서 도출될 수 있다는 단계를 훨씬 뛰어넘었다(Barrett and McIntosh 1985). 대신에 현재의 이론적 의제와 분석적 의제는 일반적으로 이런 과정에 연관된 구조적 모순, 전략적 딜레마, 담론적 역설들을 특히 고려하면서 다양한 국가의 구조, 담론, 실천들과 마찬가지로 다양한 가부장제의 구조, 담론, 실천들 사이의 우연적 공진화, 구조적 결합, 담론적 접합을 가장 잘 분석하는 방법에 관련된다. 아래에서는 밀접하게 서로 관련된 새로운 전략관계적 연구 의제의 세 가지 질문 모음을 제기한다.

첫째, '체계 세계'의 다양한 질서들이 그것 자체의 특정한 운영 코드와 프로그램 측면에서 다른 것보다도 특정하게 젠더 코드화된 차이, 그리고/또는 특정한 성적 지향을 어느 정도 일관되게 선택하고, 그렇게 함으로써 이런 차이를 강화하는 경향이 있는가? 설사 기능 체계의 일반 코드가 젠더 중립적이라 하더라도, 특정한 조직과 행위자가 사용하는 특정한 프로그램은 충분히 젠더 편향적일 수 있다. 따라서 수익 기회를 증진시키려 젠더 차이를 이용하는 선택이 어느 정도까지, 어떤 면에서, 어떤 조건 아래 '특정 자본' 또는 실제로 '일반 자본'의 이해관계 속에 있는지를 우리는 물을 수 있다. 더욱이 이것에 관련해 다양한 자본들의 이해관계가 대립될 수 있다는 점을 고려할 때, 결과적인 모순, 딜레마, 역설들이 특정한 제도적, 그리고/또는 시공간적 해결책을 통해 관리될 수 있는가? 다양한 운영 코드와 프로그램을 적절히 감안하면서, 정치, 법, 교육, 예술, 과학, 전쟁, 종교, 또는 의료 같은 다른 기능 체계에 관해 유사한 질문이 제기될 수 있다. 모든 경우에, 젠더 차이를 이용하거나 그렇지 않으면 강화하는 선택에 **하나의 특정한 체계의 관점에서** 약점뿐 아니라 이점이 존재한다고 나는 주장한다.

둘째, 헤게모니적, 그리고/또는 지배적 남성성과 여성성(또는 남성다움maleness과 여성다움femaleness) 개념들이 어느 정도까지, 어떤 면에서, 그리고 어떤 조건 아래 체계 세계를 향한 남성과 여성의 차별적 참여를 조직하도록 기능하는가? 첫째 질문 모음이 젠더 차별에서 기능 체계들의, 만약 그런 것이 있다면 일반 이해에 관련된 반면, 이번 질문 모음은 '몰성성gender blindness'에 관련해 존재 가능한 담론적, 제도적, 물질적 저항들에 관련되는데, 이 저항들이 없을 경우 특정한 기능 체계의 일반 코드나 특정한 프로그램을 통해 그런 식의 중립성이 선호될 수 있다.

셋째 질문 모음은 둘째 모음하고 분석적으로 구분되는데도 불구하고 관심을 공유한다. 이 질문들은 남성성과 여성성(또는 남성다움과 여성다움) 개념들이 어느 정도까지, 어떤 면에서, 어떤 조건 아래 체계 세계 외부에 존재하거나 체계 세계를 가로지르는 사회적 동일성, 이해관계, 가치, 담론, 실천들을 조직하는지를 묻는다. 남성성과 여성성뿐 아니라 남성다움과 여성다움 개념은 이런 개념들의 담론적 구성, 제도적 배태, 개인적 체현의 측면에서 연구돼야 한다. 남성적과 여성적(또는 남자다운과 여자다운)이라는 고정 관념은 체계와 '생활 세계' 둘 다에 관련한 이런 개념들의 실질적인,

그리고/또는 평가적인 내용의 측면에서 어느 정도 뚜렷하게 구분될 수 있다. 이런 개념들은 또한 두 개념에 모두 관련된 광범한(또는 협소한) 활동들에 어느 정도 단단하게(또는 느슨하게) 결합될 수 있다. 남성성-여성성, 그리고/또는 남성다움-여성다움 개념들 사이의 구분이 덜 실질적이고 평가적일수록 이 두 가지 개념 쌍들이 덜 단단하게 결합되며, 제도적이고 담론적으로 구성되는 이런 개념들의 관련성의 범위가 더 좁을수록 우리가 정착된 젠더 선택성을 발견할 가능성은 더 작아진다. 이런 개념들을 연구하는 과정은 젠더 지배의 장소 또는 메커니즘들로 간주될 수 있는 사적, 그리고/또는 공적 가부장제가 남긴 유산들의 차별적 영향과 쇠퇴를 탐구할 수 있는 한 가지 방식을 우리에게 제공한다.

이런 세 가지 질문 모음은 국가와 정치 체계 전반의 젠더 선택성뿐 아니라, 이것들의 모순, 딜레마, 역설을 분석하고 설명할 수 있는 유용한 방식을 제공한다. 왜냐하면 다양한 형태의 젠더 체제와 젠더 선택성이 존재하며, 이런 다양성이 다양한 사회적 범주나 사회 세력들의 동일성과 이해관계에 따라, 그리고 남성다움-여성다움, 남성성-여성성에 대한 전략적 지향이나 성적 지향에 따라 다양한 사회적 범주나 사회 세력들에 현저하게 차별적인 효과를 가져다주기 때문이다. 특정한 정세의 특정한 젠더 체제에 관련된 선택성들의 특정한 형세는 일련의 복잡한 경로 의존적 상호 작용의 산물이다. 관련 요인 중에는 근대 기능 체계의 운영 논리, 전근대 가부장제의 유산, 생활 세계의 현재 지배 양식과 이것들을 둘러싼 투쟁, 특정한 체계를 통해 생활 세계를 식민화하려는 시도들과 이런 시도에 대한 저항, 그리고 체계 통합과 사회적 응집 사이의 전반적 균형을 확보하려는 헤게모니 투쟁이 존재한다.

우리가 이런 전략관계 접근을 받아들인다면 가부장제에 관해 어떤 초역사적 불가피성도 존재하지 않게 된다. 왜냐하면 SRA가 가부장제를 단일체적인 것, 그리고/또는 관성적인 것으로 취급하는 가부장제에 관한 설명들에 이의를 제기하며, 대신에 젠더 체제의 다형체성polymorphy과 우연성을 강조하기 때문이다. (가부장제가 단일체적으로 간주되건 다형체적으로 간주되건) 자본주의, 그리고/또는 국가에 필연적으로 각인된 가부장제의 모든 자국이 아마도 생활 세계에 근거한 지배 양식과 체계 세계(특히 시장 경제와 자유민주주의 국가) 사이의 구조적 결합과 우연적 공진화에서 비롯된다는 점을 SRA는 또한 시사한다. 이런 모든 각인은 '우연적 필연적'(Jessop 1982, 212~219)이다. 물론 젠더 지배는 결코 초역사적이지 않기 때문에 이런 특성이 젠더 지배가 덜 실재적이라는 점을 의미하지는 않는다. 그러나 젠더 지배의 우연성을 인식하고 젠더 지배의 강점뿐 아니라 취약성을 탐색한다면, 사회 세력들은 젠더 지배에 도전하고, 젠더 지배를 바꾸고, 젠더 지배를 없애는 더 좋은 위치에 자리할 수 있다.

국가의 젠더 선택성

국가의 젠더 선택성에 관한 어떤 최종 판단도 있을 수 없다. 첫째, 다양한 정치적 기회 구조를 가진 많은 형태의 국가와 정치 체제가 존재한다. 둘째, 다양한 형태의 젠더 조건화되고, 젠더 의식적이고, 젠더 관련적인 동원, 이런 동원이 발생하는 중심이 되는 다양한 동일성과 이해관계들, 이것에 관련된 다양한 관점과 행동 지평들, 추구되는 다양한 전략과 전술들이 존재한다. 그리고 셋째, 젠더 선택성이 구조와 전략의 산물이기 때문에 어떤 포괄적 주장도 동어 반복적이고, 진부하고, 또는 지나치게 추상적이 될 위험이 있다. 그럼에도 불구하고 일정한 폭넓은 원칙들이 수립될 수 있다. 나는 주로 근대 국가와 근대 국가를 둘러싼 정치 체계의 몇 가지 핵심적인 제도적 특징들 안에서 작업하는 경향이 있는 제1 물결과 제2 물결 페미니즘 관점에서 이런 원칙들을 확인하려 한다.[8]

근대 국가의 역사적, 형식적 구성

우리는 근대 국가의 역사적 구성과 형식적 구성을 구분함으로써 맥키네스의 분석을 정교하게 만들 수 있다. 역사적 구성은 일정한 영토 영역 안에서 정치적 신민에 대한 조직화된 강압을 합법적으로 독점하는 근대 국가의 복합적, 경로 의존적, 역사적 출현에 관련 있으며, 형식적 구성은 합리적 자본주의의 확대 재생산에 적합한 형식적 구조를 국가가 조금이라도 얻게 되는 데 관련 있다(Jessop 1982; 2007c; Weber 1978). 이 구분은 두 가지 핵심적 함의를 지닌다. 한편으로 근대 국가는 기본 원칙들에 기반해 정치적 백지 상태 위에 건설된 것이 아니라 과거의 사회 형태와 담론들의 역사적으로 가변적인 토대들 위에 세워졌다. 오래된 것과 새로운 것의 경로 의존적인 구조적 결합은 전근대 시대의 실질적인 가부장적 유산들과 새롭고 형식적으로 합리적인 형태의 근대 국가 사이의 모순을 설명하는 데 도움을 준다. 이런 가부장적 유산들의 불균등한 잔존은 근대 국가의 형식적으로 합리적인(그리고 적어도 잠재적으로 몰성적인) 특징들을 밝히려는 노력에 영향을 줬다. 다른 한편으로 근대 국가의 형식적 구성이 전승된 가부장적 맥락에서 발전하기 때문에 근대 국가는 또한 가부장제에 실질적이고 경로 의존적으로 구조화된 응집성을 보여준다. 이런 특성은 다음을 수반한다. 첫째, 여성의 역량 약화를 재생산하는 경향이 있는 '적절한' 정치적 실천들의 반복적 선택과 강화를 통한 사실상 가부장적인 근대 국가의 재생산, 둘째, 이런

---

[8] 국가의 '몰성성'에 대한 초기의 전략관계적 해체에 관해서는 Sauer(1997)을 보라. Cooper(1994)는 지방 정부에 관한 유사한 '퀴어 이론적' 분석을 제공한다.

국가 형태를 바꾸려는 시도들의 자기 제한적 성격과 그 결과로 나타나는 국가의 젠더 선택성의 유지. (그렇게 밝혀지는 않았지만) 이런 구조적 결합에 관한 사례 연구의 하나는 결혼에 대한 가부장적 국가 통제와 사적 소유 개인주의 사이의 모순이 1804년 프랑스 민법에서 확립된 과정을 다룬 어슐러 보겔(Vogel 1999)의 설명이다. 이런 선택성들이 두드러지게 변화된 시기들은 어떤 동일성, 전략, 전술들이 효과적이었는지를 보여주는 데 관련해 주목할 만하며, 이 시기들은 이런 요소들이 차이를 만든 예외적 정세다.

근대 국가의 형식적 특징들

이제 형식적으로 합리적인 근대 국가의 세 가지 핵심 특징을 탐구하려 한다. 그 세 가지는 다음 같다. 첫째, 경제와 시민사회에 비교되는 특징으로서 조직화된 폭력에 대한 근대 국가의 합법적 독점, 그리고 다른 국가들에 비교되는 특징으로서 근대 국가의 영토화된 주권, 둘째, 공적인 것과 사적인 것에 관한 근대 국가의 분명한 구분과 함께 법치에 기반한 국가로서 근대 국가의 성격, 셋째, 권력/지식의 형태로서 통치술, 통계, 그리고 공적 담론의 다른 측면들의 성격이다.

근대 국가의 폭력 독점Gewaltmonopol에는 두 가지 흥미로운 특징이 있다. 첫째, 근대 국가는 시장에 관련된 생산의 조직에서 직접적 강압을 배제한다. 그리고 둘째, 경제적 관점보다는 경찰-군대의 관점에서 근대 국가는 시민사회의 평화화를 촉진하며, 국가의 영토 보전을 수호하려 군사력의 중앙집권화를 허용한다. 이런 특징은 흔히 근대성의 특징으로 간주된다. 그러나 형식적으로 '젠더 중립적'인데도 불구하고 이런 특징은 실제로 지속적인 가부장적 실천에 상당히 일관된다. 직접적 강압의 부재가 결코 노동 과정의 젠더화된 분할을 배제하지는 않는다. 더욱이 근대 국가가 또한 조세 국가Steuerstaat(곧 세입을 시장 경제에 대한 화폐 과세에 의존하는 국가)인 한,

이런 분할에 도전하려는 시도는 재정 위기나 자본 파업을 촉진할 수 있다. 생산에서 직접적 강압의 부재는 또한 '사적' 영역에서 여성과 아이를 향한 학대와 폭력에 관한 공식적이거나 비공식적인 국가의 무관심에 상당히 일치한다.[9] 또한 시민사회의 평화화는 다른 형태의 지배를 배제하지 않는다. 실제로 지속적 젠더 편향은 개인을 정치화하고, 여성의 이해관계에 공적 공간을 열어주고, 아동의 권리를 확립하려는 시도를 자극했다. 마찬가지로 경찰-군대 기능에 대한 국가의 통제는 헤게모니적 남성성이 이런 기능의 행사에 영향을 주는 과정을 완전히 막지 않는다. 이것은 시민권과 군복무 의무 사이의 역사적 연계, 경찰과 군대의 조직과 운영에서 제도화된 젠더와 '이성애 규범적' 편향(들), 국가나 군대의 후원을 받는 성매매, 그리고 너무나 자주 전시 강간이나 고문 같은 관행에 반영돼 있다. 실제로 경찰-군대 기능이 국가의 전반적 운영에서 여전히 중심적인 한, 이런 기능들은 국가 체계 전체에 남성주의적이거나 가부장적인 영향을 확산시킬 수 있다. 물론 제도화된 인종주의와 민족주의도 또한 경찰-군대 기능의 조직에 관련된 핵심 특징이다.

영토화된 주권은 근대 국가의 또 다른 중요한 특징이다. 영토화된 주권은 국가 간 관계, 군대-경찰의 조직, 민족국가성, 법적 권리와 시민권의 국민적 경계의 역사적 토대가 돼왔다(Behnke 1997). (특히 현실주의적 또는 신현실주의적 지정학과 지리 경제학 판본의) 국제 관계는 지배적 남성성이 철저히 스며든 국가와 국가 간 관계에 대한 견해를 전제한다는 점을 보여주는 페미니즘적 비판이 점점 더 증가하고 있다(이를테면 Enloe 1989; Grant and Newland 1991; Locher-Dodge 1997; Peterson 1992; Pettman 1996; Sylvester 1994). 나는 군대-경찰

---

[9] 사회의 평화화로서 문명의 기원에 관한 노베르트 엘리아스(N. Elias)의 주장에 대한 페미니즘적 비판은 Bennholdt-Thomsen(1985)을 보라.

조직의 젠더 선택성에 관해서 이미 언급했다. 민족국가는 또한 강하게 젠더화되는 경향이 있다. 실제로 "(각 국가의) 영토 통제는 사회적 투쟁의 결과로 나타난 특정한 젠더 계약gender contract에 얽혀 있으며, 사회의 더 넓은 젠더 질서에 연계돼 있다"(Cravey 1998, 538). 주권 국가는 계급과 계급 타협뿐 아니라 젠더와 젠더 관계를 제도화하는 '권력 담는 그릇'으로 기능한다. 국가는 세 가지 방식으로 이런 기능을 수행한다. 첫째, 특정한 남성성과 여성성들을 구성하고 공고화하기, 둘째, 다양한 남성성과 여성성들 사이의 경계를 규정하고 모니터하며 '일탈' 행동들을 분류하고 제재하는 구실을 하기, 셋째, 개인들을 국가장치로 통합시키는 기반이 되는 몇 가지 동일성만을 국가 운영자, 대표자, 또는 대화 상대로 선택하기다(Radcliffe 1993, 201). 유사한 주장이 시민권에도 적용되는데, 시민권은 또한 보편적 시민권이라는 자유주의적 수사가 시사할 수 있는 정도보다 법률상으로, 그리고/또는 실제로 훨씬 더 차별화된다.

지구화, 사이버 공간의 확장, 보편적 인권의 확대가 현재 영토화된 주권과 젠더 질서 사이의 이런 연계에 이의를 제기하고 있다. (서구 남성의) 시민권에 관한 자유주의적 가정을 일반화함으로써 계획과 실천에서 남성에 제한되는 경향이 있는데도 불구하고, 인권은 젠더, 그리고/또는 성적 선호를 둘러싼 투쟁들에서 중요한 전략적 자원으로 기능할 수 있다(Okin 1979; Reynolds 1986). 인권은 또한 차이 속의 연대, 권리의 특수화, 차별화된 보편주의에 기반한 관국민적 운동을 뒷받침할 수 있다(Lister 1996, 11). 그리고 인권은 시민권에 연계해 폭넓은 스펙트럼의 페미니즘적 관심을 추구할 수 있는 다층적이고 다원적인 투쟁들에 기반을 제공할 수 있다(Nash 1998).

많은 사람이 여성과 근대 법치 국가에 관해 글을 썼다. 법치 국가의 출현으로 **특수한** 전자본주의적 사례에 대비되는 **일반적** 가부장 소유 형태에 즉각적이거나 직접적으로 이의가 제기되지는 않았다. 또한 법치 국가는 하나의 조직 형태로서 가족 안에 암묵적으로 존재하는 성적 계약에 이의를 제기하지도 않았다. 더욱이 공적 영역 안에 형식적 평등이 도입된 곳에서도 형식적 평등과 실질적 불평등은 여전히 공존했다. 이런 문제들은 서로 관련된 시민권의 세 가지 측면의 견지에서 탐구될 수 있다. 그 세 가지는 다음 같다. 첫째, '고립 효과', 그리고 고립 효과가 정치 투쟁에 관련해 지닌 함의, 둘째, '성적 계약'과 '사회 계약'의 관계, 셋째, 국민국가가 존재하는 시기 동안, 그리고 미래에 존재할 수 있는 탈국민 시대에 국민을 재생산하는 데 젠더 관계가 하는 구실.

첫째, 정치적 대표성의 근거를 계급 위치보다는 추상적 개인에 관련된 개별화된 형태의 국민적 시민권에 두는 경향은 '고립 효과'를 낳는다(Poulantzas 1973). 이런 경향은 형식적 평등, 차이의 절충, 또는 동일성 경합이라는 문제들을 중심으로 하는 정치적 공간(들)의 조직을 부추긴다. 게다가 거시 정치는 주권 국가에서 '국민적-대중적' 이해관계를 규정하려는 헤게모니 투쟁의 형태를 띠는 경향이 있다(Gramsci 1971).

둘째, 설사 보편적 참정권(근대 국가 형성기에 일반적으로 상당히 늦게 마지못해 허용된 권리) 아래에서는 형식적으로 젠더 중립적이라 할지라도, 시민권은 역사적으로, 그리고 실질적으로 남성 시민권 모델에 기반한다(Lloyd 1984). 이런 주장의 근거는 남성의 이성과 여성의 감정 사이의 정형화된 대조, 여성의 재생산 의무에 대비되는 남성의 병역 의무와 납세 의무, 젠더 관계를 탈정치화함으로써 가부장적 가족의 가정 평화를 지키는 일에 관한 (남성의?) 인지된 필요성을 포함한다(셋째 이유에 관해서는 MacInnes 1998; Pateman 1988을 보라). 그러므로 놀랍지 않게도 추상적 시민권과 젠더의 특수성들 사이에 모순이 발생했다. 이린 모순의 결과로 나타난 갈등은 권리의 불균등한 발전과 확대뿐 아니라 국가의 상응하는 변화들로 이어졌다(Wiener 1996). 연속적인 세 가지 물결 또는 세대(자유주의적이고 개인주의적인 소극적 자유, 국가 개입에 기반한 적극적 권리, 연대의 권리)에서 인권의 발전은 또한 여성 억압의 특수한 가부장적 토대를 다루는 데 실패했다. 이것은 여성 차별 철폐 협약Convention on the Elimination of all Forms of Discrimination against Women(1979)이 가장 많은 조인국이 가장 많은 수의 유보 조항을 달고 비준한 유엔 협약이라는 사실에 반영돼 있다(James 1994, 568~569). 따라서 "여성의 권리에 대한 보호가 보편적 선언, 규약, 그리고 다양한 인권 협정의 언어로 구체화됐는데도 불구하고, 젠더 기반 억압의 규범 체계들은 가족 수준에서 국제 수준에 이르기까지 모든 수준에 걸쳐 시간과 공간을 가로질러 계속 작동하고 있다"(James 1994, 569). 흥미롭게도 이런 진단은 현대 페미니즘의 복잡성을 보여준다. 왜냐하면 다른 페미니스트들은 여성 억압의 특수성들에 대한 무시 때문이 아니라 문화적 무지 때문에, 곧 정당한 문화적 차이들에 관한 고려 없이 여성의 권리에 대한 보편화된 접근을 부과하는 점 때문에 인권 담론과 실천들을 비판해왔기 때문이다(Brems 1997, 149~150). 그러나 프레이저가 제3 물결 페미니즘에 관한 비판의 맥락에서 언급한 대로 보편주의나 다문화주의는 모두 정의롭지 못하고, 반민주적이고, 억압적인 동일성 주장과 정의롭고, 민주적이고, 해방적인 동일성 주장을 구분할 수 있는 토대를 제공하지 못한다(Fraser 1997, 103~104).

셋째, 국민국가의 주요 형태는 종족 국가Volksnation, 문화 국가Kulturnation, 시민 국가Staatsnation 등 세 가지였다. 민족이라는 '상상의 공동체imagined community'에 소속되는 자격이 혈통에서 비롯되고 가족을 통해 계승되기 때문에, 젠더는 종족 국가에서 가장 중요하다. 이것은 여성에게 민족의 모성의 '담지자'라는 핵심적 기능을 부여하지만, 또한 '국민적' 이해관계에 관련해 여성의 재생산 기능에 대한 더욱 엄격한 통제로 이어진다(Yuval-Davis 1996). 문화 국가에 소속되는 문제는 문화 변용이나 동화에 더 좌우된다. 그러나 여성은 여전히 국가적, 비국가적 이데올로기 장치들과 함께 사회화 담당자

socializer로서 핵심적인 기능을 맡는다.[10] 소속 여부가 헌법에 대한 충성심과 애국심에 따라 좌우되기 때문에 시민 국가는 훨씬 더 개방적이다. 국민국가의 이 형태들 각각의 해체가 이 형태들의 재생산에 관련해 젠더가 하는 구실에 전반적인 부담을 주고 있다. 동시에 이런 해체는 더욱 다종족적인 사회 또는 '용광로'를 향한, 그리고/또는 다문화적이거나 파편화된 '혼성적' 탈근대 사회를 향한 경향을 통해 국적Staatsangehörigkeit의 종족적, 그리고/또는 문화적 토대가 용해되고 있는 탈국민 시대에 하나의 국가에 속하는 것Staatszugehörigkeit이 무엇을 의미하는지를 다시 생각할 기회를 준다. 이런 경향은 민족, 그리고/또는 국민 동일성의 '담지자'로서 여성이 가지는 지위의 기반을 약화시키며, 시민권을 재규정하고, 국경 안에서 일어나고 국경을 가로지르는 합법적 정치 행동의 영역을 늘리고, 복수의 정치적 충성심이나 심지어 코즈모폴리턴적 애국심을 발전시킬 수 있는 정치적 공간을 열어줬다(Habermas 1992; Held 1992; Nash 1998; Wiener 1996).[11]

전략적 선택성과 전략적 행위

전략적으로 선택적인 함의를 더욱 완전히 드러내는 일에 착수하려면 근대 국가의 일반적 특징을 더욱 구체적이고 복잡한 분석 수준에서 재명시하고, 전략적 대안에 결부시킬 필요가 있다. 첫째, 특정한 국가 형성, 복지 체

---

10 전시 강간은 가족과 문화를 파괴하면서 종족적 국민성과 문화적 국민성에 대항할 무기로 사용될 수 있다.
11 이 책에서는 상상의 공동체로서 민족에 근거하는 'nation-state'와 현실의 영토에 근거를 두는 'national state'를 구분한 제솝의 구분(Jessop 2002d, 173~174; 2015, 149~157)에 기반해 일반적으로 'nation-state'는 민족국가로 옮기고 'national state'는 국민국가로 옮겼다. 한편 'nation'은 쓰임과 맥락에 따라 다르게 옮겼다. 'nation'의 번역에 관련한 논의는 진태원, 〈어떤 상상의 공동체? 민족, 국민 그리고 그 너머〉, 《역사비평》 제96호, 2011, 169~201쪽; 장문석, 〈내셔널리즘의 딜레마〉, 《역사비평》 제99호, 2012, 194~219쪽을 참조하라 — 옮긴이.

제, 정책 영역들의 젠더화, 둘째, 다양한 페미니즘 운동과 흐름들의 특수성들, 페미니즘의 연속적인 '물결들', 그리고 레즈비언, 게이, '퀴어' 투쟁들의 영향, 셋째, 다양한 형태의 투쟁의 교차(계급, 젠더, 종족, 세대, 반제국주의, 제3세계, 탈식민주의, 탈사회주의 등), 넷째, 다양한 전략, 동맹, 전술, 공간 지평, 시간 지평 등에 관한 방대한 역사 문헌, 그리고/또는 비교 문헌이 존재한다. 여기에서 이런 연구들의 심지어 일부라도 다루는 일은 불가능하다. 대신에 나는 국가와 정치 체계의 기본적 차원들을 중심으로 몇 가지 관련 문제들을 강조하려 한다.

정치적 대표성

정치적 대표성의 형태는 젠더 편향적이다. 이런 특성은 개별 시민권의 법적 규정, 사적 영역과 공적 영역 사이의 구분 방식, 정치적 숙의의 장소로서 공적 영역의 성격, 정치적 의사 결정의 지역적territorial 토대와 직능적functional 토대의 비중, 의사 결정의 개별적, 그리고/또는 집단적 메커니즘, 비례대표제, 과반수 투표제, 또는 단순 다수 득표제 같은 선거 규칙에서 볼 수 있다. 대표성의 더욱 실질적인 차이들 또한 차이를 만든다. 여기에는 정당 체계, 이익 집단, 또는 사회운동에서 정치적 대표성의 사회적, 이데올로기적, 조직적 측면들, 공적 영역과 대중 매체에 접근하는 다양한 능력들, 국가에 접근하거나 개입하는 차별적 능력들이 포함된다.

사적인 것과 공적인 것의 구분은 또한 특수한 효과를 낳는다. 물론 이런 효과가 더욱 강해질수록 이 구분은 더욱 물신화된다. 여성이 사적 영역에 국한되는 경향이 있을 뿐 아니라 공적 영역은 감정적, 그리고/또는 '특수한' 이해관계보다는 이성적이고 '보편적인' 이해관계를 향한 호소에 호의적이라고 이야기된다(Calhoun 1994; Cohen and Arato 1992; Landes 1998; Rosenberger 1997). 동시에 이런 경향은 여성의 문제와 이해관계를 주변화한다고 이야기된다. 제1 물결과 제2 물결 페미니즘에서 이런 경향은 공적 영역에 진입하려는 시도에 연관되고, 정치 생활에 관련해 '모성적인 것'의 가치나 다른 여성적 가치, 그리고/또는 합리적 논쟁에 참여할 수 있는 여성의 능력을 강조하려는 시도에 연관됐다. 더욱이 여성이 형식적인 공적 영역에 진입하는 곳에서 여성의 '자연적' 기능을 옹호하는 사람들이 레즈비언, 게이, 또는 퀴어 운동, 그리고/또는 여성의 자연적 기능에 맞선 다른 도전들을 옹호하는 사람들보다 진입하기가 더 쉽다는 사실을 발견하게 된다.

또한 자유주의적 페미니스트들이 급진적, 사회주의적, 또는 무정부주의적 페미니스트들보다 공적 영역에 접근하기가 더 쉽다. 게다가 공적 영역에 초점을 두는 태도는 비공식적 동네 정치neighbourhood politics, 지역의 사회운동, 또는 복지 체제의 수혜자-국가 교섭 등 공식적 정당과 의회의 정치 무대 바깥에서 여성이 적극적인 정치 활동을 벌이는 영역들을 도외시하는 결과를 낳는다(O'Connor 1993). 물론 이런 사실은 사적인 것과 공적인 것의 구분이 탈신비화에 반대되므로 완전히 거부돼야 한다는 의미는 아니다. 그리고 두 영역을 다른 방식으로 구분하거나 이런 구분의 모호성을 이용한다든지, 또는 실제로 특정한 남성적 정치 형태의 비합리성을 언급하려 애쓰는 일이 쓸모없다는 의미는 아니다. 또한 정치나 거버넌스의 새로운 네트워킹 형태들이 사적인 것과 공적인 것의 구분에서 나타나는 외견상의 명료성에 틀림없이 이의를 제기할 수 있다는 의미도 아니며, 또는 사이보그 정치라는 제3 물결 페미니즘 개념에 근거한 아이디어와 전략들이 사적인 것과 공적인 것의 구분에 관련된 여성의 경험에 더 부합하지 않는다거나 '접경지대'(Haraway 1991)의 에너지를 더 효과적으로 이용할 수 없다는 의미도 아니다.

지역적 대표성에 관련해, 정치 조직의 수준이 더 지역적일수록 정치 권력에 여성이 접근하기가 더 쉽다. 조합주의적 또는 직능적 대표성 형태에서 차별적 편향들이 발생한다. 신분제적 조합주의는 사회민주주의적 형태보다 더 가부장적이다(Neyer 1996). 심지어 사회민주주의적 형태도 돈벌이가 되는 일자리를 갖지 못한 사람과 소비자를 희생하고 남성 지배적 세계의 기업 조직, 노조, 그리고 다른 생산자의 이해관계를 특권화한다. 놀랍지 않게도 의회 제도에 비교해 조합주의의 정치적 영향력이 더 클수록 남성과 여성 사이의 사회적 경제적 격차는 더 크며, 젠더 평등 정책을 실현하기는 더 어렵다(Neyer 1996, 84).[12]

여성 후보자와 여성 문제들의 주변화뿐 아니라 사적 영역의 비주제화가 오랫동안 선거 정치를 형성해왔다. 특히 비례대표제보다는 다수결 제도에서 그러했다. 다수결 제도는 페미니즘적 관심사에 관련된 진지한 공간을 허용하는 경향이 덜한 포괄 정당catchall party들을 촉진시킨다. 그러나 여성은 공식 정치에 더 많은 영향을 줄 수 있는데, 공식 정치에서 페미니스트와 정당(또는 정당들) 사이의 모든 협약은 여성 정책 활동가들에게 국가 기관에 접근하는 권한을 허용하는 특징을 갖는다(Threlfall 1998, 71). 문제의 형태가 또한 여성의 통일성과 영향력을 형성한다. 따라서 여성은 성정치(낙태, 여성 대상 폭력, 근친상간, 포르노)나 일상생활(노동 시간, 육아, 임금과 고용 평등)을 둘러싼 문제들에 관련해 가장 강하다(O'Connor 1993, 506). 사회운동은 여성들이 제기한 문제들을 이어받을 수도 있지만, 덜 특권화된 국가 접근권을 갖거나 국가 안에 존재하는 선택과 국가에 대항해 존재하는 선택 사이의 딜레마에 직면한다(페모크라시femocracy에 관해서는 Franzway et al. 1980; Stetson

---

12 독일에서 의회 교섭단체와 조합주의가 낳은 이중적 젠더 주변화에 관해서는 Young(1996, 159~184)을 보라."물론 여성이 독일 국가 체계에서 완전히 배제되지는 않았다. 여성은 복지국가의 노동자로서, 소비자로서(육아, 의료, 산부인과), 수혜자로서(사회 서비스의 수혜자) 혜택을 받아왔으며, 정부와 독일 노조의 정치적 대표자로서 가시화된다. 그러나 여성이 독일 정치 체계에 통합되는 상황은 '정책 수용자(policy takers)'로 하는 통합이지, '정책 입안자(policy shapers)'로 하는 통합이 아니다(Offe 1985). 여성은 정당 또는 의회 교섭단체의 어디에서도 바로 정치적 의사 결정의 중심에 다가갈 접근권을 갖지 못하며, 경제 조직과 행정 관료주의의 지배를 받는 기업체에 통합되지 못한다"(Brigitte Young, *Triumph of the fatherland: German unification and the marginalization of women*, Ann Arbor: University of Michigan Press, 1999, pp. 25~26) — 옮긴이).

and Mazur 1995; Threlfall 1998; Watson 1992를 보라). 더욱이 참정권이 노동자와 여성을 포함하는 수준으로 더 확대되면서 정치 권력의 주요 영역이 선출된 입법부에서 행정부, 준정부 조직, 직능 대표로 이양됐다(Dahlerup 1994; Hernes 1987; Siim 1991).

국가의 구조

국가장치를 구성하는 부문들 안의, 그리고/또는 이런 부문들 사이의 권력의 형식적이고 물질적인 배분에서 젠더 효과를 발견할 수 있다. 행정, 입법, 사법 권력의 상대적 분리뿐 아니라, 또한 국가 체계 안에 있는 부문들의 위계와 이런 위계의 다양한 층들을 가로지르는 권력의 상대적 배분이 존재한다. 한 부문이 억압적 국가장치의 핵심(군대, 경찰, 안보, 외교 정책, 재무)에 더 가까울수록 더 적은 수의 여성이 존재한다는 사실은 잘 알려져 있다. 마찬가지로 정부의 층위가 더 높을수록 더 적은 수의 여성이 포함된다. 물론 이런 경향들은 서로 연관돼 있는데, 국가의 '더 연성인' 기능들이 지역 수준에 놓여 있는 경향을 띠기 때문이다. 우리는 또한 공식적 위계들을 통합시키는 데 도움을 주는 비공식적 '유사 권력 네트워크'를 고려할 필요가 있다. 어떤 페미니즘 연구는 이런 유사 권력 네트워크가 공식적 관료 기구에 비교해 종종 더 남성 지배적이라는 사실을 보여준다(Ferguson 1984). 왜냐하면 이런 네트워크는 남성 클럽의 분위기와 풍습을 보여주는 경향이 있기 때문이다. 어떤 게이 이론가들은 또한 군대가 민간 국가장치보다 더 이성애주의적이라고 주장한다(Greenberg and Bystryn 1996). 관련된 관심사 중 하나는 특정한 문제를 재정치화하거나 탈정치화하는 국가의 행동 범위에 관한 지속적인 재규정이다. 종합하면 우리는 국가의 불안정한 통합이 만들어지는 과정과 이 과정이 결국 다양한 젠더 선택성을 낳는 과정을 검토해야 한다.

여성이 주도하는, 그리고/또는 여성 문제에 전념하는 정책 결정 기구를 촉진시키기 때문에, 국가 페미니즘은 여기에서 흥미로운 시험 사례를 하나 제공한다. 이것은 페미니즘을 포섭하려는 시도일 뿐 아니라 아래에서 올라오는 압력들에 대한 반응이다. 국가 페미니즘은 국가의 이해관계를 추구하려고 여성의 역량을 강화시킬 수 있지만, 또한 여성이 개별적으로 아버지, 남편, 또는 아들에게 의존하기보다는 집단적으로 '아버지 국가father state'에 의존하게 되는 공적 형태의 가부장제를 발생시킬 수 있다(Hatem 1992; Walby 1990). 모니카 스렐펄(Threlfall 1998)은 사회민주주의적 페모크라시에서 가부장적-권위주의적 형태의 국민 동원에 이르는, 상응하는 광범한 효과를 가진 몇 가지 형태의 국가 페미니즘을 확인한다. 국가에 대한, 그리고 국가에 대항한 여성의 참여에는 유사하고 광범한 딜레마와 모순들이 존재한다(Findlay 1988; Stetson and Mazur 1995; Threlfall 1996).[13]

국가 개입의 주요 '수단'과 개입 형태

국가는 다양한 개입 수단을 사용하는데, 이 수단들 각각은 자체적인 젠더 편향 형태를 갖는다. 여기에서 나는 폭력, 법, 화폐, 지식을 고찰하려 한다. 국가의 폭력 독점에 연계된 남성적 가치와 군사적 가치들은 위에서 언급됐다. **실정법**의 형식성은 실질적 계급 차이뿐 아니라 젠더에 기반한 차이를 무시하는 경향이 있다. 더욱이 심지어 젠더에 기반한 차이가 일부 법 분과들에서 (실제로 구성되지는 않더라도) 인식되는 곳에서도 이런 인식은 공적이고 사적인 가부장제 형태를 형성하며, 그리고/또는 이런 가부장제 형

---

13 한국에서 민주화 뒤 국가 페미니즘에 관한 전반적 개관은 김경희, 〈신자유주의와 국가페미니즘〉, 《진보평론》 제40호, 2009, 14~32쪽을, 국가 페미니즘에 관한 비판은 임옥희, 〈국가 페미니즘화와 개혁의 딜레마〉, 《당대비평》 제27호, 2004, 65~78쪽을, 국가 페미니즘의 한계는 신상숙, 〈신자유주의 시대의 젠더-거버넌스 — 국가기구의 제도적 선택성과 여성운동〉, 《페미니즘 연구》 제11권 2호, 2011, 153~197쪽을, 국가 페미니즘의 비교는 황영주, 〈국가페미니즘 비교 연구: 스웨덴, 호주 및 한국 사례를 중심으로〉, 《비교민주주의연구》 제7권 2호, 2011, 39~70쪽을 참조하라 — 옮긴이.

태를 재부과하도록 기능할 수 있다(MacKinnon 1988). 따라서 법은 여성에게 젠더에 따라 특별 대우를 하거나(이를테면 모성 정책이나 출산 장려 정책), 오직 여성이 사적 영역에서 종속적 지위를 받아들이는 경우에만 여성을 보호할 수 있다. 법은 또한 특히 여성이 자신을 피해자로 재현하고, 그리고/또는 재현되는 경우에 여성의 삶에 개입할 권리를 국가에 부여한다(Brown 1995). 더 일반적으로, "법에 이의를 제기하려고 법의 용어를 받아들일 때 페미니즘은 언제나 너무나 많이 용인한다"(Smart 1989, 5). 왜냐하면 법 관련 용어가 법의 헤게모니와 법의 남성 중심적 규준을 용인하고, 법적 범주와 방법들을 물신화하고, 법 외적 전략들뿐 아니라 비법적 지식과 경험들을 주변화하기 때문이다(Smart 1989, 5). 형식적 절차법에서 성찰적 법으로 나아가는 변화는 여기에서 실질적 불평등에 관한 논쟁에 입법과 판결을 노출시킴으로써 차이를 만들 수 있다.[14] 의뢰인을 대변하는 법률가들의 작업뿐 아니라 페미니즘 법 이론가들의 작업을 통해 이 문제에 관련해 어느 정도 진전이 있다(Farganis 1994).

화폐는 자본주의 시장에서 형식적으로 합리적인 계산의 토대이며, 이상적 시장 조건에서 이런 계산은 손익이나 구매력에 영향을 주지 못하는 차이를 무시한다.[15] 물론 실제 세계에서 화폐는 일반적으로 남성보다 더 가난한 대부분의 여성에게 불리하다. 그럼에도 불구하고 '핑크 파운드'pink pound[16]나 남성보다는 여성을 타깃으로 하는 포르노의 출현은 시장이 수익성 있는 새로운 틈새시장을 이용하리라는 점을 시사한다. 국가가 (여성의 비용-편익이 남성의 비용-편익보다 더 낮은 가치를 가지는데도 불구하고) 비용-편익 분석을 채택하거나, 노동 분업에 근거한 차이 또는 소득이나 부의 차이를 확인할 때마다 국가는 동일한 실용 수학을 재현한다. 이런 현상은 국가가 **노동자-남성**의 정치를 포함해 자본과 임금 노동 사이의 관계를 재생산하는 방식에서(Kulawik 1996, 52), 구조 조정 정책의 젠더 특수적 영향에서

(Connelly 1996), 그리고 복지 정책(이를테면 연금이나 사회보장 혜택)의 영역에서 특히 분명하다. **지식**은 국가 운영에 관련해 점점 더 중요해지고 있다. 그러나 (권력에 연계될 때) 지식 체계에 자주 상당한 편향이 존재할 뿐 아니라, 다름 아닌 형식적이고, 체계적이고, 합리적이고, 과학적인 지식 형태가 남성적 관점을 구현하는 측면이 존재한다. 게다가 통치술이 본질적으로 주권, 현실 정치^{Realpolitik}, 그리고 헤게모니적 남성성 개념에 관련되는 한, 정치 지식은 젠더 차이를 재생산한다(Grant and Newland 1991을 보라).

이런 수단들이 특정한 형태의 국가 개입을 지지하기 위해 결합될 수 있다. 복지 체제는 이 점을 잘 보여주는데, 왜냐하면 이 체제가 국가, 시장, 가족-젠더 관계의 교차점에 놓여 있고, 그렇게 함으로써 여성과 국가 사이의 많은 모순들을 구현하기 때문이다. 전통적 가족의 유지는 복지국가의 첫 설계에서 중요한 전제일 뿐 아니라 목표였다. 왜냐하면 "생물학적 핵심을 중심에 두지 않고, 가족 구조 자체뿐 아니라 거기에서 태어나는 아이에게도 정당성을 부여하는, 국가가 승인한 이성애적 결혼을 중심으로"(Collins 1998, 63) 국가가 복지를 조직했기 때문이다. 그러나 (노동 시장에 대한 노동자의

---

14 성찰적 법에 관해서는 홍성수, 〈복지국가에서 법에 의한 자유의 보장과 박탈: 하버마스의 비판과 대안〉, 《법철학연구》 18(1), 2015, 157~186쪽을 참조하라 ― 옮긴이.

15 화폐를 젠더화된 사회적 관계에 다시 관련지으려는 노력에 관해서는 Zelizer(1998)를 보라.

16 보통 핑크 머니(pink money)라고 부른다. "핑크 머니는 게이 커뮤니티의 구매력을 말하는데, 종종 특히 정치 자금 기부에 관련되기도 한다. 게이 권리 운동의 발흥과 함께, 핑크 머니는 미국과 영국 같은 서구 세계 대부분에서 비주류 시장이나 주변 시장에서 번창하는 산업 쪽으로 이동했다. 현재 구체적으로 나이트클럽, 상점, 음식점, 그리고 심지어 택시를 포함한 많은 사업이 게이 소비자의 요구를 충족시키고 있다. 이런 서비스를 찾는 수요는 흔히 인지되는 전통적 사업들의 차별에 기인한다. 2015년 미국 엘지비티(LGBT) 성인의 전체 구매력은 대략 9170억 달러에 이르렀다. 이런 수치는 아시아계 미국인을 능가하고 아프리카계와 히스패닉계 미국인 둘 다에 가깝다. 게이와 레즈비언이 자신을 가치 있게 여기는 커뮤니티의 일부처럼 느끼도록 돕는 일종의 '금융적 자기 동일화'를 형성하면서, 핑크 머니의 경제력은 게이 커뮤니티에 긍정적인 힘으로 간주되고 있다. 실제로 게이의 90퍼센트 이상이 핑크 머니를 타깃으로 하는 사업을 지지하는 반면 '안티 게이' 기업을 적극적으로 보이콧한다. 그러나 이런 분할이 게이와 레즈비언 커뮤니티를 사회에서 분리시키고 게이의 권리를 방해한다고 주장하면서 게이 집단이 핑크 머니를 타깃으로 하는 사업들에 비판을 가하고 있다. 자주 미국과 영국, 그리고 일부 유럽에서 독점적인 시장으로 간주돼온 핑크 머니는 라틴아메리카의 상당 부분과 아시아 일부 지역까지 확장됐고, 매년 실제 수익을 더 증가시키고 있으며, 마케팅 옵션에 어느 정도 자극과 다양성을 주고 있다"(Wikipedia, 'Pink money', 2019년 6월 16일 최종 접속) ― 옮긴이.

의존을 줄이는) 탈상품화에 관련될 뿐 아니라 다른 가족 구성원들, 그리고/또는 국가 기관에 대한 비자발적인 경제적 의존에서 개인을 분리할 필요성에 관련해 복지 체제에 변화가 발생한다(O'Connor 1993, 512). 뒤의 변화에 관련해 여성은 보편적 시민권보다는 의존을 강화시키는 소득 조사, 그리고/또는 자산 조사에 따라 지급되는 수당에 불균형적으로 의존하게 된다. 따라서 여성은 2등 시민이나 복지 수당 청구자로 간주된다.

복지 체제의 여성 친화성은 상당히 다양하다(O'Connor 1996을 보라). 테다 스카치폴(Skocpol 1992)은 국가 수준에서 유럽의 더욱 가부장적인 남성 생계 부양자 모델에 앞서 모성주의 복지 체제가 미국의 주 수준에서 발전한 과정을 언급한다. 그러나 테레사 쿨라빅(Kulawik 1996)이 언급한 대로 모성주의 체제가 분권화된 주 수준에서 여성의 정치적 동원에 기반한 반면, 이 체제는 실제로 권리 기반 유럽 체제에 비교해 미국 복지의 2차적 지위를 확인하는 기능을 했다. 또한 유럽 안에서도 변이들이 나타난다. 오스트리아와 스위스에서 발견되는 더욱 신분제적인ständischer 조합주의적 복지 체제는 스칸디나비아의 사회민주주의적 복지 체제보다 덜 여성 친화적이다(Neyer 1996, 82~104). 심지어 사회민주주의적 복지 체제는 여성을 노동 시장에 통합시키고, 돌봄 노동을 탈가족화하고, 여성이 복지 정책 결정을 공유하게 만드는 점에서 선진적인 반면, 여성의 사회적 권력과 정치적 권력의 실제적 증가나 페미니스트로서 자율적인 집단 동일성의 발전은 실제로 거의 나타나지 않았다(Kulawik 1996, 86).

국가 권력의 사회적 토대에 내포된 젠더 특수적 불평등

국가 권력의 사회적 토대들은 국가 권력의 물질적 토대들뿐 아니라 헤게모니적 남성성과 여성성들에도 연결돼 있다. 이런 토대들은 국가 형태나 체제에 대한 상대적으로 안정적인 사회적 타협과 충성심의 형성에 영향을 준다. 이런 토대들은 또한 정치적 정당성에 대한 요구(선거 승리)와 (축적과 지정학을 둘 다 포함하는) 현실 정치에 대한 요구 사이의 양립 가능성을 형성한다. 이런 특징들은 개별적 국가 형태들에 관련해서 정교화돼야 한다. 이런 맥락에서 우리는 제도화된 계급 타협들뿐 아니라 특수한 형태의 젠더 계약을 고려할 수 있다. 던컨은 젠더 계약을 "특정한 장소들에서 남성과 여성 사이에 산출된 권력 균형"(Duncan 1994, 1186; 또한 Connell 1996; Naples 1997)이라고 정의했다.

여기에서 핵심 질문은 사회적 토대가 마찬가지로 국가 권력의 주요 수혜자인지 여부다. 이를테면 여성이 보수 정당에 투표하는 경향이 있다는 점은 잘 알려진 선거학적 사실이지만, 결과적으로 여성이 보수 정당에서 혜택을 받지는 않는다. 가부장적, 모성적, 민족주의적 담론들은 모두 이런 점에 관련해 핵심적인 신비화 기능을 맡는다. 왜냐하면 젠더 계약에, 지지 계급의 동원과 안정화에, 일시적 동맹에서 협상될 수 있는 이해관계에, 그리고 사적 생활과 공적 생활에서 다양한 성/젠더 범주들이 하는 구실에 물질적이고 상징적인 기층을 제공하는 동일성과 이해관계들을 이런 담론들이 형성하기 때문이다. 권력의 물질적 구조들과 함께, 이런 담론들은 또한 사회적 포섭과 배제의 형태들을 형성시킨다. 모든 경우에서 국가의 젠더화된 선택성의 구조적 측면들에 관련된 분명한 연계가 존재한다.

축적 전략과 경제 프로젝트

축적 전략과 경제 프로젝트는 넓은 의미에서 이해돼야 하며, 경제 성장에 관련한 기술-경제적 조건들과 함께 다양한 경제 외적 조건들을 포함해야 한다. 생존의 사회적 조건들을 포함하도록 경제 전략에 관한 분석을 확장하려는 시도는 젠더 특수적 불평등을 분석하기 위한 넓은 영역을 열어준다(또한 Gibson-Graham 1995를 보라).

국가 헤게모니 프로젝트

헤게모니 프로젝트는 국가의 성격과 목적들을 규정하며, 일반적으로 젠더 편향적이다. 이 연구 영역은 방대하며, 지면이 제한된 탓에 하나 이상의 사례를 제공하기는 어렵다. 따라서 재닌 브로디(Brodie 1997)는 국가를 정치적 지배의 한 형태로 구조화해온 연속적 중범위 내러티브들 속에서 헤게모니 프로젝트를 탐구한다. 여성을 특수주의적 성격을 지니며 이런 특수주의를 초월해 보편주의에 이르지 못하는 범주로 간주하면서, 브로디는 자유주의적 시민권이 특수주의보다는 보편주의를 지향했다고 주장한다. 그다음에 "자유방임 국가는 시장과 가사 영역의 자율성을 보장하고, 이 영역들 안에서 행사되는 권력 관계를 보장하는 데 아주 적극적이었다. 자유방임 국가는 자신의 '타자들'(곧 시장, 가정)을 비정치적이고 자기 규제적인 대상으로, 따라서 공적 개입을 받지 않는 대상으로 선언했다"(Brodie 1997, 230). 그 뒤 케인스주의 복지 국민국가는 "경제에 대한 직접적 개입을 통해, 그리고 가족을 비롯한 다른 측면의 사적 생활들이 새로운 국가 형태의 철저한 조사와 도움을 받게 함으로써 공적인 것의 급진적 확대를 실현시켰다. …… 가족 임금과 의존적인 전업주부/어머니는 복지국가가 양성한 문화적 형태들이었다"(Brodie 1997, 232, 233). 이런 국가 형태는 백인 중간 계급의 요구들을 진전시킨다. 마지막으로, 신자유주의적 중범위 내러티브는 수행성을 강조한다. 시장의 힘에 직면한 숙명, 지구화의 긍정적 효과에 관한 강조, 구조조정에 대한 젠더 중립적 접근 속에서, 신자유주의적 중범위 내러티브는 남근주의적 담론으로 간주될 수 있다(Brodie 1997, 238).

결론

비록 '일반적 가부장제는 존재하지 않을'지라도, 특수한 형태의 가부장제는 존재한다. 실제로 가부장제는 근대 국가에서 제도화되고, 근대 국가를 통해 재생산된다. 그러나 우리는 국가의 젠더 조건화된 측면들, 국가의 사실상 젠더화된 성격, 국가를 넘어서는 국가의 젠더 관련성을 구분해야 한다. 각 측면들은 물신화되고 자연화된 성 또는 젠더 구분의 측면이 아니라, 성, 그리고/또는 젠더가 구성되고, 선택되고, 재생산되는 다양한 형태의 측면에서 탐구될 필요가 있다. 이런 점은 국가의 젠더 선택성에 관한 분석들을 복잡하게 만든다.

첫째, 정치적 기회와 제약들을 형성시키는 한 젠더 체제는 국가를 조건 짓는다. 마치 자본주의 세력들과 남성 지배적 노조들이 때때로 노동력을 구조적으로 나누고 조직적으로 분할하기 위해 기성의 젠더 차이들을 이용하는 전략을 '수익성 있는 것'으로 여기듯이, 국가 운영자와 정치인들 또한 젠더 구분 위에서 정치적 호소를 하고 사회적 토대를 건설하려는 시도 등을 함으로써 젠더 분할을 이용할 수 있다. 더욱이 여성이 시민으로서 형식적 평등을 얻을 때에도 젠더 체제는 이런 평등의 실현을 막을 수 있다. 이를테면 국가의 행동이 사적 가부장제나 젠더화된 노동 분업을 보완할 수 있는 반면, 국가의 행동은 또한 복지국가를 통해 여성을 남성에게 구속시키는 공적 가부장제 형태들을 형성시킬 수 있다(Hernes 1987; Kulawik 1997; Walby 1990; 여성이 자신의 이해관계의 일부를 진전시키려고 복지국가를 필요로 한다는 반론은 Hernes 1987을 보라). 요컨대 (가부장적 관계하고 구조적으로 결합되고 공진화하기 때문에) 근대 국가의 운영이 젠더 조건화되는 한, 근대 국가 자신의 젠더 중립성은 제한되는 것임에 틀림없다. 둘째, 자신의 조직에서 가부장제와 가부장적 이데올로기를 재생산하는 한, 근대 국가는 그것 자체로 젠더화된다. 이런 현상은 무수한 우발적 실천들을 통해 발생하며, 주디스 버틀러(Butler 1990)를 따라 우리는 국가가 젠더를 **수행한다**고 말할 수 있다. 마지막으로 셋째, 가부장제를 자연적인 것으로 여기는 제도화된 맥락과 담론들을 재생산하는 한, 국가의 활동은 **젠더 관련적**이다. 이를테면 가부장적 가족이나 노동 시장의 젠더 특수적 차이들을 재생산하는 데 사회 정책이 하는 구실 말이다.

그럼에도 불구하고 근대 국가의 가부장적 특징들이 국가를 넘어서는 가부장적 관계와 우발적인 공진화에서 비롯되기 때문에, 가부장제 친화적 정책들을 추구하는 행위를 '통치에 해로운 것'으로 만드는 페미니즘 전략들이 효과적일 수 있다. 이 효과는 지난 20년 동안 발생해왔거나, 또는 선진 자본주의 민주주의 국가들에서 발생해왔다. 그러나 아직 완전한 수준에는 미치지 못하고, 많은 성취가 가역적인 것으로 증명될 수 있다. 그러나 여성성들/남성성들이 급증하고, 그리고/또는 이성애 규범성 문제들에 관한 인식이 점점 더 증가하기 때문에 갈등선을 판독하기가 더 어려워지고 있다. 이런 경향은 가부장적 제도로서 국가의 자연적으로 필연적인 측면들, 가부장적 사회에서 국가의 우연적인 구조적 특징들, 그리고 더 손쉽게 바꿀 수 있는 임의적 특징들 사이를 구분하려는 노력을 훨씬 더 긴요하게 만든다.

국가의 선택성들의 우연적 필연적 성격에 담긴 함의들은 복잡하다. 이것들이 포함한 것을 산출하는 일보다 이것들이 배제하는 것을 언급하는 일이 훨씬 더 쉽다. 이런 문제에 대한 비판적 실재론적 SRA는 남자/여자와 남성/여성 같은 단순한 대립들을 기반으로 자연화하고 보편화하는 본질주의를 배제한다. 왜냐하면 국가의 구조적으로 각인된 전략적 선택성들은 '일반적 가부장'이나 필연적으로 이성애 규범적인 것으로 기술하는 방식을 정당화하는 일종의 2진법 방식으로 작동하지 않기 때문이다. 전략적 선택성들은 경향적으로 작동하고, 반경향들을 겪으며, 구체적인 사회적 실천과 행동을 통해 실현되는 실재적 인과 메커니즘이다. 그러나 심지어 이런 본질주의적 주장을 거부하는 이들도 때때로 정치 투쟁에서 '전략적 본질주의', 그리고/또는 '비대칭적 반본질주의'를 이용한다. 여기에 관련해, 전략적 본질주의가 특정한 맥락에서 전략적 목적을 위해 본질주의적 주장들을 의식적이고, 잠정적이고, 심지어 반어적으로 사용하는 데 관련되는 반면, 비대칭적 반본질주의는 하위 집단이 단지 자신들의 정형화된 '타자화'에 이의를 제기하려고, 계몽주의적 시간과 공간 안으로 포섭되는 데 저항하려고, 그리고 자신들의 문화의 진정성을 주장하려고 목소리를 낼 때만 이런 주장들을 용인한다(전략적 본질주의는 Spivak 1988을, 비판에 관해서는 Duggan 1994과 Sum 2000을 보라; 비대칭적 반본질주의는 Bunting 1993을 보라).[17] 그러나 아무리 의식적이고 자기 제한적이라 하더라도, 정치적 동원에 대한 동일성 정치적 접근, 곧 본질주의적 동일성 정치를 특권화하는 한, 두 전략 모두 문제적이다. 이런 전략들은 집단들 사이의 경계들을 물화하고, 개인을 집단적 동일성들로 동질화하고 압축시킴으로써 또한 집단들 안에서 비민주적이 되는 경향이 있다(Yuval-Davis 1996, 94). 기껏해야 이런 전략들은 "동일성과 주체성들의 복잡한 뒤섞임과 지속적인 재배태"(Sum 2000, 137)를 무시하는, 집합적이고 연쇄적이지만 여전히 본질주의적인 동일성 개념에 의존하는 정치적 동원에 기반을 제공한다. 이런 효과들은 교차성intersectionality(그리고 퀴어 이론가들의 본질주의에 가하는 유사한 비판)을 강조하고 (페미니즘 관점의 인식론들에 비교되는) 다양한 관점이나 태도들 사이의 대화가 갖는 이점을 강조하는 새로운 제3 물결 페미니즘이 가져올 수 있는 효과에 대비된다.

따라서 특정한 프로젝트를 중심으로 하는 페미니스트와 다른 사회적 범

---

[17] 전략적 본질주의에 관해서는 라즈미그 쾨셰얀, 이은정 옮김, 《사상의 좌반구 — 새로운 비판이론의 지도 그리기》, 2020, 현실문화, 5장의 '가야트리 스피박' 항목을 참고하라 — 옮긴이.

주들 사이의 존재 가능하고, 절충 가능하고, 부분적으로 일어나는 협업에, 그리고 다양한 프로젝트들이 더 넓고 더 일반적인 투쟁들로 통합될 수 있는 방식에 강조를 둬야 한다. 이런 접근은 '횡단적 정치'로 기술됐으며, 니라 유발-데이비스에 따르면 이 정치는 "불평등한 권력 관계를 유지하거나 촉진하는 과제가 투쟁 목표로 제안되는 곳에서, 그리고 본질화된 동일성과 차이 개념들이 사회적, 정치적, 경제적 배제 형태들을 자연화하는 곳에서"(Yuval-Davis 1996, 97) 중단된다. 이런 접근은 맥락적 윤리에 관한 페미니즘 아이디어들에 적합하며, 보편적이고 코드화된 지식보다는 상황적이고 국지적인 이해understanding에 대한 요구에 적합하다. 이런 접근을 채택하면서 우리는 오래된 페미니즘의 질문, 곧 "우리가 직접적으로 국가 기관들을 통해 페미니즘의 목표를 달성할 수 있는가?"를 넘어, 새로운 질문, 곧 "우리가 건설하려 시도하는 국가는 어떤 종류여야 하는가?"(Curthoys 1993, 36)로 나아가야 한다. 잠정적 대답은 이런 국가는 정치적으로 생산적인 방식으로 갈등을 지속시키는 정치적 개입 방식을 제도화하는 국가 형태여야 한다는 것이다(Butler 1997, 269). 이런 국가는 기계적으로 집합적인 방식으로 작동하는 보편주의적 페미니즘과 다문화적 무지개 연합에 모두 반대한다. 따라서 우리는 "반본질주의적 다문화주의를 위한 투쟁을 사회적 평등과 민주주의를 위한 투쟁에 결합하는 방식을 발견"(Fraser 1997, 108)할 필요가 있다. 그러나 그러려면 결국 동일성 정치뿐 아니라 복잡성 정치에 주목할 필요가 있다(Sum 2000). 요컨대 특정한 정세에서 한쪽의 국가 구조와 다른 쪽의 개별적이고 집합적인 동일성과 이해관계들 사이에서 일어나는 복잡한 전략관계적 상호 작용에 주목해야 한다(또한 Demirović and Pühl 1997을 보라). 앞선 언급들은 여기에 연관된 절차에 관한 몇 가지 예비적인 이론적 지침들을 제공하지만, 이런 지침들이 국가의 선택성들의 성격과 한계를 검증하고 다양한 전략들의 이점을 검증하는 실천적 개입들을 대체할 수는 없다.

8장
시공간 동학과
시간 주권[1]

이 장은 지구화에 대한 전략관계 접근을 채택한다. 이 접근은 단지 어느 정도 의도적으로 이단적인 태도를 취하면서, 지구화에 관한 연구들에서 공간적 전회spatial turn가 지나쳤으며 시간적 (재)전회temporal (re)turn가 무르익었다고 주장한다. 왜냐하면 전개되고 있는 경제적 지구화의 논리(그리고 비논리)에서 시간과 시간성이 공간과 공간성보다 더 중요하지는 않더라도 그것만큼 중요하기 때문이다. 나는 이런 주장을 자본 관계와 자본 관계에 내재된 모순에 입각해 제기하며, 국민국가들이 영토 주권뿐 아니라 시간 주권을 수호하고 지구화를 이끌려 하기 때문에 국민국가들에 관련해 지구화가 지니는 함의를 탐구한다.

---

[1] 이 장은 Bob Jessop, "Time and space in the globalization of capital and their implications for state power", *Rethinking Marxism* 14(1), 2002, pp. 97~116과 Bob Jessop, *The Future of the Capitalist State*, Cambridge: Polity, 2002에 부분적으로 기반해 새로 쓴 논문이다.

지구화의 정의

'지구화'는 최근의 경제적, 정치적, 사회적, 문화적 변화들에 관해 명확하게 밝히는 것보다 보통 불분명한 부분이 더 많은, 다가적이고, 잡다하고, 논쟁적인 단어다. 다중심적이고, 다규모적이고, 다시간적이고, 다형적이고, 다인과적인 과정을 나타내기 위해 지구화를 사용하는 방식이 가장 적절하다. 단일한 중심보다는 여러 장소에서 일어나는 활동들에서 생겨나기 때문에 지구화는 **다중심적**multicentric이다. 더는 깔끔한 위계로 계열화된 것으로 보이지 않으며 뒤얽히고 혼란스러운 방식으로 공존하고 상호 침투하는 것으로 보이는 여러 규모의 행동들에서 생겨나기 때문에, 그리고 공간적 노동 분업뿐 아니라 규모적 노동 분업을 발전시키고 심화시키기 때문에, 지구화는 **다규모적**multiscalar이다. 따라서 한 관점에서 지구화로 기술될 수 있는 현상을 다른 규모적 관점에서 상당히 다양하게(그리고 아마 더 정확하게) 바라볼 수 있다. 이를테면 국제화, 삼극화triadization,[2] 지역적 블록 형성, 지구적 도시 네트워크 건설, 국경을 넘는 협력 체제, 국제적 지방화international localization, 지구 지방화glocalization, 지구 도시화glurbanization, 또는 관국민화로서(마지막 세 가지는 각각 Brenner 1999; 2004와 Swyngedouw 1997; Jessop and Sum 2000; 그리고 M.P. Smith 2000을 보라).

시간성들과 시간 지평들의 훨씬 더 복잡한 재구조화와 재접합을 수반하

---

2 "삼극화는 지구화 이론에 제안된 대안이다. 이 대안은 정치적, 경제적, 사회 문화적 통합이 세계의 세 지역, 곧 일본과 동남아시아의 신흥 공업국, 서유럽, 북아메리카에 제한됐다고 말한다. 이 이론에 따르면, 이른바 '지구화'의 효과들은 이 지역들 바깥에서 감지되지 않았고, 따라서 진정으로 '지구적'이라고 불릴 수 없다. 대신에 '삼극' 나라들 사이의 경제적 상호 의존은 개발도상국의 소외로 이어진다고 가정된다. 이 소외는 이 이론을 통해 '지역 블록들로 세계의 파편화가 일어나고 있으며, 이런 과정의 특징이 지역 블록들 사이가 아니라 지역 블록들 안의 경제적 상호 의존과 거래를 강화하는 경향이라는 사실의 결과로서 기술된다. 더욱이 이것은 삼극의 지위를 확고하게 하고, 나머지 세계의 성장을 막는다"(Wikipedia, "Triadization", 2019년 6월 24일 최종 접속) — 옮긴이.

기 때문에, 지구화는 **다시간적**multitemporal이다. 이런 측면은 시공간 확장과 시공간 압축 개념에서 정확히 포착된다. 시공간 확장은 시간과 공간을 가로지르는 사회적 관계들의 확장을 수반하고, 따라서 (훨씬 더 먼 미래를 포함해) 더 긴 기간과 더 먼 거리, 더 큰 지역, 또는 더 많은 활동 규모들에서 관계들이 통제되거나 조정될 수 있다. 시공간 압축은 '개별' 사건들의 실시간 강화, 그리고/또는 특정한 거리를 가로지르는 물질적 흐름과 비물질적 흐름들의 속도 증가를 수반한다.³

여러 가지 다양한 인과 과정들의 복잡하고 우발적인 상호 작용에서 비롯되기 때문에 지구화는 분명히 **다인과적**multicausal이다. 지구화는 또한 **다형적**multiform이다. 지구화는 다양한 맥락에서 다양한 형태를 띠며, 다양한 전략들을 통해 실현될 수 있다. 신자유주의적 지구화는 단지 하나의 전략이며, 실제로 심지어 지구화가 뿌리를 내린 곳에서도 보완 전략과 측면 전략들을 필요로 한다. 종합해서 보면 이런 특징들은 지구화가 여러 규모에서 작동하는 여러 가지 다양한 힘들의 복합적이고 발현적인 산물이라는 점을 의미한다. 따라서 우리 등 뒤의 어떤 감지할 수 없는 무대에서, 또는 우리 머리 위의 어떤 감지할 수 없는 차원에서 행사되는 불가피하고 비가역적인 힘들은커녕 어떤 것도 지구화의 인과적 힘들이라는 측면에서 설명될 수 없다. 대신에 지구화는 모든 다양한 시공간적 복잡성 속에서 설명될 필요가 있는 (복수형의) 지구화들이다.

전략관계적 관점에서, 지구화는 구조적 계기와 전략적 계기를 둘 다 갖는다. 구조적으로, 지구화는 다양한 기능 체계들(경제, 법, 정치, 교육, 과학, 스포츠 등)과 이 체계들 너머에 존재하는 생활 세계 안의(그러나 이 체

---

3 여기서 시공간 압축은 지구화에 관련된 복잡한 시공간적 변화들이 초래하는 혼란의 측면보다는 실제적 과정을 뜻한다.

계와 생활 세계를 반드시 가로지르지는 않는) 행동, 조직, 제도들 사이에 점점 더 증가하는 지구적 상호 의존이 형성되는 객관적 과정들을 수반한다. 이런 과정들은 다양한 공간적 규모에서 발생하고, 각 하위 기능 체계에서 다양하게 작동하며, 단순한, 비선형적, 상향식 또는 하향식 운동보다는 복잡하고 뒤얽힌 인과적 위계들을 수반하고, 종종 사회 조직의 다양한 규모들의 기이한 '계열화'를 보여준다. 이런 과정들은 또한 시공간에서 불균등하게 발전한다. 그럼에도 불구하고 행동, 사건, 제도 질서들의 공변동co-variation이 더 많은(그리고 더 중요한) 관련 활동들을 수반하고, 공간적으로 더 광대하며, 더 급속히 발생하는 한, 지구화는 계속 증가한다고 말할 수 있다. 전략적으로, 지구화는 다양한 기능 체계들, 그리고/또는 생활 세계 안의(그러나 이런 체계와 생활 세계를 반드시 가로지르지는 않는) 활동들의 지구적 조정을 촉진시키려는 의식적인 시도들을 의미한다. 이런 시도들은 관련 행위자들이 지구의 모든 지점에 물리적으로 존재한다는 조건을 필요로 하는 것이 아니라, 관련 행위자들이 관련 활동들을 모니터하고, 이 활동들에 관해 커뮤니케이션하고, 지구적 효과를 생산하기 위해 자신의 활동과 다른 사람들의 활동을 조화시키려는 시도를 필요로 한다. 이런 조정 노력들의 범위는 국제 체제를 형성함으로써 조금 포괄적인 지구 질서를 낳으려는 의도를 가진 일반화된 메타 조종meta-steering(법적 또는 제도적 설계)에서 시작해서 이런 (메타) 틀 안의 특수한 경제적-조합적 이해를 특수주의적으로 추구하려는 노력까지 이른다. 모든 행위자들이 주된 지구적 참가자는 아니지만(또는 그렇게 되기를 바랄 수는 없지만), 더 많은 행위자들이 행동 지평으로서 지구적 규모, 규모적 분할의 변화가 지니는 함의, 그리고 자신의 동일성, 이해관계, 전략들에 미치는 시공간 확장과 압축의 영향을 모니터해야 한다. 지구화의 전반적인 경로는 복잡하고 경로 의존적인 세계 사회에서 지구화를 형성하거나 지구화에 저항하려는 다양한 전략들 사이에 일어나는 상호 작용이 가져오는 대체로 의도되지 않고 상대적으로 혼란스러운 결과다.

지구화는 행동, 조절화regularization, 거버넌스가 서사되고 제도화되는 대상으로서 규모와 시간성들이 급증한 과정의 일부다. 식별할 수 있는 행동 규모와 시간성들의 수는 막대하지만,[4] 이런 규모와 시간성들이 명시적으로 제도화되는 경우는 훨씬 드물다. 제도화가 발생하는 정도는 특정한 행동 규모와 시간성들의 동일화와 제도화를 가능하게 하는 우세한 물질적, 사회적, 시공간적 권력 기술들에 따라 좌우된다. 경제적이고 정치적으로 의미 있는, 이런 제도화된 규모와 시간성들의 점점 정도를 더해가는 급증을 설명하도록 돕는 요인은 새로운 (확장, 압축, 커뮤니케이션) 수송 수단의 발전, 조직화 기술, 새로운 시공간적 행동 지평을 가진 제도, 더 넓은 제도적 구조, (세계 시간을 포함한) 새로운 지구적 표준, 거버넌스 양식들이다. 더욱이 새로운 규모와 시간성들이 출현하고, 그리고/또는 기성의 규모와 시간성들이 제도적 두터움을 얻으면서, 사회 세력들은 또한 이런 규모와 시간성들을 연결하거나 조정하는 새로운 메커니즘들을 발전시키는 경향이 있다. 이것은 결국 종종 이런 새로운 조정 메커니즘들을 조화시키려는 노력들을 촉진한다. 따라서 삼극 지역이 제도적 형식과 동일성을 얻기 시작하면서, 삼극 지역의 양자 관계와 삼자 관계를 조정하려는 새로운 포럼들이 발전하고 있다. 유사한 과정들이 다른 규모들에서 발생한다. 이런 경향의 전반적 결과는 점점 더 증가하는 규모적 복잡성, 의도적인 규모 간 접합을 위한 더 많은 공간, 이런 규모 간 접합 작업을 하는 데 나타나는 더 많은

---

4 앨프리드 노스 화이트헤드(Whitehead 1922)는 "무수한 불협적 시계열들과 무수한 별개의 공간들이 존재한다"고 주장한다. 따라서 어떻게 "다양한 과정들이 함께 흘러서 다면적임에도 불구하고 하나의 한결같은 일관된 시공간 체계를 구성하는가"(Harvey 1996, 260에서 인용)를 검토하는 것이 중요하다.

문제들이다. 유사한 문제들이 시간과 시간의 거버넌스를 둘러싸고 발생한다. 이것은 나노 시간성들과 환경의 지속 가능성을 지향하는 장기적 행동 둘 다의 출현에서, 그리고 시점 간 거버넌스의 더 일반적인 문제들에서 볼 수 있다.

지구화와 공간적 전회

사회 이론가들은 종종 지구화가 '공간적 전회'의 이면에 자리하고 있는 핵심 요인이라고 주장한다. 이를테면 근대화에 관한 관심에서 지구화에 관한 관심으로 주요한 패러다임이 변화한 사실을 언급하면서, 아리프 딜릭은 이런 사실을 "공간적 전회, 또는 더 정확하게 시간적인 것에 대한 공간적인 것의 우위"(Dirlik 2001, 6)에 연결시킨다. 게다가 지구화가 본래적으로 공간적인 한, 많은 사회과학자들은 공간, 장소, 규모라는 문제들에 관련된 민감성이 필요하다는 데 동의한다. 따라서 데이비드 하비는 공간보다 시간을 특권화하는 전통적인 변증법에 대항하는 중요한 반작용으로서 공간적 전회를 제시한다(Harvey 1995, 4). 이론적으로 보면 이런 공간적 전회는 "공간성의 특수성들(네트워크, 수준, 연결)에 호소함으로써 가장 손쉽게 달성될 수 있는 …… 헤겔과 마르크스의 목적론에서 탈피하는 것"(Harvey 1996b, 109)에 관련된다. 실천적으로 보면 공간적 전회는 **우선적으로** 지역적 동원에 기반한 '전투적 당파성militant particularism'을 장려하는 데 관련된다(Harvey 1996, 191~193; 2002, 41~44).

이런 주장들은 역설을 낳을 수 있다. 일부 저자들은 지구화를 공간적 전회에 연결시키고, 지구화에 관한 선견지명 있는 분석가로서 주요한 변증법적 사상가인 카를 마르크스를 인용하는 동시에 변증법에 내재된 지나치게 시간적이고 목적론적인 성격을 비난한다. 《공산주의 선언》이 현대 지구화의 많은 측면들을 예견했다는 사실은 진부한 이야기다(이를테면 Dirlik 2001; Harvey 1998). 그러나 《선언》이 자본주의의 중요한 공간적 계기들을 확인하고 세계 시장을 자본 축적의 궁극적 지평으로 제시했는데도 불구하고, 《선언》에서 제시된 분석이 본질적으로 공간적이었다는 사실은 뒤따르지 않는다. 실제로 닐 스미스가 마르크스의 저작에 관해 종합해서 언급한 대로, "마르크스가 한 분석들에 담긴 생기 넘치는 공간적 함의들은 좀처럼 발전되지 않았다"(Smith 1984, 81). 이런 점은 《선언》에서 특히나 분명하다. 왜냐하면 《선언》이 거대 서사를 갖는다면, 그 서사는 본질적으로 시간적이기 때문이다. 그 서사는 틀림없이 보편 계급으로서 프롤레타리아트의 승리로 끝날 계급 투쟁의 역사를 기술한다. 물론 구체적으로 자본주의를 다룰 때 《선언》은 또한 공간적 서사를 제시한다. 《선언》은 코즈모폴리턴적 생산, 세계 시장, 세계 문학의 출현 등에 관련해 자본주의가 범위와 동학에서 본래적으로 지구적이라고 주장한다. 그러나 이런 공간화는 혁명이라는 목적에 종속된다. 공간화의 일차적 과제는 자본 관계를 보편화하고, 그렇게 함으로써 전세계적인 혁명을 위한 조건을 준비하는 일이다. 마찬가지로 자본주의가 발전하면서 노동자들이 공장과 도시에 집중되고, 권력은 소수 대자본가들의 손에 집중된다. 이런 과정은 또한 혁명 의식을 자극하고, 마침내 전세계의 노동자들이 착취 계급을 전복하기 위해 단결하기 전에 그 착취 계급을 정치적으로 고립시킨다.

비록 자본주의에 특정한 목적보다는 폭넓은 방향을 부여하기는 하지만, 공간이 시간에 종속되는 비슷한 현상은 《자본》에서도 발생한다(Postone 1993). 《자본》은 원시 축적, ('선대제'에서 공장제로 나아가는 이행을 포함하는) 산업혁명, 그리고 실제로 산업 자본주의에서 잉글랜드가 수행한 선구적이고 예시적인 구실("이 이야기는 너를 두고 하는 말이다 de te fabula narratur")

(Marx 1867, 19)[5]에 관한 공간화된 설명을 제공한다. 《자본》은 또한 공간과 장소, 도시와 시골, 사회적 노동 분업, 교통과 커뮤니케이션 수단의 변화, 식민주의와 세계 시장, 그리고 그 밖의 다른 공간적 주제들에 관한 많은 부수적 단평들을 제공한다. 그러나 완전히 형성된 자본주의 생산양식의 기본 논리를 전개할 때 마르크스는 공간보다 시간을 체계적으로 특권화한다.[6] 이런 측면에서 장소와 공간은 시간의 경제학으로 여겨지는 자본주의 논리의 물질적 토대(Graham 2002)와 물질적 효과 둘 다로 나타난다. 따라서 마르크스는 교환가치가 갖는 복수의 구체적 시간성들과 단수의 추상적 시간 사이의 복잡한 접합이라는 측면에서 자본의 자기 팽창을 설명한다(Postone 1993, 292~293을 비롯한 여러 곳). 마르크스는 두 측면에서 선구자였고, 고전적 정치경제학에서 관련 개념들이 부재한 점을 고려할 때 시간 요인의 구체적 계기와 추상적 계기 사이의 변증법을 다루는 적절한 언어를 개발해야 했다. 마르크스의 핵심 개념에는 노동 시간, 절대적 잉여가치, 사회적으로 필요한 노동 시간, 상대적 잉여가치, 기계 시간, 순환 시간, 회전 시간, 회전 주기, 사회적으로 필요한 회전 시간, 이자 낳는 자본, 확대 재생산이 있었다(cf. Grossman 1977a; 1977b).[7]

여기에서 핵심적인 주장은 (자본주의의 공간적 존재 조건에 대비되는)

---

[5] "《자본》1권 서문에서, 마르크스는 '산업적으로 더 발전된 나라는 덜 발전된 나라에 단지 그 나라의 미래 이미지를 보여준다'고 쓰고 있다. 덜 발전된 나라들은 또한 원시 축적의 과정에 직면하며, 이것은 수탈, 프롤레타리아화, 도시화가 진행되는 과정이다. 마르크스는 '그러나 만약 독일의 독자가 영국의 산업 노동자와 농업 노동자의 조건에 어깨를 으쓱하거나, 낙관적인 방식으로 독일에서 사정은 결코 그렇게 나쁘지 않다는 생각으로 스스로 위안 삼는다면, 나는 독일의 독자에게 다음같이 솔직하게 말해야겠다. '이 이야기는 너를 두고 하는 말이다!'라고 언급한다. 이 말의 원출처는 호라티우스의 《풍자(Satires)》다"(Wikipedia, "Primitive accumulation of Capital", 2019년 6월 27일 최종 접속) — 옮긴이.
[6] 마르크스에게 "(a) 모든 경제 구성체는 인간이 자유 시간(또는 잉여 시간……)을 생산하고 분배하는 방식들로 파악될 수 있으며, (b) 이런 구성체들 사이의 차이는 시간의 사용과 분배의 차이로 표현될 수 있으며, (c) 자유의 영역으로서, 그리고 인간 발전을 위한 영역 또는 공간으로서 시간 개념은 포괄적인 규범적 연구에서 경제적 시간 개념(그리고 따라서 간접적으로 경제 영역 자체라는 개념)을 배태하는 양상으로 이어질 수 있다"(Booth 1991, 9)고 윌리엄 제임스 부스는 주장한다.
[7] 또한 이런 개념들에 관해서는 김수행, 《자본론 공부》, 2014, 돌베개를 참조하라 — 옮긴이.

자본주의의 공간적 **동학**이 현재 사회적으로 필요한 수준 이하로 노동 시간을 줄임으로써 경쟁 우위를 얻으려는, 그리고/또는 지배적인 사회적으로 필요한 회전 시간 이하로 상품의 생산과 순환에 수반되는 총시간을 줄이려는 자본가들 사이의 경쟁에서 우선적으로 도출될 수 있다는 점이다(Bensaïd 2002; Harvey 1982; Postone 1993).[8] 이런 측면에서 자본주의의 전반적 동학은 계급 투쟁과 자본주의적 경쟁을 통해 매개되는 사회적으로 필요한 노동 시간과 회전 시간들 사이의 상호 작용에서 비롯된다. 한 가지 결과는 자기 가치 증식이 반복되는 순환 운동이 자본주의의 디딜방아가 돌아가는 속도가 증가하는 현상에 연결된다는 점이다(Kittsteiner 1991, 59). 따라서 마르크스의 분석은 "(처음에 그렇게 보일 수 있듯이) 단순히 교환 조절의 범주적 결정이 아니라 생산과 전체적 동학 둘 다의 범주적 결정으로서 가치 크기의 시간적 결정을 해명하려 한다"(Postone 1993, 190; cf. 269). 마르크스가 자본 축적의 독특한 특징으로서 노동력 상품 형태의 일반화에서 출발해 각각 자본 관계의 가장 적합한 기술적 형태와 사회적 형태로서 기계제 생산과 상대적 잉여가치가 하는 구실로 옮겨갈 때, 이런 점이 가장 분명하게 나타난다(Beamish 1992; Postone 1993).

자본가들은 또한 공간적 노동 분업과 규모적 노동 분업에 영향을 줄 수 있는 다른 방식들로 혁신을 감행하라는 압력에 직면한다. 이런 측면에서 장소와 공간이 분명히 모든 사회 활동의 기본 전제로 간주되는데도 불구하고, 마르크스가 한 분석에서 장소와 공간은 주요 변수로서 상대적으로 늦게 등장한다. 장소와 공간은 일반 자본보다는 특정 자본들의 측면에서, 절대적 잉여가치에 대비되는 상대적 잉여가치의 측면에서, 생산 시간보다

---

8 이런 도출은 상대적으로 단순-추상적인 측면에서 처음 확립되며, 분석이 더 구체적이고 복잡해짐에 따라 재명시돼야 한다.

는 회전 시간의 측면에서, 가치나 교환가치의 맥락보다는 사용가치(이를테면 운송)의 맥락에서(de la Haye 1988) 처음으로 진지하게 도입된다. 그러나 이런 공간적 인식은 사회적 관계로서 자본이 갖는 다른 측면들만큼 모순에 빠지기 쉬웠다.

이런 주장은 할 만한 가치가 있는데, 왜냐하면 마르크스 논평가들이 자본주의 동학에서 시간과 공간의 비중에 관해 동의하지 않기 때문이다. 우리는 교환가치, 잉여가치, 사용가치, 계급 투쟁에 관련해 이 점을 탐구할 수 있다. 첫째, 어떤 논평가들은 **교환가치**를 향한 자본의 관심이 공간적 관심에 대한 시간적 관심의 우위로 이어진다고 주장했다(Wilson 1999, 161).[9] 이것은 교환가치가 상품으로 구체화된 사회적으로 필요한 노동 시간에 따라 좌우되기 때문이다. 그러나 사회적으로 필요한 회전 시간이 도입되면 문제는 더 복잡해진다. 왜냐하면 회전 시간을 줄이려는 경쟁이 고정자본을 수반하며, 공간적, 규모적 노동 분업의 재조직을 수반하기 때문이다. 따라서 하비는 화폐가 "**공간**을 가로지르는 가치들의 교환을 조정함으로써 사회적으로 필요한 노동 **시간**의 척도가 된다"(Harvey 1996, 238, 강조는 원문)고 언급한다. 둘째, 다른 논평가들은 **잉여가치** 추출에 관한 자본의 관심이 공간에 대한 통제를 우선시하며, 공간 관계와 지구적 공간 경제를 구축하고 재구축하는 일의 중요성을 우선시한다고 주장한다(Brennan 1995, 34; Lefebvre 1974). 이 점은 공장 전제주의와 식민주의에 관한, 그리고 노동 예비군과 과잉 인구에 관한 마르크스의 분석들에 반영돼 있다. 그러나 잉여가치는 공간뿐 아니라 속도에 따라 좌우된다(Harvey 1996, 241). 셋째, **사용가치**에 관한 관심은 공간 관계가 특정한 재화와 서비스들의 효용을 결정하는 정도를 두드

---

9   물론 교환가치를 향한 자본의 관심이 자본 관계의 장기적 재생산 가능성을 희생하고, 그리고 결국 자연 세계와 사회 세계를 전반적으로 해치며, 단기적 관심의 우위를 선호한다는 사실을 우리는 덧붙여야 한다.

표 8.1 마르크스의 《자본》, 시간, 공간

권	연속적 자본 개념들	시간이 어떻게 분석에 등장하는가	공간이 어떻게 분석에 등장하는가	이런 자본 개념 분석의 때 이른 마감
I	잉여가치의 전유에 수반되는 계급 관계	선형적 생산 시간: 필요 노동 시간과 잉여 노동 시간을 둘러싼 계급 투쟁	원시 축적의, 비자본주의적 사회구성체로 확대	추상적인 사회적 노동 가치 이론이 아니라 준체현된 노동 가치 이론에 기반. 따라서 노동자는 적극적 주체가 아니라 착취 대상이 된다.
II	움직이는 가치(생산자본, 상품 자본, 화폐 자본의 순환의 통일)	시간의 삼단 논법: 자본의 변형과 순환	화폐와 상품의 국제적 유동성	가능한 단절들 대신에 자본 순환의 지속성이 강조된다.
III	가치의 가격으로 변형: 생산 가격으로서 가치	전체적 재생산: 경쟁에 기인한 갈등과 위기의 수명, 잉여가치의 이윤으로 변형	국제화된 생산 가격. 세계 시장, 지구적 경쟁을 통한 경제적 실천의 결산	자본 순환의 폭발이 임기응변적 방식으로, 곧 지엽적 이야기로 소개되고, 그 결과 어떤 통일된 위기 이론도 제시되지 않는다.

출처: 2열은 Bensaid 2002, 3열은 Bryan 1995, 4열은 Shortall 1994.

러지게 할 수 있다. 따라서 스미스는 "마르크스가 공간을 언급하는 부분은 자기 주장에서 사용가치를 분석에 다시 포함시키는 바로 그 지점에 존재하는 경향이 있다"(Smith 1984, 81)고 말한다. 그러나 시간, 그리고/또는 타이밍은 또한 사용가치를 결정한다. 넷째, **계급 투쟁**(특히 종속 계급의 계급 투쟁)에서 출발한 사람들은 또한 장소와 공간에도 관심이 크다(cf. Harvey 1995). 이 점은 앙리 르페브르의 작업에서 특히 분명하다. 왜냐하면 에드워드 소자가 말한 대로 계급 투쟁은 "취약점, 곧 공간의 생산, 영토적 착취와 지배의 구조, 공간적으로 통제되는 전체 체계의 재생산을 아우르고 이런 취약점에 초점을 둬야 하"(Soja 1989, 82)기 때문이다.

이런 대조적인 견해들은 때때로 지적 모순 때문일 수 있다. 그러나 이런 견해들을 또한 자본 관계의 근본적 모순들의 표출, 그리고/또는 마르크스의 저작에서 단순-추상적 분석에서 복잡-구체적 분석으로 나아가는 이동을 반영하는 것으로 해석하는 태도가 생산적일 수 있다. 여기에서 방법론적 측면들을 숙고할 시간은 없다. 일반 자본에 관한 분석에서 출발해, 다양한 자본 순환에 관한 분석을 거쳐, 세계 시장이라는 분석틀 안의 자본의 전반적 운동에 관한 (결코 완료되지 않은) 분석으로 이동함에 따라, 마르크스가 절대적 잉여가치와 상대적 잉여가치 둘 다의 형태에서 사회적으로 필요한 노동 시간의 더욱 근본적인 동학이 구체적인 시간과 장소에 복잡하게 접합되는 데 점점 더 주목했다고 말하는 정도로 충분할 듯하다(《자본》에서 이런 흐름의 몇 가지 기본적 차원들을 간략히 요약한 내용은 표 8.1을 보라).

자본 관계의 존재론적 측면들로 전환할 때, 교환가치에 핵심적인 추상적(또는 일반적) 노동 시간은 단지 특정한 시간과 장소들에서 수행되는 구체적인 특정한 노동들 속에, 그리고 이런 노동을 통해 존재한다. 다시 말해 추상적 시간의 척도로서 가치는 구체적 시간과 장소에서 발생하는 활동하고 불가분의 관계에 있으며, 실제로 생산성의 역사적 수준보다는 **현재의** 수준, 곧 혁신과 생산성의 최첨단 중심의 이동과 불균등 발전에 종종 연계되는 기준에 따라 사실상 좌우된다. 이것은 "사용가치가 시간보다 공간을 우선시하는 경향이 있는 반면, 교환가치는 공간보다 시간을 우선시하는 경향이 있다"(Wilson 1999, 162)는 점을 의미한다.

흥미롭게도 이런 차이는 화폐 형태를 통해 초월되는데, 상품의 순환이 제품의 직접 교환에 관련된 시간적, 공간적, 신체적 장애물을 극복하기 때문이다(Postone 1993, 264). 이 점은 흐름의 공간에서 추상적 화폐 자본의 유동성과 특정한 시간과 공간에서 특정한 사용가치의 소비 사이의 차이에 반영돼 있다. 그러나 심지어 이런 우선시는 경향적이고 상대적인데, "우리가 공간이나 시간을 강조하는 모든 경우에, 비록 숨겨져 있을지라도 여전히 다른 측면이 존재하"(Czarniawska and Sevón 1996, 21)기 때문이다. "공간과 시간이 '어느 쪽도 다른 것보다 더 근본적이지 않은 그런 방식으로 서로 조화된다'"(Harvey 1996, 252)는 니컬러스 레셔의 견해를 인용하면서 하비는 이런 주장을 반복한다. "우리가 체계의 어느 부분을 검토하는지에 따라서 시간이 압축되는 동시에 확장된 결과, 어느 정도 상당한 역전들을 통해 전반적 진보가 불균등해지고 중단되는 모순적 운동"(Schoenberger 1997, 19) 또한 존재한다. 이 점은 지구화 연구에서 공간에 관한 일방적 관심을 바로잡기 위해 주제와 방법론 측면에서 **시간적** (재)전회를 할 필요성을 나타낸다.

흥미롭게도 이런 시간적 (재)전회는 이전에 공간적인 것을 특권화한 사람들 사이에서 지구화 분석에 시간을 (다시) 불러들일 필요성에 관한 인식이 증가하는 데에서 볼 수 있다(세 가지 대표적 사례에 관한 논의는 Jessop 2002d를 보라). 자본의 공간성에 관련해서 선도적 이론가인 하비가 "그러므로 자본주의 아래에서 공간의 의미와 인간사의 새로운 공간적 형세를 만들려는 충동은 오직 이런 시간적 요건에 연관해서만 이해될 수 있다"(Harvey 1989, 37)고 주장하도록 이끈 요인은 자본주의 동학에서 시간의 정치경제학이 가진 이런 우위다.

지구화하는 자본주의의 시공간적 모순들

지구화하는 자본주의는 일반적으로 자본 관계, 그리고/또는 자연 세계와 사회 세계의 더욱 일반적인 공간성과 시간성이 자본 관계에 접합되고 공진화하는 과정에 내재하는 시공간적 모순과 긴장을 심화시킨다. 속도를 더욱 강조하고 사회 생활이 점점 가속되는 흐름은 근대 사회에 많은 지장과 혼란을 가져온다(Armitage and Graham 2001; Virilio 1994; 1998을 보라). 여기에서 나는 이런 변화가 세계 시장에 가져오는 다섯 가지 긴장을 언급하려 한다. 첫째는 생태학적 긴장이고, 둘째는 실존적 긴장이며, 셋째는 자본 축적의 경제적 계기와 경제 외적 계기들 사이의 관계에 관련되고, 넷째와 다섯째는 주로 자본주의의 가치 중심적 논리 내부에 존재한다. 이것들은 보통 말하는 지구화의 긴장은 아니지만, 지구화에 관련된 자본 순환의 복잡성과 유연성이 증가하면서 더 심각해진다.

첫째, 실제적인 자연적, 사회적, 문화적 과정들의 복잡하고, 호혜적으로 상호 의존적인 실질적 재생산 요건과, 교환가치를 강조하는 자본의 태도에 수반되는 단순화되고, 일방적이고, 화폐화된 시간성 사이의 긴장이 존재한다(Altvater 1993; Altvater and Mahnkopf 1999; Crocker 1998; Lipietz 1997; O'Connor 1998; Stahel 1999). 지구화는 자본이 장기적 재생산을 고려하지 않고서 제1 자연과 제2 자연의 지역적 풍요로움을 전유하고,[10] 그렇게 하는 편이 유리해질 때마다 자본이 더 쉽게 이동할 수 있게 만듦으로써 이런 긴장을 강화시킨다. 실제로 인위적인 단기적 이윤을 점점 더 강조하는 현상은 "자본이 속도를 높일 때 자연물의 자연적 재생산 조건이 약화되거나 저하된다"(Brennan 1995, 31)는 것을 의미한다.

둘째, (생물학적, 지각적, 사회 문화적, 자기 성찰적) 인간 실존의 많은 다양한 실질적 시간성과, 형식적 시장 합리성의 지배와 노동력 상품화에 내재하는 추상적 시간 사이의 긴장이 존재한다(Polanyi 1957; Stahel 1999). 이 점은 일상생활의 스트레스에, 그리고 시공간 압축에 관한 지각이 점점 더 증가하는 현상에 반영돼 있다(Eriksen 2001).

---

[10] "슈미트(Alfred Schmidt)는 마르크스의 자연 개념의 내적 변증법을 구성하는 몇 가지 특수한 관계를 해명하는 과제로 나아간다. 슈미트는 '제1 자연'과 '제2 자연'을 유용하게 구분한다. 이 개념들은 헤겔이 사용했고, 여기에서 슈미트는 마르크스가 헤겔에게 진 빚을 보여주는 동시에 마르크스를 헤겔과 구분하려 피나는 노력을 한다("헤겔은 제1 자연, 곧 인간 바깥에 존재하는 사물들의 세계를 인간이 어쩔 수 없는 비개념적 발생(blind conceptless occurrence)으로서 기술했다. 국가, 법, 사회, 경제에서 구체화되는 인간 세계란 헤겔에게 '제2 자연', 곧 발현된 이성, 객관적 정신이다"). 마르크스주의적 분석은 '헤겔의 '제2 자연'이 헤겔이 제1 자연에 적용한 측면에서, 곧 인간이 어쩔 수 없는 필연이 인간이 어쩔 수 없는 우연과 동시에 발생하는 비개념성의 영역으로 기술돼야 한다는 견해에서 이런 구분에 반대한다. '제2 자연'은 아직 '제1 자연'이다. 인류는 아직 자연사를 넘어서지 못했다'고 슈미트는 말한다. 바로 '인간이 여전히 자연에 대한 자신의 생산력을 통제하지 못하기' 때문에 마르크스에게 있어 '사회 자체[제2 자연]는 자연환경이었다'고 슈미트는 설명한다"(Neil Smith, *Uneven Development: Nature, Capital, and the Production of Space*, 3rd ed., Athens and London: The University of Georgia Press, 2008, p. 33). 또한 최병두, 〈닐 스미스의 불균등발전론과 자본주의의 지리학〉, 《공간과 사회》 25(4), 2015, 11~61쪽을 참조하라 — 옮긴이.

셋째, 현대 자본주의는 "가장 선진적인 경제들이 점점 더 경제 외적인 것의 측면에서 기능하"(Veltz 1996, 12)는 역설을 수반한다. 이런 발전 뒤에 놓인 요인들 중에는 구조적 경쟁력을 향한 경제적 요인과 경제 외적 요인 사이의 점점 더 증가하는 상호 의존이 존재한다. 이런 관계는 더 복잡한 관국민적, 국민적, 지역적 혁신 체계에 기반한 신기술의 성장에, 규모의 경제에 근거해 생산성 증가를 강조하는 포드주의에서 유연성과 기업가 정신이라는 경제적 원천뿐 아니라 사회적 원천을 동원하는 전략을 강조하는 포스트포드주의로 나아가는 패러다임의 변화에, 가치 증식을 위해 미시 사회적 관계에 침투하려는 더 일반적인 시도들에 연계된다. 이 점은 기업가적 도시, 기업 문화, 기업적 주체의 경쟁적 구실뿐 아니라 사회적 자본, 신뢰, 학습 공동체에 현재 주어진 강조에도 반영돼 있다(cf. Jessop 1997c; 1998a). 이런 역설은 시간적 측면과 공간적 측면 둘 다에서 주요 모순을 발생시킨다. 따라서 시간적으로, (특히 금융 흐름에서) 단기적인 경제적 계산과 '실제 경쟁'의 장기적 동학 사이의 갈등이 증가한다. 왜냐하면 이런 장기적 동학이 형성되고, 안정화되고, 재생산되는 데 수년이 걸릴 수 있는 자원들(기술, 신뢰, 고도의 성찰성, 집단적 기술 숙련, 집적과 규모의 경제)에 근거하고 있기 때문이다.

마찬가지로 공간적으로 탈영토화되고 사회적으로 탈배태된 흐름의 공간으로 간주되는 경제와, 영토적으로 근거하고 사회적으로 배태되고 경제적일 뿐 아니라 경제 외적인 자원, 능력, 활동들의 체계로 간주되는 경제 사이의 근본적 모순이 존재한다(Storper 1997). 뒤의 계기는 국민적, 지역적, 지방적 혁신 체계, 혁신 환경, 체계적 또는 구조적 경쟁력, 학습 지역, 사회적 자본, 신뢰, 경험 학습learning-by-doing, 속도 기반 경쟁 등 지식 주도 경제를 기술하는 광범한 새로운 개념들에 반영돼 있다. 시간-공간-규모 관계의 점점 더 증가하는 복잡성은 경제적 존재 조건과 경제 외적 존재 조건의 양립 가능성compossibility과 공액cogredience의 측면에서 자본 축적의 불가능성에 관련한 문제들을 악화시킨다. 왜냐하면 만약 자본 관계가 더 많은 장소, 공간, 규모를 가로질러, 그리고 점점 더 확장될 뿐만 아니라 압축된 시간적 행동 지평을 가로질러 안정화되려면, 상당히 다양한 사회적 관계의 앙상블과 다양한 존재 조건과 동학하고 공존하는 문제(**양립 가능성**)에 관한, 그리고 일련의 특정한 시공간 매트릭스 안의 다양한 시간적이고 공간적인 리듬과 지평의 뒤섞임 문제(앨프리드 노스 화이트헤드가 한 분석을 원래 의미 이상으로 확장해서 우리가 **공액**의 문제라고 부를 수 있는 것)에 관한 부분적 해결책을 발견해야 하기 때문이다.[11]

넷째, 시간에 관련해서 한편으로 설계와 최종 소비 사이의 생산 주기를 단축시킴으로써 자본 순환을 가속하려는 운동과, 다른 한편으로 이런 운동을 좌우하는 장기적인 하부구조적 발전 사이의 긴장이 존재한다. 여기에서 하비는 특히 날카롭다. 하비는 이렇게 말한다.

그것은 공간을 사용하고 절멸시키는 특수한 공간의 조직을 필요로 하며, 또한 나머지의 더 빠른 회전을 촉진시키는 긴 회전 시간을 가진 자본을 필요로 한다. 그러나 공간적 장애물의 감소는 동일하게 강력한 역효과를 갖는다. 장소의 특성들(노동 공급, 하부구조, 정치적 수용성, 자원 배합, 틈새시장 등) 사이의 작

---

11 공액에 관해서는 특히 Whitehead(1920; 1922)를 보라. 여기에서 재정의되는데도 불구하고, 이런 용어 사용에 관해 직접적으로 영감을 준 사람은 Harvey(1996, 256~264)다. ("핵심 아이디어는 두 가지 측면에서 다양한 공간성의 가능성이다. 첫째, 다양하게 놓여 있는 행위자들은 동일한 '세계'에 관해 독특한 공간적, 시간적 관점 또는 시공간성을 발전시킨다. 이런 사실은 어떻게 다양한 공간성들이 서로 화제에 오를 수 있는가 하는 문제를 제기하면서, 상황적 지식(situated knowledge)을 고려하게 만든다. 라이프니츠는 세계에 대한 상황적 이해들 사이의 잠재적 공통 기반을 '양립 가능한 세계들(compossible worlds)'로 언급한 반면, 화이트헤드는 그런 기반을 '공액'으로 언급한다(어떻게 '다양한 과정들이 함께 흘러서 다면적인데도 불구하고 하나의 한결같은 일관된 시공간 체계를 구성하는가')(Harvey 1996, 260). 둘째는 라이프니츠의 '가능한 세계들'이라는 아이디어다(우리가 살고 있는 자본주의 세계와 매우 다른 세계들을 상상할 가능성). 둘 다 자본주의에 관련된 상품화된 시공간 가상에 대한 대안들을 실현시키는 방법에 관한 하비의 최근 관심사에서 핵심적이다"(Eric Sheppard, "David Harvey and Dialectical Space-time", Noel Castree and Derek Gregory ed., *David Harvey: A Critical Reader*, Malden, MA: Blackwell Publishing, 2006, p. 131) ─ 옮긴이.)

은 척도로 세밀하게 등급이 나뉜 차이가 훨씬 더 중요해지는데, 왜냐하면 그렇게 함으로써 다국적 자본이 이런 장소를 더 잘 착취할 수 있기 때문이다. (Harvey 1996, 246~247)

이런 일련의 모순은 최근 발전한 정보와 커뮤니케이션 기술 덕분에 시간적 압축 능력이 증가함으로써 심화된다. 일반적으로 초이동적 자본의 단기적 이해관계와 다른 사회적 행위자들의 이해관계 사이의 괴리에 관련해 시공간 압축이 열어준 공간은 종종 다른 자본 분파들에게 고통을 초래하고, 또한 전승된 국가 형태들과 덜 이동적인 사회 세력들에게 압력을 가한다.

다섯째, 공간에 관련해서 시간에 따른 공간의 절멸을 통해 시장의 영역을 확대시키는 전략과, (다음 축적 라운드가 발전함에 따라 결국 파괴될 수밖에 없는) 공간을 통해 빠른 운동을 가능하게 만들어줄 고정된 하부구조의 필요성 사이에 긴장이 존재한다(Harvey 1995, 6). 이런 모순은 기계화와 규모의 경제를 통해 생산이 확대되면서 심화될 수 있다. 이런 모순에는 더 큰 시장이 필요하기 때문에 상품 순환 시간이 늘어나고, 또한 총자본 대비 고정자본의 비율이 더 높기 때문에 전체 회전 시간이 늘어날 수 있다. 이런 모순은 또한 공간적 집중(집적의 경제)과 공간적 분산(과밀, 토지 가격, 노조 조직화 등)의 변증법으로 이어질 수 있다(Schoenberger 1997, 19~21).

자본 축적을 조절화하고 관리하는 일의 시공간적 복잡성을 증가시키는 경향을 가진 마지막 두 모순에서 작동하는 나선형 과정들이 있다. "모든 지역적 분권화는 더 높은 수준에서 새로워진 형태의 중앙 집권화를 전제한다. 복잡성의 증가와 함께, 모든 시간적 유연화에는 동시에 시간적 연결을 외견상 느슨하게 하는 경향을 저지하는 새로운 메커니즘들이 필요하다. 유연성은 이전에 얻지 못한 정도의 시간의 지속적인 이용 가능성을 배경으로 가능해지는데, 유연성은 이런 가능성의 전제 조건이자 결과로 기능한다"(Nowonty 1994, 99). 또한 시간과 공간의 비중에 동요가 존재한다. 따라서 대량 생산은 생산에서 시간을 압축시킨 반면, 투여된 고정자본의 가치를 증식하고 제품 개발에 필요한 시간의 관리 불가능성을 고려하기 위해 제품 수명에서 시간을 확장시켰다. 이제 상황은 역전된다. 지금은 제품 개발 시간과 주문에서 배달까지 주기의 속도를 높이는 전략이 강조된다. 이런 전략은 또한 생산의 조직이나 범위의 경제 등에서 최대의 유연성을 수반한다(Schoenberger 1997, 45).

지구화는 (국민)국가에 어떤 의미를 지니는가

지구화가 국민국가의 기반을 약화시킨다는 주장, 그리고/또는 국민국가가 지구화를 지속시키는 데 핵심 구실을 한다는 주장을 다룬 저술들이 많이 있다.[12] 이런 저술들은 거짓 대립과 가정들에 시달렸다. 그중 하나는 규정된 영토 경계 안에서 배타적으로 작동하는 '권력 담는 그릇'으로서 국가와, 유의미하게 영토적으로 정박되지 않은 경계 없는 교환 메커니즘으로서 경제 사이의 대립이다. 이런 대립은 네 가지 오류를 보여준다.

첫째, 영토의 경계나 시간 지평의 고정성을 가정해야 할 어떤 이유도 없다. 왜냐하면 국가(그리고 국가가 대표하는 사회 세력)가 정치의 국가 간 계기와 국민 간 계기를 포함해 정치를 조직하는 시공간 매트릭스를 구성하고 재구성하는 데 적극적으로 관여하기 때문이다(Gross 1985; Poulantzas 1978b).

둘째, 사회 세력들 사이 균형 변화의 형태 결정된 응축으로서 국가장치

---

[12] 전략관계 접근의 관점에서 고찰한 지구화와 국민국가의 관계는 지주형, 〈지구화와 국민국가 — 전략-관계론적 접근〉, 《사회와 이론》 14(1), 2009, 121~171쪽을 참조하라 — 옮긴이.

와 국가 권력은 지구화에 수반되는 다양한 과정들을 반영한다. 따라서 국가장치는 국민 자본의 이해를 해외로 투사할 뿐 아니라 외국 자본의 이해를 내부화할 수 있다(Poulantzas 1975; 1978b).

셋째, 경제는 초월적 시간에서 작동하는 시장 매개 흐름의 공간으로 환원되지 않아야 한다. 시장은 또한 다른 시공간성에 따라 작동하며, 더 일반적으로 경제는 또 다른 시공간 동학을 가진 다양한 비시장적 거버넌스 메커니즘을 수반한다. 따라서 지구화의 조절화와 거버넌스는 반드시 매우 다양한 규모와 시간 지평들을 수반한다.

넷째, 많은 경제적 자산들의 특수성과 경제 외적 제도에 이런 자산이 배태되는 현상은 여러 경제 활동이 여전히 장소 구속적이고 시간 구속적이라는 사실을 의미한다(Polanyi 1957; Storper 1997; Storper and Scott 1995).

이런 이견들을 종합해 우리는 국가가 **권력 담는 그릇**뿐만 아니라 **권력 매개자** power connector로서, 곧 더 넓은 정치 체계 안에서 결절 국가 또는 네트워크 국가로 작동하며(Brunn 1999, 114), 마찬가지로 경제가 (공업 지역, 집적의 경제, 지구적 도시, 지역적 또는 국민적 자본주의 같은 개념들에 반영된) 중요한 영토적 차원을 갖는다고 결론지을 수 있다. 따라서 우리는 정치와 경제의 조직 변화와 각각의 제도적 구현에 초점을 둬야 하며, 경계와 국경을 고정된 것이라기보다는 적극적으로 재생산되고 우연적으로 발생되는 것으로 봐야 한다.

또 다른 거짓 대립은 국가를 정치 세력으로 여기고 지구화를 경제 과정으로 여기는 데 관련되는데, 그 귀결은 이 둘이 사실상 제로섬 관계라는 주장이다. 이런 주장은 어떻게 국가들이 경제가 조절 대상이 되도록 촉진하는지를, 그리고 어느 정도까지 경제적 지구화가 정치에 계속 의존하게 되는지를 무시한다. 왜냐하면 자본 관계는 본질적으로 불완전하며, 생래적으로 불가능한 축적 과정이 지속되려면 경제 외적 보완을 필요로 하기 때문이다. 국가는 직접적으로, 그리고 동시에 다른 경제 외적 조절 양식에 대한 조정을 통해 이 보완에 크게 관여하는데, 이런 목적을 성취하는 국가의 마찬가지로 불가능한 능력은 어느 정도 축적 과정에서 비롯된 세입과 자원에 의존한다. 요컨대 국가-경제 관계는 불가피하게 호혜적 상호 의존을 수반하며, 전략적 조정 시도를 촉진시키고, 구조적 결합을 낳는다. 이런 관계는 제로섬 측면에서 이해될 수 없다. 그렇게 이해하려는 시도는 또한 지구화의 복잡성을 무시한다. 다형적이고, 따라서 경쟁적인 지구화의 조건을 구성하는 데 많은 국가가 적극적으로 관여할 뿐 아니라, 지구화는 또한 지역화, 삼극화, 국제적 지방화, 국경 넘기 같은 다른 규모의 과정에 연결되며, 국가는 이 과정을 촉진/저항하는 데 관여한다. 마지막으로 제로섬 분석은 전개되고 있는 경제적 지구화의 논리(그리고 비논리)가 정치 행위자뿐 아니라 기업을 제약할 수 있는 정도를 무시한다.

이것은 우리를 세 번째 개념 혼동의 영역으로 이끈다. 바로 지구화가 주권 국가에 압력을 가한다는 주장이다. 이런 주장은 네 가지 이유 때문에 오도의 여지가 있다.

첫째, 주권은 근대 국가의 형태 중 단지 한 측면에 지나지 않는다. 특수한 사법적-정치적 형태로서 주권은 분명히 국가 권력의 핵심 특징을 구성하지만, 궁극적으로 일차적인 것은 국가 권력(들)이 행사되는 특수한 형태가 아니라 국가 권력(들)에 대한 투쟁들이다. 주권의 형태는 지금까지 재조직되고 있으며, 우리는 포스트 주권 국제 체계를 상상할 수 있다.

둘째, 지구화 때문에 압력을 받는 대상은 보통 말하는 (주권 또는 다른 형태의) 국가가 아니다. 지구화를 발생시킨 과정은 단지 대서양 포드주의의 케인스주의 복지 국민국가나 동아시아 수출주의의 리스트주의 근로 연계 복지 국민국가 Listian Workfare National State 같은, 특수한 국가 능력들과 책임들을 가진 특정한 국가 형태에 압력을 가할 수 있다(Jessop and Sum 2006).[13] 그렇게 함으로써 지구화는 또한 국가 안의 세력 균형을 변화시킨다. 왜냐하면 능력들의 어떤 차별적 손실이든 다른 세력보다 특정한 분파, 계급, 사회 세력에 더 유리하며, 또한 국가 형태들과 능력들을 재조직하려는 투쟁을 위한 공간을 형성시키고 이런 투쟁을 촉진시키기 때문이다. 이런 압력의 중요한 측면은 정치적 의사 결정을 숙고하는 데 필요한 시간에 연관되는 경제적 의사 결정의 가속화와, 중요한 경제적 사건들의 시간적 압축의 가속화다. 이것은 이른바 국가의 '시간 주권(time sovereignty)'의 현재 형태를 약화시킨다(Scheuerman 2004).

셋째, 보편적인 통일된 논리를 가진 단일한 인과 메커니즘이 아니라 다중심적, 다규모적, 다시간적, 다형적이기 때문에, 지구화는 일련의 단일하고 균일한 압력들을 발생시키지 않는다. 모든 국가와 국가 능력이 지구화 때문에 압력을 받게 되지만, 각각은 다양한 방식으로 영향을 받는다. 실제로 어떤 국가들은 적극적으로 지구화를 촉진시키지만, 다른 국가들은 지구화의 피해자로 간주될 수 있다. 따라서 설사 지구화가 주로 미국화를 의

---

13 "일부 이론가들은 새롭게 부상한 지역들이 정치적일 뿐 아니라 경제적인 '권력 담는 그릇'으로서 국민국가의 쇠퇴하고 함께 재부상하거나 발전하도록 허용된 '자연적 경제 영토'에 기반한다고 설명한다. 더 오래된, 국경을 넘는 무역 블록이 어떻게 냉전 뒤에 재부상했는지는 분명히 주목할 만하다. 우리는 또한 이런 맥락에서 '대중화(Greater China)'의 발흥이나 '대상하이'(Greater Shanghai)를 건설하려는 시도들을 해석할 수 있다. 그러나 '자연적 경제 영토'는 경제적이고 정치적으로 구성될 뿐 아니라 담론적으로 '자연화된다.' 어떤 특정한 공간이 자연적인 것으로 간주되는지는 이를테면 지배적인 경제적 경쟁 방식과, 구조적 경쟁력을 촉진시키는 요인들에 관한 견해에 따라 좌우된다. (개방 경제의 요소 주도 성장에 기반한) 리카도주의적 해석은 (경제적, 정치적·군사적 안전에 관련한 국민국가가 촉진하는 보호주의적 '따라잡기'(catch-up) 투자 동학에 기반한) '리스트주의적' 설명에 함축된 것과는 다른 '자연적 경제 영토'와 경제 전략을 우리가 확인하도록 이끈다. 마찬가지로 (대량 생산적 규모의 경제와 대량 소비를 위한 상호 의존적 조건을 확보하는 전략에 기반한) 케인스주의적 해석은 (체계적 경쟁력과 영구적 혁신을 위한 조건을 확보하는 전략에 기반한) 슘페터주의적 설명하고 다른 '자연적 경제 영토'와 경제 전략을 시사한다"(Jessop 1999, 23). 한편 "조절이론에 의하면, '포드주의 축적체제는 기본적으로 생산이 국내시장의 수요를 향해 이루어지고, 투하된 자본의 이윤이 국내시장에서 실현되는 '내향적 성장양식'인데 반해, '수출주의(exportism) 축적체제는 처음부터 생산이 국외시장의 수요를 향해 기획되고, 소비와 이윤 실현도 모두 국외시장에서 이루어지는 '외향적 성장양식'이다. 이 양자의 결정적 차이는, 생산과 이윤 실현의 호순환을 이루기 위해 전자는 국내 유효수요의 창출이 필요한데 반해, 후자는 그에 대한 유인이 약하다는 점이다. 이는 서로 다른 성격의 임금관계, 즉 생산성 향상과 연계된 임금관계(포드주의)와 비용 삭감과 연계된 억압적 임금관계(수출주의)를 결과하게 된다는 것이다"(김세걸, 〈동아시아 경제성장의 성과와 모순: 발전모델 추상수준에서의 분석〉, 《동아연구》 46, 2004, 49쪽) — 옮긴이.

미한다는 데 우리가 동의한다고 할지라도(그리고 나는 동의하지 않는다), '대사탄Great Satan'[14]은 자신의 신자유주의 형태에서 비롯되는 내적 영향과 자신이 국내외에서 불가피하게 발생시키는 저항에서 나오는 압력뿐 아니라 지구화의 다른 중심과 형태들에서 나오는 압력을 여전히 경험하게 된다. 유사한 주장은 국가들이 다양한 규모의 프로젝트와 과정에 차별적으로 관여하기 때문에 지구화의 다규모적 성격에서 비롯되는 차별적 영향에도 적용되며, 일부 국가들이 시공간 확장과 압축에 더 적극적으로 관여하고, 그리고/또는 더 취약하기 때문에 지구화의 다시간적 성격에서 비롯되는 차별적 영향에도 적용된다. 마지막으로 넷째, 지구화의 몇몇 측면은 국가 능력을 약화시키기보다는 실제로 강화시킬 수 있다.

가능한 오해들을 해명한 뒤, 우리는 이제 (국민)국가가 어떻게 지구화에 관여하고 지구화의 영향을 받는지를 고찰할 수 있다(또한 Jessop 2002b; 2002d를 보라). 개략적으로 말해 국가는 자본이 작동하는 시공간 매트릭스를 변경하는 데 적극 관여한다. 그렇게 함으로써 국가는 한편으로 장소 의존성을 줄이고, 그리고/또는 시간적 제약에서 해방되는 데 잠재적으로 움직임이 자유로운 자본이 갖는 관심과, 다른 한편으로 국가들 자신의 영토 안에 (이른바 수익성 있는)[15] 자본을 고정시키고, 자본의 시간 지평과 리듬을 국가적, 그리고/또는 정치적 일상, 시간성, 위기 경향들에 양립 가능하게 만드는 데 국가 자신이 갖는 관심 사이의 긴장을 관리하려 노력한다. 지구화가

---

14 "대사탄은 이란이 외교 정책에 관련된 일부 성명에서 미국을 가리킬 때 쓴 경멸적 별칭이다. 때때로 이 단어는 영국 정부를 향해 사용되기도 했다. 이 용어는 1979년 11월 5일에 한 연설에서 미국을 묘사하느라 이란 지도자 호메이니가 처음 사용했는데, 호메이니는 제국주의적으로 행동하고 전세계의 부패를 후원한다며 미국을 비난했다. 이 연설은 이란 인질 사태가 시작된 다음날에 행해졌다. 호메이니는 또한 때때로 미국을 비롯해 다른 서구 나라들을 언급하려고 '이블리스(Iblis)'(이슬람의 최고 악마)라는 용어를 사용했다"(Wikipedia, "Great Satan", 2019년 7월 8일 최종 접속) ― 옮긴이.

15 이를테면 비용이 많이 드는 환경 보호 조치들에 착수하기보다는, 해당 제품이 수입되면서 이전하도록 장려될 수 있는 공해 유발 산업들은 여기에서 배제될 수 있다.

증가하면서, 선진 자본주의 경제의 국민국가는 대서양 포드주의의 전성기 때처럼 상대적으로 폐쇄된 국민 경제의 관리를 일차적인 경제적 과제로 더는 가정할 수 없기 때문이다. 대신에 국민국가는 다양한 관국민적 과정을 관리하고, 여기에 적합한 공간적이고 시간적인 해결책을 형성하는 데 점점 더 관여한다. 경쟁력에 연관된 경제적 요인과 경제 외적 요인 사이의 관계의 변화, 그리고 경제적인 것과 경제 외적인 것 사이의 경계를 재규정하고, 그리고/또는 경제 외적인 것을 재조직해 지구화의 인지된 요구와 압력에 종속시키는 데 국가가 하는 구실이 여기에서 특히 중요하다. 따라서 한 가지 역설적 사례를 들면, 심지어 시장 경제에서 철수하는 것처럼 보일 때도 신자유주의 국가는 경제 외적 영역에 더 개입해 그 영역을 가치 증식의 요구에 종속시킨다(cf. Jessop 2002d).

더 일반적으로, 자본주의 국가의 활동은 구체적 형태와 프로젝트에 거의 관계없이 지구화의 시공간 매트릭스를 재형성시키고 있다. 여기에서 자본주의 국가의 구실은 내부 세력과 외부 세력의 균형을 반영하는데, 일부 국가는 다른 국가보다 이런 과정의 더 자발적이고 적극적인 참여자가 된다. 그럼에도 불구하고 많은 관련 활동 중에서 우리는 다음을 언급할 수 있다.

- 제도적 금융 구조를 탈규제하고, 자유화하고, 형성시키고, 그렇게 함으로써 국제화를 가속화하고 지구적 가속화를 촉진.[16]
- 국제 무역과 해외 직접 투자의 제도적 틀을 변경.
- 국경 안의, 그리고 국경을 가로지르는 금융, 산업, 상업 자본의 활동을 지원하는 공간적 해결책을 계획하고 여기에 보조금을 지급.

---

[16] 조치들의 범위는 역외 기반을 형성하고 보호하는 활동에서 불량 채권을 구제하는 활동까지 이른다.

- 국제적 경쟁뿐 아니라 도시 간 경쟁과 지역 간 경쟁을 위한 정책을 통해 불균등 발전을 촉진.
- 국가 기능의 경계 조정과 규모 조정에서 협력함(분권화와 국경을 넘는 지역 형성, 지역적 블록 형성, 삼극 간 협상을 위한 포럼에 참여하는 활동을 포함).
- 국가 기능을 민관 협력 체제나 장소 구속적 시장의 힘에 이양함으로써 현 국가 기능을 탈국가화하고, 그렇게 해서 국가 기능을 시장 지향 시간성에 연계시킴.[17]
- 국가 기능을 (국제 체제를 포함해) 사적 형태의 직능적 권한에, 그리고/또는 움직임이 자유로운 시장의 힘에 이양함으로써 일부 국가 기능을 탈영토화.
- 반대로, 일부 비영토적 문제를 지역 구조에 끼워 맞추려고 시도(이를테면 지구 온난화에 관한 국제 협약을 강제하는 데 국민국가가 책임을 지게 만듦).
- 그리고 마지막으로, 폭넓은 기술적, 경제적, 사법적-정치적, 사회 문화적, 환경적 문제들을 조화시키거나 표준화시키는 규칙들을 규정하려고 애씀으로써 지구화 과정의 다형성multiformity에 대처. (또한 Jessop 2002d, 133~139를 보라)

더 구체적으로 말하면, 지구화의 다중심적이고 다형적인 성격을 고려할 때, 일부 국가는 자신만의 국민적 또는 지역적 자본주의를 촉진시키고, 지구적 규모에서 이런 자본주의 형태를 확대 재생산하는 적절한 조건을 촉진시키는 데 전념한다. 물론 이런 활동에 관련해 지난 20년간 신자유주의 프로젝트가 가장 성공적이기는 했지만 논란이 없지는 않았고, 특히 유럽 모델이 다음 10년 안에 다시 지배적이 될 수도 있다. 국가는 또한 새로운 활동 규모를 확립하고 있으며(그리고 다른 활동 규모를 해체하고 있으며), 그렇게 함으로써 다양한 국가 권력, 제도 형태, 규제 능력들의 규모를 조정

---

[17] Santiso(2000)는 사회보장 기금과 연기금에 관련해 민영화가 갖는 시간적 함의를 논의한다.

하고 재접합하며, 특정한 문제에 대응해서 자신과 다른 행위자가 '규모를 점프'할 가능성을 형성시키고 있다.[18] 국가는 기술, 산업 자본과 상업 자본, 지적 재산, 그리고 적어도 특정한 형태를 띤 노동력의 국제적 유동성에 유리한 조건을 조직함으로써 흐름의 공간을 촉진시키고 있다. 그리고 반대로, 국가는 자신의 경제적 공간에 움직임이 자유로운 자본을 고정시키고, 자신의 장소 구속적 자본의 도시 간, 지역 간, 또는 국가 간 경쟁력을 향상시키려는 시도에서 보완적 형태의 위치 정치^{Standortpolitik}와 그 밖의 다른 형태의 장소 기반 경쟁에 관여한다.

    국가에 가해지는 압력의 중요한 원천 중 하나는 시간의 정치경제학의 점점 더 증가하는 복잡성에서, 그리고 '가능성의 예술'로서 정치에 관련해 이런 복잡성이 갖는 함의에서 비롯된다. 국가는 새로운 형태의 시공간 확장, 압축, 분화 때문에 정책 결정과 정책 시행에서 점점 더 시간적 압력에 직면한다. 왜냐하면 국가의 시간성에 상대되는 경제의 시간성이 가속화되면서 경제적 사건에 맞서서 정치적 대응을 결정하고 조정할 시간이 줄어들기 때

---

18 "유동성이 전부라고 주장하는 사람은 거의 없다는 점을 분명히 하는 것이 중요하다. 규모와 규모 배열은 유동적이고 과정적일 뿐 아니라, 또한 특정한 시기 동안 상대적으로 지속적이고 헤게모니적인 구조로 일상화될 수 있다. 규모가 어떤 본질적이거나 영원한 특징을 갖지 않는다는 사실이 특정한 시기 동안 규모가 특징이나 사회적 과정에 관련될 수 없다는 의미는 아니다. 요지는 이런 특징과 과정이 (본질적이 아니라) 단지 일시적으로 특정한 규모에 관련된다. 각 규모의 형세는 정치 프로젝트를 통해 지속적으로 재생산돼야 한다는 점이다. 우리가 국민 규모의 국가 주권 같은 특정한 규모의 형세가 다른 프로젝트의 주권을 상상하는 다른 프로젝트에 따라 도전받고 궁극적으로 정복되리라 예상할 수 있을지라도, 지배적인 국민 규모의 주권은 당분간 헤게모니적이 될 수 있으며, 이런 헤게모니는 정치 권력의 행사에 실제적이고 중요한 영향을 줄 수 있다. 이런 측면에서 규모는 유동적일 뿐 아니라 고정적이다. 닐 브레너(Brenner 2001)는 규모 관계의 어떤 재조직(유동성)도 현재 확립된 구조(고정성)의 맥락에서 발생한다고 주장하며, 특히 이런 변증법적 관계를 강조한다. 닐 스미스(Smith 1993)는 이 점을 특히 강하게 주장한다. 스미스의 '규모 점프(jumping scales)' 개념은 현재의 확고한 규모 구조를 우회하고 이런 규모에 도전하는 정치 전략에 관련된다. 하나의 규모에서 불리한 집단은 자신에게 유리하게 권력 균형을 전환시키기를 바라며 다른 규모에서 자신의 목표를 추구하려 한다. 종종 이런 전략은 현재의 규모 배열에서 이익을 얻을 수 없는 주변 집단이 취하게 된다. 현재의 구조는 미리 정해지거나 영원하지 않지만, 그럼에도 불구하고 **실제적**이며, 다른 집단보다 특정한 집단에 유리하다. 이런 노선을 따라 우리는 '규모의 구조화'라는 용어를 동원할 수 있다. 기든스(Giddens 1984)의 구조화 개념은 행위자가 구조를 재생산하고 구조에 따라 제약을 받는 과정을 의미한다. 규모에서 구조화는 규모 구조를 고정, 탈고정, 재고정하는 지속적인 과정에 관련된다(Brenner 2001). 그렇다면, 규모는 유동적인 동시에 고정적이다"(J. Christopher Brown and Mark Purcell, 2005, "There's nothing inherent about scale: political ecology, the local trap, and the politics of development in the Brazilian Amazon", *Geoforum* 36, p. 610) — 옮긴이.

문이다. 초고속, 그리고/또는 초이동적 자본에 관련해서는 특히 그러하다. 이런 변화는 국가의 시간(들)과 시장의 시간(들) 사이에서 일어나는 갈등을 강화한다. 국가가 시간 주권을 상실하는 상황을 벗어나는 한 가지 해결책은 자유방임이다. 그러나 이런 식의 접근은 탈규제된 교환가치의 시간성을 강화시키는데, 시장의 힘이 경제 위기를 유발하고 국가가 여기에 대응해야 한다는 기대를 받게 될 때는 문제가 된다. 다른 두 가지 선택지는 더 적합한 시점에 더 적절한 개입을 할 수 있도록 국가가 스스로 의사 결정의 주기를 압축하도록 시도하는 전략, 그리고/또는 기성의 정치적 관례에 조화시키기 위해 '빠른 자본주의fast capitalism'에 해당하는 활동들의 속도를 줄이도록 시도하는 전략이다.

시간적 압축 전략은 신뢰할 수 없는 정보, 불충분한 협의, 참여의 부족 등에 기반해 결정을 내려야 하는 압력들을 증가시키며, 심지어 국가 운영자는 정책을 협상하고, 형성하고, 제정하고, 판결하고, 결정하고, 시행하는 데 여전히 시간이 너무 오래 걸린다고 생각하기까지 한다. '빠른 정책'에 대한 전념은 정책 개발 주기의 단축, 신속한 의사 결정, 빠른 프로그램 공개, 지속적 정책 실험, 제도적 다원주의와 정책 다원주의, 지침과 기준의 끊임없는 수정에 반영돼 있다. 윌리엄 슈어먼은 행정부의 지배와 끊임없는 법적 변화와 역동성으로 특징지어지는 '경제적 비상사태' 쪽으로 전환이 일어났다는 일반적 주장으로 이런 경향의 일부를 요약했다. 이것은 (과거의 판례를 고려하는) 사법부와 (미래를 위해 입법하는) 입법부가 갖는 권력의 쇠퇴에, 그리고 (빠른 결정을 내리는 권력을 쥔) 행정부가 갖는 권력의 증대에 특히 관련된다(Scheuerman 2000; 2004).

더 일반적으로 이런 전략은 압축된 시간 척도 안에서 작동할 수 있는 사람들을 특권화하며, 정책 과정에 관여하는 참여자의 범위를 좁히고, 숙의와 협의와 협상의 여지를 제한한다. 이런 조건은 정책의 선택, 정책의 첫 대상, 정책이 시행되는 장소, 성공을 입증하느라 채택되는 기준에 상당히 영향을 줄 수 있다. 이를테면 홀 윌슨이 언급한 대로 빠른 정책 형성을 강조하고 정책 시행은 도외시하는 방식은 효과성effectiveness에 관한 관심을 희생시키고 효율성efficiency 기준과 생산성의 이해관계에 복무하며, 그렇게 함으로써 숙의와 사용가치보다는 도구적 합리성과 교환가치를 강화시킨다(Wilson 1999, 175). 속도에 관한 강조는 또한 이런 과정에서 얻게 된 특정한 교훈들이 다른 대상, 장소, 또는 기준에 관련되는지를 판가름하는 과정에 영향을 주며, 지연된, 그리고/또는 의도되지 않은 결과와 피드백 효과를 포함해서 다양한 시공간적 지평을 가로지르는 정책의 영향을 적절하게 평가하지 못하게 가로막는다. 이런 상황에서 '조작spin'은 실체substance를 능가하며, 정치와 정책 결정의 성격을 바꿔버린다. 조작은 또한 다양한 접근들 각각이 실패하는 것으로 보일 때 이런 접근들이 연속적으로 시도될 수 있도록 정책 결정과 시행 주기를 가속시키는 데 도움을 준다. 조작의 징후 중 하나는 법률을 비롯한 다른 여러 정책들의 '반감기'가 단축되는 현상이다(Scheuerman 2001, 91~92). 그리고 조작은 정책들의 끊임없는 변화가 기회주의적이거나 불법적인 과정으로 비춰질 위험을 갖게 되는 반면 변함없는 정책이 시대에 뒤지거나 심지어 역효과를 낳게 된다는 딜레마를 가져온다(de Sousa Santos 1995, 79~118).[19]

설사 순전히 **정책 결정**의 관점에서 비합리적으로 보일지라도, 빠른 정책은 **정치** 또는 **정치체 결정**의 측면에서 일부 이해관계에 관련해서는 여전히 합리적일 수 있다. 왜냐하면 빠른 정책은 조합주의, 이해관계자 제도, 법치, 형식적 관료제, 그리고 실제로 더 일반적으로 민주주의 정치의 일상과 주기에 반목하기 때문이다. 빠른 정책은 입법부와 사법부보다 행정부를, 산업 자본보다 금융 자본을, 장기 투자보다 소비를 특권화한다. 일반적으로 빠른 정책에 의존하는 방식은 긴 의사 결정 주기를 갖는 의사 결정자들의 권력 기반을 약화시킨다. 왜냐하면 의사 결정자들이 생각이 빠른 사람과 빠른 정책 결정자의 속도에 맞춰야 하는 와중에, 자신만의 일상과 절차의 측면에서 결정을 내리는 능력을 상실하기 때문이다. 빠른 정책은 또한 새로운 환경에는 새로운 접근이 필요하다는 점을 근거로 삼아서 제도적 기억institutional memory[20]을 파괴하고, 미래의 어려움과 정책 실패를 예견하려는 노력을 봉쇄하는 경향이 있다. 따라서 과거와 미래를 둘 다 희생한 대가로 현재가 확장되며, 정치는 조작과 프레젠테이션, 일시적 해결책, 정책의 빠른 회전, 그리고 국민투표 민주주의 등을 수단으로 하는 혼합된 세계에서 연명한다(Chesneaux 2000; Hoogerwerf 1990; Santiso and Schedler 1998; 반론에 관해서는 Grande 2000을 보라).

대안은 절대적인 정치적 시간을 압축하는 전략이 아니라, 자본 순환의 속도를 줄임으로써 상대적인 정치적 시간을 형성하는 전략이다. 아마도 아

---

[19] "홍보와 정치에서 조작은 의도적으로 사건에 관한 편향된 해석을 제공하거나, 특정한 조직이나 유명 인사를 지지하거나 반대하도록 여론을 설득하는 캠페인을 하는 과정을 통해 진행되는 프로파간다의 한 형태다. 전통적 홍보와 광고가 또한 사실의 '창조적' 제시에 의존할 수 있는 반면, '조작'은 종종 부정적이고, 기만적이고, 고도로 조작적인 전술의 사용을 의미한다. 조작과 기자 회견(특히 정부의 기자 회견) 사이의 빈번한 연관성 때문에, 이런 회견이 일어나는 장소가 때로는 스핀 룸(spin room)으로 기술된다. 기만적이거나 호도하는 메시지를 개발하는 홍보 고문, 여론 조사 전문가, 미디어 컨설턴트가 '스핀 닥터(spin doctors)'나 '스핀마이스터(spinmeisters)'로 지칭되기도 한다. 이렇게 '조작'에 사용되는 기본 전술은 여론에 미칠 수 있는 어떤 부정적 영향을 줄이려고 문제나 사건에 관한 인식을 다시 프레이밍하고, 애매하게 만들고, 다시 포지셔닝하고, 그렇지 않으면 변경시키는 술책이다. 이를테면 심각한 안전 문제가 있다고 밝혀진 가장 잘 팔리는 제품을 생산하는 한 회사는 회사의 편향된 관점을 대중에게 설득하는 데 도움을 줄 수 있는 '캐치' 슬로건이나 사운드 바이트(sound bite)를 사용해 주요 경쟁사의 제품 안전을 비판하거나 실제로 제품 종류 전체의 위험을 강조함으로써 문제를 다시 프레이밍할 수 있다. 이런 전술을 통해 회사는 자사 제품의 부정적 측면에 대중이 주목하지 않게 만들 수 있다. 문제를 '조작'하는 경험과 훈련이 필요하기 때문에, 조작은 일반적으로 대가가 지급되는 미디어 자문가와 미디어 컨설턴트를 통해 제공되는 서비스다. 가장 강력한 대기업들은 사건을 조작하는 데 전문인 사내 직원과 세련된 부서를 보유하기도 한다. 조작은 보통 사적 영역의 전술로 간주되지만, 1990년대와 2000년대에 일부 정치인과 정치 관료들이 여론을 조작하거나 대중을 속이는 기만적 '조작' 전술을 사용한 일 때문에 반대 세력에게 고소됐다. 일부 정치 팀이 사용하는 조작 접근은 긴 주말 전 마지막 날 근무 시간 말미에 부정적일 가능성이 있는 새로운 정보를 배포함으로써 이런 정보를 '덮는 행위(burying)', 특정한 태도를 지지한다는 인상을 주려고 자신의 고용주나 반대 정치인이 한 발언에서 선택적 인용(cherry-picking quotes)을 하는 행위, 반대 정치인이나 후보자에 관해 부정적 시각을 주는 거짓 정보를 의도적으로 흘리는 행위를 포함한다"(Wikipedia, "Spin(propaganda)", 2019년 7월 11일 최종 접속). 이 용어는 미국에서 예전에 쓴 표현인 '장황하게 이야기하기(to spin a yarn)'에 기원을 둔다. 뱃사람들은 실(yarn)을 자으면서 선상에서 여가 시간을 보내며, 또한 해안에 있을 때 믿기 어려운 이야기를 한다고 알려져 있다. 누군가 당신을 속였을 때 'he spun me an amazing yarn'이라고 말한다 — 옮긴이.

직 시행되지 않았지만 이런 전략의 가장 유명한 사례인 토빈세는 초고속적이고 초이동적인 금융 자본의 흐름의 속도를 줄이며 금융 자본이 실물 경제에 미치는 왜곡 효과를 제한한다(Jetin and de Brunhoff 2000). 다른 사례로 화석 연료와 원자력에 부과하는 에너지세, 지구적 규모에서 일관된 오염자 부담 원칙의 도입, 신기술 도입 때 전세계적으로 신중 원칙에 의존하기, 상품 가격을 책정할 때 재활용과 처분 비용을 계산에 넣기 등이 있다(Altvater and Mahnkopf 1999). 이 사례들은 지구화에서 멀어져 지역 경제와 지방 경제에 유리한 쪽으로 균형을 기울이며, 환경 파괴의 속도를 줄이고 기술 혁신이 초래할 수 있는 결과들을 적절히 평가할 수 있게 한다. 이런 전략은 네 번째 정치적 시간 관리 선택지를 통해 보완될 수 있다. 이 선택지는 다양한 규모에서 보완주의적subsidiaritarian[21] 지침을 따르는 자기 규제뿐 아니라 자기 규제가 합의된 기준에 비춰 얼마나 잘 작동하는지 살펴보는 지속적 모니터링을 위한 제도적 틀을 확립하는 전략이다(Scheuerman 2004). 이런 성찰적 메타 거버넌스 전략은 과부하의 위험 없이 국가가 다양한 시간대와 시간성을 가로지르는 활동들을 조정하는 능력을 유지하게 한다(Hoogerwerf 1990).

---

20 "제도적 기억은 '조직 안에 축적된 지식'으로 정의된다. 제도적 기억은 집단의 구성원들 사이에 기억의 전달이 진행되는 과정을 필요로 한다. 제도적 기억의 요소는 기업, 전문 집단, 정부 기구, 종교 집단, 학술적 협업, 그리고 더 나아가 전체 문화에서 발견될 수 있다. 제도적 기억이 어떻게 전달되는지, 곧 사람 사이에 전달되는지 아니면 글을 통해 전달되는지에 관해서는 이견이 존재한다. 집단에서 이데올로기나 작업 방식을 보존하려고 제도적 기억이 장려될 수 있다. 반대로 제도적 기억은 어떤 것이 이전에는 옳다고 생각되던 내용에 모순된다고 밝혀지더라도 문제를 제기하기 어려울 정도로 뿌리 깊을 수 있다. 제도적 기억은 조직 동일성, 개인의 선택, 제도하고 상호 작용하는 개인의 행동에 영향을 줄 수 있다"(Wikipedia, "Institutional memory", 2019년 7월 11일 최종 접속) — 옮긴이.

21 "보완성(subsidiarity)은 로마 가톨릭교회에서 비롯된 사회 조직의 원리다. 이 원리는 사회적 문제와 정치적 문제들이 그 문제의 해결에 일치하는 가장 직접적인(또는 지역적인) 수준에서 다뤄져야 한다고 주장한다. 옥스퍼드 영어 사전은 보완성을 중앙 당국이 단지 더 직접적이거나 지역적인 수준에서 효과적으로 수행될 수 없는 과제만을 수행하며 보완적인(곧 종속적이라기보다는 지원적인) 기능을 해야 한다는 개념으로 정의한다. 이 개념은 행정, 정치학, 신경심리학, 인공두뇌학, 경영 분야에서, 그리고 군대(임무 지휘)에서 적용될 수 있다. 정치 이론에서 이 두 가지가 필연적 관련성을 갖지 않는데도 불구하고, 보완성의 원리는 때때로 연방제 개념의 한 측면으로 간주된다. 보완성의 원리는 유럽연합의 통치 기구와 회원국들 사이의 관계에 연관된 유럽연합의 정치적 기능에서 중요한 구실을 한다"(Wikipedia, "Subsidiarity", 2018년 7월 26일 최종 접속) — 옮긴이.

더 일반적으로, 시간 전선에서 국가는 새로운 시간적 행동 지평과 새로운 형태의 시간적 유연성을 촉진시키고, (통상, 외교, 안보 등의) 다양한 시간대들이 점점 더 두드러지는 데 대처하고, 시간성들의 교차를 재조정하거나 관리하고(이를테면 컴퓨터 프로그램화된 거래를 규제하고, 소비의 중심으로서 24시간 도시를 촉진시키고, 환경 위험을 관리하고), 시장화된 경제 활동에 단기적 계산이 더 중요해지면서 장기적 생산 조건을 사회화하는 데 관여하고 있다. 경제가 세계 시장의 주기적 변동과 그 밖의 다른 변덕에 더 취약해지면서 유연한 경제적 조정과 사회적 조정을 촉진시키고 이런 비용을 사회화하는 복지 체제의 재구조화가 특히 중요하다(Jessop 1993, 2002d). 복지 지향은 언제나 소규모 개방 경제의 특징이었지만, 현재 더 일반적이 되고 있다. 왜냐하면 "복지국가가 안전을 보장하고 시장을 넘어서는 '미래'를 보장할 가능성이 더 클수록 세계 시장에 관련한 끝을 늦출 수 있는 더 많은 정치적 공간이 존재하"(Rieger and Leibfried 1998, 368)기 때문이다. 더 일반적으로, 마르크스의 시간 분석을 따라서 부는 노동 시간이 만들어낸 산물의 축적이 아니라 자유 시간으로 간주돼야 한다. 이런 맥락에서 포스트 자본주의 질서는 자유 시간의 최대화를 지향하고 생산은 필요에 종속되는데, 이 요건들 중에서 해방된 시간이 핵심적이라 할 수 있다(Booth 1991).

결론

국민국가는 사회 생활의 공간적 매트릭스와 시간적 매트릭스 사이의 관계를 확립하고 조절하는 데 오랫동안 핵심 구실을 했다(Poulantzas 1978b, 114). 이 사실은 지구화 시기에 여전히 타당하지만, 개입의 형태는 변하고 있다. 왜냐하면 국가가 자본주의와 민족의 시공간 매트릭스를 변경시키고 있으며,

자본 관계를 통해 발생한 불균등한 시공간적 발전을 관리하는 데 중요한 구실을 맡고 있기 때문이다.

요컨대 국민국가가 전후 시기 동안 발전한 탓에 지구화를 낳는 과정들이 국민국가의 효과성의 기반을 약화시키고 있다. 특히 국민국가가 케인스주의 복지 국민국가로서 발전시킨 몇 가지 독특한 힘과 능력들하고 지구화에 관련된 새로운 시공간 매트릭스 사이의 관련성은 점점 줄어들고 있다. 임금은 점점 더 수요의 원천보다는 생산 비용으로 간주되고, 국제 통화 시장의 탈규제와 함께 국민 통화로서 화폐의 순환을 통제하는 일이 더 어려워지고 있다. 그리고 경쟁과 국가의 형태는 지구화된 지식 주도 경제에서 모순과 딜레마가 드러나는 훨씬 더 결정적인 장소가 되고 있다. 그럼에도 불구하고 자본주의의 새로운 시공간 매트릭스를, 그리고 다종족적, 다문화적, 용광로적, 부족적, 코즈모폴리턴적, '장난스런' 포스트모던적 등의 동일성에서 볼 수 있는 새로운 형태의 포스트 시민권 또는 관국민적 시민권을 효과적으로 관리하는 데 재구조화된 국민국가는 여전히 핵심적이다. 국민국가는 국가 권력들의 상향적, 하향적, 측면적 운동의 훨씬 더 중요한 결정권자가 되고 있다. 국민국가는 점점 더 복잡한 다중심적, 다규모적, 다시간적, 다형적 거버넌스 세계의 훨씬 더 중요한 메타 관리자metagovernors가 되고 있다. 그리고 국민국가는 국제 정책 체제들의 형태를 형성하는 데 적극적으로 관여하고 있다.

국민국가는 또한 국민적 시민권의 전통적 형태와 토대의 위기에 대응하고 있다. 이런 측면에서 국민국가의 활동은 다가적이고, 잡다하고, 논쟁적인 단어가 지닌 가장 강한 의미에서 지구화(이를테면 국경 없는 지구 경제의 출현. 곧 신화적으로 널리, 그리고 당연하게 간주되는 실체)보다는 현대 자본주의의 더 일반적인 시공간적 재구조화에 훨씬 더 관련성이 크다. 이것은 내가 무엇보다 지구화의 복잡한 시공간적 논리와 국가 권력에 관련해 이런 논리가 갖는 함의들에 초점을 둔 이유다. 그렇게 함으로써 나는 지구화를 탈신비화하는 데, 그리고 지구화에 관련된 시공간적 변형이 어떻게 변경되고 통제될 수 있는지를 제안하는 데 작으나마 어느 정도는 기여했기를 희망한다.

9장

×

다규모 메타 거버넌스
유럽연합 사례를 중심으로[1]

이 장은 국가성이 변형되는 과정의 결절점으로서 유럽연합에 관한 전략관계적 관점을 발전시킨다. 이 장은 먼저 새로운 국가 형태나 정치 체제로서 유럽연합에 관한 국가 중심적 설명과 거버넌스 중심적 설명들을 검토하는데, 일단 각각의 두 가지 형태를 고찰한 뒤 두 가지 설명에 대한 세 가지 비판을 제공한다. 국가주의의 두 가지 형태는 자유주의적 정부간주의liberal inter-governmentalism와 초국민주의supranationalism이며, 거버넌스 설명의 두 가지 형태는 다차원 거버넌스multilevel governance와 '네트워크 정치체network polity'(또는 때때로 네트워크 국가)다. 그다음 이 장은 유럽연합의 출현, 재구조화, 전략적 방향 전환과, 개방형 조정 방식open method of coordination 같은 새로운 메타 거버넌

---

[1] 이 장은 Bob Jessop, "Multi-level governance and multi-level meta-governance", I. Bache and M. Flinders eds, *Multi-Level Governance*, Oxford: Oxford University Press, 2004, pp. 49~74; Bob Jessop, "The European Union and recent transformations in statehood", S. Puntscher Riekmann, M. Mokre and M. Latzer eds, *The State of Europe: Transformations of Statehood from a European Perspective*, Frankfurt: Campus, 2004, pp. 75~94; Bob Jessop, "Avoiding traps, rescaling states, governing Europe", R. Keil and R. Mahon eds., *Leviathan Undone? Towards a Political Economy of Scale*. Vancouver: University of British Columbia Press, 2009, pp. 87~104를 자유롭게 종합했다.

스metagovernance 형태의 발전에 관한 전략관계적 설명을 발전시킨다. 이런 새로운 설명의 핵심 요소는 시장 실패, 국가 실패, 거버넌스 실패에 대한 독특하고 역설적인 접근과, 이 접근에 서로 관련 있는 국가 발전에 대한 정교한 형태의 성찰적 메타 조종의 필요성이다. 이 내용은 셋째 절에서 논의한다.

국가 중심적 관점

국가 중심적 접근들은 19세기 후반 주권 국민국가sovereign national state를 참조점으로 취하고, 두 방식 중 하나로 유럽연합을 검토한다. 첫째, 자유주의적 정부간주의는 주권 국민국가들이 자국만의 국민적 이해를 추구하려 시도하는 장소로서 점점 더 중요성이 커지는 새로운 초국민적 무대의 출현에 주목한다. 이 새로운 무대는 중요한 주권 권력들이 이양되는 장소라기보다는 정부 간(여기에서는 국제) 관계를 수반하며, 따라서 정부 간 이해관계를 공동 추구하는 데 아무리 중요해졌더라도 새로운 국가 형태가 되지는 않는다(특히 Hoffman 1995; Moravcsik 1998을 보라). 반대로 초국민주의자들은 이내 새로운 형태의 국가성을 낳게 될, 국민적 수준에서 초국민적 수준으로 나아가는 전통적 형태의 주권 국가의 경향적, 발현적, 상향적 규모 조정을 확인한다. 초국민주의자들은 형식적 의사 결정 권력들의 재분배가 초국민적 초국가supranational superstate의 포괄적 권한 아래 조금 복잡한 형태의 다차원적 통치로 이어지고 있다고 주장한다(Pinder 1991; Taylor 1975; Weiler 1991을 보라). 현재 이런 신생 초국가를 특징짓는 공동 의사 결정이 순전히 이행적인지 아니면 일단 초국가가 공고화된 뒤에도 유지될지는 여전히 불확실하다.

자유주의적 정부간주의자들에게 새로운 유럽의 정치 공간에서 국민국가는 핵심 행위자이고, 반드시 그렇게 남을 것이다. 국가는 자신의 주권을 조금도 포기하지 않으며, 유럽연합의 제한된 권력에 대조적으로 포괄적인 헌법적 권한을 보유한다. 따라서 국가 간 상호 작용은 압도적으로 국민적 이해관계의 추구를 지향하는 국제 관계의 형태를 띠며, 기껏해야 공동 이해를 추구하기 위한 잠정적 주권 공유를 수반한다. 일부에게 이 과정은 국민국가의 권력과 권한을 고양할 수단을 제공한다(이를테면 Moravcsik 1998). 더 일반적으로, 정부 간 협력은 국민국가의 초월로 이어지기보다는 기껏해야 스스로 선택한 국민국가 집단 사이의 일련의 서로 맞물린 국제적 합의를 낳는다고 이야기된다. 이런 과정은 궁극적으로 국가 연합Staatenbund 또는 confederation(이를테면 유럽 국민국가 연합United Europe of National States)으로 이어질 수 있는 반면, 이 흐름이 국민국가 각각의 국민적 이해를 침해할지 모른다고 염려된다면 하나 이상의 국민국가들이 이런 발전을 막을 수 있다.

반대로 초국민주의자들은 국민국가들이 초국민적 국가 구성체를 촉진시킴으로써 국민국가 자체의 초월(폐기Aufhebung)에 공모하는 역설적 이행 과정을 상정하는 것임에 틀림없다. 근대 주권 국가의 핵심 특징들, 곧 국가 권력Staatsgewalt(조직화된 강압), 국토Staatsgebiet(국가 권한이 분명하게 경계 지어진 영토), 국민Staatsvolk(국가 신민)이 상향적으로 규모 조정되고 수직적으로 다시 차별화되면서 이런 과정은 정치 권력의 재영토화를 수반한다. 이런 과정은 확장된 영토에서 국가 권한을 합법화하고 정당화하는 메커니즘을 규모 조정(그리고 아마도 재조직화)하는 데 관련된다. 두 가지 요인이 다른 관련 국민국가들에 점유된 영토의 전부(또는 일부)를 흡수하는 단일 국민국가의 단순한 영토 확장하고 초국민적 국가의 출현을 구분한다. 첫째, 초국민적 국가는 자신들의 주권을 넘겨주고 그 주권을 더 높은 권력에 이양하는 독립적 국민국가들 사이의 합의에서 생겨난다. 둘째, 이런 영향을 받는 국민국가들 각각은 동일한 영토 경계를 유지하면서 새로운 국가의 하위 단위가 된다. 따라서 새로운 초국가는 다층적multi-tiered 국가장치다.

이 두 접근은 다차원적 정치 관계에 무엇을 시사하는가? 첫째, 국가 주권의 상향적 규모 조정(또는 재영토화)에 관련해 다차원적 통치의 발전은 이행의 과도기적 효과인 듯하다. 다시 말해 새롭지만 여전히 불완전하게 실현된 초국민적 국가와 이미 존재하는 아직 초월되지 않은 국민국가 사이의 관계라는 형태를 띤다. 더욱이 신생 초국민적 국가가 이중적 또는 다중적 층의 초연방 국가Bundestaat의 형태를 띤다면, 우리는 앞서 다른 연방 국가들의 동학을 분석하는 데 사용된 도구를 써서 통치의 다른 층들 사이의 관계를 분석할 수 있다. 둘째, 국제 관계에 관련해 다차원적 통치는 국민국가들이 수립한 독특한 정부 간 제도적 합의의 측면, 그리고/또는 국민국가들이 때때로 추구한 특수한 거버넌스 전략의 측면에서 해석될 수 있다. 4장에서 제시한 규모의 상대화를 분석하는 데 사용된 용어를 쓰면(cf. Collinge 1999), 유럽연합 차원이 국가 권력의 전반적 행사에서 점점 더 중요한 **결절적** 규모가 된 반면 국민국가는 여전히 **지배적** 규모로 기능한다. 결과적으로 나타나는 국가 권력의 복잡성을 고려할 때, 이런 과정을 **국민 정부(들)의 영향 아래 나타나는 다차원 거버넌스**로 부르는 편이 더 적절할지도 모른다.

특히 유럽의 경제적 통합과 정치적 통합의 처음 단계에 관련해 자유주의적 정부간주의가 초국민주의보다 더 설득력 있어 보이는 반면, 국가주의적 접근은 대체로 주권 영토 장치로서 국가에 국한된 설명, 시대착오적 참조점, 그리고 물론 국가 중심주의라는 세 가지 오류를 저지른다. 첫째, 국가의 본질이 당연히 **정치 권력의 영토화**에 있기는 하지만 정치 권력은 다양한 방식으로 영토화될 수 있다. 그러나 신생 초국민적 국가로서 유럽연합에 관한 분석들은 국가장치의 세 가지 특징에 초점을 두는 경향이 있다. 곧 첫째, 조직화된 강압의 독점, 둘째, 법치를 통한 국가 권력의 합법화와 권한의 명료한 분배, 셋째, 자신만의 통화, 세금, 국가 예산에 대한 통제. 이런 특징은 유럽 초국가가 출현하고 있는지를 평가하는 핵심 기준이 (초국민적으로 통제되는 유럽 군대, 내부 치안을 위한 유럽 경찰, 지구적 국가 간 체계에서 유럽의 이해관계를 차별적으로 추구하는 유럽 외교 안보 정책이 갖춰진) 유럽 전쟁과 평화 공동체Kriegs- und Friedensgemeinschaft, War- and Peace-Community, (다층적 정치 체계의 정점에 주권을 놓고, 공동 주권적인 유럽의 행정, 입법, 사법 체계 사이의 관계를 규정하고, 통치의 다양한 층들 사이의 권력들과 권한들의 분립을 규정하는) 명시적 유럽 헌법, 그리고 유럽 통화 제도, 재정 금융 제도, 대규모 중앙 집권화된 예산의 발전이라는 것을 의미한다. 반연방주의자들은 이미 유럽연합이 이런 특징을 발전시켰거나, 아니면 적어도 곧 발전시킬 예정이라고 주장한다. 자유주의적 정부간주의자들은 이런 동일한 특징들의 전부 또는 대부분의 부재에 주목하고, 유럽연합이 무엇보다도 전통적 국민 영토 주권 국가들이 유럽의 정책, 정치, 정치 체제에 영향을 주려 경쟁하는 무대라고 결론짓는다. 그러나 이런 의견 차이에도 양측은 형식적인 헌법적 특징과 사법적 특징을 물신화하며, 국가 능력들을, 그리고 국가 권력의 행사 양상들을 사실상 도외시한다. 양측은 또한 영토 외적 특징과 비영토적 특징들을 희생하고, 오로지 영토성에 초점을 둔다.

둘째, 국가 중심적 이론가들은 19세기 중반에서 후반 이래 근대 영토 국가 형태의 잇따른 역사적 변형을 간과한다. 그러므로 국가 중심적 이론가들은 유럽 초국가가 어느 정도 출현하고 있는지를 판단하는 데 국민 영토 국가라는 **시대착오적** 모델을 채택한다. 이런 주장은 헬무트 빌케가 제시한 근대 국가의 4단계 시기 구분으로 예시될 수 있다. 곧 안보 국가Sicherheitsstaat는 국내와 국외에서 국가의 영토 보전을 수호하는 데 관련되며, 법치 국가Rechtsstaat는 국민에게 법적 보장을 제공하고, 사회 국가Sozialstaat는 복지권을 확립하고 이 권리를 국민에게 베풀며, 위험 국가Risikostaat는 예측할 수 없고 통제할 수 없는 폭넓은 위험들에서 국가의 시민을 보호한다. 각 단계의 핵심 국가 자원은 각각 권력Gewalt(조직화된 강압), 법Recht(헌법에 근거한 법률), 돈^{Geld}(국민 통화와 국가 예산), 지식^{Wissen}(조직화된 정보)이다(Willke 1992). '위험 국가'가 현대 국가에 관련해 가장 유용한 개념은 아니지만, 빌케의 접근은 국가 자원의 상대적 우위가 변화하는 과정을 두드러지게 한다. 따라서 유럽 군대-경찰, 헌법, 대규모 예산의 부재보다는, 국민국가와 지역 국가들이 각각의 능력을 어떻게 효율적으로 사용할지를 정하는 조직화된 정보와 다른 형태의 연성 개입을 가용하는 유럽연합의 능력이 더 중요할 수 있다(cf. Sabragia 2000). 종합하면 이런 사실은 첫째, 적어도 선진 부르주아 민주주의 국가들 사이의 관계에 관련되는 한 현재 국가들의 세계 Staatenwelt에서 핵심 자원은 강압이나 돈이라기보다는 연성 법과 정보이며, 둘째, 유럽연합 국가 형성을 분석하는 적절한 모델이 19세기 후반의 국가가 아니라 (경쟁 국가든, 규제 국가든, 슘페터주의 근로 연계 복지 탈국민 체제$^{Schumpeterian\ Workfare\ Post-national\ Regime}$든) 지난 20년 동안 발전한 선진 자본주의의 국민국가라는 점을 시사한다(SWPR는 Jessop 2002d와 아래를 보라).

이 두 번째 문제에 관련된 한 측면은 유럽의 정치 민주주의에 관한 시대착오적인 규범 가정의 채택이다. 우리는 아직 신생인 유럽연합 정치체를 19세기 자유주의 야경 국가든, 양차 대전 사이의 개입주의 국가든, 집권 포괄 정당을 통한 전후 케인스주의 복지 국민국가든(KWNS는 Jessop 2002d를 보라), 앞선 민주주의 제도들보다는 현존하는 국민적 민주주의들에 비교해야 한다. 현대 서구 국가는 강력한 행정부, 대중을 수단으로 삼는 국민투표 민주주의, 권위주의적 대중 정당을 통해 권위주의적 국가주의의 경향을 갖는다(cf. Poulantzas 1978b; 앞의 5장을 보라). 따라서 유럽연합에 민주주의적 결함이 존재한다면, 그 결함은 더 일반적으로 서로 보강하는 다양한 규모를 결여한 국가성의 현대적 형태에 관련 있을 것이다. 이런 사실은 더 민주적인 형태의 대표성과 더 많은 민주적 책임성을 발전시키려는 시도가 민주주의의 성격과 실현 가능성에 대한 다양한 이해에 중점을 둬야 한다는 점을 시사한다.

국가 중심적 분석의 세 번째 문제는 국가-사회 구분을 사회적으로 구성되고, 정치 체계 안에 존재하고, 변하기 쉬운 것으로 다루기보다는 이 구분을 자연화하는 경향성이다(서론과 2장을 보라). 따라서 유럽연합의 변화를 현대 국가성의 재조직화와 방향 전환의 계기로 해석하기 위해, 우리는 더 넓은 정치 체계가 조직되는 방식과 영토 경계의 변화가 국가 권력의 더 일반적인 재조직화에 기여할 수 있는 방식을 고찰해야 한다. 뒤의 문제는 또한 변화하는 제도 구조와 새로운 형태의 정치적 동원에 관련된 전략적 선택성의 패턴 변화에 연관돼야 한다. 이런 사실은 유럽연합이 고정된 형태의 국가가 아니라, 특히 국가 형성 과정에서 표출되는 새로운 세력 균형의 한 측면, 곧 경로 의존적일 뿐 아니라 경로 형성적인 제도적 물질화라는 점을 뜻한다.

거버넌스 중심적 접근들

단순한 거버넌스 중심적 접근은 점점 더 복잡해지는 지구적 사회 질서에서 근대 국가에 관련된 폭력의 합법적 독점과 하향식 개입이 부적절하거나 심지어 해롭다고 주장한다. 따라서 거버넌스 중심적 접근은 **국가성의 탈국민화**de-nationalization of statehood보다는 **정치의 탈국가화**de-statization of politics(또는 **국가의 탈위계화**de-heirarchization of the state) 경향에 초점을 두며, 국가 안뿐 아니라 국가를 넘어서는 폭넓은 범위의 파트너나 이해관계자에 관련된 복잡한 조정 문제를 해결하는 데 성찰적 자기 조직이 하는 구실이 증가하는 상황을 강조한다(Jessop 1997b; 2002d; 2003c). 이것은 분권화된 형태의 거버넌스를 중앙 집권화된 주권 국가의 활동에서 분석적으로 구분하는 두 가지 토대를 제공한다. 첫째, 정의상 통치되는 것이 아니라 통치하는 정치 단위이기 때문에 주권 국가는 위계적 질서hierarchy(강제적 조정imperative coordination)의 전형적 표출로 여겨질 수 있다. 따라서 우리는 주권 국가 너머에서 국가 간 관계의 무질서 anarchy를, 그리고/또는 자기 조직적 국제 사회의 수평적 질서 heterarchy를 발견하게 된다. 그리고 둘째, 주권 국가는 주로 자신만의 영토 안에서 벌어지는 활동을 통치하는 행위와 다른 국가들에 대항해 자국의 영토를 수호하는 행위에 관련된다. 대조적으로 거버넌스는 강제적 조정보다는 성찰적 자기 조직(네트워크, 협상, 소극적 조정, 적극적 협력 행동)에 기반한다. 그리고 거버넌스는 한정되고 제한된 영토 안에서 일어나는 활동보다는 범위가 어떠하든 기능적 상호 의존을 관리하는 행위(그리고 아마도 가변적 기하학)에 우선적으로 관련된다.

이런 측면에서 유럽연합은 일련의 기능적 문제를 둘러싼 활동을 조정하려 시도하는 다양한 수준의 국가 행위자**와 비국가** 행위자를 다수 포함하는 거버넌스의 주된 새로운 장소다. 국가 행위자뿐 아니라 비국가 행위자를 참조하지 않고, 그리고 영토 문제뿐 아니라 기능 문제를 참조하지 않고, 다차원 거버넌스(앞으로 MLG)를 정부간주의하고 구분하기 어렵다. 따라서 핵심 질문은 어떻게 국가 행위자와 비국가 행위자가 여러 영토 수준을 가로질러, 그리고/또는 다양한 기능 영역을 가로질러 공통 이해관계를 적어도 결국 조직해내는지가 된다. 이 질문에 관련해 두 가지 주요 접근이 있는데, 조정의 수직적 차원을 강조하는 자기 기술적 다차원 거버넌스 접근, 그리고 이 접근에 상응하는 작업으로서 (때로 '네트워크 국가'라 불리는) '네트워크 정치체' 개념을 통해 조정의 수평적 차원을 강조하는 접근이다.

현재 맥락에서 MLG는 여러 규모의 국가 영토 조직을 가로지르는 다양한 이해관계자들 사이의 성찰적 자기 조직의 제도화를 포함한다. 여기에는 두 가지 함의가 있다. 첫째, 국가 행위자는 전체 네트워크를 대신해 집단적으로 합의된 목표와 목적을 실현시키는 일을 도우려고 자신들의 주권을 비롯해 다른 독특한 능력들을 공유하며 복잡한 네트워크 안의 협상 파트너로서 협력한다. 국가 행위자는 단일한 위계적 지휘 체계 안의 주권의 직접적 보유자보다는 기껏해야 복잡하고 이질적인 네트워크 안의 동등한 행위자들 중 일인자primus inter pares로서 국가를 운영한다. 따라서 국가의 형식적 주권은 지배적 자원보다는 여러 자원들 중에서 한 가지 상징적, 그리고/또는 물질적 자원으로 보는 편이 더 적절하다. 실제로 이런 관점에서 주권은 국가의 하나의 포괄적이고 결정적인 특징보다는 일련의 특수한 국가 능력들(이를테면 입법, 재정, 강압 또는 다른 국가 권력들)로 해석하는 편이 더 적절하다. 따라서 국가는 조직화된 강압에 대한 독점, 국민 통화에 대한 통제, 과세에 대한 독점을 수반하는 국토에 대한 주권적 통제에 직접적으로 관련되지 않은 다른 자원들 또한 제공하게 된다(Krätke 1984; Willke 1992). 그러므로 국가 개입은 덜 위계적이고, 덜 중앙 집권적이고, 덜 지시적이 된다. 다른 이해관계자는 집단적으로 합의된 목표와 목적을 진전시키기 위해 다른 상징적, 그리고/또는 물질적 자원(이를테면 개인 재산, 정당성, 정보, 전문 지식, 조직 능력 또는 수적 힘)을 기여한다. 둘째, 주권 국가에 관련 있다고 주장되는 영토 권력의 분명한 위계적 질서에 대조적으로, MLG는 뒤얽힌 위계적 질서와 복잡한 상호 의존을 수반한다. 따라서 유럽연합은 규모가 조정된 초국민적 주권 국가장치로 기능하기보다는, 폭넓은 공적, 준공적, 사적 경제 이해관계 집단과 시민사회 대표들이 참여하는 다양한 규모의 행동 안에서, 그리고 이런 행동을 가로질러 경제 정책과 사회 정책을 조정하는 데 관련된 광대하게 뒤얽힌 거버넌스 운영망의 결절점으로 기능한다.

 네트워크 정치체(또는 국가)는 유럽 국가European state 정치 체계의 성격에 관한 보완적 설명을 제공한다. 유럽 네트워크 국가에 관한 마누엘 카스텔스의 주장, 유럽 거버넌스의 최근 패턴을 발전된 (신)자유주의 형태의 통치성을 향한 변화로 해석하는 푸코주의적 견해, 네트워크 정치체에 관한 거버넌스 이론적 설명 등 세 가지 형태를 언급할 수 있다. 셋째 형태가 가장

널리 퍼져 있지만, 나는 각각에 관해 간략하게 언급하려 한다.

  카스텔스는 유럽 국가까지 권한이 이양되는 과정을 포함함으로써 이미 존재하는 유럽 국민국가가 대체되기보다는 유럽연합 **전체**가 하나의 네트워크 국가로 작동하는 경향이 있다고 주장했다. 카스텔스는 네트워크를 통해 권한(곧 최후 수단으로 합법적 폭력을 가하는 능력)을 공유하는 국가로 네트워크 국가를 정의한다. 여기에서 카스텔스는 일정한 영토에서 폭력을 합법적으로 독점하는 장치라는 전통적인 베버주의적 국가 개념을 보유하는데, 다시 말해 유럽연합의 권한이 특정한 영토에 해당된다는 의미다. 그러나 카스텔스는 정의상 네트워크는 중심이 아니라 결절점을 갖는다고 덧붙이는데, 이 말은 이런 독점에 관한 통제가 중앙 집권화된다기보다는 분산된다는 의미다. 결절점이 크기에 따라 다양할 수 있고 네트워크를 상대로 비대칭적 관계를 갖기 때문에 이런 설명은 특히 개연성이 높다. 실제로 회원국이 형성시킨 결절점은 각각의 권력들과 능력들에서 서로 다르고, 심지어 가장 큰 세 회원국은 각각 다른 (기술적, 산업적, 재정적, 군사적) 힘을 갖는다. 이를테면 카스텔스는 독일은 헤게모니적 경제 권력이고, 영국과 프랑스는 더 큰 군사력을 가지며, 그리고 세 국가 모두 다른 회원국에 비교해 적어도 동등한 기술 능력을 갖는다고 주장한다(Castells 2000, 5). 유럽 '네트워크 국가'의 결절점들 사이에 나타나는 이런 권한과 영향력의 분산은 유럽 기관들의 복잡하고 가변적이고 변동적인 기하학에 반영돼 있다. 이런 일련의 기관들 안의, 그리고 자신의 전략을 추구하는 국민적 행위자들 사이의 끝없는 협상은 복잡하고 느린데다가 비효율적으로 보일 수 있다고 카스텔스는 주장한다. 그러나 다양한 나라들뿐 아니라 다양한 정치적 지향을 가진 집권 정당들의 다양한 이해관계를 수용하고 정책을 바꾸면서 유럽연합이 그럭저럭 난관을 타개할 수 있게 하는 요인은 바로 이런 불확정성과 복잡성이다(Castells 2000, 2, 5). 카스텔스의 설명에는 국가 이론적 가정이 분명히 각인돼 있으며, 자유주의적 정부간주의와, 그리고/또는 초국민주의에 비교할 때 이런 설명이 가져온 주요 혁신은 국민국가와 유럽 기관들 사이의 관계에 내재된 복잡성의 (결코 전부가 아닌) 일부를 보여주는 네트워크 비유의 사용이다.

웬디 라너와 윌리엄 월터스는 국제적 통치술의 형태로 제국주의, 발전주의, '신지역주의'를 구분한다(Larner and Walters 2002). 푸코주의 이론과 유럽뿐 아니라 북아메리카와 아시아-태평양의 실제 발전에 의존해서, 라너와 월터스는 또한 국제적 통치술의 몇몇 독특한 핵심 특징을 열거한다. 행위자-네트워크 이론에서 일부 영감을 받은 네트워크 국가로서 유럽연합에 관한 앤드루 배리의 분석(Barry 2001)과 1999~2000년 포르투갈 주재 기간 동안 결의된 리스본 전략에서 공표되지만 더 오랜 전사를 갖는 새로운 '개방형 조정 방식OMC'에 관한 옌스 헨리크 하르의 연구(Haahr 2004)는 더 초점이 맞춰진 두 가지 푸코주의적 설명을 제공한다. OMC는 전통적인 하향식의 '적극적 통치'와 신자유주의적 질서 정치Ordnungspolitik에 기반해 유럽식 '규제 국가regulatory state'로 나아간 이전의 경향(이것에 관해서는 Majone 1997을 보라)하고는 다른 '연성' 형태의 거버넌스다. 따라서 OMC는 목표의 협력적이고 중앙 집권적인 형성, 이 목표를 향한 진전을 측정하는 지표의 정량화, 분권화된 시행, 다양한 회원국의 진전에 관한 체계적 모니터링을 포함한다. 그렇게 해서 OMC는 회원국들이 유럽연합에 새로운 사법권을 이양하지 않고 유럽 수준의 문제를 처리할 수 있게 만든다. 이런 측면에서 OMC가 발전된 자유주의 형태의 통치를 반영한다고 하르는 주장한다. 이런 통치는 구조화되고 조건화된 자유freedom 개념을 구현한다. 이런 통치는 자유liberty를 확립하고 촉진하는 동시에 자유를 규율하고 자유의 행사를 제한하는 '자유의 실천들'이다. 이런 통치는 고전적 자유주의, 그리고/또는 케인스주의 복지국가 방식의 처리 과정을 통한 더 직접적인 방법보다는 교묘한 처리 기법과 메커니즘을 통해 통치한다. 따라서 이런 새로운 통치 기법은 협약contracts, 협의consultation, 협상negotiation, 파트너십partnerships, 역량 강화empowerment, 활성화activation를 포함하는 반면, 또한 규범norms, 표준standards, 기준benchmarks, 성과 지표performance indicator, 품질 관리quality controls, 모범 사례 기준best-practice standards을 확립한다. 요컨대 "발전된 자유주의적 통치는 우리의 자유를 통해, 곧 이런 자유가 구조화되고 형성되고 예측되고 계산 가능해지는 방식을 통해 작동한다"(Haahr 2004, 216). 국민국가에서 유럽 수준으로 규모가 조정되면서, 보완성의 구성 원리를 따르고 사회적 파트너social partners[2]와 시민사회뿐 아니라 관련 지역과 지자체를 상대로 협의해 회원국이 새로운 주요 지역에서 자기만의 정책을 발전시키는 시도를 돕게 하는 OMC의 공표된 구실에서 이런 통치 기법을 확인할 수 있다. 전략을 발전시키고, 목표 설정과 모니터링을 하고, 파트너십을 형성함으로써, '발전된 자유주의' 형태의 통치성은 시민사회의 에너지를 동원하는 동시에 규율할 수 있다. 이런 식으로 회원국은 유럽연합의 강권에 직접 종속되지 않으면서 전략을 마련하고 목표에 이를 만한 행위자로 볼 수 있고, 유럽연합 집행위원회Commission는 합의에 따라 결정된 협정 목표를 달성하면서 회원국이 거둔 상대적 성과를 평가하도록 역량이 부여된 기관으로 볼 수 있다(Haahr 2004).

신생 유럽 네트워크 정치체에 관한 더 전통적인 거버넌스 이론적 분석들은 다양한 규모를 가로지르는 다양한 영역 사이의 복잡한 호혜적 상호 의존을 특징으로 하는 맥락 속에 진행되는 엄격한 위계적 조정에 의존하는 일의 곤란함에서 출발한다(Ladeur 1997; Pitschas 1995). 이런 접근에 관한 훌륭한

---

[2] "사회적 파트너는 일반적으로 모든 관련 집단의 이익을 위해 서로 합의된 목표를 달성하기 위해 노동 관계에서 협력하는 집단이다. 사회적 파트너의 사례에는 이를테면 사용자, 노동자, 노조, 정부 등이 있다"(Wikipedia, "Social partners", 2019년 7월 27일 최종 접속) — 옮긴이.

개관을 제공하는 크리스 앤셀은 자신의(그리고 다른 학자들의) 연구 결과를 다음처럼 개괄한다.

> 네트워크화된 정치체는 국가와 사회 조직이 둘 다 (다원주의에서 그러하듯) 수직적이고 수평적인 요소로 나뉘지만 (조합주의에서 그러하듯) 협력적 교환을 통해 함께 연계되는 거버넌스 구조를 말한다. 네트워크화된 정치체의 조직 구조는 기계적이라기보다는 유기적인데, 다시 말해 지식과 이니셔티브가 둘 다 분권화되고 폭넓게 배분된다는 의미다. 조직 내부의, 그리고 조직을 가로지르는 수평적 관계가 적어도 조직 관계만큼 중요하며, 일반적 조직 관계는 다대일(위계적 질서)보다는 다대다(수평적 질서)의 패턴을 따른다. 교환은 개별적이고, 그리고/또는 비인격적[이라기보다는] 분산되고, 그리고/또는 사회적이다. 거버넌스 논리는 특정한 목적을 가진 프로그램보다는 통합적 해결을 지향하는 특정 프로젝트를 둘러싼 행위자들의 독특한 형세를 종합하는 일을 강조한다. 이런 프로젝트팀은 공적인 것과 사적인 것 사이의 경계와 조직 영역을 교차시키게 된다. 조직 간 관계망에서 고도의 중심성을 가진 국가 행위자는 이런 프로젝트팀을 구성하거나 조정하는 데 촉진적 리더십을 제공하는 자리에 놓이게 된다. (Ansell 2000, 311)

일단 카스텔스와 푸코주의자를 제외한 주요 거버넌스 중심적 접근에 세 가지 주된 비판을 겨눌 수 있다. 첫째, 다양한 학문적 뿌리와 폭넓은 범위를 고려할 때 거버넌스에 관한 작업은 보통 대부분 전이론적 단계에 머무른다. 거버넌스 개념이 포함하는 내용보다 그 개념이 배제하는 내용이 훨씬 더 분명하다. 이런 특성은 다양한 목적에서 고안된 거버넌스 메커니즘 유형이 급증한 데에, 그리고 이 개념이 포함하거나 배제하는 내용에 관한 상당한 정도의 (보통 암묵적인) 의견 차이에 반영돼 있다. 따라서 많은 초기의 분석들이 유럽연합 정치 체계가 전통적 통치 개념에 쉽게 동화될 수 없다거나 전통적 통치 개념의 측면에서 연구될 수 없다는 점을 밝혔지만, MLG가 정확히 어떻게 작동해 유럽 정치체를 낳았는지, 이런 맥락에서 거버넌스의 대상이 어떻게 규정되는지, 이해관계자가 어떻게 규정되는지는 불분명했다. 그 뒤의 작업은 이런 문제들을 다루기 시작했지만, 어떻게 서로 다른 다차원 거버넌스 체제들이 적어도 존재한다면 상대적 통일성을 얻게 되는지는커녕 어떻게 이런 체제들이 연결되는지 하는 문제를 미해결 상태로 남겨둔 채 보통 특정 정책 영역이나 정책 네트워크에 제한된다. 또한 MLG의 지시 대상에 심각한 모호함이 존재한다. 왜냐하면 이 용어가 국가성의 탈국민화, 정치의 탈국가화, 영토 권력들과 기능 권력들의 재접합 등 현대 국가 발전의 각기 다른 경향을 포착하는 데 사용되기 때문이다. (각각 자신만의 반경향을 갖는) 분석적으로 구분되는 세 가지 경향의 상호 작용을 기술하려고, 또는 적어도 이런 경향의 결합 효과를 특징지으려고 사용된다는 사실은 이 개념이 최근 일어나는 변화에 관해 명확하게 설명하는 것만큼이나 모호하게 설명할 수 있다는 점을 시사한다.

 둘째, 거버넌스 이론은 폭넓은 영역의 문제 해결과 위기 관리에 관한 관심에 밀접히 관련되는 경향이 있다. 이런 연관은 일부 거버넌스 이론가들이 (사회적이고 담론적으로 구성되는) 특수한 문제들에 관한 특수한 집단적 의사 결정이나 목표 달성에 초점을 두는 경향, 그리고 거버넌스가 문제 해결에 기여하는 방식을 연구하는 경향으로 이어졌다(이런 사실에 대한 뒤늦은 자기 비판에 관해서는 Mayntz 2001을 보라). 그러나 이런 경향은 거버넌스 실패, 곧 거버넌스가 공표된 목표를 달성하는 데 실패하는 경향성을 갖는 문제를 도외시하는 태도로 쉽게 이어질 수 있다. 또한 한층 더 강력한 이유로, 거버넌스의 다양한 행위자나 주체들이 다양한 형태의 메타 거버넌스에 관여하려 시도하면서 이런 거버넌스 실패에 다양하게 대응하는 과정을 도외시하는 태도로 쉽게 이어질 수 있다(cf. Jessop 2000b). 메타 거버넌스의 두 가지 측면이 여기에 관련이 있다. 한편으로 많은 연구가 거버넌스의 특수한 문제 영역이나 대상에 초점을 두기 때문에, 이런 연관은 다양한 거버넌스 체제의 상대적 양립 (불)가능성이라는 문제, 그리고 유럽 프로젝트와 유럽 국가성의 전반적 통일성에 관련해 이런 양립 (불)가능성이 갖는 함의라는 문제를 무시하는 경향이 있다. 그리고 다른 한편으로 많은 경험 연구가 메타 거버넌스의 존재를 간과했다(또는 적어도 이론화하는 데 실패했다). 앤드루 던사이어(Dunsire 1996)가 '공진collibration'[3]이라고 이름 붙인 이런 복잡한 과정은 복잡한 상호 의존 관계를 전반적으로 조정하는 과정에서 교환, 위계적 질서, 네트워킹, 연대(또는 공동체)의 비중과 표적을 바꾸려는 시도를 수반한다. 그러나 이런 메타 거버넌스는 유럽 통합, 그리고/또는 국가 형성에 관한 많은 논쟁에서 핵심적이며, 특히 통합의 다양한 단계들에 관련해 유럽

---

[3] "공진(collibration)은 앤드루 던사이어(Andrew Dunsire)가 만든 신조어다(Dunsire 1990, 4; 또한 Dunsire 1993; 1996을 보라). 던사이어가 어원을 설명하지는 않지만 공진은 전치사 'cum'(with)과 라틴어 'libra'(balance)에서 파생된 합성어가 분명하며, 던사이어에게 이 용어는 많은 대상, 과정, 관계 사이의 균형을 조작하는 과정을 가리킨다. 'equilibrate'와 'collibrate' 사이의 차이에 관련해, 'equilibration'이 두 사물의 균형이 잡히는 데 관련되는 경향이 있는 반면에(이를테면 규모) 'collibration'은 여러 세력들의 분별 있는 균형 잡기라는 점을 덧붙일 수 있다. 던사이어는 공진을 이렇게 설명한다. "'Collibration' 또는 'co-libration'은 분할 통치, 규모를 조작하는 행위, 시장을 조작하는 행위, 장부를 조작하는 행위, 경쟁의 장을 공평하게 만드는 행위, 규칙을 몰래 바꾸는 행위 등을 기술하는 신조어다. 이런 시도는 모두 균형을 교란시키는 것, 또는 균형을 유지하게 돕는 행위, 또는 균형점을 옮기는 행위를 의미한다"(Dunsire 1996, 318~319). 따라서 공진은 균형을 바꾸려는 이항 대립의 서로 다른 제도적 또는 조직적 표출에 기반해 고유의 견제와 균형을 이용한다(Dunsire 1996, 320~321). 앞의 글에서 던사이어는 이렇게 쓰고 있다. "거버넌스 도구로서 공진의 본질은 어떤 이해 영역이든 적대 세력이 이미 움직이는 사실을 확인하고, 균형(동일한 압력, 긴장, 흡인력을 통해 형성된 균형)이 나타나는 지점이 공공 정책에 일치하는지를 판단하고, 그다음에 필요하다면 중요한 결정 사안에 '명령'을 하거나 기준 또는 금지 사항을 규정하는 데 전념하는 방식이 아니라, 어느 정도 지원을 필요로 하는 측이나 이해 집단에 유리하게 균형을 바꿈으로써 개입하는 방식이다"(Dunsire 1990, 17). 다시 말해 공진은 다양한 측의 반대, 적대, 모순을 표출하는 한 체계의 다양한 견제와 균형 사이의 관계를 바꾼다(Dunsire 1996, 320~321; cf. Jessop 2013). (자신의 용어를 써서) 다른 종류의 자본뿐 아니라 '상징 자본의 중앙은행'으로서 국가가 공공 이해관계, 그리고/또는 자신의 이해관계를 지키기 위해 다양한 종류의 자본(이를테면 경제, 상징, 문화, 지식, 정치) 사이의 관계를 바꾸는 '메타 자본의 중심'이라고 주장할 때, 피에르 부르디외는 유사한 아이디어를 제안한다(Bourdieu 2014, 197, 222~223, 345~346). 공진은 순전히 기술적 과정 또는 기술 관료적 과정이 아니라, 국가 권력의 다른 측면처럼 통치나 거버넌스의 특수한 대상, 기법, 주체를 둘러싸고 조직되는 더 넓은 '타협의 불안정한 균형'을 확보하거나 수정하려는 노력을 수반한다"(Jessop 2015, 253, note 13) — 옮긴이.

연합 자체의 의제에서 오랫동안 핵심 문제였다. 이것은 파트너십, 커미톨로지comitology,[4] 사회적 대화에 대한 의존이 증가하는 상황에, 그리고 유럽 통합을 이끌고 유럽연합의 정책 형성과 시행을 조정하려 시도하면서 비정부 기구와 사회운동을 부가적 요소로 동원하는 상황에 반영돼 있다(cf. Scott and Trubek 2002). OMC의 확대를 지지하는 '리스본 전략Lisbon Strategy', 그리고 거버넌스를 다룬 최근 출간된 백서는 메타 거버넌스의 적절한 메커니즘에 관한 이런 탐색에서 가장 최신의 두 국면이다(아래를 보라).

셋째, 매우 다원주의적인 기능적 관심과 마찬가지로 가변적인 기하학에도 불구하고, MLG와 네트워크 정치체에 관한 작업은 네트워크 정치체의 모든 영토적 정박의 우위에 관해 근본적 문제를 제기한다. 신생 유럽 정치체에 관련해 이념형적으로 가능한 네 가지 미래 시나리오를 확인하면서, 필립 슈미터는 바로 이런 문제를 제기한다. 이 시나리오는 정치 체제 형성에 관한 두 가지 축의 교차표, 곧 첫째, 본질적으로 베스트팔렌적 형태의 영토 조직 대 '신중세주의적' 형태의 영토 조직, 둘째, 이질적이고 유연한 기능적 대표성 대 단단히 체계적이고 매우 안정된 기능적 대표성에서 비롯된다. 가장 흥미로운 (그리고 가장 타당해 보인다고 슈미터가 주장한) 두 시나리오는 콘도미니오condominio(유연한 기능적 대표성과 정책 결정을 특징으로 한 신중세주의적 국가 체계)와 콘소르티오consortio(다중심적이고 조화되지 않은 유연한 기능적 대표성과 정책 결정을 특징으로 한 대체로 정부 간적인 국가들의 유럽Europe des patries)다. (초국민적 유럽 초국가에 상응한다고 여겨질 수 있는 국가Stato를 낳는) 아주 체계적이고 조화로운 유럽 체계의 기능적 대표성을 특징으로 하면서 유럽 수준으로 규모가 조정된 베스트팔

---

[4] 유럽연합 집행위원회와 회원국 정부의 관료가 정책을 공동 입안하는 유럽연합 차원의 의사 결정 절차나 방식 — 옮긴이.

렌 국가는 개연성 없는 시나리오로 여겨졌고, 국가 연합ᶜᵒⁿᶠᵉᵈᵉʳᵃᵗⁱᵒ(단단하게 조직되고 안정된 기능적 대표성을 특징으로 한 신중세주의적 영토 협정)은 심지어 훨씬 더 개연성 없는 시나리오로 여겨졌다(Schmitter 1992).[5]

정해진 답이 없는 사고 실험으로 볼 수 있는 슈미터의 유형론 시도는 두 가지 기여를 한다. 첫째, MLG, 그리고/또는 네트워크 형태의 정치 조직에 관한 연구가 영토 조직의 문제를 무시하지 말아야 하며, 둘째, 기능적 문제와 영토적 문제가 함께 제기될 때 다차원 메타 거버넌스의 문제가 실천과 이론 둘 다에서 핵심적이 된다는 점을 시사한다. 우리는 또한 유럽연합의 정치 행위자에 관한 분석이 영토적으로 그 회원국(그리고 어쩌면 가입 후보국)에, 그리고 기능적으로 유럽연합과 그 회원국이 직접 조직하고 통제하는 정치 공간에 주로 정박하고 있는 조직화된 이해 집단과 운동에 어느 정도 국한될 수 있는지를 질문해야 한다. 왜냐하면 유럽 통합의 형태, 속도, 정도는 다른 국가들(특히 미국과 러시아)은 물론 유럽연합 바깥에 단단히 뿌리내린 다양한 비국가 세력에도 관련 있기 때문이다.

이런 문제들 각각은 MLG 접근의 타당성에 이의를 제기한다. 특히 이 문제들 때문에 조셉 와일러와 볼프강 베셀스는 이런 접근이 "너무 많은 사례 연구, 제한된 경험과 조직 묘사에서 얻은 임기응변적 교훈, (그리고) 너무 적은 이론적 매개"(Weiler and Wessels 1988, 230n)로 구성됐다고 말한다. 물론

---

5 슈미터는 기능과 영토에 따라 세계화 시대의 네 가지 국가 형태를 구분한다(P. C. Schmitter, "Imagining the Future of Euro-Polity with the Help of New Concepts," Gary Marks, Fritz W. Scharpf, Philippe C. Schmitter, Wolfgang Streeck, *Governance in the European Union*, London: Sage, 1996, p. 134; 임혁백·성경륭·마동훈, 《세계화의 문화정치학》, 집문당, 2004, 37쪽에서 수정 재인용) — 옮긴이.

기능/영토	유동적 영토	고정적 영토
유동적 기능	콘도미니오(Condominio)	콘소르티오(Consortio)
고정적 기능	국가 연합(Confederatio)	국가/연방(Stato/Federatio)

이런 임기응변적 논리는 어느 정도 신생 유럽 정치체의 실제 복잡성을 반영한다. 이런 복잡성이 전혀 존재하지 않는다면 오히려 놀라운 일이다. 국민국가는 또한 통치, 그리고/또는 거버넌스의 이질적 패턴, 곧 국가 개입의 대상, 정책 영역의 성격, 국가 안과 국가를 넘어서는 세력 균형의 변화 등에 따라 달라지는 패턴을 수반하기 때문이다. 이런 측면에서, 어쩌면 우리는 주권 국가가 규모 조정되는 모습이나 국민국가가 국민적 이해를 추구하는 또 다른 무대가 출현하는 모습보다는 통치와 거버넌스의 복잡성에 관한 규모 조정이 일어나는 모습을 목격하는 중일지도 모른다. 국민적 규모의 이런 복잡성은 신생 유럽연합 정치체에 몇몇 통찰을 제공할 수도 있다.

선진 자본주의 사회에서 국가성의 변화

여기에서 나는 와일러와 베슬스가 요구한 이론적 매개에 대한 하나의 접근을 보여주려 현대 국가성의 세 가지 경향과 반경향을 확인하려 한다. 이 세 가지 경향은 서유럽에 국한되기보다는 삼극 지역 전체(북아메리카, 동아시아, 서유럽)에서 나타난 선진 자본주의 경제의 발전에 관한 이론적으로 정통한 관찰에서 비롯된 결과다. 이런 측면에서 이 지역을 가로지르는 이 경향의 일반성(그리고 따라서 다른 곳에서 이 경향들의 발생)은 이 경향이 유럽 지역에 특유한 과정을 통해 발생하지 않는다는 점을 시사한다. 이런 이유 때문에 이 경향은 유럽 국가성의 발전에서 나타난 최근 경향을 맥락화하고 해석하는 데 도움을 줄 수 있다(Ziltener 1999). 그러나 이 경향에는 또한 많은 다른 원인이 있다. 우리는 이 경향 자체를 단일한 인과 메커니즘으로 다루지 않아야 하는데, 그렇지 않으면 이 경향의 본질적으로 기술적이고, 종합적이고, 일반화하는 성격을 도외시하게 된다. 또한 우리는 이런 경향을 모든 국민 또는 삼극 체제를 가로지르는 무지향적 운동이나 다자간 수렴으로 여기지 않아야 한다. 대신에 이 경향은 다양한 경험적 형태를 띨 수 있고, 실제로 그런 형태를 띤다(이를테면 북아메리카와 유럽의 국경을 넘는 지역 협력 체제의 상이한 동학은 Blatter 2001을 보라). 게다가 각각의 경향은 영토적 국가성의 근본적 변형에 관한 모든 일방적 주장을 필연적으로 제한하는 일련의 반경향들하고 상관관계에 있을 수 있다. 이 반경향은 또한 다양한 과정과 실천에서 비롯된다(더 자세한 사항은 Jessop 2002d, 193~204를 보라; 요약은 상자 9.1을 보라).

여기에서 이런 세 가지 경향과 반경향은 한 가지 주요 이유 때문에 문제가 된다. 국민국가를 더는 주권 국민국가라는 일반적으로 받아들여지는 개념의 측면에서 이해할 수 없다면, 어쩌면 하나의 국가 형태로 발전하는 유럽연합을 연구하는 데 이 개념 또한 타당하지 않을 수 있다. 실제로 우리는 더 나아갈 수 있다. 국민국가가 위에서 주장된 방식으로 변화하고 있다면, 재영토화되고, 탈국가화되고, 국제화된 국가들의 세계에서 유럽연합의 미래 위치와 활동이 아주 신중하게 재고돼야 한다. 우리가 목도하는 현상은 주권 국가의 규모 조정이나 국민국가가 국민적 이해를 추구하는 또 다른 무대의 출현이라기보다는 **통치와 거버넌스**의 복잡성의 규모 조정이다.

자본 축적에 연관된 국가의 형태와 기능의 변화에 관련해 거의 동일한 주장을 할 수 있다. 우리는 이런 변화를 경제 정책, 사회 정책, 규모, 그리고 시장 실패를 보완하는 주요 메커니즘이라는 네 가지 핵심 차원에 따라 연구할 수 있다. 이 네 가지 차원을 참조할 때, 우리는 전후 북서유럽 국가를 이념형적으로 케인스주의 복지 국민국가(또는 KWNS)로 기술할 수 있다. 다른 곳에서 탐구된 이유 때문에(Jessop 2002d), KWNS는 1970년대 후반과 1980년대 초반에 다양한 주요 위기를 겪었다. 그 뒤 각 차원에서 새로운 기능을 가진 새로운 형태의 국가가 경향적으로 KWNS를 대체하고 있다. 나는 이런 체제를 슘페터주의 근로 연계 복지 탈국민 체제(또는 SWPR)라 이

상자 9.1 국가 재구조화의 경향과 반경향

경향
- 국가의 탈국민화(국가의 공동화)
- 정치의 탈국가화(통치에서 거버넌스로)
- 정책 체제의 국제화(국내 정책의 국외 원천)

반경향
- 규모 간 접합에서 국가 영역의 증가
- 메타 거버넌스에서 국가 구실의 증가
- 국가들이 국제 체제의 형태와 시행을 두고 경쟁

름 붙였고, 이제 유럽연합과 이런 체제의 관련성을 고찰하려 한다.

신생 유럽 정치체는 (국민국가의 권력들이 이동되는 상위 규모가, 파트너십의 새로운 형태가 조직되는 장소가, 정책 체제의 국제화가 일어나는 공간이 각각 가장 높은 수준이 되지 않고도) 국가의 탈국민화, 정치의 탈국가화, 체제의 국제화가 통합되는 계기다. 마찬가지로 아무리 비효율적이든 유럽 정치체를 건설하는 데 쓰인 지배적 전략, 아무리 불순하든 유럽 정치체가 띠는 형태, 아무리 불완전하든 유럽 정치체가 하는 기능, 아무리 결함 있든 유럽 정치체를 해석하려 쓰인 이론적 패러다임의 변화는 모두 선진 자본주의 경제에서 국가의 시기 구분에 관련 있다. 따라서 패트릭 질트너(Ziltener 1999)가 상세히 열거한 유럽 정치체 발전의 국면을 조금 숨가쁘게 서술하면 다음 같다.

1. 서유럽 통합을 향한 첫 단계는 서유럽을 대서양 포드주의의 경제적, 정치적 회로 안에 통합시키려는 의도로 전후 재건을 촉진하려는 목표를 지닌 대서양 횡단 연합을 통해 시작됐다(cf. van der Pijl 1984).
2. 대서양 포드주의의 호황기 동안, '모네 방식의 통합'은 다양한 국민적 포드주

의 방식의 발전 조건을 확보할 수 있는 유럽 수준의 '케인스-조합주의Keynesian-corporatist'(원문 그대로) 형태의 국가성을 형성하는 데 관련됐지만(cf. Ruigrok and van Tulder 1996), 포드주의 안의/포드주의의 서로 연계된 경제적, 정치적 위기에 대응해 회원국이 엇갈리는 전략을 추구하면서 위기 징후를 드러냈다.
3. 결과적으로 나타난 유럽 통합의 위기는 새로운 빙식의 통합에 관한 탐색을 촉진시켰고, 신자유주의, 신조합주의, 신국가주의 흐름 사이에서 일어난 상당한 갈등을 동반한 내부 시장 프로젝트로, 그리고 새로운 방식의 경제적, 정치적 조정의 발전으로 이어졌다(cf. van Apeldoorn 2002).
4. 새로운 방식의 조정을 수반한 실험 기간 뒤, 이 갈등의 잠정적 결과는 지구화된 지식 기반 경제 속에서 유럽의 구조적 경쟁력을 촉진하는 데 관련된 새로운 '슘페터주의 근로 연계 복지' 방식의 통합과 조정에서 확인할 수 있다(cf. Telò 2002).

질트너는 또한 모네의 케인스-조합주의 시기의 유럽 정치체 건설에 관련한 지배적 갈등선이 초국민주의 대 정부간주의이며, 들로르 프로젝트란 케인스주의 복지국가(또는 KWNS)를 유럽 수준으로 규모 조정하려는 실패한 초국민적 시도로 볼 수 있다고 주장한다(Ziltener 1999, 129~130, 180~184). 우리는 SWPR를 향한 유럽의 변화가 적절한 형태의 다차원 거버넌스와 '네트워크 정치체'를 둘러싼 지배적 갈등선의 변화에 연관된다는 점을 여기에 덧붙일 수도 있다. 물론 유럽 통합의 복잡성, 조정 방식의 복잡성, 조정 방식이 의도한 기능, 조정 대상에 따른 조정 방식의 변이, 그리고 다양한 분과 안에서 그 분과들을 가로지르는 패러다임 경쟁과 패러다임 변화의 복잡성을 제대로 다루기에 이 스토리는 너무 간략하다. 그러나 이런 설명은 유럽 정치체를 시기 구분하고, 훨씬 더 큰 지구적 규모의 국가성의 재조직에 관련된 더 넓은 맥락에 유럽 정치체를 가져다놓을 필요성을 보여준다.

슘페터주의 근로 연계 복지 탈국민 체제로서 유럽연합

이 변화에서 무엇이 중요한지를 명확히 하기 위해, 그렇지 않으면 혼란스러운 경향과 반경향에 관한 논의에 어느 정도 체계를 세우기 위해, 우리는 KWNS에서 SWPR로 나아가는 이행에 수반되는 서로 연관된 네 가지 측면에서 유럽연합의 최근 변화를 검토할 수 있다. 유럽연합에서 이 변화들을 각각 발견할 수 있다. KWNS에서 SWPR로 나아가는 이행이라는 가정이 대서양 포드주의 회로 안의 국민 경제에 관한 세심한 경험적 관찰에 결합된, 자본주의 발전 경향에 관한 이론적 분석에서 비롯되기 때문에, 이런 발견은 좀처럼 놀랍지 않다. 그러나 앞선 설명이 북서유럽뿐 아니라 북아메리카와 대척지Antipodean 사례에서 비롯되고, 또한 대서양 포드주의의 국민 경제와 국민국가를 이론적이고 역사적인 출발점으로 삼기 때문에, 우리는 유럽 수준에서도 이런 국민적 경향을 발견할 수 있는지 물어볼 만하다.

이런 이행 사례를 평가하는 일을 더 복잡하게 만드는 요인은, EEC를 창립한 6개 회원국이 조절된 자본주의의 변종들에 속하는 성장 방식과 규제 방식을 가졌으며, 이런저런 보수-조합주의 복지 체제나 이탈리아의 경우처럼 후견주의 지중해 복지 체제의 형태를 띠었다는 점이다(cf. Hantrais 2000; Ruigrok and van Tulder 1996). 그러나 다양한 성장 방식, 규제 방식, 복지 체제를 가진 새 회원국이 가입하면서, 유럽공동체 안의 다양성이 증가했다. 이런 변화는 유럽 경제에 더 큰 경제적이고 사회적인 이질성을 가져왔고, 세력 균형이 신자유주의 쪽으로 옮겨가게 도왔다. 유럽연합이 동쪽으로 확장된 흐름은 여기에서 핵심 구실을 하고 있다. 그리고 이런 확장은 결코 우연이 아니다. 국민적 수준에서 유럽 수준으로 국가 계획의 규모를 조정하려는 시도에 관련된 조건을 확립하거나 유럽 조합주의Euro-corporatism를 확립하는 일은 이런 변화에 상응해 더 어려워지고 있다(유럽 조합주의는 Falkner 1998,

Vobruba 1995를, 유럽 조합주의의 한계는 Streeck 1994를 보라).

이런 어려움은 통화 동맹과 유로화가 제도화되는 방식을 통해 강화되고 있다. 마스트리흐트 수렴 기준Maastricht convergence criteria은 회원국이 신자유주의 틀에서 벗어나기 더 어렵게 하고, 제한된 유럽연합 예산은 회원국이 유럽 복지 체제의 주요 확장에 재정을 지원하지 못하게 막는다. 게다가 안정과 성장 협약Stability and Growth Pact은 경제적 안정과 성장이라는 자유주의적 (통화) 개념에 유리하며 상대적으로 엄격한 경제적이고 정치적인 행동 규범에 순응하도록 요구하면서 새로운 '금본위제'로 기능하고 있다. 특히 마스트리흐트 기준과 안정과 성장 협약은 동시에 공적 지출의 삭감 또는 제한, 사회보장과 복지 개혁, 국영 기업의 어느 정도 두드러진 민영화와 공적 서비스의 영리화를 요구한다. 그럼에도 불구하고 우리는 슘페터주의의 관점을 따라 경쟁력, 혁신, 기업심의 촉진에 적극 개입하는 일에 관한 관심이 점점 더 증가하는 현상을 볼 수 있다. 주요 취지가 신자유주의 전략에 매우 부합하는데도 불구하고, 이런 개입은 유럽연합의 기술 정책과 사회 정책의 핵심 특징으로 각각 설명되는 신국가주의와 신조합주의 전략에 견줘진다(SWPR의 신자유주의, 신국가주의, 신조합주의, 신공산주의 형태 사이의 구분에 관한 간략한 개괄은 Gottfried 1995; Jessop 2002d를 보라). 이런 영역에서 나타난 주요 발전은 임금 억제를 지향하는 사회 협약, 사회보장 개혁, 공급 측면의 경쟁, 새로운 통화 제도의 논리에 대한 전반적 순응 등 새로운 얼굴을 한 조합주의의 부활이다(Grote and Schmitter 1999; Regini 2000; Rhodes 1998을 보라).

유럽의 SWPR 사례로 전환할 때 우리는 다음 네 가지에 주목할 수 있다. 첫째, 유럽연합의 전반적인 경제 정책의 방향은 대서양 포드주의에 더 맞춰진 앞 시기에서 슘페터주의 전략 쪽으로 전환되고 있다. 유럽 통합의 기원은 유럽에서 대서양 포드주의의 기반을 마련한 전후 재건에서 찾을 수 있다(자세한 사항은 van der Pijl 1984; Ziltener 2001을 보라). 따라서 이런 맥락에서 제철,

철강, 석탄을 구조 조정하는 과정에서 전후 초기에 한 구실에 더해 유럽공동체는 또한 통합 시장의 형성을 강조했고, 그렇게 함으로써 산업체가 최적 규모의 경제를 실현시킬 수 있었다. 이런 과정은 단일 시장을 형성하려는 본질적으로 자유주의적인 질서 정치를 수반했고, 특히 로마 조약이 고용 정책에 관련된 공식적 책임을 국민 수준에 맡긴 결과 국민적 케인스주의 정책을 추구하는 데 따르는 중요한 보완책이었다. 실제로 앨버타 스브라지아가 언급한 대로 유럽연합의 기본적 구성 틀은 자유주의 경제 전략을 구조적으로 특권화한다("로마 조약에 삽입된 경제 자유화 규범은 단일 유럽 의정서와 마스트리흐트 조약에서 강화되고 정교화됐다"(Sbragia 2000, 224)). 따라서 심지어 자크 들로르가 재임한 시기(1985~1995)에 유럽연합이 더 적극적인 고용 정책을 개발하고 사회적 유럽을 계획하기 시작한 뒤, 1991년 마스트리흐트 조약에서 처음으로 이중 책임을 제도화하려 시도할 때도, 이런 시도는 자유주의에 유리하게 이미 편향된 제도적 맥락 속에서, 그리고 신자유주의가 지배적인 이데올로기적 분위기 속에서 일어났다. 그러나 이런 흐름이 단지 신자유주의적 정책 조정, 아니면 더 급진적인 신자유주의 체제 변화로 이어질지는 포스트포드주의적 지식 기반 경제의 논리에 규정된다기보다는 경제, 정치, 사회 세력들 사이의 투쟁에 달려 있다고 생각한다.

둘째, 복지-근로 연계 복지 변화에 관련해, 유럽공동체 설립 조약에서 복지 정책과 사회 정책은 국민적 권한으로 유지됐고, 이런 영역에서 유럽 수준의 정책 결정은 거시 경제, 산업, 기술 정책보다 체계적으로 뒤처졌다. 따라서 스타인 쿤레와 마티 알레스탈로가 언급한 대로, "현재 개별 시민이 브뤼셀에 수당을 요구할 수 있는 근거가 되는 어떤 유럽 사회법이나, 사회복지의 재원이 될 수 있게 유럽연합이 징수하는 어떤 직접세나 유럽연합에 대한 어떤 사회적 기부도 존재하지 않으며, 유럽연합에 복지 관료제는 거의 존재하지 않는다고 볼 수 있다"(Kuhnle and Alestalo 2000, 6). 더욱이 유럽연합이라는 상위 규모로 KWNS의 규모 조정을 확인할 수 있다기보다는, 유럽연합 사회 정책은 대체로 사회적 규제의 형태를 띤다. 왜냐하면 잔도메네코 마요네가 언급한 대로 상황이 다음같기 때문이다.

> 사회 영역에서 유럽연합 집행위원회가 제안한 조치는 유럽공동체의 '경제 규약, 곧 자유주의 경제 질서 원리하고 양립 가능해야 한다. 이런 요건은 회원국에서 복지국가의 발전을 가능하게 한 분위기하고는 상당히 다른 이데올로기적 분위기를 형성시킨다. …… 설립 조약과 그 조약의 뒤이은 개정에 배어든 경제적 자유주의는 분배적 목표보다 공공 정책의 배분을 우선시한다. 따라서 유럽공동체 수준의 사회적 이니셔티브가 갖는 최고의 의의는 제안된 조치의 효율성 개선 측면을 강조한다는 점이다. (Majone 1993, 156)

그럼에도 불구하고 유럽 수준의 복지 정책에서 나타나는 복잡하고 뒤얽힌 방향 전환의 증거가 점점 증가하고 있다. 여기에는 외견상 모순된 두 경향이 포함된다. 한편으로 (동일 임금, 평등한 기회, 이전 가능한 복지 혜택, 일터의 보건과 안전을 위한 최소 기준, 노동 시간 규정 같은) 특정한 복지 정책이 더 전통적인 국민적 규모의 복지 정책을 보완하기 위해 유럽연합 수준으로 점차 규모가 조정되고 있다. 또한 산업 구조 조정을 촉진하고, 불균등한 지역 발전을 보완하고, 농업을 지원하고, 쇠락하는 공동체의 복원을 도우려 특정한 구조적 정책이 유럽 수준에서 규모가 조정되고 있다.

다른 한편으로 유럽 수준의 사회 정책의 출현은 복지 지향보다는 근로 연계 복지 지향을 띠는 경향이 있다. 따라서 "(이런 경제 정책과 사회 정책 이니셔티브의) 정치적 참조점은 사회 통합이라기보다는 오히려 구조적 변화를 지향하는 경쟁 자원으로서 정책의 도구화다"(Deppe et al. 2000, 20). 이런 측면은 노동 시장 정책의 유럽화 경향, 국민적 조합주의와 교섭 협상의 변형, '사회 협약'의 발선에 반영돼 있다. 요컨대 유럽 수준에서 복지 전략과 근로 연계 복지 전략의 혼합이 점점 더 증가하고 있지만, 이런 혼합은 포드주의적 조건보다는 포스트포드주의적 조건에서 효과적인 단일 시장의 조건을 형성하려는 관심을 중심으로 통일돼 있다.

이런 방향 전환의 가장 이른 징후는 유럽연합 집행위원회 백서 《성장, 경쟁력, 고용Growth, Competitiveness, Employment》(1993)이었다. 이 백서는 유럽 경제의 경쟁력에 더해 좋은 일자리와 지속 가능한 경제 성장을 만드는 유럽 경제의 능력에 영향을 미치는 광범한 요인을 검토하고, 다가오는 세기의 도전에 적어도 수사적으로 대처할 수 있는 마찬가지로 광범한 유럽 횡단적 거시 경제, 환경, 하부구조, 기술, 교육, 직업, 사회 정책 이니셔티브를 권고했다. 이를테면 노동 시장 정책 영역에서 유럽연합 집행위원회는 노동 시장 유연성을 증진할 폭넓은 '향상 훈련 공세'를 비롯한 그 밖의 조치를 요구했다.

이런 방향 전환은 1994년 독일 에센에서 열린 유럽연합 정상회의에서 진척됐는데, 이때 오로지 국민적 수준에서 행해진 효과적인 고용 정책을 지구화와 유럽 통합의 조건 아래에서 더는 성공적으로 관리할 수 없다는 점을 마침내 인식하게 됐다(Hoffman and Hoffman 1998, 124). 1997년 10월 2일 조인되고 1999년 5월 1일 발효된 암스테르담 조약은 마침내 완전 고용에 대한 전념을 유럽연합의 '공통 관심 사항'으로 삽입하고, 이런 전념을 경쟁력을 약화시키지 않으면서 '높은 수준의 고용'에 이른다는 목표로 환언하고, 이 분야의 적절한 정책을 논의하고 진행을 감시할 고용위원회를 만들었다.

그러나 유럽연합이 하향식 직접 개입보다는 '메타 거버넌스'를 선호하게 되면서, 이 분야에서 유럽공동체의 책임은 '조정 전략'을 발전시킴으로써 회원국의 활동을 보완하고, 공통 지침을 만들고, 기준과 '모범 사례'를 확립하고, 국가적 고용 행동 계획의 추구를 감시하는 일이었다. 사회 정책이 근로 연계 복지 쪽으로 방향을 전환하는 흐름이 이렇게 유럽연합 수준으로 침투하는 현상은 전적으로 '경제적인 것'이 앞서 비경제적인 것으로 여겨진 분야로 확대되는 흐름에 관련 있다. 프랑크 데페 등(Deppe et al. 2000, 15~16)이 언급한 이런 확대의 한 측면은 유럽연합 노동 시장 지침이 처음으로 적용 범위를 확대해 경제, 문화, 재무, 복지, 노동 관련 부서가 공동 계획을 제시하고 개별 정책을 혼합하도록 강제한 일이다. 이런 접근은 2000년 포르투갈 리스본에서 연 정상회의에서 공고해졌는데, 이때 유럽연합은 유럽 사회 모델을 계속 유지하는 상태에서 세계에서 가장 경쟁력 있는 지식 기반 경제가 되는 데 전념했다.

셋째, 사실상 유럽의 경제 정책과 사회 정책은 새로운 복지 체제의 탈국민성을 보여준다. 그러나 유럽연합의 구실을 검토하기 전에 우리는 이런 구실이 경제 정책과 사회 정책의 더 넓고 더 복잡한 국제화의 일부라는 데 주목해야 한다. 유럽연합의 정책은 국제기구, 초국민적 장치, 정부 간 조직과 포럼, 관국민적 싱크탱크, 관국민적 이해 집단과 사회운동이 이끄는 더 큰 틀의 의제 설정과 정책 결정으로 진화하고 있다(cf. Deacon and Hulse 1997; 정책 이전은 Dolowitz and Marsh 1996; Peck and Theodore 2001, Stella 2000을 보라).

밥 디컨과 미셸 헐스에 따르면, 정책 권고에 관련해 이런 다양한 조직 사이에 어느 정도 실제적 의견 차이가 존재한다는 것을 인식하는 점이 중요하다. 그러나 '워싱턴 컨센서스'하고 공조하는 조직이 경제 정책과 사회 정책의 국제화에 가장 큰 영향력을 갖는 경향이 있기 때문에, 의견 차이를 과장하지는 않아야 한다. 특히 유럽연합이 KWNS의 사회 정책이 경쟁력에 부정적 영향을 주는 사실을 발견하고 경제협력개발기구OECD의 교육·고용·노동·사회국이 소득 지원 프로그램 확대가 가져오는 경제적 편익을 인식하게 되면서 유럽연합과 OECD 정책 사이에 어느 정도 수렴이 나타나는 데 디컨과 헐스는 주목한다(Deacon and Hulse 1997, 45~58). 점점 조밀해지는 유사 권력 네트워크망을 통해 매개되는 이 발전은 지구적 규모의 자본 축적 조건을 확보하는 데 관심 있는 관국민적 자본가 계급의 형성이 증가하는 현실을 반영한다. 이 발전은 '신입헌주의'new constitutionalism'(Gill 2001),[6] 곧 국민적 규모보다는 지구적 규모에서 경제적인 것과 정치적인 것 사이의 새로운 접합을 확립하려는 시도에 관련된다. 그러나 위에서 말한 대로 이 발전은 또한 지구화된 포스트포드주의 지식 기반 경제에서 자본 축적의 경제적 조건과 경제 외적 조건 사이의 관계를 재접합하려는 시도에도 관련된다.

유럽연합은 이런 신입헌적 합의를 형성하려는 투쟁의 핵심 장소일 뿐 아니라 핵심 행위자다. 유럽연합은 세계 질서를 다시 설계하려는 미국의 신자유주의적 압력의 중계자이자 대안적 유럽 모델의 옹호자로 동시에 기능한다. 이런 측면에 관련해 유럽연합의 핵심 구실은 또한 유럽연합이 유럽연합 안과 유럽연합 너머에서 경쟁하는 정치 세력들의 결정적 장소가 되게 하는데, 이 정치 세력들이 유럽연합의 전반적인 전략적 방향, 그리고/또는 특정한 경제 정책과 사회 정책을 형성하려 하기 때문이다(cf. van Apeldoorn 2002; Ziltener 1999). 비록 이 전환이 헤게모니적 미국 모델하고 다르게 굴절된 형태일지라도, 전후 '배태된 자유주의'embedded liberalism'[7]에서 나타나는 국민적 규모의 우위에서 벗어나 탈국민적 '배태된 신자유주의'embedded neo-liberalism' 쪽으로 경제 정책과 사회 정책의 방향을 전환하는 데 유럽연합이 전반적으로 전념하는 모습에서 이런 사실을 확인할 수 있다. 그러나 동시에 경제 정책과 사회 정책의 유럽화 경향은 보완성 원리에 따라 정책의 입안과 시행에

---

[6] 스티븐 길은 세계 정치경제의 두 가지 본질적인 역사적 구조, 곧 규율적 신자유주의(세계 정치경제의 지배적인 사회적, 경제적 형태)와 신입헌주의(세계 정치경제의 지배적인 정치적, 법적 형태)를 설명하고, 신입헌주의의 중심 요소로 법치의 특별한 자유주의적 구조와 사적 소유권의 견고한 제도화를 언급한다(스티븐 길 지음, 박대원 옮김, 〈신입헌주의와 규율적 신자유주의〉, 《시민과세계》 (5), 2004, 384~411쪽) ─ 옮긴이.

[7] 근대 이전에 사회에 배태된 시장이 고전적 자유주의에서는 사회에서 분리됐는데, 이런 시장이 전후 타협을 통해 사회에 재배태된 체제를 '배태된 자유주의'라고 부른다. '착근된 자유주의'로 번역되기도 하는데, 데이비드 하비 지음, 최병두 옮김, 《신자유주의: 간략한 역사》, 한울, 2007, 28쪽과 칼 폴라니 지음, 홍기빈 옮김, 《거대한 전환》, 길, 2009를 참조하라 ─ 옮긴이.

서, 형태상 영토적이든, 그리고/또는 기능적이든 지역적 행위자와 국민 횡단적cross-national 행위자의 구실이 증가하는 현상에 밀접히 관계된다. 이런 측면에 관련해 유럽연합, 국민국가, 통치의 지역적 층들 사이에 흥미로운 규모적 노동 분업이 존재한다. 국민국가가 주권 국가의 전통적 영역(군대, 경찰)과 (설사 유럽연합이 이런 권한을 획득하더라도 제한된 예산 때문에 전반적인 사회적 재분배에서 주요 구실을 못하는) 복지 정책에서 상당한 권력들을 보유하는 반면, 유럽연합이 경제 정책에 대한 영향력을 점점 더 증가시키고 있기 때문이다.

넷째, 초국민적 주권 국가나 심지어 국가 연합의 특징을 띤 적이 결코 없기 때문에 유럽연합이 초국민적 거번**먼트**에서 초국민적 거버**넌스**로 단선적 변화를 겪었다고 말할 수 없다. 그런데도 유럽연합은 대부분의 영역과 규모에서 경제 정책과 사회 정책에 영향을 미칠 수 있게 하는 더 넓고 깊은 범위의 거버넌스와 메타 거버넌스 능력을 둘 다 발전시킨다. 이런 측면에 관련해 유럽연합 수준에서 다규모 메타 거버넌스가 점점 더 발전하는 중이라는 이야기는 개연성이 있다(Jessop 2004e; 2006c; 아래를 보라). 특정 기능 덕에 유럽연합은 통치의 다양한 층, 다양한 기능 체계, 다양한 이해관계자들을 가로질러 메타 거버넌스에 참여하는 특별한 능력을 갖게 되는데, 곧 (본국법을 제쳐두고 조약을 '합법화'할 수 있게 하는) 재판과 소송의 구실, (조직화된 정보를 상대적으로 독점할 수 있게 하는) 정보 흐름의 중심에 자리한 위치, (공적 지출 요구에 대한 취약성을 한계 짓고, 그렇게 함으로써 정치 의제를 제한하는) 재정 부족(Sbragia 2000), (국가 정책을 조종하고, 이런 정책에 더 큰 일관성을 부여하는 수단을 제공할 수 있게 하는) 점점 더 연관성이 증가하는 일련의 정책 영역을 가로질러 나타나는 국민적이고 지역적인 국가 활동과 파트너십을 모니터할 권리를 부여하는 프로젝트와 지침의 채택 증가(Deppe et al. 2000; Majone 1993; Telò 2002; Wallace 2000) 등에서 확인할 수 있다.

유럽연합과 다규모 메타 거버넌스

이제 국가성 형태의 더 일반적인 변화의 일부로서 유럽연합에서 메타 거버넌스의 출현을 고찰하려 한다. 메타 거버넌스는 거버넌스 실패에 대한 반응이다. 거버넌스 실패는 특정 거버넌스 메커니즘을 사용한 특정 거버넌스 시도들의 실패와, 더 일반적인 한 가지 거버넌스 방식의 실패라는 두 수준에서 발생한다. 따라서 우리는 세 가지 기본적인 거버넌스 방식, 곧 시장의 무질서, 지휘 체계의 위계적 질서, 네트워크의 수평적 질서에 상응하는 세 가지 기본적인 메타 거버넌스 방식과 한 가지 포괄적 방식을 구분할 수 있다.

첫째, 시장의 작동, 계열화, 접합, 배태, 탈배태, 재배태를 바꾸는 시도를 통한 개별 시장의 성찰적 재설계, 그리고/또는 둘 이상의 시장 사이의 관계의 성찰적 재정렬이다. 또한 '시장 안의 시장'이 존재한다. 이런 시도는 '체제 쇼핑', '바닥을 향한 경주', 또는 특정 조건에서 '정상을 향한 경주'로 이어질 수 있다. 더욱이 시장이 위계적 질서, 그리고/또는 수평적 질서의 영향 아래 기능하기 때문에, 또한 시장의 효율성을 개선하기 위해, 그리고/또는 시장 실패와 결함을 보완하기 위해 비시장 행위자가 시장, 시장에 대한 제도적 지원, 시장의 행위자를 바꾸려는 시도를 할 수 있다. 둘째, 조직의 성찰적 재설계, 매개 조직의 형성, 조직 간 관계의 재정렬, 조직 생태계의 관리다(곧 여러 조직이 공존, 경쟁, 협력, 공진화하는 상황에서 조직의 진화 조건의 조직화). 이런 시도는 때로는 더 단절적이고 때로는 더 연속적인 국가장치의 지속적 재설계, 규모 조정, 조정에, 그리고 국가장치가 더 넓은 정치체계에 배태되는 방식에 반영돼 있다. 셋째, 대화와 숙의를 통한 자기 조직 조건의 성찰적 조직화다. 자발적 사교의 기회를 조직하는 일에서, 네트워킹과 협상을 촉진하는 여러 조치를 거쳐, '제도적 두터움'의 촉진에 이르기까지 여기에 수반되는 다양한 활동이 존재한다. 넷째, 공진 또는 엄밀한 의미의 '메타 거버넌스'다. 이런 시도는 지배적 조정 방식에서 발견되는 복잡성, 다양성, 뒤얽힌 위계적 질서를 관리하는 일을 수반한다. 이 관리는 거버넌스 조건을 조직화하려는 시도를 의미하며, 메타 거버넌스에 참여한 행위자의 관점에서 최선의 결과를 얻기 위해 시장, 위계적 질서, 네트워크의 분별 있는 혼합을 수반한다. 이 점에서 이런 시도는 또한 구조적으로 각인된 전략적 선택성의 측면에서, 곧 다른 결과보다 특정한 결과를 비대칭적으로 특권화하려는 노력의 측면에서 거버넌스 조건을 조직화하려는 시도를 의미한다. 그러나 모든 실천이 실패하기 쉽기 때문에 메타 거버넌스와 공진 또한 실패할 가능성이 있다. 따라서 거버넌스나 공진의 성공을 보장하는 어떤 아르키메데스 점도 존재하지 않으며, 실패 가능성에 직면해 공진에 참여하려는 시도에는 역설이라는 요소가 불가피하다.

정부는 메타 거버넌스의 모든 측면에서 주요한 구실을 하며, 그 구실은 점점 증가하고 있다. 정부는 시장의 재설계에, 헌법 개정을 비롯해 조직의 형태와 목표의 법적 재규제에, 자기 조직 조건의 조직화에, 그리고 가장 중요하게 공진에 관여한다. 따라서 메타 거버넌스는 다른 조정 방식을 배제하지 않는다. 시장, 위계적 질서, 수평적 질서가 여전히 존재하지만, 이런 질서는 '협의적 의사 결정'의 맥락에서 작동한다. 한편으로 시장 경쟁은 협력을 통해 균형이 잡히고, 보이지 않는 손은 보이는 악수에 결합된다. 다른 한편으로 국가는 더는 최고 권력sovereign authority이 아니다. 국가는 다원적 지도 체계의 여러 참여자들 중에서 단지 하나의 참여자에 지나지 않으며, 협상 과정에 자신만의 독특한 자원을 기여한다. 다양한 네트워크, 파트너십, 그리고 그 밖의 경제적 거버넌스 모델과 정치적 거버넌스 모델이 확대되면서, 공적 장치는 기껏해야 동등한 장치들 중 첫 번째 장치로 남게 된다.

우리는 바로 이런 맥락에서 유럽에 제한되지 않고 지구 정치체에 이르기까지 나타나는 국가들의 세계에서 국가성의 구조적 변형과 전략적 방향 전환의 계기로서 유럽연합의 발전의 연속성과 불연속성을 가장 잘 해석할 수 있다(cf. Hettne 1997; Shaw 2000; Sørensen 2001). 왜냐하면 유럽연합을 복잡하고 서로 연관된 폭넓은 문제들에 관한 **다규모 메타 거버넌스**의 주요하고 실제로 점점 중요해지는 초국민적 사례로 볼 수 있기 때문이다. 이런 문제의 원천과 영향의 범위가 유럽연합 회원국이 점유한 영토 공간을 훨씬 넘어서는 반면, 유럽연합은 새롭고 지나치게 복잡하고 무질서한 지구적 거버넌스(또는 더 좋은 표현으로 메타 거버넌스) 체계의 복잡할지라도 중요한 교차점(또는 결절점)이며, 스스로 유럽을 위한 자신만의 장기적 '대전략'을 발전시키려 하는 중이다(Telò 2002, 266). 그러나 유럽연합은 여전히 이런 새로운 지구적 메타 거버넌스 체계 안의 여러 결절점 중 하나의 결절점이며, 유럽연합의 위와 아래에, 그리고 유럽연합을 가로질러 놓인 다른 결절점과 유럽연합의 복잡한 관계를 고려하지 않고서는 완전히 이해될 수 없다.

날카로운 독자는 지금쯤 내가 다차원 메타 거버넌스보다는 다규모 메타 거버넌스 개념을 쓰는 사실을 알아챘겠다. 이런 선택은 다차원 메타 거버넌스 개념 자체의 어려움 때문이다. 다차원 메타 거버넌스 개념은 한편으로 초국민적인 강제적 조정과 표준화 방식과, 다른 한편으로 공통의 경제적, 사회적, 정치적 목표를 상대적으로 무질서하고 소극적으로 조정되고 파편화된 형태로 추구하는 방식 사이의 '제3의 길'을 식별하려 도입됐다. 그러나 다규모 메타 거버넌스라는 이름이 붙는다면 이런 현상의 완전한 의미가 훨씬 더 명확해진다. MLG 개념은 네 가지 이유에서 오도의 여지가 있다고 입증될 수 있다. 첫째, 이 개념은 계열화된 영토 위계 안에 존재하는 정치 조직의 수준에 초점을 두며, 이런 측면에서 이론적이고 정치적인 논쟁의 주축이 초국민주의와 정부간주의 각각의 장점에 관련되던 시기를 반영한다. 둘째, 이 개념은 다양한 영역에서 통치의 지배적, 결절적, 주변적 수준이 뒤얽히고 변화하는 성격을 갖는다는 데 주안점을 두지 않고, 수직적 상호 의존, 의사소통, 공동 의사 결정 사이의 관계에 주목한다. 셋째, 이 개념은 다양한 영역을 가로지르는 조정 문제보다는 특정한 정책과 문제 영역에 초점을 두는 경향이 있다. 넷째, 거버넌스에 관한 언급에도 불구하고 이 개념은 종종 통치에 더 관심을 가지며, 이 개념이 거버넌스를 다룰 때 '메타 거버넌스'의 문제를 도외시한다. 그러나 실제로 많은 MLG 연구가 자신의 이론적, 그리고/또는 경험적 분석에서 이런 잠재적 함정을 피하고 있다.

그럼에도 불구하고 이런 제도적 패턴, 정치적 실천, 정책 과정을 **다규모 메타 거버넌스**의 측면에서 논의하는 편이 더 정확하고 생산적이다. 이 대안적 개념은 네 가지를 두드러지게 한다. 첫째, 이런 제도, 실천, 과정에 수반되고, 영향받고, 그리고/또는 동원되는 수준, 규모, 영역, 장소의 감축될 수 없는 다양성, 둘째, 다차원 거버넌스에 함축된 수직적 관계뿐 아니라 ('네트워크 국가' 또는 '네트워크 정치체' 같은 개념에서 나타나는) 중요한 수평적이고 횡단적인 관계를 포함하는, 연관된 정치적 관계의 복잡하고, 뒤얽히고, 뒤섞인 성격, 셋째, 정책 형성, 정책 결정, 정책 시행의 조정에 필요한 다양성, 유연성, 융통성을 형성하기 위해 통치와 다른 거버넌스 형태 간의 균형을 잡는 성찰적 기술로서 메타 거버넌스가 갖는 중요성, 넷째, 통치의 다양한 층을 훨씬 넘어서며 행정적, 정치적, 경제적 공간으로서 유럽연합의 경계를 훨씬 넘어서는, 이런 제도와 실천에 잠재적으로 관여하는 행위자의 다양성, 그리고 실제로는 이질성. 이런 내용은 리스본 유럽이사회가 발표한 성명에서 상당히 명시적인데, 이 성명은 유럽연합이 유럽이사회가 지도하는 더 일관적이고 체계적인 거버넌스 접근을 추구해야 할 뿐 아니라, "사회적 파트너와 시민사회를 비롯해 유럽연합, 회원국, 지역과 지방 수준이 가변적 형태의 파트너십을 통해 적극적으로 참여할 수 있는 이론적 배경인 보완성의 원리에 따라 적용되는 …… 완전히 분권화된 접근"을 유럽연합이 포함해야 한다고 권고한다(Lisbon European Council 2000, 37~38 문단).

유럽연합이 미래 거버넌스에 관한 또 다른 논쟁을 하는 때에, 탈국민적 형태를 띤 국가성의 영향 아래 놓인 타협에 기반하는 복잡한 형태의 다규모 메타 거버넌스가 당위적이고 궁극적인 형태라고 예측하는 일은 분명히 시기상조다. 이런 형태는 다차원 메타 거버넌스의 발전이 정부 간 협의와 다른 방식의 메타 헌법적 대화를 수반하는 성찰적 과정이라는 점을 두드러지게 할 뿐이다(Walker 2000). 그러나 전반적 움직임이 전통적 형태의 주권적 국가성의 규모 조정이나 초기 유럽 통합 과정에서 이어진 개선된 형태의 정부간주의보다는 메타 거버넌스를 향한다는 데 의심의 여지는 거의 없다. 메타 거버넌스의 제도화된 형태로서, 복잡한 상호 의존이라는 지배적인 조정 방식에 관한 체계적이고 일관된 의존보다는 타협이라는 불안정한 균형 속에 진행되는 공진을 향한 노력이 강조다. 통치 권력들과 거버넌스 권력들의 복잡한 분할 속에 진행되는 메타 거버넌스의 전반적인 자기 조직적이고 자기 조정적인 실천 중에 어느 정도 외견상 모순이 나타날 수 있다. 메타 거버넌스의 한 형태로 볼 수 있는 '감시super-vision'와 '감독supervision'의 조합, 곧 조직화된 정보의 상대적 독점에 더해 기준 준수에 관한 전반적 모니터링이 강조다. 그러나 이 진화하는 틀에서 또한 유럽이사회, 전문이사회, 유럽연합 집행위원회 사이에 시너지를 가져오는 메타 거버넌스의 분업 또한 존재한다. 유럽이사회는 '보완성의 구심적 지향'을 제공하고, 가중 다수결에 따라 의결하고, 핵심적인 정부 간 중재 기능과 모니터링 기능을 하고, 경제 목표와 사회 목표를 둘러싼 전반적 정치 동학에 관한 결정을 하는 주요 각료들의 정치적 메타 거버넌스 네트워크다(Telò 2002, 253). 유럽연합 집행위원회는 유사 권력 네트워크를 조직하고, 전문 지식과 권고를 제공하고, 기준을 개발하고, 진전을 모니터링하고, 모범 사례를 교환하고, 상호 학습을 촉진하고, 재임 기간들에 걸쳐 연속성과 일관성을 보장하는 데 핵심적인 메타 거버넌스 구실을 한다. 이런 측면은 다차원적 협의, 정책 형성,

정책 시행에 끌어들인 폭넓은 경제, 정치, 사회 세력뿐 아니라 유럽 수준의 신구 정책 영역을 가로지르는 네트워킹이 증가하는 현실에 관련된다.

새로운 다규모 메타 거버넌스 방법들이 발전되고 결합돼 복잡한 메타거버넌스 체계가 되고 있다(cf. Scott and Trubek 2002). 이런 체계는 "더 엄밀해지고 있으며, 전통적인 국민적, 지역적 권력들의 권한 아래, 교육, 구조 개혁과 내부 시장, 기술 혁신과 지식 기반 사회, 연구와 사회 보호 등 다른 기본 정책 영역에 (강도가 조정돼) 적용되고"(Telò 2002, 253) 있다.[8] 전략관계적 관점에서 보면 이런 변화는 분명히 유럽연합에서 거버넌스와 메타 거버넌스 방식의 전략적 선택성의 변화를 의미한다. 이런 변화는 자유주의적 정부간주의와 신기능주의의 여파에서 비롯되는 과거 패턴에 기반하는 반면, 자신만의 독특한 기세를 가지며, (정부 간적이든 초국민적이든) 더 위계적인 형태의 조정을 완전히 대체하지는 않고 약화시키기 때문이다. 이런 변화는 또한 국민국가와 하위 수준의 통치와 거버넌스의 전략적 선택성들에서 일어나는 상호 보완적 변화를 수반하는데, 여기에는 폭넓은 정책 영역 안에 있고 이런 영역을 가로지르는 새로운 형태의 전략적 조정과 새로운 형태의 (메타) 거버넌스가 요구된다. 그렇지만 유럽연합의 국가성은 여전히 진화 중이며, 거버넌스의 모든 주요 형태(시장, 위계적 질서, 네트워크 등)뿐 아니라 메타 거버넌스에 내재한 실패 경향을 고려할 때, 실험, 임기응변, 조정이 지속될 가능성이 높다(cf. Dehousse 2002; Radaelli 2003). 그럼에도 불구하고 이런 전망이 가능하다.

우리는 새로운 민주적 정당성과 거버넌스 체계를 전망할 수 있다. 곧 고전적

---

[8] 마리오 텔로는 OMC에 관해 언급하고 있지만, 텔로가 한 언급은 파트너십, 커미톨로지, 사회적 대화 등을 포함한 다른 형태의 메타 거버넌스로 일반화될 수 있다.

민주주의 규범 모델(연방제/입헌제 또는 민주제/공화제)에 대한 전망보다는, 다차원적(국제적, 국민적, 초국민적, 관국민적), 다면적(영토적, 기능적, 근대적, 탈근대적) 모델, 그리고 다수 행위자(사회적, 경제적, 정치적, 문화적; 제도적, 제도 외적)가 참여하는 모델에 대한 전망. (Telò 2002, 266; cf. Schmitter 1992)

따라서 새로운 형태의 국가성에 관한 연구 의제의 핵심 문제는 정치, 정책 결정, 정책 시행의 다양한 수준, 무대, 체제에 장치 통일성과 운영적 통일성이 부여되는 방식과 정도, 그리고 이것이 정치의 전반적 운영과 새로운 정치적 합의의 정당성에 영향을 미치는 과정이 된다.

결론

나는 국가 중심적 관점도 거버넌스 중심적 관점도 유럽의 다규모 메타 거버넌스의 복잡성을 분석하는 데 충분하지 않다고 주장했다. 각 접근은 자기만의 독특한 방식에 이론상 결함을 안고 있다. 더 일관적인 설명을 내놓으려고 이 접근들을 결합한 탓에 각각의 결점이 극복될 수도 없다. 각 접근은 또한 국가에 관해서든 거버넌스의 대상과 주체에 관해서든 현대 세계에 관한 시대착오적 견해 때문에 정도의 차이만 있을 뿐 애를 먹고 있다. 다시 말해 둘 중 어떤 접근도 다규모 메타 거버넌스를 위한 '정치 기구political machine'로서 신생 유럽 정치체의 새로움을 포착할 수 없다는 의미다(cf. Barry 2001). 여기에서 제시된 대안적 접근은 SRA에 의존하는 동시에 국가성의 최근 변화를 맥락화하고 '이론적으로 매개하는' 하나의 수단으로서 현대 정치경제학의 더 일반적인 변형에 SRA를 적용시키려는 시도에 의존한다. 이런 시도는 향후 연구에 관련해 두 가지 함의를 갖는다.

첫째, 거버넌스와 메타 거버넌스의 더 직접적인 문제에 관련해, SRA는 제도적 조정institutional arrangements의 전략적 선택성을 강조한다. 다차원적 통치, 다차원 거버넌스, 다규모 메타 거버넌스 조정은 모두 자체적인 독특한 전략적 선택성을 갖게 된다. 이런 조정들은 행위자, 이해관계, 시공간적 지평, 동맹, 전략, 선술 등의 사이에서 결코 중립적이지 않다. 이런 조정은 또한 독특한 성공, 실패, 긴장, 위기, 성찰성, 위기 관리 양상을 갖는다. 이런 선택성과 양상은 특수한 제도적, 조직적, 실천적 맥락에 따라 좌우되며, 이것들에 관한 일반화는 거의 불가능하다(몇 가지 아마도 오만한 일반화를 포함하는 추가적 논의는 Jessop 2003c를 보라). 그럼에도 불구하고 안전하게 모험 삼아 제안될 수 있는 한 가지 일반화는 다차원 거버넌스가 새로운 문제를 만들지 않고도 오래된 문제를 풀 수 있다는 믿음이 희망 사항에 지나지 않는다는 사실이다(cf. Mayntz 2001). 결국 이것은 다규모 메타 거버넌스에 대한 역설적이고 실험적인 접근의 필요성을 의미하는데, 이 접근은 조정 방식을 사용하는 데 필요한 다양성을 보장하는 일뿐 아니라 이런 조정 방식의 결합과 시행에 적절한 수준의 성찰성, 감시, 감독을 보장하는 데 관련된다(cf. Jessop 1997b).

둘째, 그리고 아마도 더 중요하게, 우리는 주요한 정치경제적 변화뿐 아니라 사회문화적 변화에 반응해 나타나는, 국가성의 더 일반적인 변형의 일부일 뿐 아니라 현재 진행 중인 지구적 자본주의의 변형과 재규제 시도의 일부로 유럽연합의 정치 형태의 변화를 자리매김하려는 시도를 통해 이런 변화에서 무엇이 중요한지를 적절히 이해할 수 있게 된다. 여러 흥미로운 결과 중에서, 이런 접근은 **다차원(또는 더 나은 표현으로 다규모) 거버넌스뿐** 아니라 **다규모 메타 거버넌스**를 검토하는 일의 중요성을 강화시킨다. 왜냐하면 기능적이고 영토적인 분할을 가로지르는 다양한 경제적이고 정치적인 조정 방식 사이의 적절한 균형을 낳고, 정치적인 것의 우위 아래 유럽연합에 어느 정도의 장치 통일성과 정치적 정당성을 보장하려는 핵심적인 경제적 행위자와 정치적 행위자의 (종종 서로 의도가 어긋나는) 지속적인 노력의 일부로 유럽연합의 발전을 볼 수 있기 때문이다. 대서양과 유럽의 경제 전략과 정치 전략이 갖는 비중의 변화를 통해, 자유주의 무역 전망과 신자유주의 무역(화폐 자본) 전망의 비중의 변화와 신조합주의적 생산주의 프로젝트와 신중상주의적 생산주의 프로젝트의 비중의 변화를 통해, 규모의 경제를 실현할 단일 시장을 형성하는 데 관련된 KWNS 접근에서 가장 경쟁력 있고 역동적인 지식 기반 경제로 유럽연합을 변형하고 유럽 사회 모델을 '근대화'하는 데 관련된 SWPR 접근으로 진행되는 경향적 변화를 통해, 특히 다양한 시기에 이 변화들이 형성됨에 따라, 이런 발전은 유럽 프로젝트가 추구된 다양한 시기에 다양한 형태를 띠었다. 게다가 물론 (불균등 발전과 불평등의 형태와 정도뿐 아니라 다양한 지역 경제와 국민 경제의 성장 동학과 규제 방식의 이질성을 증가시킨) 잇따른 확장 과정이라는 조건에서, 국민 경제와 국민국가가 대서양 포드주의의 회로와 새롭게 부상하는 지구화하는 지식 기반 경제로 접합되는 통합에서 비롯된 공유된 위기 경향뿐 아니라 개별적인 구조적 문제와 위기를 겪어온 조건에서, 이런 전유럽적인 다규모 메타 거버넌스 프로젝트가 수행되는 중이다. 그리고 마지막으로, 이런 다규모 메타 거버넌스 프로젝트는 비국가 행위자와 국가 행위자가 새로운 정치 질서를 발전시키고 제도화하려 애쓴 결과로 (유럽연합 같은 메타 국가를 포함해) 비국가 행위자와 국가 행위자 사이에서 일어나고 있는 더 넓은 포스트 베스트팔렌적인 '메타 헌법적 대화'의 일부다(Walker 2000). 여기에서는 이런 접근이 요구하는 분석을 발전시킬 수 없었지만, 유럽연합에 관한 향후 작업에서 탐구돼야 할 여러 선택지의 하나로서 SRA의 전망을 보여주기에는 충분했다고 말해야겠다.

… 10장
×
복잡성, 우연적 필연성, 기호 작용, 전략관계 접근

사물의 현상과 본질이 직접적으로 일치한다면 모든 과학이 필요 없을 것이다.

(Marx 1894, 817)

필요 이상으로 문제의 복잡성을 증가시키지 말고 필요한 만큼만 도입하라.

(cf. Jessop 1982, 214~217)[1]

이 장은 복잡성과 비판적 실재론의 상호 함의에 관한 예비적 설명을 제시하고, 현대 자본주의의 문화 정치경제학 쪽으로 선회함으로써 이런 설명을 어떻게 적용하는지를 보여준다. 이런 식으로 나는 복잡성이 일관적 연구

---

[1] 오컴의 면도날(William of Occam's razor)은 아마도 다음같이 표현된다. "절대 불필요하게 많은 내용을 가정하지 말아야 한다(Numquam ponenda est pluralitas sine necessitate)." 유추를 통해서 니컬러스 레셔는 "필요 이상으로 문제의 복잡성을 증가시키지 말아야 한다(complicationes non sunt multiplicanda praeter necessitatem)"(Rescher 1998, 62)고 주장했다. 이런 법칙을 만든 사람이 오컴이라는 신화를 깨트리려는 첫 시도에 관해서는 Thorburn(1918)을 보라. 그리고 나 자신의 경구에서 표현된 것과 유사한 일련의 '반면도날(anti-razors)'에 관해서는 위키피디아의 해당 항목을 보라(http://en.wikipedia.org/wiki/Occam's_Razor, 2007년 5월 18일 최종 접속).

대상도 일관적 설명 원리도 제공할 수 없는 '부질서한 개념'(Marx 1857, 100; cf. Sayer 2000)이 되는 결과를 피하기를 바란다. 따라서 나는 일반적 방식의 복잡성과 특수한 방식의 복잡성을 구분하고, 특정한 맥락 속에 존재하는 복잡성의 양상을 고려하지 않은 채 하나의 비유로서 복잡성을 사용하는 데 반론을 펼친다. 이 장의 본론을 구성하는 네 절은 각각 다음 문제를 다룬다. 첫째, 복잡성의 복잡성, 그리고 연구 전략에 관련해 우연적 필연성이 갖는 함의, 둘째, 복잡성 감축과 전략관계 접근, 셋째, 복잡성 감축에서 기호 작용이 하는 구실과 문화 정치경제학에 관련해 이런 구실이 갖는 함의, 넷째, 4세대 전략관계 의제의 몇 가지 핵심 특징.

복잡성과 우연적 필연성

복잡성은 복잡하다. 복잡성을 정의하는 많은 방식이 존재하며, 이런 방식이 모두 비판적 실재론과 전략관계 접근에 관련 있지는 않다. 따라서 내 첫 번째 과제는 다른 주제보다는 비판적 실재론과 SRA를 복잡성에 관련짓기 위해 복잡성의 복잡성을 감축하는 일이다. 실제로 이런 단순화 행위는 복잡성을 직면한 모든 행위자(또는 작동 체계)에 피할 수 없는 과제다(cf. Luhmann 1989; 1995). 우리는 자연 세계**와** 사회 세계의 복잡성의 성격에 초점을 둠으로써 전략관계 접근, 비판적 기호 작용, 그리고 특정한 목적에서 문화 정치경제학이 사회를 기술하고 설명하는 데 독특하게 기여한다는 점을 이해할 수 있다. 따라서 나는 이제 다양한 형태의 복잡성을 확인하고, 인식 가능성에 관련해 이 다양한 형태들이 지닌 함의를 평가하고, 사회 세계가 필연적으로 사회적으로 구성될지라도 또한 특히 비참여 관찰자의 관점에서 정신 독립적으로 볼 수 있는 발현적 속성을 갖는다고 주장한다. 나는 기술적descriptive 복잡성으로 시작한 다음, 존재론적 복잡성이라는 더 근본적인 문제로 전환하려 한다.

레셔는 이렇게 주장한다.

> 하나의 사물을, 곧 실제하는 모든 구체적 요소, 특히 모든 특정한 물체를 사실적으로 기술할 수 있는 언급의 수는 이론적으로 무궁무진하다. …… 이 세계의 사물들이 속한다고 기술될 수 있는 서로 다른 유형이나 범주의 수에 어떤 근본적 제한도 존재하지 않는다. 아마 우리는 자연적 실재를 기술하는 데 무한한 깊이가 존재한다는 말까지 할 수 있다. 따라서 우리는 자연적 복잡성의 법칙에 대면하게 된다. 곧 **모든 구체적 사항이 속할 수 있는 자연적 유형의 수에 어떤 제한도 존재하지 않는다.** (Rescher 1998, 28, 강조는 원문; cf. Baecker 2001, 63)

마르크스는 다중 결정multiple determinations의 복잡한 종합으로서 실재-구체적인 것real-concrete과 사고에서 실재-구체적인 것의 재현reproduction으로서 실재-구체적인 것 사이를 구분하면서 유사한 비판적 실재론적 주장을 발전시켰다(Marx 1857, 101). 마르크스는 사고에서 재현을 통해 실재-구체적인 것을 단 한 번이라도 철저히 다루는 일의 존재론적, 인식론적, 방법론적 불가능성을 간과했다. 그러나 마르크스는 "모든 시작이 어려우며, 이것이 모든 과학에 적용된다"(Marx 1867, 18)는 사실을 잘 알고 있었다.

이런 측면에서, 내가 서론에서 주장한 대로 자본 축적의 관점에서 사회 세계의 복잡성에 관한 분석을 시작하는 일은 어떤 연구에 관련해서도 최선의 진입점이 아니라고 판명될 수 있다. 이런 관점의 분석이 자본 축적의 논리가 지배적 사회 형성 방식Vergesellschaftungsmodus이고, 그리고/또는 이 논리가 연구 중인 이론적 대상에 크게 영향을 미치는 사례에 적합할 수 있는 반면, 이 분석은 다른 사회 형성 방식이 지배적이고, 그리고/또는 그 방식이 관련된 이론적 대상에 가장 크게 영향을 미치는 사례에는 덜 적합할 수 있다. 이런 특성은 국가에 관련해 만이 국가 권력의 다형적 결정화라고 부른 것에 반영돼 있으며, 조직적 유물론에서 다른 조직화 논리를 강조하는 일을 정당화하는 데 사용된다(Mann 1986). 매우 다른 철학적 관점에서 하인리히 리케르트(Rickert 1902/1986)는 19세기 초에 유사한 주장을 발전시키고, (빌헬름 빈델반트와 아마 그전의 다른 학자가 그러했듯이) 이런 주장을 사회 세계로 확대시켰다. 리케르트는 또한 세계란 각각이 무한히 다시 나뉠 수 있는 무한히 넓은 일련의 대상이기 때문에 우리가 '미시적'이고 '거시적'으로 무한한 세부 항목의 다양성에 직면하게 된다고 주장했다. 결과적으로 우리의 인식은 결코 실재의 모사나 재현이 될 수 없다고 리케르트는 이어서 주장했다. 실제로 우리는 어떤 대상이나 사건을 그 대상이나 사건의 모든 측면에서 인식할 수 없다. 여기에서 리케르트는 자연과학뿐 아니라 사회과학에 관련한 중요한 함의를 도출했다(이 문제에 관해서는 Rickert 1986, 61~137과 아래를 보라). 더 일반적으로, 레셔는 다음같이 말한다.

> 이것이 실재의 정신 독립성mind-independence을 가장 효과적으로 나타내는, 다름 아닌 사물에 관한 우리의 인식의 한계다. 실재가 우리가 아마도 인식하거나 심지어 추측할 수 있는 대상의 지평 너머까지 이른다는 사실을 우리는 인정한다. 우리의 정신이 철저히 다룰 수 없는 하나의 세계를 정신 작용의 산물이라고 보기는 어렵다. (Rescher 1998, 52)

이런 주장은 분명히 실재 세계의 실체의, 그리고 이 실체가 다른 실체하고 맺는 관계를 **기술하는 일**의 복잡성에서 비롯된다. 따라서 우리는 이런 주장이 아마도 존재론적 복잡성보다는 인식론적 복잡성에 더 관련된다고 일축할 수 있다. 그러나 인식론적 복잡성과 존재론적 복잡성 사이에 강한 관련성이 존재하며, 이 관련성은 사회과학에서 비판적 실재론과 전략관계 접근 사이의 관련성에 직접적으로 관계된다. 따라서 이제 존재론적 복잡성을 논의해보자. 레셔는 (각각 두 가지 이상의 하위 유형을 갖는) 존재론적 복잡성의 세 가지 형태(구성적compositional, 구조적structural, 작동적operational)를 구분한다. 정확한 세부 사항은 현재 목적에 관련이 없다. 왜냐하면 각각의 복잡성 형태가 위에서 말한 동일한 인지적 문제, 곧 세계는 너무 복잡해서 인간 정신이(또는 실제로 어떤 정신이든) 이런 복잡한 세계를 단 한 번이라도 완전히 파악하기는 어렵다는 문제를 제기하기 때문이다. 그러나 여기에서 쟁점은 정신의 인지 능력(또는 더 나은 표현으로 실체의 타동적transitive 차원의 과학)이라기보다는 문제가 되는 복잡한 실체의 존재론적(또는 자동적intransitive) 특징이다.[2] 여기에서 이런 존재론적 특징 두 가지를 언급할 만하다. 첫째, 존재 가능성과 양립 가능성의 문제가 존재하는데, 경로 형성과 경로 의존, 운영적 자율성과 물질적 상호 의존성, 전략적 조정과 구조적 결합 같은 전략관계적 문제하고 밀접하다(아래를 보라).

실재 세계에서 실체들과 이 실체들 사이의 관계는 명시적으로 발현될 정도뿐 아니라 잠재적으로 발현될 수 있는 정도보다 더 많은 속성을 갖는다. 이것은 사물의 성향적 속성이 언제나 이런 성향의 실현을 **서로 예방하는** 조건을 특징으로 가질 수 있기 때문이다. …… 다양한 성향이 완전하게 실현되면 서로 **양립**하

---

[2] "과학적 작업은 어떤 대상에 대해, 선행하는 지식들을 재료로 사용해 (더 심층적인) 새 지식을 생산하는 활동이다. 이때 과학의 대상 자체는 과학에서 독립하여 존재하며 그 자체의 성질에 따라 운동한다. 그런 의미에서 바스카는 과학의 대상 자체를 '자동적 대상'(intransitive object)이라고 개념화한다. 반면에, 그 대상에 관한 지식은 그 대상을 탐구하여 인간의 사유 속에 재생산 또는 재구성한 '사유 속의 대상'으로 인간의 탐구 및 사유 능력의 변화에 따라 변화하게 된다. 여기서 바스카는 지식 속에 표현되는 대상을 (인간의 사유에 의존하여 존재하고 변화하는) '타동적 대상'(transitive object)이라고 개념화한다"(Andrew Collier, *Critical Realism: An Introduction to Roy Bhaskar's Philosophy*, London: Verso, 1994. 이기홍·최대용 옮김, 《비판적 실재론: 로이 바스카의 과학철학》, 후마니타스, 2010, 85쪽, 옮긴이 주석 5번) — 옮긴이.

지 못하게 될 수 있고, 따라서 사물의 성향적 속성이 단지 실천적일 뿐 아니라 이론적으로 결코 완전히 발현될 수 없다. 실재 사물에 관한 우리의 객관적 주장은 언제나 우리가 실재 사물에 관해 실제로 규명할 수 있는 정도보다 더 많이 표명하게 한다. (Rescher 1998, 38; cf. 앞 8장의 양립 가능성과 공액, 288쪽)

이런 주장은 비판적 실재론에서 실행되는 실재적인 것the real과 현실적인 것the actual 사이의 구분에 밀접하며, 따라서 레셔에게는 죄송한 말씀이지만,[3] 현실적인 것의 성격에 관한 세심한 고찰을 희생해서 경험이나 심지어 경험 가능성experientiability에 너무 얽매이지 않아야 한다.

둘째, 복잡한 실체들 사이의 상호 작용의 여지, 이런 상호 작용에서 새로운 실체와 과정의 출현, 복잡성을 관리 가능한 수준으로 감축시키도록 행위자나 체계를 작동시킴으로써 도입되는 단순화, 이런 단순화의 발현적 효과가 모두 복잡성은 자기 강화적 경향을 가진다는 점을 의미한다. 요컨대 루만이 또한 늘 강조한 대로 복잡성은 복잡성을 낳는다. 또는 레셔는 이런 경향을 다음같이 매우 인류학적인 표현으로 말한다.

복잡계complex systems는 일반적으로 추가적 복잡성을 가져올 수 있는 추가적 질서 원리를 낳도록 기능한다. 복잡한 유기체는 복잡한 사회에, 복잡한 기계는 복잡한 산업에, 복잡한 무기는 복잡한 군대에 영향을 미친다. 그리고 세계의 복잡성 때문에 실재에는 언제나 우리의 과학, 또는 이 점에 관련해 우리의 사변과 우리의 철학이 상상할 수 있는 정도보다 더 많은 것이 존재하게 된다. (Rescher 1998, 28)

---

[3] 이를테면 레셔는 이렇게 말한다. "앞선 고찰은 실제 사물에는 언제나 실제로 경험적으로 발현될 수 있는 정도보다 더 많은 속성이 존재한다는 점을 보여준다. ······모든 실재 사물에는 반드시 경험뿐 아니라 경험 가능성의 한계를 넘어서는 숨겨진 깊이가 존재한다고 생각할 수 있다"(Rescher 1998, 39).

복잡성과 이런 복잡성의 자기 강화가 실재 세계의 분석에 관련해 무엇을 시사하는가? 여기에서 존재론적 함의, 인식론적 함의, 방법론적 함의 등 세 가지 함의를 구분할 만하다.

존재론적으로, 복잡성은 실재 세계의 사건, 현상, 또는 그 밖의 관계 대상의 구성적, 구조적, 작동적 성격을 의미한다. 이런 복잡성은 자연 세계와 사회 세계에 적용된다. 자연적일 뿐 아니라 사회적인 사건, 현상, 관계 대상은 (하나 이상의) 구성적, 구조적, 작동적 복잡성이라는 자연적으로 필연적인 특징을 가질 수 있다. 복잡한 실체들과 이런 실체들의 상호 작용은 실현되지 않을 수도 있는, 그리고/또는 함께 실현되지 않을 수도 있는 자연적으로 필연적인 다양한 잠재력을 갖기 때문에, 그 작동에 관한 필연적인 예측 불가능성과 불확정성이 존재한다. 나는 '우연적 필연성' 개념을 통해 이런 특성을 포착하려 시도했다. 우리가 우연성과 필연성이 다른 지시 대상을 갖는다는 점을 인식한다면, 이런 개념의 외견상 형용 모순은 사라진다. 왜냐하면 '우연적 필연성'은 사건과 현상의 사실상 인과적 결정(필연성)과, 이런 사건과 현상의 사전적 불확정성(우연성)을 둘 다 가리키기 때문이다. 다시 말해 사건과 현상은 특정한 결과를 낳는 다양한 인과 사슬 사이의 비필연적 상호 작용의 산물로서, 다양한 인과 사슬의 우연적 접합을 통해 처음으로 필연성을 갖게 된다(Jessop 1982, 212~214, 218~219, 252, 254; 1985a, 136, 138~144, 188, 216, 343~345; 1990b, 4, 11~13; 1996; 2002a).

실재 세계의 특징으로서 우연적 필연성은 그 세계의 존재론적 복잡성을 전제하는 동시에 강화시킨다. 실제로 실재 세계의 발전이 우연적으로 필연적일 뿐 아니라 우연적으로 상호 의존적인 '우연적 필연성'의 무한한 연속에 관련된다면, 그 세계는 무한히 복잡한 열린 체계다. 이런 사실은 우리가 실재 세계의 '복잡성의 복잡성'을 어떻게 가장 잘 파악할 것인지에 관한 일련의 질문을 제기한다. 그중에서도 다음을 고려할 수 있다. "(a) 동일한 원인이 서로 다른, 그리고/또는 다양한 결과로 이어질 수 있고, (b) 서로 다른 원인이 동일한 결과를 낳을 수 있고, (c) 작은 원인이 매우 큰 결과를 견인할 수 있고, (d) 커다란 원인이 상당히 작은 결과를 낳을 수 있고, (e) 원인에 상반된 결과가 뒤따르며, (f) 상반된 원인의 결과는 불확실하다"(Morin 1980을 인용한, Schriewer 1999, 91). 따라서 복잡한 현상을 설명하는 어떤 단순한 알고리즘도 배제된다. 우연적 필연성은 실재 세계의 무한한 복잡성을 의미하며, 실재 세계의 무한한 복잡성은 우연적 필연성을 의미한다. 따라서 우리는 방법론적 관계주의를 채택할 뿐 아니라 복잡성 감축을 추구할(곧 방법론적 단순화주의에 참여할) 필요성을 갖게 된다(복잡성 감축은 Rescher 1998을 보라; 방법론적 관계주의는 Bourdieu and Wacquant 1992와 앞의 1장을 보라). 실재를 이해하는 과정은 따라서 단순화하는 과정이고, 인지 전략에 따라 실재를 변형하는 과정이며, 그리고 비판적 기호학적 분석과, 특히 전략관계적 관점에서 '가상' 개념이 특별히 중요해지는 배경은 이런 맥락이다.

인식론적으로, 실재 세계가 무한히 복잡하다면 우리는 이런 실재 세계를 분석적으로 철저히 다룰 수 없다. 우리는 어떤 모사적 인식론도 배제하며, 따라서 한 연구의 결과는 모든 복잡성 속에 놓인 실재 세계의 재현에 지나지 않는다(아니면 재현씩이나 된다. 이 점을 놓친 일은 1857년 서설에서 마르크스가 저지른 오만한 실수다). 대신에 우리는 이런 복잡성에 들어갈 진입점을 단순화하는 전략을 선택할 필요가 있으며, 모든 인식이 부분적이고, 잠정적이고, 불완전하다는 점을 인식해야 한다. 분과들 사이의 차이 중 하나는 이런 분과들이 실재 세계를 (결국 그렇게 함으로써 실재 세계의 구성 요소가 되는) 관리 가능한 일련의 이론적 대상으로 나누기 시작하고, 자기가 하는 연구의 진입점을 채택하고, 다양한 분과들을 통해 나눠지거나 아니면 연구 과정에서 출현하는 실재의 다양한 측면들 사이의 상호관계를 탐구하는 방식이다. 그러나 대상이 변화하면서 특정한 분과적 경계, 분업,

진입점들의 관련성이 적어질 수 있다. 이런 흐름은 추가적인 분과적 세분화, 초분과성, 또는 탈분과성 중 하나로 이어질 수 있다(Jessop and Sum 2001).

게다가 '우연적 필연성'이 존재한다면, 이 개념을 적절히 설명하기 위해 다양한 이론적 영역의 분석 개념, 가정, 원리를 결합하고, 이것들을 이론적으로 정의된 특정 설명 대상에 연결할 필요가 있다. 따라서 설명은 무한한 복잡성 바깥의 한 관찰자가 분리시킨(따라서 '구성시킨') 특정 설명 대상과 단지 조금 만족스런 관계에 놓이게 된다(cf. Jessop 1982, 213~220). 베버는 실재의 기본 구성 요소들 사이의 필연적 관계의 미시적 수준까지 인과 관계를 따르는 것의 실천적 불가능성(그리고 많은 경우 이론적 중복성)에 관해 말했다(Ringer 2000, 71~72). 이런 특성은 해당 문제의 상대적으로 거시-미시적인 성격에,[4] 그리고/또는 설명돼야 하는 역사적 발전과 결과의 일반성에 관계없이 적용된다. 핵심 문제는 여러 가능한 교차 중에서 특정한 인과적 과정이나 인과적 교차가 그렇지 않으면 일어나지 않았을 뭔가를 낳도록 어떻게 개입했는지를 제시하고, 특정한 인과적 선행 조건의 측면에서 특정 설명 대상을 설명하는 일이다. 1장에서 언급한 대로 이런 과제는 귀인 과정, 곧 이 특정 설명 대상에 관련해 인과적으로 유효하다고 여겨지는 여러 가능한 인과 관계들 중에서 선택하는 과정을 수반한다. 설명 대상을 재정의하고, 설명 대상의 시공간적 맥락을 확장하고, 또는 더 폭넓은 관련 인과 요소를 확인하면서 귀인 과정은 변화하게 된다. 이런 측면에 관련해, 전략관계적 관점에서, 관찰자를 통해서든 참여자를 통해서든, 인과적 설명은 언제나 단순화를 수반하며, 한층 더 강력한 이유로, 우연적으로 필연적이고 잠재적으로 논쟁적이다. 권력과 지배 관계가 수반되는 경우, 그리고/또는 위기

---

[4] '미시-거시(micro-macro)'는 절대적이라기보다는 상대적인 구분이다. '미시(microscopic)'의 의미는 맥락에 따라 달라진다 (Jessop 1990a, 191~194; 1990b, 241~245; Wickham 1983).

의 성격, 원인, 해결책이 문제되는 경우, 사건, 과정, 결과를 설명하는 일에 관련될 때 이 점은 특히 중요하다.

더 일반적으로, 이런 특성은 우리가 다양한 분과의 개념, 설명 원리 등을 결합하고, 법칙 과학과 현실 과학Gesetzes- and Wirklichkeitswissenschaften 사이의 구분을 극복해야 한다는 점을 시사한다. 전자(곧 법칙 과학)가 실질적 내용을 한계 짓는 일반 법칙과 이 법칙에 유사한 규칙성을 발견하려고 실재 세계를 추상화하는 반면, 후자(곧 실재에 관련된 분과)[5]는 성격상 상대적으로 미시적이든 거시적이든 특정 사건과 과정의 특이성을 다룬다. 비판적 실재론과 전략관계적 관점에서 법칙과 경향성은 이중적으로 경향적이다. 이런 경향은 발생 메커니즘 자체가 경향적으로 재생산되는 한 존재하게 된다. 이 점은 사회 세계에서 특히 중요한데, 일련의 특정한 사회적 관계에 관련된 경향 자체가 사회 행동을 배경과 수단으로 삼아 오직 경향적으로 재생산되기 때문이다. 그리고 결국 현실 과학에서 연구되는 특이성은 자연 세계와 사회 세계의 물질적, 담론적, 전략적 메커니즘 사이의 상호 작용의 산물인 우연적 필연성의 측면에서 이해될 수 있다.

더욱이 설명이 모든 복잡성 속에 놓인 특정한 사건이나 과정을 완전히 설명할 수 없기 때문에, 연구자는 "선행 조건, 인과적 순서, 결과에 관한 가정과 실제를 '비교'하는 데 필요한, 그리고 이런 '비교'를 옹호할 수 있는 일반화와 추상화의 정도"를 고려하거나, 또한 "설명돼야 하는 결과를 어느 정도 강하게 '지지'하는 일련의 선행 조건을 개념적으로 분리하는 최선의 방법"에 관해 생각해야 한다(Ringer 2000, 66, 67). 이런 요건은 "인과적 '계기'가 단순히 직접적인 경험에서 주어지지 않으며"(Ringer 2000, 71), 이 사실이 결국

---

5 Simmel(1892)이 이런 구분을 도입했다. 이런 구분은 자연과학(Naturwissenschaften)과 문화과학(Geisteswissenschaften) 사이의 구분하고는 다르다.

"인과 분석의 불가피한 '추상적' 성격"(Weber 1949, 113~181)을 설명한다는 점을 의미한다. 곧 결과적으로 복잡한 세계에 관한 인식이 기껏해야 단지 '합리적 근사치'에 유사한 뭔가를 얻을 수 있다는 의미다. 또 다른 함의는 "사물에 관한 우리의 개념이 언제나 **고정된** 고찰 대상보다는 **움직이는** 고찰 대상을 나타내고, 이런 역사적 차원이 또한 고려돼야 하며, 따라서 사물의 속성에 관한 우리의 인식을 시간적 관점에서 보려는 노력이 유익할 뿐 아니라 궁극적으로 필요하다"(Rescher 1998, 33~34)는 점이다. 다시 말해 "**우리는 사물들의 성격과 행동 방식에 관한 우리의 생각을 바꿔야 한다고 기대한다**"(Rescher 1998, 34, 강조는 원문). 물론 단순-추상적 대상에서 복잡-구체적 대상으로 이동한 카를 마르크스의 1857년 서설에서 유사한 주장이 제시됐다(Marx 1857, 99~103).

방법론적으로, 복잡성과 우연적 필연성을 중시하는 방법이 요구된다. 여기에서 접합 방법이 적절하다. 이 방법은 하나의 분석 수준에 따라 추상에서 구체로 나아가는, 그리고 더 적절하게 설명하기 위해 더 많은 분석 수준을 도입하게 되면서 단순에서 복잡으로 나아가는 이중 운동을 수반한다(Jessop 1982, 213~219; 2001a). 이 방법은 여러 경쟁적 설명에 직면해 심각하게 논쟁적인 인과적 귀인 문제를 수반하며, 이런 문제의 해결은 자연스럽게 반사실적 논증, 그리고/또는 비교 논증을 향한 의존을 수반하게 된다(Luhmann 1970; 1995; Ringer 2000, 169). 찰스 레이긴은 이런 반사실적 논증의 더 실질적인 토대를 제공하기 위해 사례 지향과 변수 지향 비교 분석 방법을 명시하려 시도한 여러 방법론자 중 한 명이다(Ragin 1987; 2000). 특정한 결과를 낳는 데 다양한 원인이 차지하는 비중이나 순위를 확인하는 인과 분석에서 반사실적 논증은 주요한 구실을 한다. 앞 문단에서 주장한 대로, 복잡성의 이런 존재론적, 인식론적, 방법론적 측면은 밀접히 관련된다. 그러나 우리는 존재할 수 있는 오해를 피하는 동시에 비판적 실재론적 사회과학 철학을 발전시키는 데 이 연관성을 이용하기 위해 여전히 이런 측면들을 구분하는 데 신경써야 한다.

복잡성은 비판적 실재론과 전략관계적 분석을 강화시킨다. 왜냐하면 비판적 실재론은 실재적인 것, 현실적인 것, 경험적인 것을 구분하고, 그렇게 함으로써 존재 가능성, 그리고/또는 양립 가능성의 다양한 실현을 고려하고, 존재론적 복잡성, 인식론적 복잡성, 기술적 복잡성을 구분할 수 있고, 자연 세계와 사회 세계의 자동적 성격과 (사회 관찰의 사례에서 과학적일 뿐 아니라 비과학적인 범주와 방법을 통해) 자연 세계와 사회 세계를 기계적이거나 생생하게 관찰하는 일의 타동적 성격을 구분하는 과정을 전제하고, (과학 연구의 관찰 패러다임을 포함해) 다양한 관찰 패러다임에 관련된 지배적 프로토콜에 따른 인식의 오류 가능성과 교정 가능성을 주장하기 때문이다. 복잡성은 또한 **우연적 필연성** 개념과 복잡한 실체, 과정, 사건에 관한 연구 사이의 관련성을 두드러지게 한다. 따라서 존재론적 복잡성이 비판적 실재론적 존재론의 첫 두 가지 수준에 특히 관련 있는 반면(실재적인 것과 현실적인 것), 공식적formulaic 복잡성[6]은 비판적 실재론의 둘째와 셋째 수준에 특히 관련 있다(현실적인 것과 경험적인 것).

'우연적 필연성'은 '실재-구체적' 현상의 어떤 속성을 가리키며, 이 속성이 지닌 존재론적, 인식론적, 방법론적, 실질적 함의를 탐구한다. 우연적 필연성은 실재 세계에서 일어나는 모든 일이 틀림없이 일어난다고, 곧 어떤 의미에서 '필연적'이라고 가정한다. 이런 가정을 거부하면 많은 과학 연구가 무의미하게 된다. 그러나 '우연적 필연성'에서는 필연성의 정확한 의미가

---

[6] 인식론적 형태의 복잡성을 뜻하며, 기술적(descriptive), 생성적(generative), 계산적(computational) 복잡성의 세 가지 하위 유형을 갖는다. 기술적 복잡성은 문제가 되는 체계에 관한 적절한 기술을 제공하는 데 필요한 설명의 길이를 뜻하고, 생성적 복잡성은 문제가 되는 체계를 생성하는 방법을 제공하는 데 필요한 일련의 지시의 길이를 뜻하며, 계산적 복잡성은 하나의 문제를 해결하는 데 수반되는 시간과 노력의 양을 뜻한다(Rescher 1998, 9) — 옮긴이.

중요하다. 왜냐하면 필연성은 실재 세계에서 일어나는 모든 일이 **단일한** 인과 메커니즘 때문이라는 점을 의미할 필요도 없고, 의미하지도 않으며, 의미할 수도 없기 때문이다. 대신에 사건의 구체적 현실화는 다양한 인과적 경향과 반경향의 **상호 작용**에서 비롯된다. 현재 이 상호 작용 자체가 필연적 사건을 필연적으로 일으키는 단일한 인과 메커니즘으로 기능할 수 있다는 주장이 솔깃할 수 있는 반면, 상호 작용의 성격과 결과가 단일한 인과 메커니즘이 작동한 탓일 리 없기 때문에 이 주장은 타당하지 않다. 왜냐하면 이 상호 작용이 다양한 인과적 경향과 반경향 사이의 상호 작용에서 비롯되기 때문이다. 이것은 상호 작용 사이의 상호 작용의 결과다.

이런 통찰은 경로 의존적 과거로 설명적으로 무한 회귀하는 과정을 향한 길을 열어주지만, 레셔가 오컴의 면도날을 번역하면서 언급한 대로 필요 이상으로 문제의 복잡성을 증가시키지 말아야 한다(Rescher 1998, 62; 또한 주석 1번을 보라). 따라서 무한 회귀를 피하려면 어떤 설명 대상의 물질적, 사회적, 시공간적 한계를 규정하는 작업이 필수적이다. 이런 작업은 더 폭넓은 계보학적 분석, 그리고/또는 현 정세에 선택적 집중을 하는 분석에 적합하다. 그럼에도 불구하고 전략관계적 관점에서, 우리는 심지어 시공간적 깊이와 넓이를 갖지 않는 추상적 '지점'으로서 현 정세를 분석할 수 없다. 대신에 현 정세에 관한 분석은 특정한 행위자, 동일성, 이해관계, 시공간 지평, 전략적 목표에 관련된 전략관계적 정세 분석을 필요로 한다. 계보학적 관점에서, 현 정세는 과거와 현재의 다양한 인과 메커니즘 사이의 **우연적** 상호 작용의 **필연적** 산물이다. 전략관계적 맥락 분석의 관점에서, 현 정세는 당면한 '지금-여기'에서 시작해 불확정적 미래의 세계 사회에 이르는 일련의 이질적인 시공간 기하학 속에서 다양한 목표를 추구하는 다양한 행위자에게 다양한 물질적, 시공간적, 사회적 기회를 제공하는 비대칭인 전략적 지형이다. 물론 이런 측면에서 볼 때, 우연적 필연성은 또한 (관리 불가능하고, 종종 상호 배타적인) 미래 가능성의 무한한 잔여를 의미하며, 그 결과 사회 세계는 '열린' 구조를 갖는다(cf. Luhmann 1979, 6, 13). 그렇다면, 전략관계적 관점에서, 우연적 필연성은 심지어 우리가 모순, 딜레마, 역설, 결정 불가능성 같은 문제를 도입하기도 전에, 선택의 필연성과 선택되는 대상의 우연성을 수반한다(cf. Scherrer 1995).

복잡성과 전략관계 접근

나는 이제 자연과학과 사회과학의 전통적 구분을, 그리고 사회 세계에 관한 전략관계적 분석에 관련해 이 구분이 지니는 함의를 다루려 한다. 자연주의의 가능성, 곧 자연과학과 사회과학 양쪽의 방법 사이에 나타나는 유사성을 다루면서, 바스카는 사회 세계 현상이 자연 세계 현상으로 환원될 수 있다는 환원주의적 견해와 자연과학과 사회과학 방법에 차이가 존재하지 않는다는 과학주의적 견해를 모두 거부한다. 대신에 바스카는 자연과학과 사회과학이 특정한 존재론적, 인식론적, 관계적 사고를 공유하지만, 행동에서 의미의 중요성 때문에 자연과학과 사회과학 사이에 상당한 차이 또한 존재한다고 주장한다(Bhaskar 1989, 44~55, 80~90). 그러나 우리가 복잡성 관점에서 자연과학과 사회과학 사이의 차이를 재고한다면, 바스카의 주장을 재정의할 필요가 생긴다. 왜냐하면 모든 현존하는 체계의 작동은 의미, 곧 체계와 환경 사이의 경계 긋기, 체계와 체계의 환경 속에서 발생하는 사건에 대한 선택적 집중, 선택적 학습 능력을 수반한다고 이야기할 수 있기 때문이다. 따라서 물질적 구성보다 주관적 해석을 특권화하는 급진적 구성주의radical constructivism의 함정에 빠질 위험을 무릅쓰고, 보통 말하는 자연 체계와 사회 체계 자체를 구분하기보다는 자연 체계와 사회 체계를 관찰하는 두 가지 방식을 구분하는 편이 더 유용할 수 있다. 이런 측면은 또한 자연 세계에 대한 인지적 또는 정보적 접근의 발전에 반영돼 있으며, 사회 행동에 대한 해석적, 해석학적, 현상학적 접근하고 함께 사회에 관한 자연 과학을 형성하려는 시도에 반영돼 있다.

복잡한 자연 체계와 사회 체계를 관찰하는 두 가지 방식은 작동의 복잡성과 의미의 복잡성을 각각 검토한다. 첫째 방식의 경우, 과학자는 특정한 복잡계의 구조화, 곧 한 체계의 구성 요소들 사이의 논리적으로 가능한 모든 관계의 전체 모음과, 이런 논리적으로 가능한 관계가 실제 실현될 수 있는 상대적 가능성이나 불가능성 사이의 괴리를 기술하고 설명하려 한다. 이런 설명에 관련된 질문은 왜 특정 환경에서 체계의 다른 가능한 속성보다 특정한 속성이 실현되는지다. 이런 첫째 관찰 방식은 특정한 체계의 작동(들)에서 선택적 편향(또는 제한적 선택 능력)에 주목한다. 이런 측면에서 '조직화된 복잡성'을 특징으로 하는 한 체계의 구조는 체계의 구성 요소의 가능한 형세에 대한 선택을 지배하는 규칙으로 구성된다. 둘째 방식의 경우, 중요한 부분은 관찰의 복잡성, 곧 세계가 다양한 행동(또는 무행동) 가능성을 잉태하고 있다는 사실이다. 이런 문제는 우리가 모든 사항을 관찰할 수 없는 상황에서 일어나는 실제 관찰에서 도출된 결론의 불확실성에 관련 있다(Luhmann 1990a, 81~82). 결과적으로 루만은 다음같이 말한다.

> 의미는 항상 여러 가능성 중 하나의 가능성에 주목하는 데 관련 있다. ⋯⋯ 동시에 추구할 수 없는 다른 가능성 사이의 관계에 둘러싸여 있는, 이미 정해지고 당연시되는 핵심이 항상 존재한다. 그렇다면 의미는 가능성에 둘러싸여 있는 현실이다. 의미의 구조는 현실과 가능성 사이의 이런 차이의 구조다. 의미는 현실적인 것과 가능한 것 사이의 관계이며, 이런 관계는 양자택일의 문제가 아니다. (Luhmann 1990a, 83)

선택성에 대한 이런 강조는 복잡성 개념에 상당히 일관된다. 다음 진술에서 루만은 이 점을 잘 표현한다.

> 따라서 복잡성은 의도적이든 아니든, 통제되든 아니든, 관찰되든 아니든 모든 작동이 하나의 선택이라는 것을 의미한다. 하나의 작동은 한 체계의 구성 요소이기 때문에 다른 가능성을 우회하는 일을 피할 수 없다. 오직 이것이 사실이기 때문에 우리는 다른 과정을 배제하고 하나의 특정한 과정을 선택하면서 하나의 작동을 관찰할 수 있다. 그리고 오로지 작동이 관찰될 수 있기 때문에 (작동 자체의 한 요건으로서 필수적이든 아니든) 자기 관찰이 가능해진다. 강제적 선택성enforced selectivity은 작동과 관찰 둘 다에 관련해 가능성의 조건이다. 나아가 강제적 선택성은 작동과 관찰 둘 다에 관련해 하나의 문제로서 복잡성을 규정하는 핵심 문제다. 마지막 진술은 **의미가 강제적 선택성을 경험하고 처리하는 한 가지 방식에 지나지 않는다**는 내 주장의 근거다. (Luhmann 1990a, 82, 강조는 원문)

의미는 강제적 선택성의 불가피한 조건 아래에서, 곧 동시에 모든 사항을 관찰한 다음에 이 관찰에 따라 실시간으로 조치를 취하기는커녕 복잡한 세계의 모든 사항을 관찰하는 일의 불가능성 아래에서 복잡성에 대처하는 방식이다. 관찰은 시간이 걸리기 때문에 관찰을 위해 무엇을 선택해야 하고 어느 지점에서 행동해야 할지를 선택하는 방향과, 특정한 결과를 낳으려고 어떤 인과 메커니즘을 작동시키거나 적어도 통제하려 시도할지를 선택하는 방향으로 규칙이 진화하는 경향이 있다. 그렇다면 여기에서 다시 우리는 세계 안에서 '지속됨going on'의 조건으로서 강제적 선택성이라는 문제에 마주친다. 이런 특성은 또한 세계의 '관찰'에도 적용된다. 왜냐하면 세계 안에서 일어나기 때문에 관찰은 (자기) 관찰에 열려 있다. 자신의 관찰을 관찰함으로써 관찰자는 자신의 개념, 범주, 행동의 우연적 필연성

(상황성situatedness)을 성찰할 수 있다. 이런 특성은 자기 성찰성의 중요한 원천이며, 동일성, 이해관계, 목표의 재정의, 따라서 전략적 맥락, 전략, 프로젝트의 재평가로 이어질 수 있다(1장을 보라). 이런 (자기) 관찰과 (자기) 성찰 과정은 결국 실재 세계의 복잡성에 복잡성 감축 메커니즘과 실천이 추가되는 역설을 발생시킨다(cf. Poggi 1979; Luhmann 1982a; 1989).[7] 이런 역설은 복잡성의 자기 강화를 보여주는 또 다른 사례이며, 비판적 기호 작용과 이 기호 작용을 정교화한 문화 정치경제학이 '가상'이라고 지칭하는 대상에 관련 있다(Jessop 2004d; Jessop and Sum 2001).

복잡계를 관찰하는 두 가지 방식의 구분은 사회과학의 '구조-행위' 문제를 해결하는 한 가지 방식을 제공한다. 왜냐하면 사회 체계의 작동과 사회 체계의 의미 체계 각각의 복잡성을 사회 체계의 본질에 관한 상반된 주장보다는 사회 체계를 관찰하는 상호 보완적 초점으로 볼 수 있다면, 우리는 구조를 행위에 관련시키고 행위를 구조에 관련시킬 수 있기 때문이다. 이 점은 헤이도 언급했다. "**구조-행위는 문제라기보다는 경쟁적 내러티브 사이의 존재론적 차이를 표현할 수 있는 수단으로서 언어다**"(Hay 2001, 3, 강조는 원문). 구조화 이론은 구조와 행위 중 하나를 괄호 치고 구조-행위 이중성의 서로 다른 측면에 초점을 둠으로써 이 이중성을 해결하는 방법을 제안한다. SRA는 괄호 치기에 의존하지 않고도 이중성을 피하는 방법을 제공한다. 따라서 SRA 분석에서 구조는 형식, 내용, 작동에 관련해 전략적인 요소로 다뤄지며, 행위는 구조화되고, 어느 정도 맥락에 민감하고, 구조화하는 요소로 다뤄진다. 이런 접근을 적용하려는 시도는 특정 구조가 다른 구조보다 특정 행위자, 특정 동일성, 특정 전략, 특정 시공간 지평, 특정 행동

---

7 따라서 "훨씬 더 수가 많고, 분화되고, 정교한 체계의 형성을 통한 복잡성 감축은 필연적으로 전혀 새로운 복잡성을 발생시키는 하나의 현상[이며], 따라서 스스로 강화된다"(Poggi 1979, xii).

을 특권화할 수 있는 방법, 그리고 만약 그런 방법이 있다면 (개별적, 그리고/또는 집단적) 행위자가 행동 과정을 선택할 때 '전략적 맥락' 분석을 통해 이런 차별적 특권화를 고려하는 방식을 검토하는 과정을 수반한다.[8] 다시 말해 이런 접근을 적용하려는 시도는 구조적으로 각인된 전략적 선택성의 측면에서 구조를 연구하는 과정, 그리고 (서로 다르게 성찰적인) 구조적으로 지향된 전략적 계산의 측면에서 행위를 연구하는 과정을 수반한다(1장과 Jessop 1996을 보라).

복잡성 감축과 문화 정치경제학

지금까지 나는 SRA를 존재론적 복잡성과 인식론적 복잡성의 문제에 관련시키고, 전략관계적 분석을 위한 일반적인 메타 이론적 분석틀로서 비판적 실재론의 관련성을 탐구하는 데 관심을 뒀다. 이런 과정은 SRA의 발전의 가장 최근의 국면에서 진화론적 전회와 문화적 전회가 결합된 결과 역사적 유물론의 맥락에서 섬이 제안해 이름 붙인 '문화 정치경제학'(또는 CPE)이 출현한 이유를 설명한다. 동일한 일반 명제와 발견법이 정치경제학 바깥의 맥락에서도 적용될 수 있으며, 그 결과 문화 정치경제학은 SRA처럼 사회 분석의 모든 실질적 문제를 규명할 수 있다. 진화론적 전회는 경로 의존의 맥락 속 경로 형성이라는 전략관계적 변증법에서 변이, 선택, 보존의 일반적인 진화론적 메커니즘이 하는 구실에 관련 있다(Hausner et al 1995, 5~8). 그리고 논증, 서사성, 수사, 해석학, 동일성, 성찰성, 역사성, 담론을 지향하는 접

---

[8] '전략적 맥락' 분석에 관해서는 Stones(1991; 2005)를 보라.

근을 포함하는 문화적 전회는 복잡성에 직면해 의미를 단순화하는 데, 그리고 실제로 사회 세계의 사회적 해석construal뿐 아니라 사회적 구성construction에 기여하는 데 기호 작용이 하는 결정적 구실에 관련 있다(해석과 구성의 구분에 관해서는 Sayer 2000, 90~93을 보라). 이런 모든 접근을 적절히 포괄하는 용어는 **기호 작용**, 곧 상호 주관적 의미의 생산이나(문화적 전회의 형태에 관한 훌륭한 조망은 Bachmann-Medick 2006을 보라). 왜냐하면 각 접근은 기호 작용이 의미 있을 뿐 아니라 인과적으로 효과적이라고 가정하며, 기호 작용이 실제의 사건과 과정들에 더해 이런 사건과 과정들의 발현적 효과를 **해석**하는 수단뿐 아니라 적어도 어느 정도 이것들을 **설명**하는 수단을 제공할 수 있다고 가정하기 때문이다.

문화 정치경제학에서 SRA는 세 가지의 결정적 특징을 갖는다. 첫째, 진화론적, 제도적 정치경제학의 다른 경향처럼, 그리고 더 흔한 일반적 기호 작용 연구하고 다르게, CPE는 역사와 제도가 모두 중요하다고 주장하면서 초역사적 분석에 반대한다. 이 부분은 경로 의존과 경로 형성의 전략관계적 변증법과 이 변증법에 관련되는 변이, 선택, 보존의 진화론적 메커니즘에 관한 강조(Campbell 1969)가 기호 작용의 동학을 형성하는 데 핵심적인 구실을 하게 되는 지점이다. CPE를 발전시키면서, 우리는 기호적 메커니즘과 기호 외적 메커니즘의 측면에서 변이, 선택, 보존에 관련된 진지한 분석을 요구했다. 실제로 CPE는 정치경제(그리고 한 발 더 나아가 사회적 관계의 다른 형태들)의 기호적 측면과 기호 외적 측면의 공진화를 결정하는 기호적 메커니즘과 기호 외적인 메커니즘에 특히 관심을 갖는다. 그리고 한층 더 강력한 이유로, CPE는 이런 물질적 상호 작용 때문에 생겨난 구조적 속성과 동학에 관심을 갖는다. CPE는 또한 사회적 관계의 물질성을 강조하고, 관련 행위자의 '배후에서' 작동하는 과정에 수반되는 제약을 강조한다. 이런 특징 때문에 우리는 문화 정치경제학을 '부가 가치'의 측면에서 비판적 담론 분석하고 구분할 수 있다. 왜냐하면 비판적 담론 분석이 특정한 텍스트에 초점을 두며, 서로 다른 시기에 선택된 텍스트에 관한 정태적 비교 분석에 착수하거나, 또는 시간의 흐름에 따라 언어학적 자료corpora를 연구하는 경향이 있는 반면, CPE는 또한 다양한 담론의 변이, 선택, 보존에 관심을 가지며, 이것에 관련해 또한 이런 담론의 기호적 특징뿐 아니라 기호 외적 특징에도 관심을 갖기 때문이다.

둘째, 진화론적, 제도적 정치경제학의 많은 경향하고 다르게, 그러나 문화적 유물론의 다른 형태처럼, CPE는 의미와 실천 사이의 복잡한 관계를 강조하며 문화적 전회를 진지하게 받아들인다(위를 보라). 왜냐하면 다른 형태의 행동과 이런 행동의 발현적 속성의 경우하고 마찬가지로 경제적 행동과 정치적 행동을 기술하고, 이해하고, 설명하는 데 상호 주관적 의미의 생산이 결정적이기 때문이다. 기호 작용이 처음에는 의미의 상호 주관적 생산을 의미한 반면 또한 더 일반적으로 '사회적인 것'의 중요한 요소/계기라는 점을 CPE는 인식한다. SRA(그리고 SRA가 반영된 문화 정치경제학)은 사회적인 것과 문화적인 것 사이의 어떤 존재론적 구분도 거부한다. 구조와 행위(그리고 다른 전략관계적 이중성)처럼, 사회적인 것과 문화적인 것은 변증법적으로 관련 있는 사회 세계의 계기들이다. 따라서 SRA는 상호 작용의 개별 당사자들(또는 사회 구조나 사회 생태계의 개별 구성 요소나 기본 단위)의 특성으로 환원될 수 없는 사회적 상호 작용의 발현적 속성이라는 측면에서 나타나는 사회적 관계의 사회적 계기와, 상호 주관적 의미, (담론, 장르, 장르 사슬, 스타일, 상호 텍스트성 같은) 기호 체계, 그리고 발현적인 사회적 속성을 해석하거나 이해하려는 모든 잇따른 시도의 측면에서 나타나는 사회적 관계의 문화적 계기를 구분한다(비판적 담론 분석과 핵심적인 기호학 개념에 대한 입문서는 Fairclough 2003을 보라; 또한 Lakoff and Johnson 1980; van Dijk 1997; Wodak and Meyer 2001을 보라).

다양한 맥락과 다양한 규모의 사회적 상호 작용의 발현적 패턴과 속성으로 표현되는 사회적 관계의 물질적 계기뿐 아니라 사회적 관계의 기호적 계기와 사회적 관계들 사이의 관계에 관한 해석의 기호적 계기를 강조하면서, CPE는 사회 분석의 두 가지 상호 보완적 유혹을 피하려는 목표를 갖는다. 첫째는 급진적 구성주의의 유혹인데, 이것에 따르면 사회적 실재는 사회 세계에 관한 참여자의 의미와 이해로 환원될 수 있다. 이런 종류의 환원주의는 사회 세계에 관한 자의적 설명을 만들어내는데, 이런 식의 설명은 관련 행위자가 인식하지 못하거나 잘못 인식한 행동의 여러 다양한 발현적 속성뿐 아니라 행동의 의식되지 못한 조건을 무시하게 된다. 이런 설명은 또한 행동의 조건, 곧 행위자의 의미와 이해를 변형시키고, 발현적 속성을 바꾸려는 여러 다양한 투쟁들을 무시한다. 이런 의미에서 문화 정치경제학에 대한 전략관계 접근은 순전한 사회적 구성주의social constructionism의 사회학적 제국주의를 거부하고, 행위자가 적절하게 표현된 담론을 배경과 수단으로 삼아 의지에 따라 무엇이든 실현시킬 수 있다고 시사하는 듯 보이는 특정한 담론 분석 노선의 주의주의적 어리석음을 거부한다. 둘째 유혹은 행위자와 행동을 자기 재생산하고 자기 변형하는 사회 구조의 수동적 담지자로 환원시키는 다양한 형태의 구조주의와 사회 결정론의 유혹이다. 이런 형태의 환원주의는 전략관계 접근의 끊임없는 골칫거리인데, 여기에서 추가적 논의를 보장할 수는 없다. 요컨대 CPE는 기호 작용이 하는 구성적 구실에 주목하고, 사회적 관계와 이 관계가 행동 능력과 변형 능력에 미치는 영향이라는 발현적이고 기호 외적인 특징에 주목한다.

따라서 CPE는 어떻게 텍스트가 의미를 생산하고 그렇게 함으로써 사회 구조를 생성하도록 돕는지에 관심을 가질 뿐 아니라 어떻게 이런 생산이 본래 기호적인 요인은 물론 사회 구조의 발현적이고 기호 외적인 특징들을 통해서도 제약되는지에 관심을 갖는다. (실천이 의미를 수반하는 한) 모든 사회석 실천이 기호적인데도 불구하고, 어떤 사회적 실천도 기호 작용으로 환원될 수 없다. 기호 작용은 결코 외적 참조가 없는 순전히 기호 내적인 문제가 아니며, 기호 네트워크 사이에서 일어나는 차이의 작용 이상을 의미한다. 우리는 기호 작용을 가능하게 하고 기호 작용의 효과성을 보장하는 기호 외적 조건을 확인하고 탐구하지 않고서는 기호 작용을 이해할 수 없다. 이런 조건은 특정한 기호적 행동 맥락의 전반적 형세를 포함하고, 모든 기호 작용이 일어나는 자연 세계와 사회 세계의 복잡성을 포함한다.

요컨대 자연 세계와 사회 세계의 복잡성과 사회 행동의 한 조건으로서 복잡성 감축의 유사한 중요성을 받아들이면서, 전략관계 접근의 기호적 전회는 복잡성 감축이 담론적으로 선택적인 '가상'과 구조적으로 선택적인 '제도'를 수반한다고 가정한다. '가상'이 지나치게 복잡한 세계의 체험에 토대를 제공하는 기호 체계를 가리키는 일반 명사인 반면, '제도'는 체험을 더 넓은 사회적 관계에 배태시키고, 아마도 다양한 사회 영역을 가로질러 체험을 일관적으로 만드는 다양한 메커니즘을 가리키는 집합 명사의 하나다. 앞선 SRA의 작업은 축적 전략, 국가 프로젝트, 헤게모니 전망의 중요성을 강조했다. 우리는 이제 이것들을 기호 작용과 기호 작용이 자연 세계와 사회 세계를 단순화-해석-구성-경쟁시키는 데에서 하는 구실이라는 더 일반적인 현상의 특수한 사례로 볼 수 있다. 실제로 앞선 SRA 언어에 의존해서 우리는 기호 작용이 특수한 사회적 대상과 사회적 주체의 전반적 구성에, 그리고 한층 더 강력한 이유로 더 넓은 사회적 관계의 앙상블 속의 이런 사회적 대상과 주체의 공동 구성co-constitution과 공진화에 기여한다고 주장할 수 있다. 기호 작용은 특수한 사회적 대상과 사회적 주체의 전반적 구성에서, 그리고 한층 더 강력한 이유로 더 넓은 사회적 관계의 앙상블 속의 이런 사회적 대상과 주체의 공동 구성과 공진화에서 핵심 구실을 한다.

기표들 사이의 '차이의 작용'은 기호 작용을 물질적 실천에, 곧 물질 세계의 제약과 행동 유도성affordances⁹에 폭넓게 배태시키지 않고서는 지속될 수 없다. 개별 단어나 문구가 지시하는 대상하고 일대일 관계를 갖지 않는데도 불구하고, 세계는 여전히 언어와 사고 방식을 제약한다. 이런 관계는 모든 시점에서는 아니더라도 시간이 흐르면서 발생한다. 모든 가능한 담론적 해석이 물질적으로 영속성을 띠고 구성될 수 없으며, 이런 담론적 해석을 물질적으로 실현시키려는 시도는 의도하지 않은 효과를 가져올 수 있다(Sayer 2000).¹⁰ 해석의 상대적 성공이나 실패는 해석과 임의의 구성 시도가 둘 다 사회적 실재를 구성하는 데 사용된 (행위자와 제도 같은 사회 현상을 포함해) 물질의 속성에 얼마나 들어맞는지에 달려 있다. 이런 사실은 담론성과 물질성의 변증법에 관한, 그리고 정치경제의 재생산을 적절하게 설명하는 데 담론성과 물질성이 갖는 중요성에 관한 내 처음의 주장을 강화시킨다. 이런 사실은 또한 변이, 선택, 보존의 측면에서 기호 작용을 사고하는 데 토대를 제공한다. 영속적 구성을 촉진시킬 수 있는 해석보다 일시적 해석에 훨씬 더 많은 불규칙 변이의 여지가 존재하기 때문이다. 우리는 이제 해석의 선택과 보존을 형성시키는 조건으로 전환할 수 있다.

앞선 주장에 기여한, CPE의 셋째 결정적 특징은 기호적 과정과 기호 외적 과정의 공진화와 이 공진화 과정이 자본주의 구성체의 구성과 동학에 미치는 결합 효과에 맞춰진 초점이다. 이런 특성은 실제 사건과 과정, 그리고 이런 사건과 과정의 발현적 효과가 기호 작용의 측면에서 **해석**될 수 있을 뿐 아니라 적어도 어느 정도 **설명**될 수 있다는 사실을 의미한다. 따라서 CPE는 사회적 관계의 지속적인 (재)형성에서 기호적 실천의 구실뿐 아니

---

9 행동 유도성(affordance)은 "대상의 어떤 속성이 유기체로 하여금 특정한 행동을 하게끔 유도하거나 특정 행동을 쉽게 하게 하는 성질"(곽호완·박창호·이태연·김문수·진영선, 《실험심리학 용어사전》, 시그마프레스, 2008)을 말한다 — 옮긴이.
10 논리의 전언어적(pre-linguistic)이고 물질적인 토대에 관해서는 Archer(2000)를 보라.

라, 우연적 출현(변이), 특권화(선택), 시속적 실현(보존), 사회적 관계의 기호 외적 속성의 구조적 결합을 통한 뒤이은 강화(공고화)나 경쟁을 통한 약화에서 기호적 실천이 하는 구실을 연구한다. 상대적으로 성공적인 경제적 가상과 정치적 가상에 물질 세계의 수행력과 구성력을 제공하는 요인은 변이, 선택, 보존의 복잡한 공진화 과정에서 기호적인 것과 기호 외적인 것 사이의 지속적인 상호작용이다.

새로운 전략관계적 의제를 향해

내 전략관계적 단행본 시리즈에 속하는 앞선 네 텍스트는 전략관계적 연구 의제를 재진술하며 끝맺음을 한다. 이 책 1장에서는 연속적인 전략관계적 결론의 몇 가지 핵심 주제를 각각 개괄하고, 또한 지난 주요 이론 텍스트가 저술된 뒤 이런 의제가 어떻게 진전됐는지를 보여줬다. 이어지는 장들에서는 1990년대까지 발전된 연구 의제를 적용하고, 향후 작업에 관련해 추가적인 전략관계적 교훈을 도출하는 다양한 방식에 관심을 뒀다. 이 장은 이런 전통에서 벗어난다. 여기에서는 1장에서 확인한 SRA의 발전의 셋째 국면에 일치하는 방식으로 SRA 의제를 진전시키려 시도했다. 첫째 국면은 마르크스주의 국가 이론의 특정한 태도에 대한 비판으로 시작한 뒤, 전략 이론적 대안을 정치경제학에 대한 더 일반적인 비판으로 일반화시키려 했다. 부분적으로 겹치는 둘째 국면은 구조와 행위, 그리고 여기에 관련된 경로 의존과 경로 형성, 물질적인 것과 담론적인 것, 공간성과 시간성 같은 이중성의 변증법에 관한 분석을 위한 일반적 발견법으로 SRA를 변형시키려 했다. 셋째 국면은 문화적 전회하고 함께 시작되고 나이링 섬하고 한 협업에서 지속됐는데, 이 협업의 결실은 공동 저작 《조절 이론 접근을 넘어

Beyond the Regulation Approach》(Jessop and Sum 2006)를 기반으로 해서《문화 정치경제학을 향해Towards Cultural Political Economy》(Sum and Jessop 2008)로 출간될 예정이다. 곧 출간될 이런 연구에 담긴 주장을 미리 제시하거나 축약하려 하지 않고, 여기에서 나는 단순히 문화 정치경제학에 대한 전략관계 접근의 몇 가지 기본 가정을 보여줬다(또한 Fairclough et al. 2004; Jessop 2004c; Jessop and Sum 2001; Sum 2006a; 2006b).[11]

지금 이 장은 네 가지 주요 방식에서 앞선 작업에 기여한다. 첫째, 이 장은 자연 세계와 사회 세계의 상호 보완적 계기로서 복잡성, 복잡성 감축, 복잡성의 자기 강화적 성격을 SRA에 도입한다. 이 부분은 현재의 발전 국면에서 오토포이에시스 이론의 영향이 더 분명해지게 되는 영역이다. 내가 다시 새롭게 관심을 갖게 된 또 다른 영역은 점점 더 복잡해지는 세계 사회에서 점점 더 지배적이 되는 자본 축적 논리에 관한 대안적 설명의 하나로서 '생태적 지배'의 성격이다(Jessop 1990b; 200b; 2002d; 2009를 보라).

둘째, 전략관계 접근을 복잡성 감축에서 의미의 중요성에 토대하게 하고, 체험, 사회적 해석, 사회적 구성의 토대로서 '가상'의 구실에 결부되게 함으로써, 이 장은 전략관계 접근의 근본적 계기로서 기호 작용에 관한 관심을 통합시킨다. 따라서 기호 작용이 단지 (축적 전략, 국가 프로젝트, 헤게모니 전망 같은) 특정한 종류의 가상에 관련해 중요하던 차원에서 벗어나, 이제 (언제나 관계적이고 발현적인 사회적 상호 작용의 구조적-정세적 속성의 형태로) 사회적인 것의 계기하고 함께 근본적 계기로서 전략관계

---

[11] 랭카스터학파는 또한 '문화 정치경제학' 관점에서 더 실질적인 분석 시리즈를 내놓았다. 나이링 섬은 1990년대 초에 개념이 생기기 전에 명시적인 전략관계적 분석틀 바깥에서 이런 연구를 시작했다(이 연구의 표본에 관해서는 이 책의 참고 자료를 보라). 우리의 지속적인 공동 토론과 공동 연구를 통해, 섬이 전략관계적 개념을 통합시키고 내가 기호 작용에 더 많은, 그리고 더 명시적인 비중을 두게 되면서 상호 융합이 발생했다. 1장이 보여주듯 이런 관심의 뿌리는 수년 전까지 거슬러 올라가지만, 국가 이론과 조절 이론 접근에 관한 내 관심에 견줘서 크지는 않았다.

접근의 제자리에 놓이게 됐다. 이 두 번째 혁신은 문화 정치경제학이 발전하는 데 결정적이었으며, 이 혁신은 다양한 형태와 다양한 인식적 관심에 서일지라도, 국가의 조직과 운영에서 다양한 형태의 정치적 가상, 통치성, 공간적 가상이 하는 구실을 강조하는, 국가에 관한 폭넓은 포스트모던적, 포스트 구조적 접근에서도 나타난다.

셋째 새로운 요소는 더 명시적인 제도적 전회, 진화론적 전회다. 제도적 전회는 일반적인 전략관계적 원리와 제도 분석 사이의 관련성을 보여주고, 더 넓은 전략관계적 자리에 놓이게 된다면 제도가 얼마나 더 잘 기술되고 해석되고 설명될 수 있는지를 보여주는 데 관심을 뒀다(Jessop 2001a). 마찬가지로 진화론적 전회는 처음에 변이, 선택, 보존의 메커니즘을 더 명시적으로 탐구하는 일에 관심을 뒀는데, 이런 메커니즘은 미래로, 그리고/또는 그 밖의 곳으로 모순, 딜레마, 위기 경향, 갈등성을 유보하는 전략, 그리고/또는 추방하는 전략을 대가로 한 상대적 안정 지대에 관련 있는 특수한 시공간적 해결책(또는 시공간적 외피 time-space envelopes) 안에서 이런 시공간적 해결책이 없으면 불가능한 사회적 관계의 '구조화된 응집성 structured coherence'의 재귀적 선택과 재생산을 설명하는 일을 도울 수 있다(Jessop 2001a; 2001d; 2002a; 2002d; 2004g; 2006b를 보라).

이렇게 우리는 진화론적 전회를 진화론, 곧 미리 정해진 발전 경로가 존재한다는 견해에 대한 지향하고 혼동하지 않아야 한다. 반대로 진화론적 전회는 기호 작용과 사회적 관계의 우연적으로 필연적인 발전을 통해 발생한 진화의 우연성을 강조하며, 그 결과 설사 특정한 시기 동안 사회 발전에 특정한 방향성이 존재한다 할지라도, 이런 발전은 이중적으로 경향적이며 어떤 최종 목적지도 수반하지 않는다(cf. Postone 1993). 실제로 시기 구분에 대한 전략관계 접근은 연속성 속의 불연속성과 불연속성 속의 연속성에, 그리고 전략적 개입이 경로 의존의 유산에도 불구하고 경로 형성에 결정적 기여를 할 수 있는 다양한 형태의 정세를 확인하는 문제에 특히 관심을 둔다 (Hausner et al. 1995; Jessop 2001d). 이런 측면에서 진화론적 전회의 구실은 사회적 실천, 조직, 조직 생태계, 제도, 제도 질서, 사회 형성 패턴의 우연적 필연적 발전을 일으키는 변이, 선택, 보존 메커니즘에 좀더 명시적으로 주목하는 데 있다.

전략관계적 연구 의제의 넷째, 그리고 잠재적으로 가장 중요한 변화는 기호적 전회, 그리고 이 기호적 전회와 진화론적 전회의 접합이다. 이런 변화 때문에 국가 이론 분야의 담론 분석은 대표적으로 개별 텍스트나 담론 장르에 관심을 두는 흐름에서, 경로 의존과 경로 형성의 변증법이 지속되는 와중에 특정한 가상의 변이, 선택, 보존을 형성시키는 기호적, 기호 외적 메커니즘에 명시적인 관심을 두는 흐름으로 변형됐다. 또한 이런 변화 때문에 전략관계 접근이 기성 연구 분야나 역사적 의미론, 개념사, 푸코주의 권력-지식 계보학 같은 역사적 접근에 더 밀접해지는 결과가 나타났다(이 중 마지막에 관해서는 6장을 보라). 특히 이런 변화는 ('국가'나 '주권' 같은 개념의 출현과 공고화 같은) 새로운 사회적 가상의 도입, 그리고 새로운 의미의 탐색을 유발하고 다른 사회적 가상보다 특정한 사회적 가상을 선택하는 일을 돕는 구조적 변형 과정 사이에 존재하는 장기적 상관관계를 검토하기 위한 공간을 열어주는데, 이 과정은 결과적으로 여전히 출현 중인 제도와 구조가 공고화되거나 경쟁하는 데 구성적 구실을 할 수 있다(cf. Bartelson 1995; Brunner et al. 1990; Luhmann 1990d; Skinner 1989; 진행 중인 Historisch-Kritisches Wörterbuch des Marxismus 저작). 독특한 패턴의 구조화된 응집성, 역사적 블록, 시공간적 해결책을 공고화하는 데 가상이 하는 구실에 가상들의 계보학을 연관시키는 수단을 제공하는 한, 이런 변화는 전략관계 접근의 발전에서 추가적 단계를 특징지을 수 있다. 이런 변화는 또한 기호적 메커니즘이 변이 국면에서 더 큰 비중을 가지며 기호 외적 메커니즘이 보존 국면에서 더 중요하다는 작업 가설하고 함께, 진화의 다양한 국면에서 기호적, 기호 외적 메커니즘의 비중에 관한 더 세밀한 분석을 위한 공간을 열어준다. 그러나 이런 가설은 기호적 메커니즘과 기호 외적 메커니즘의 비중이 또한 새로운 가상이 출현하는 사회 분야, 조직 생태계, 제도 질서의 형태에 따라 달라질 것이라는 두 번째 작업 가설에 결합돼야 한다. 실제로 기호 외적 메커니즘이 기술과 자연과학 분야보다 신학과 철학 분야에서 더 작은 구실을 하며 기호적 메커니즘이 기술과 자연과학보다 신학과 철학 분야에서 더 중요할 것이라는 주장에 어떤 논리적 비약도 필요하지 않다. 그럼에도 불구하고 지배 체계를 재생산하는 데 각 분야에서 가상이 갖는 중요성을 고려할 때, 우리는 이런 분야에서 모두 작동하는 기호적 메커니즘과 기호 외적 메커니즘을 둘 다 발견할 수 있다.

결론

복잡성 이론은 …… 과학적 혼합물이다. 복잡성 이론은 아이디어들의 부가물, 곧 수사적 혼성체다. …… 복잡성 이론 뒤에 놓인 주된 충동은 반환원주의적 충동인데, 이것은 체계들의 상호 작용의 속성을 체계들의 부분의 총합 이상으로 이해하는 방향으로 변화하는 경향을 의미한다. 그렇다면 복잡성 이론은 전체론적인 **발현적** 질서의 과학, 양만큼이나 질의 과학, "복잡하고 예측 불가능한 현상에 존재할 수 있는 발현적 질서"(Goodwin 1997, 112)의 과학, "사건에 대한 과정의 우위, 실체에 대한 관계의 우위, 구조에 대한 발전의 우위"(Ingold 1990, 209)를 주장하는 더 개방적인 과학이라는 아이디어다. (Thrift 1999, 33)

나는 나이절 스리프트의 언급에 이견이 없지만, 이런 언급은 복잡성 이론이 아이디어와 비유의 절충적 혼합물인 한 '무질서적'이 될 위험이 있다는 점을 시사한다. 결과적으로 우리는 일반적 측면에서 복잡성에 관한 더 엄격한 설명을 발전시킬 필요가 있을 뿐 아니라, 다양한 복잡계의 특수성과 이 복잡성을 확인/관찰하는 패러다임의 특수성을 둘 다 탐구할 필요가 있다. 따라서 나는 전략관계 접근에서 자연 세계와 사회 세계의 복잡성의 중요성에 관한 논의에 어느 정도의 엄격함을 도입하기 위해 복잡성, 비판적 실재론, 오토포이에시스적 체계에 관한 아이디어를 결합시켰다. 따라서 복잡성에 관해 내가 한 언급은 작동의 복잡성과 의미의 복잡성 사이의 변증법에 관한 성찰과, 구조-행위 문제에 관련해 이런 변증법이 지니는 함의에 관한 성찰을 통해 보완됐다. 특히 나는 존재론적 복잡성이 자연 체계와 사회 체계에 관한 선택을 강제하며, 여러 대안 중의 하나는 어떻게 선택이 일어나느냐는 측면에서 이런 체계를 해석하는 일이라고 주장했다. 이런 논의는 체계의 선택성과 행위자의 성찰성에 관한 관심으로 이어진다. 또한 실재 세계의 복잡성과 실재 세계를 복잡한 것으로 해석하게 하는 방식 사이의 변증법이라는 문제를 제기한다. 이런 문제들은 모두 모든 전략관계 접근에 관련해 본질적인 기본적 문제다.

그럼에도 불구하고 이런 논의는 우리를 이 정도에 그치게 하고 더는 나아가지 못하게 만든다. 왜냐하면 복잡성에 관한 일반적 설명을 발전시키는 일, 과학철학의 다른 존재론적, 인식론적, 방법론적 태도에 대한 일반적인 비판적 실재론의 우위를 정당화하는 일, 사회과학의 구조와 행위에 관한 대안적 설명에 비교해 전략관계 접근의 우위를 촉진하는 일과, 이런 넓은 범위 안에서 복잡성에 관한 가장 적절한 특수한 이론, 특수한 형태의 비판적 실재론, SRA의 특수화를 확인하는 일은 별개의 문제이기 때문이다. 이런 측면에서 우리는 일반적인 복잡성, 비판적 실재론, SRA 같은 것은 존재하지 않으며, 오직 복잡성에 관한 특수한 설명, 특수한 형태의 비판적 실재론, 전략관계 접근의 특수화가 존재한다는 취지로 마르크스를 환언하고 싶은 유혹을 받게 된다. 이런 사실은 과거에 그러했듯 SRA의 추가적 발전이 전반적 접근에 관한 일반적 성찰과 특정한 형태를 띤 SRA의 특수화와 적용 사이에서 일어나는 나선 운동에 달려 있다는 점을 의미한다. 내가 선택한 특수화와 적용 분야는 자본주의 국가, 이윤 지향 시장 매개 자본 축적의 동학, 자본주의 사회구성체 안에서 일어나는 경제적인 것과 정치적인 것의 구조적 결합과 공진화에 관한 역사적-유물론적 분석이었다. 그러나 이런 과정은 이런저런 분야에서 이런 접근을 발전시키는 다른 방식들을 배제하지 않는다. 실제로 나는 역사적이고 사회학적인 제도주의에서 SRA하고 아주 유사한 결론이 출현한 정도를 다른 곳에서 지적했다(Jessop 2001a). 이것은 앞서 내가 출간한 전략관계 접근 관련 단행본 중에서 세 권(Jessop 1982; 1985a; 1990b)을 다른 종류의 적용을 방해할 수 있는 일련의 특수한 처방보다는 일반적 지침과 권고로 끝맺음한 이유다. 물론 전략관계 접근을 《자본주의 국가의 미래》(2002d)에서 제기된 문제에 적용한 논문은 예외인데, 이 논문은 케인스주의 복지 국민국가의 부침과 이런 복지 국민국가가 슘페터주의 근로 연계 복지 탈국민 체제로 대체되는 경향을 형성시킨 모순과 딜레마에 관한 비판적 실재론적, 전략관계적, 형태 분석적 설명에, 특유하지는 않더라도 상당히 특수하게 토대를 뒀다. 대조적으로 이번 책은 더 일반적인 측면에서 SRA를 발전시키고, SRA가 어떻게 더 발전될 수 있는지에 관한 몇 가지 일반적 지시와 특수한 예시를 제공하려는 원래의 관심으로 되돌아갔다. 그러므로 여기에서 원고를 멈춘다……(멈춘 원고는 자신만의 방식으로 자신만의 분야에서 전략관계 접근을 발전시키는 도전을 이어갈 사람들을 통해 다시 시작될 것이다).

옮긴이 글

《국가 권력》은 밥 제솝Bob Jessop이 쓴 《국가 권력State Power: A Strategic-Relational Approach》(Cambridge: Polity Press, 2008)을 완역한 책이다. 제솝은 공산주의 혁명이 왜 선진 자본주의 사회가 아니라 소비에트 연방을 비롯한 자본주의권의 변방에서 일어났느냐는 네오마르크스주의의 문제 설정을 이어받고 있다. 구체적으로, 제솝은 자본주의가 구조적 모순과 계급 갈등에도 불구하고 어떻게 비교적 오랜 기간 동안 지속적으로 팽창할 수 있었느냐는 마르크스주의의 오래된 질문에 대답을 제공하려 하는 조절 이론 접근의 영향을 받고 있다. 《국가 권력》은 제솝이 이런 문제의식에 기반해 쓴, 국가에 관한 독특한 '전략관계 접근'에 관련된 다섯 번째 책이다.

1부에서 제솝은 30년간에 걸친 전략관계 접근의 발전을 종합 정리한다. 제솝은 전략관계 접근의 세 가지 원천, 곧 독일 정치학(독일 국가 이론), 프랑스 경제학(조절 이론 접근), 칠레 생물학(오토포이에시스 또는 자기 생산 개념)에 관해 설명하고, 전략관계 접근의 발전의 세 가지 국면을 다룬다. 각 국면은 자본 축적을 강조하는 자본 이론적 접근과 계급 투쟁을 강조하는 계급 이론적 접근 사이를 매개할 수 있는 전략 개념의 발견, 구조-행위 논쟁의 이원론을 극복할 수 있는 전략 차원의 도입, 기호 작용과 담론적 선택성에 비중을 두는 문화 정치경제학을 향한 문화적 전회로 특징지어질 수 있다. 한편 제솝은 국가에 대한 몇 가지 기본적 접근들을 비판적으로 검토하고, 전략관계 접근의 새로운 도전을 위한 유용한 맥락을 제공한다. 바로 푸코주의 접근, 페미니즘 국가 이론, 담론 분석이다.

2부에서 제솝은 전략관계 접근의 이론적 원천(카를 마르크스, 안토니오 그람시, 니코스 풀란차스, 미셸 푸코)을 검토한다. 제솝은 먼저 마르크스의 《루이 보나파르트의 브뤼메르 18일》을 검토한다. 이 텍스트는 국가에 관한 마르크스의 계급 기반적 설명이 지닌 엄청난 모순을 드러낸다. 왜냐하면 이 텍스트의 배경 조건인 이데올로기와 조직 형태의 복잡성이 경제적 계급과 정치적 세력 사이의 일대일 상관관계를 보여주려는 어떤 시도의 기반도 약화시키기 때문이다. 단적인 사례는 보나파르트 지배기에 농민들 사이에 나타난 분열인데, 보나파르트가 다른 사회 세력에 대항해 실행한 정치적 책략에서 핵심 지지 계급으로 동원한 세력은 보수적 농민이었다. 농민이 나폴레옹 1세 아래 토지 재분배의 주요 수혜자인 반면, 토지 분할과 부채는 많은 소규모 농지의 생존 능력의 기반을 약화시키고 혁명적 농민과 보수적 농민 사이에 분열이 증가되는 현상을 촉발했으며, 이런 상황에서 보수적 농민들이 보낸 지지는 보나파르트에게 자신만의 희망과 공포를 투사한 결과였다.

제솝은 또한 그람시를 수용한다. 이런 측면은 제솝이 그람시가 남부 문제에 관해 쓴 에세이를 검토하는 부분에서 잘 나타난다. 그람시는 이탈리아 북부의 산업적이고 금융적인 축적 중심에 남부의 농업적인 축적 중심이 경제적이고 정치적으로 종속된 현실이 북부 기업가와 남부 지주 사이의 동맹에 기반하고 있다고 봤다. 그러나 지배 계급의 동맹에 대항하는 과정에서 이탈리아의 산업 프롤레타리아트는 지리적으로 너무 북부에 집중된 데다가 결과적으로 농민에 견줘 소수였는데, 이런 사실 때문에 프롤레타리아트는 폭넓은 농민 대중의 실제적 동의와 적극적 지지를 동원하지 않고서는 지배적 계급이 될 수 없었다. 그러나 지배적인 북부 도시 블록과 남부 농촌 블록 사이의 동맹에 기반한 조반니 졸리티 정부는 물질적 양보를 통해 북부의 산업 노동자들을 포섭함으로써 프롤레타리아트와 농민의 계급 동맹을 와해시키는 수동 혁명 전략을 추구했다.

또한 제솝의 전략관계 접근은 국가란 사회적 관계라는 이론적 스승 풀란차스의 명제에서 출발하고 있다. 이 명제는 국가라는 상부구조가 경제라는 토대의 단순한 반영이라는 전통적 마르크스주의 관점에 대한 반성에서 비롯된다. 풀란차스를 수용한 제솝이 볼 때 국가는 자본가 계급의 이해를 단순히 대변하는 도구가 아니라 계급 세력 사이의 관계(또는 균형)의 형태 결정된 물질적 응축이다. 따라서 자본주의의 재생산을 위협하지 않는 한 국가는 피지배 계급에게 어느 정도 물질적 양보를 함으로써 지배 계급의 단기적인 경제적 이익을 희생하고 지배 계급의 장기적인 정치적 이익을 보장한다. 왜냐하면 자본주의 국가는 지배 계급의 경제적 이익을 직접적으로 대표하는 대신에, 지배 계급의 정치적 이익을 통해서 지배 계급의 경제적 이익을 간접적으로 대표하기 때문이다. 물론 이런 방식이 (비록 중요하다고 할지라도) 자본주의 국가가 취할 수 있는 다양한 전략들 중 하나에 지나지 않는다는 사실이 언급돼야만 한다. 자본주의 국가는 자신이 강압으로 무장한 헤게모니라는 사실을 때때로 확인시킨다.

한편 풀란차스는 역사적 유물론 안에서 마르크스의 미완의 국가 이론을 완성시킨다는 목표를 표방했다. 풀란차스는 이 목표가 권력에 관한 관계적 접근의 발전 정도에 따라 좌우된다는 점을 인식했고, 이런 측면에서 푸코에 상당히 의존했다. 푸코는 68혁명의 후류 속에서 마르크스주의와 국가 이론에 노골적으로 반대한 반면, 또한 마르크스의 통찰을 암묵적으로 전유하고 발전시키는 역설을 드러낸다. 이런 역설은 권력을 다룬 초기 저작과 관심의 방향을 통치성으로 전회한 콜레주 드 프랑스 강의 사이의 구분을 통해 명확해진다. 여기에서 푸코는 국가를 관계적 앙상블로 간주하고, 통치성을 일련의 본질적이지 않은 정치적 관계의 지형 위에서 작동하는 일련의 실천과 전략으로 취급한다. 이런 측면에서 푸코에게 국가 권력은 전략적 행위의 새로운 핵심적 장이며, 통치성에 밀접히 관계된 생명 정치는 국가의 포괄적 전략에, 그리고 국지적 대립을 가로질러 이런 대립을 서로 연결시키는 세력의 일반 노선에 더욱 관련되게 된다.

  3부에서 제솝은 현대 국가에 관련된 중요 쟁점에 전략관계 접근을 적용한다. 제솝은 국가의 젠더 선택성에 대한 전략관계 접근이 국가가 남성과 여성 사이의 권력관계를 변형시키고 유지하고 재생산하는 방식을 검토해야 하며, 이런 검토는 남성성과 여성성, 그리고 가부장제의 다양성에 대한 전제를 기반으로 해야 한다고 주장한다. 한편 제솝은 지구화하는 자본주의가 심화시키는 시공간적 모순을 검토하고 이런 모순을 관리하는 국민국가의 구실을 강조함으로써 국민국가와 지구화의 상호 관계 측면에서 지구화 개념을 탈신비화하는 데 기여한다. 그다음 제솝은 새로운 국가 형태로서 유럽연합에 관한 국가 중심적 설명과 거버넌스 중심적 설명을 검토하고, 이런 설명들에 관련된 비판을 제시한 뒤, 새로운 형태의 메타 거버넌스의 발전에 관한 전략관계 설명을 발전시킨다. 마지막으로 제솝은 복잡성과 비판적 실재론의 상호 함의에 관한 설명을 제시하고, 문화 정치경제학 쪽으로 선회함으로써 이런 설명을 어떻게 적용하는지를 보여준다.

  제솝은 한 인터뷰에서 복지국가의 실패를 설명하는 문제에 천착하면서 국가론에 깊은 관심을 갖게 됐다고 말한다. 이런 관점에서 보면 복지국가는 국가를 매개로 해서 피지배 계급을 대상으로 지배 계급이 실행하는 장기적 관점의 물질적 양보이고, 이 과정은 필요시 포섭과 배제의 분할 통치 전략을 통해 언제든 재편되고 철회될 수 있는 성질을 갖는다. 또한 서구 복지국가는 제임스 오코너가 언급한 대로 축적과 정당화를 동시에 수행해야 한다는 모순을 보여주면서 부침을 겪었다. 제솝이 풀란차스를 수용해 국가론에 이론적으로 기여한 지점은 자본주의 국가를 지배 계급의 경제적 이익을 직접적으로 대표하는 도구가 아니라 지배 계급의 정치적 이익을 통해 지배계급의 경제적 이익을 간접적으로 대표하는 전략적 매개체로 본 부분이다. 따라서 제솝의 전략관계 접근은 계급 투쟁이 야만으로 전락하는 붕괴나 사회주의로 나아가는 이행을 초래하기보다는 자본주의를 재생산하는 경향을 보여주는 이유를 설명할 중요한 이론적 자원을 제공한다.

비슷한 아이디어를 칼 폴라니의 《거대한 전환》(길, 2009)에서도 발견할 수 있다. 폴라니는 시장화의 절멸 효과와 이 흐름을 제어하는 기제로서 사회의 자기 보호라는 이중 운동을 설명한다. 그러나 폴라니 자신도 인식한 대로 정치와 경제가 서로 분리된 조건에서 이중 운동에 내재한 모순과 긴장은 교착 상태와 체제의 마비를 낳으면서 파시즘과 전쟁으로 이어졌고, 이런 사태의 자본주의적 귀결은 타협 체제였다. 만약 역사에 진보가 존재한다면, 그 진보는 생명과 존엄이 타협의 대상이 되지 않는 사회적 지향이 돼야 한다고 생각한다. 그러나 프레드 블록과 마거릿 소머즈가 유사하게 지적한 대로 타협 체제는 폴라니의 낙관적 전망하고 다르게 이런 사회적 지향으로 이행하지 못했다. 이런 맥락에서 낸시 프레이저는 《전진하는 페미니즘》(돌베개, 2017)에서 시장화와 사회 보호의 이중 운동에 해방이라는 제3의 항을 추가해 삼중 운동을 사고할 필요를 주장한다. 제솝 또한 폴라니의 설명과 조절 이론을 비교한 논문에서 시장 경제와 시장 사회의 공존이라는 폴라니의 문제의식을 존중하면서도 다음같이 언급하면서 차이를 드러내고 있다. "폴라니가 조절되지 않은 자본주의에서 조절된 자본주의로 2

단계 운동을 묘사하는 경향이 있는 반면, 조절 이론은 각각 자신만의 동학과 위기 경향을 가진 하나의 조절화된 체제에서 또 다른 조절화된 체제로 위기 조절 운동을 기술한다."

제솝은 일반적 발견법으로서 전략관계 접근이 다른 이론적 접근에 문제를 제기하고, 이 이론의 구조적이고 전략적인 차원을 강조하고, 이 이론이 지니는 함의를 탐구하는 데 사용될 수 있다고 전망한다. 이런 측면에서 제라르 뒤메닐과 도미니크 레비가 한 분석은 훌륭한 참조점이 된다. 앞서 자본주의의 두 가지 계급 요소인 시장과 조직 사이의 관계를 분석한 자크 비데하고 진행한 협업에 기반해, 뒤메닐과 레비는 《신자유주의의 위기》(후마니타스, 2014)에서 자본가와 민중 계급이라는 전통적 이항 대립에 관리자 계급을 추가해 삼극의 계급 형세를 사고할 필요를 주장한다. 뒤메닐과 레비는 이런 분석틀을 기반으로 삼극의 계급 사이에 누구의 지도력 아래, 그리고 어떤 조합을 통해 계급 동맹이 형성됐는지에 따라 역사적으로 사회 질서가 결정됐다고 주장한다. 그 결과는 각각 전후 타협, 신자유주의, 신관리주의적 자본주의, 사회주의다. 또한 중간 계급 문제를 비중 있게 다룬 니코스 풀란차스와 에릭 올린 라이트의 논의, 그리고 계급이 사회학적 범주가 아니라 관계와 실천이라는 에티엔 발리바르의 주장을 참조할 만하다.

이 책은 번역을 준비하고 있던 옮긴이와 한국어 판권을 갖고 있지만 번역자를 찾지 못한 이매진 사이에 일어난 우발적인(그러나 어쩌면 필연적인) 마주침의 결과다. 제솝을 접하는 계기를 마련해준 중앙대학교 사회학과에 감사드리며, 어려운 출판 환경 속에서도 이 책을 출간하기로 결정한 뒤 인내심을 갖고 더 나은 방향으로 이끌어준 이매진에 감사드린다. 아울러 유익한 논평을 통해 원고를 고치는 데 중요한 도움을 주신 선생님들께도 감사드린다. 그리고 필요한 자료를 열람할 수 있게 해준 도서관에도 감사드린다. 참고로 이 책에 포함된 일부 논문의 온라인 판본을 포함해 제솝이 쓴 글은 제솝의 개인 홈페이지(bobjessop.wordpress.com)나 인터넷에서 확인할 수 있으며, 제솝의 전체 글 목록은 랭카스터 대학교에 연결된 제솝의 홈페이지에서 확인할 수 있다.

    이 책을 번역하는 과정 중에 아버지께서 지병으로 돌아가셨다. 책을 번역하면서 보수 정당을 지지한 아버지를 조금은 이해하게 된 듯하다. 세력 관계를 사고하지 않는, 이 세력들에 대한 속류적 이해를 통해서는 정치의 발전은 요원하다고 생각한다. 아버지의 평온한 안식을 빈다. 제솝이 말하는 국가와 마찬가지로 좌파도 생래적으로 실패할 운명에 지속적으로 놓이게 되는 듯하다. 이 책의 번역은 이런 이성적 비관 속에서도 의지로 낙관한 선배들의 노고에 빚지고 있으며, 그분들께 감사의 마음을 전한다. 역사가 가르쳐주는 것처럼 진보는 숱한 실패의 축적에서 비롯되며, 이 책 또한 그런 과정에 작은 기여가 되기를 희망한다.

2020년 가을

남상백

참고 자료

Abrams, P. 1988. "Notes on the difficulty of studying the state(1977)." *Journal of Historical Sociology* 1(1). pp. 58~89.
Agamben, G. 2004. *State of Exception*. Chicago: University of Chicago Press. 김항 옮김, 《예외상태》, 새물결, 2009.
Agrawal, A. 2006. *Environmentality: Technologies of Government and the Making of Subjects*. New Delhi: Oxford University of Press.
Allen, J. 1990. "Does feminism need a theory of 'The State'?" In S. Watson ed. *Playing the State*. London: Verso. pp. 21~38.
Almond, G. 1988. "Return to the state." *American Political Science Review* 82(3). pp. 853~874.
Althusser, L. 1976. *Essays in Self-Criticism*. London: New Left Books.
Althusser, L. 2006. "Marx in his limits." In idem. *The Philosophy of the Encounter*. London: Verso. pp. 7~162(원본은 1978~1987년에 저술됨).
Altvater, E. 1993. *The Future of the Market: on the Regulation of Money and Nature after the Collapse of 'Real Socialism.'* London: Verso.
Altvater, E. and Hoffmann, J. 1990. "The West German state derivation debate." *Social Text* 24. pp. 134~155.
Altvater, E. and Mahnkopf, B. 1999. *Grenzen der Globalisierung*. Münster: Westfälisches Dampfboot.
Anderson, P. 1976. "The antinomies of Antonio Gramsci." *New Left Review* 100. pp. 5~78.
Ansell, C. 2000. "The networked polity: regional development in Western Europe." *Governance* 13(2). pp. 303~333.
Anthias, F. and Yuval-Davis, N. 1989. *Women-Nation-State*. Basingstoke: Macmillan.
Archer, M.S. 1995. *Realist Social Theory: the Morphogenetic Approach*. Cambridge: Cambridge University Press.
Archer, M.S. 2000. *Being Human: The Problem of Agency*. Cambridge: Cambridge university Press.
Archer, M.S., Bhaskar, R., Collier, A., Lawson, T. and Norrie, A. eds. 1998. *Critical Realism: Essential Readings*. London: Routledge. 이기홍 옮김, 《비판적 실재론 1: 초월적 실재론과 과학》, 한울, 2005. 이기홍 옮김, 《비판적 실재론 2: 비판적 자연주의와 사회과학》, 한울, 2005.
Armitage, J. and Graham, P. 2001. "Dromoeconomics: towards a political economy of speed." *Parallax* 7(1). pp. 111~123.
Aronowitz, S. and Bratsis, P. eds. 2002. *Paradigm Lost, State Theory Reconsidered*. Minneapolis: University of Minnesota Press.
Artous, A. 1999. *Marx, l'État et la politique*. Paris: Syllèpse.
Atkinson, M.M. and Coleman, W.D. 1989. "Strong states and weak states: sectoral policy networks in advanced capitalist economies." *British Journal of Political Science* 19(1). pp. 47~67.
Atkinson, M.M. and Coleman, W.D. 1992. "Policy networks, policy communities and the problems of governance." *Governance* 5(2). pp. 154~180.
Bachmann-Medick, D. 2006. *Cultural Turns. Neuorientierungen in den Kulturwissenschaften*. Reinbek-bei-Hamburg: Rowohlt.
Badie, B. and Birnbaum, P. 1983. *The Sociology of the State*. Chicago: University of Chicago Press.
Baecker, D. 2001. "Why systems?" *Theory, Culture & Society* 18(1), pp. 59~74.
Baehr, P. and O'Brien, M. 1994. "Founders, classics and the concept of a canon." *Current Sociology* 42(1). pp. 1~151.
Balibar, E. 1978. "Marx, Engels and the revolutionary party." *Marxist Perspectives* 1(4). pp. 124~143.
Balibar, E. 1992. "Foucault and Marx: the question of nominalism." In T.J. Armstrong, ed. *Michel Foucault, Philosopher*. London: Routledge. pp. 38~56. 윤소영 옮김, 〈푸코와 마르크스: 명목론이라는 쟁점〉, 《이론》 3호, 1992, 282~309쪽; 최원, 서관모 옮김, 〈푸코와 맑스: 유명론이라는 쟁점〉, 《대중들의 공포 — 맑스 전과 후의 정치와 철학》, 2007, 341~367쪽.
Baratta, G. 1997. "Lotte di egemonia nell'epoca di 'Americanismo e post-Fordismo'." *Critica Marxista* (N.S.) 4. pp. 47~58.
Barret-Kriegel, B. 1992. "Michel Foucault and the police state." In T.J. Armstrong, ed. *Michel Foucault, Philosopher*. London: Routledge. pp. 192~197.
Barrett, M. and McIntosh, M. 1985. *The Anti-Social Family*. London: Verso.
Barrow, C.W. 1993. *Critical Theories of the State: Marxist, Neo-Marxist, Post-Marxist*. Madison: University of Wisconsin

Press.

Barry, A. 2001. *Political Machines: Governing a Technological Society*. London: Athlone.
Barry, A., Osborne, T. and Rose, N. eds. 1996. *Foucault and Political Reason*. London: UCL Press.
Bartelson, J. 1995. *A Genealogy of Sovereignty*. Cambridge: Cambridge University Press.
Bartelson, J. 2001. *A Critique of the State*. Cambridge: Cambridge University Press.
Bauer, O. 1924. *The Question of Nationalities and Social Democracy*. Minneapolis: University of Minnesota Press(2000).
Beamish, R. 1992. *Marx, Method and the Division of Labor*. Urbana: University of Illinois Press.
Beck, U. and Grande, E. 2004. *Das kosmopolitische Europa. Gesellschaft und Politik in der Zweiten Moderne*. Frankfurt: Suhrkamp.
Behnke, A. 1997. "Citizenship, nationhood and the production of political space." *Citizenship Studies* 1(2). pp. 243~265.
Bennholdt-Thomsen, V. 1985. "Zivilisation, moderner Staat und Gewalt." *Beiträge zur feministischen Theorie und Praxis* 13. pp. 23~35.
Bensaïd, D. 2002. *Marx for our Times*. London: Verso.
Berberoglu, B. 1986. "The Eighteenth Brumaire and the controversy over theory of the state." *Quarterly Review of Historical Studies* 25(2). pp. 36~44.
Bertramsen, R.B. 1991. "From the capitalist state to the political economy." In idem, J.-P.F. Thomsen and J. Torfing. *State, Economy and Society*. London: Unwin Hyman. pp. 94~145.
Bertramsen, R.B., Thomsen, J.-P.F. and Torfing, J. 1991. *State, Economy and Society*. London: Unwin Hyman.
Bevir, M. and Rhodes, R.A.W. 2003. *Interpreting British Governance*. London: Routledge.
Bhaskar, R. 1978. *A Realist Theory of Science*. Hassocks: Harvester.
Bhaskar, R. 1989. *The Possibility of Naturalism*. Hemel Hempstead: Harvester Wheatsheaf.
Binder, L. 1986. "The natural history of development theory." *Comparative Studies in Society and History* 28(1). pp. 3~33.
Blatter, J. 2001. "Debordering the world of states." *European Journal of International Relations* 7(2). pp. 175~210.
Bobbitt, P. 2002. *The Shield of Achilles: War, Peace and the Course of History*. London: Allen Lane.
Bologna, S. 1993a. "Money and crisis: Marx as correspondent of the *New York Daily Tribune*, 1856~57(Part I)." *Common Sense* 13. pp. 29~53.
Bologna, S. 1993b. "Money and crisis: Marx as correspondent of the *New York Daily Tribune*, 1856~57(Part II)." *Common Sense* 14. pp. 63~88.
Bonefeld, W. 1987. "Reformulation of state theory." *Capital and Class* 33. pp. 96~127.
Bonefeld, W. 1994. "Aglietta in England: Bob Jessop's contribution to the regulation approach." *Futur antérieur* 28. pp. 299~330.
Booth, W.J. 1991. "Economies of time: on the idea of time in Marx's political economy." *Political Theory* 1991. pp. 7~27.
Boris, E. 1995. "The racialized gendered state: constructions of citizenship in the United States." *Social Politics* 2(2). pp. 160~180.
Bourdieu, P. 1981. "Men and machines." In K. Knorr-Cetina and A.V. Cicourel eds. *Advances in Social Theory and Methodology*. London: Routledge. pp. 304~317.
Bourdieu, P. and Wacquant, L. 1992. *An Invitation to Reflexive Sociology*. Cambridge: Polity. 이상길 옮김, 《성찰적 사회학으로의 초대》, 그린비, 2015.
Boyer, R. and Saillard, Y. eds. 2002. *Régulation Theory: The State of the Art*. London: Routledge.
Boyne, R. 1991. "Power-knowledge and social theory: the systematic misrepresentation of contemporary French social theory in the work of Anthony Giddens." In G. Bryant and D. Jary eds. *Giddens' Theory of Structuration: A Critical Appreciation*. London: Routledge. pp. 52~73.
Brandist, C. 1996. "Gramsci, Bakhtin and semiotics of hegemony." *New Left Review* 216. pp. 94~110.
Bratsis, P. 2006. *Everyday Life and the State*. London: Paradigm.
Brems, E. 1997. "Enemies or allies? Feminism and cultural relativism as dissident voices in human rights discourse." *Human Rights Quarterly* 19(1). pp. 136~164.
Brennan, T. 1995. "Why the time is out of joint: Marx's political economy without the subject, Part I." *Strategies* 9/10. pp. 18~37.
Brenner, J. and Laslett, B. 1991. "Gender, social reproduction and women's self-organization: considering the U.S. welfare state." *Gender and Society* 5(3). pp. 311~332.
Brenner, N. 1999. "Beyond state-centrism? Space, territoriality and geographical scale in globalization studies." *Theory*

and Society 28(1). pp. 39~78.
Brenner, N. 2004. *New State Spaces: Urban Governance and the Rescaling of Statehood*. Oxford: Oxford University Press.
Bretthauer, L., Gallas, A., Kannankulam, J. and Stützle, I. eds. 2006. *Poulantzas Lesen. Zur Aktualität marxistischer Staatsheorie*. Hamburg: VSA.
Brodie, J. 1997. "Meso-discourses, state forms and the gendering of liberal-democratic citizenship." *Citizenship Studies* 1(2). pp. 222~242.
Brødsgaard, K.E. and Young, S. eds. 2000. *State Capacity in East Asia: Japan, Taiwan, China and Vietnam*. Oxford: Oxford University Press.
Brown, W. 1992. "Finding the man in the state." *Feminist Studies* 18(1). pp. 7~34.
Brown, W. 1995. *States of Injury: Power and Freedom in Late Modernity*. Princeton: Princeton University Press.
Brunn, S.D. 1999. "A Treaty of Silicon for the Treaty of Westphalia? New territorial dimensions of modern statehood." In D. Newman ed. *Boundaries, Territory and Postmodernity*. London: Cass. pp. 106~131.
Brunner, O., Conze, W. and Koselleck, R. 1990. "Staat und Souveränität." In *Geschichtliche Grundbegriffe. Historisches Lexikon zur politisch-sozialen Sprache in Deutschland. Band 6*. Stuttgart: Klett-Cotta. pp. 1~153.
Bunting, A. 1993. "Theorizing women's cultural diversity in feminist international human rights strategies." *Journal of Law and Society* 20(1). pp. 6~22.
Bryan, D. 1995. "The internationalisation of capital and Marxism value theory." *Cambridge journal of Economics* 19(3). pp. 421~440.
Burchell, G., Gordon, C. and Miller, P. eds. 1991. *The Foucault Effect: Studies in Governmental Rationality*. Hemel Hempstead: Harvester Wheatsheaf. 심성보, 유진, 이규원, 이승철, 전의령, 최영찬 옮김, 《푸코 효과: 통치성에 관한 연구》, 난장, 2014.
Burstyn, V. 1983. "Economy, sexuality and politics: Engels and the sexual division of labour." *Socialist Studies* 1. pp. 19~39.
Butler, J. 1990. *Gender Trouble: Feminism and the Subversion of Identity*. London: Routledge. 조현준 옮김, 《젠더 트러블: 페미니즘과 정체성의 전복》, 문학동네, 2008.
Butler, J. 1997. "Merely cultural." *Social Text* 52/53. pp. 265~277.
Calhoun, C. ed. 1994. *Habermas and the Public Sphere*. Cambridge, MA: MIT Press.
Callaway, H. 1987. *Gender, Culture and Empire: European Women in Colonial Nigeria*. Urbana: University of Illinois Press.
Callon, M. ed. 1998a. *The Laws of the Markets*. Oxford: Blackwell.
Callon, M. 1998b. "An essay on framing and overflowing: economic externalities revisited by sociology." In idem ed. *The Laws of the Markets*. pp. 244~269.
Callon, M. 1999. "Actor-network theory: the market test." In J. Hassard and J. Law eds. *Actor Network Theory and After*. Oxford: blackwell. pp. 181~195.
Callon, M. and Latour, B. 1981. "Unscrewing the big Leviathan: how actors macro-structure reality and how sociologists help them to do so." In K. Knorr-Cetina and A.V. Cicourel eds. *Advances in Social Theory and Methodology*. London: Routledge. pp. 278~303.
Cammack, P. 1989. "Review article: bringing the state back in?" *British Journal of Political Science* 19(2). pp. 261~290.
Cammack, P. 1990. "Statism, new institutionalism and Marxism." *Socialist Register* 1990. pp. 147~170.
Campbell, D. 1992. *Writing Security: US Foreign Policy and the Politics of Identity*. Manchester: Manchester University Press.
Campbell, D.T. 1969. "Variation and selective retention in socio-cultural evolution." *General Systems* 14. pp. 69~86.
Candeias, M. 2005. *Neoliberalismus, Hochtechnologie, Hegemonie. Grundrisse einer transnationalen kapitalistischen Produktions-und Lebensweise. Eine Kritik*. Hamburg: Argument Verlag.
Canning, K. 1992. "Gender and the politics of class formation: rethinking German labor history." *The American Historical Review* 97(3). pp. 736~768.
Caporaso, J.A. 1996. "The European Union and forms of state: Westphalian, regulatory or post-modern?" *Journal of Common Market Studies* 34(1). pp. 28~52.
Carnoy, M. 1984. *The State and Political Theory*. Princeton: Princeton University Press.
Castells, M. 1992. "Four Asian tigers with a dragon head." In J. Henderson and R.P. Appelbaum eds. *States and Development in the Asian Pacific Rim*. London: Sage. pp. 33~70.
Chandhoke, N. 1995. *State and Civil Society*. New Delhi: Sage.

Chatterjee, P. 2004. *The Politics of Governed: Reflections on Popular Politics in Most of the World*. New Delhi: Permanent Black.
Chesneaux, J. 2000. "Speed and democracy: and uneasy dialogue." *Social Science Information* 39(3). pp. 407~420.
Clark, C. and Lemco, J. 1988. "The strong state and development: a growing list of caveats." *Journal of Developing Societies* 4(1). pp. 1~8.
Clarke, S. 1977. "Marxism, sociology and Poulantzas' theory of the state." *Capital and Class* 2. pp. 1~31.
Clarke, S. ed. 1990. *The State Debate*. Basingstoke: Macmillan.
Cohen, J.L. and Arato, A. eds. 1992. *Civil Society and Social Theory*. Cambridge, MA: MIT Press.
Collinge, C. 1999. "Self-organization of society by scale: a spatial reworking of regulation theory." *Environment and Planning D: Society and Space* 17(5). pp. 557~574.
Collins, P.H. 1998. "It's all in the family: intersection of gender, race and nation." *Hypatia* 13(3). pp. 62~82.
Connell, R.W. 1987. *Gender and Power*. Cambridge: Polity.
Connell, R.W. 1990. "The state, gender and sexual politics: theory and appraisal." *Theory and Society* 19(5). pp. 507~544.
Connell, R.W. 1995. *Masculinities*. Cambridge: Polity. 안상욱, 현민 옮김, 《남성성/들》, 이매진, 2013.
Connell, R.W. 1996. "New directions in gender theory, masculinity research and gender politics." *Ethnos* 61(3~4). pp. 157~176.
Connelly, M.P. 1996. "Gender matters: global restructuring and adjustment." *Social Politics* 3(1). pp. 12~31.
Cook, D.J. 1982. "Marx's critique of philosophical language." *Philosophy and Phenomenological Research* 42(4). pp. 530~554.
Cooper, D. 1994. *Sexing the City: Lesbian and Gay Politics within the Activist State*. London: Rivers Oram Press.
Cooper, D. 1998. *Governing Out of Order: Space, Law and the Politics of Belonging*. London: Rivers Oram Press.
Corbridge, S., Williams, G., Srivastava, M. and Véron, R. 2005. *Seeing the state: Governance and Governmentality in India*. Cambridge: Cambridge University Press.
Corrigan, P. and Sayer, D. 1985. *The Great Arch: English State Formation as Cultural Revolution*. Oxford: Basil Blackwell.
Cravey, A.J. 1998. "Engendering the Latin American state." *Progress in Human Geography* 22(4). pp. 523~542.
Crocker, S. 1998. "Prolepsis: on speed and time's interval." *Cultural Values* 2(4). pp. 485~498.
Cunliffe, J. 1981. "Marx, Engels and the party." *History of Political Thought* 2(2). pp. 349~367.
Curthoys, A. 1993. "Feminism, citizenship and national identity." *Feminist Review* 44. pp. 19~38.
Czarniawska, B. and Sevón, G. 1996. "Travels of ideas." In idem eds. *Translating Organizational Change*. Berlin: De Gruyter. pp. 13~48.
Dahlerup, D. 1994. "Learning to live with the state. State, market and civil society: Women's need for state intervention in East and West." *Women's Studies International Forum* 17(2~3). pp. 117~127.
Daly, M. 1984. *Pure Lust: Elemental Feminist Philosophy*. Boston: Beacon Press.
Dandeker, C. 1990. *Surveillance, Power and Modernity: Bureaucracy and Discipline from 1700 to the Present Day*. Cambridge: Polity.
Davis, J.A. ed. 1979. *Gramsci and Italy's Passive Revolution*. London: Croom Helm.
Deacon, B. and Hulse, M. 1997. "The making of post-communist social policy: The role of international agencies." *Journal of Social Policy* 26(1). pp. 43~62.
Dean, M. 1994. *Critical and Effective Histories: Foucault's Methods and Historical Sociology*. London: Routledge.
Dean, M. and Hindess, B. eds. 1998. *Governing Australia: Studies in Contemporary Rationalities of Government*. Cambridge: Cambridge University Press.
Debrizzi, J.A. 1982. "Marx and Lenin: class, party and democracy." *Studies in Soviet Thought* 24(2). pp. 95~116.
Dehousse, R. 2002. "Les États et l'Union européenne: les effets de l'intégration." In V. Wright and S. Cassese eds. *La recomposition de l'État en Europe*. Paris: Éditions la Découverte. pp. 55~70.
de la Haye, Y. 1980. *Marx and Engels on the Means of Communication(the Movement of Commodities, People, Information and Capital)*. New York: International General.
Demirović, A. 2007. *Nicos Poulantzas*. Münster: Westfälisches Dampfboot.
Demirović, A. and Pühl, K. 1997. "Identitätspolitik und die Transformation von Staatlichkeit." In E. Kreisky and B. Sauer eds. *Geschlechterverhältnisse im Kontext politischer Transformation*. Opladen: Westdeutscher Verlag. pp. 220~240.
Deppe, F., Felder, M. and Tidow, S. 2000. "Structuring the state — the case of European employment policy." Marburg: Philipps-Universität Marburg.

de Sousa Santos, B. 1995. "The postmodern transition: law and politics." In A. Sarat and T.R. Kearns eds. *The Fate of Law*. Ann Arbor: University of Michigan Press. pp. 79~118.
Dews, P. 1979. "The Nouvelle Philosophie and Foucault." *Economy and Society* 8(2). pp. 127~171.
Dillon, M. and Reid, J. 2001. "Global liberal governance: biopolitics, security and war." *Millennium* 30(1). pp. 41~66.
Dirlik, A. 2001. "Globalization as the end and the beginning of history: the contradictory implications of a new paradigm." *Rethinking Marxism* 12(4). pp. 4~22.
Dolowitz, D.P. and Marsh, D. 1996. "Who learns what from whom? A review of the policy transfer literature." *Political Studies* 44(2). pp. 343~357.
Domhoff, G.W. 1987. "The Wagner Act and theories of the state: a new analysis based on class-segment theory." *Political Power and Social Theory* 6. pp. 159~185.
Domhoff, G.W. 1996. *State Autonomy or Class Dominance?* Hawthorne, NY: Aldine de Gruyter.
Doveton, D. 1994. "Marx and Engels on democracy." *History of Political Thought* 15(4). pp. 555~592.
Draper, H. 1977. *Karl Marx's Theory of Revolution. Vol. I: State and Bureaucracy*. New York: Monthly Review Press.
Draper, H. 1978. *Karl Marx's Theory of Revolution. Vol. II: The Politics of Social Classes*. New York: Monthly Review Press.
du Gay, P. and Pryke, M. eds. 2002. *Cultural Economy: Cultural Analysis and Commercial Life*. London: Sage.
Duggan, L. 1994. "Queering the state." *Social Text* 39. pp. 1~14.
Duncan, S. 1994. "Theorising differences in patriarchy." *Environment and Planning A* 26(8). pp. 1177~1194.
Dunsire, A. 1996. "Tipping the balance: autopoiesis and governance." *Administration & Society* 28(3). pp. 299~334.
Dyson, K.H. 1980. *The State tradition in Western Europe*. Oxford: Martin Robertson.
Easton, D. 1981. "The political system besieged by the state." *Political Theory* 9(3). pp. 303~325.
Ebert, T.L. 1996. *Ludic Feminism and After: Postmodernism, Desire and Labor in Late Capitalism*. Detroit: University of Michigan Press.
Ebert, T.L. 2005. "Rematerializing feminism." *Science & Society* 69(1). pp. 33~55.
Eisenstein, Z. 1981. *The Radical Future of Liberal Feminism*. Harlow: Longman.
Elden, S. 2008. "Strategies for waging peace: Foucault as collaborateur." In M. Dillon and A. Neal eds. *Foucault on Politics, Society and War*. Basingstoke: Palgrave. pp. 21~39.
Elshtain, J.B. 1981. *Public Man, Private Women. Women in Social and Political Thought*. Princeton: Princeton University Press.
Elshtain, J.B. 1987. *Women and War*. New York: Basic Books.
Engels, F. 1850. "The Peasant War in Germany." *Marx-Engels Collected Works* 10. Lawrence & Wishart(1978). pp. 397~482. 이관형 옮김, 〈독일 농민 전쟁[발췌]〉, 《칼 맑스 프리드리히 엥겔스 저작선집》 2권, 박종철출판사, 1992, 127~167쪽.
Engels, F. 1886. "Lawyer's socialism." *Marx-Engels Collected Works* 26. Lawrence & Wishart(1990). pp. 597~616.
Enloe, C. 1983. *Does Khaki become You? The Militarisation of Women's Lives*. London: Pluto.
Enloe, C. 1989. *Bananas, Beaches and Bases: Making Feminist Sense of International Politics*. London: Pandora.
Enloe, C. 2000. *Maneuvers: The International Politics of Militarizing Women's Lives*. Berkeley: University of California Press.
Erckenbrecht, U. 1973. *Marx' materialistische Sprachtheorie*. Kronberg/Taunus: Scriptor Verlag.
Eriksen, T. 2001. *Tyranny of the Moment: Fast and Slow Time in the Information Age*. London: Pluto.
European Commission. 1993. *Growth, Competitiveness, Employment: The Challenges and Ways Forward into the 21st century*. COM(93)700 final. Brussels: Commission of the European Communities.
Evans, P.B. 1989. "Predatory, developmental and other apparatuses: a comparative political economy perspective on the Third World state." *Sociological Forum* 4(4). pp. 561~587.
Evans, P.B. 1995. *Embedded Autonomy: States and Industrial Transformation*. Princeton: Princeton University Press.
Evans, P.B., Rueschemeyer, D. and Skocpol, T. 1985. "On the road toward a more adequate understanding of the state." In idem eds. *Bringing the State Back In*. Cambridge: Cambridge University Press. pp. 347~366.
Evers, T. 1994. "Supranationale Staatlichkeit am Beispiel der Europäischen Union: Civitas civitatum oder Monstrum?" *Leviathan* 22(1). pp. 115~134.
Fairclough, N. 1992. *Discourse and Social Change*. Cambridge: Polity.
Fairclough, N. 2003. *Analysing Discourse: Textual Analysis for Social Research*. London: Routledge. 김지홍 옮김, 《담화 분석 방법: 사회 조사연구를 위한 텍스트 분석》, 경진, 2012.

Fairclough, N. and Graham, P. 2002. "Marx as a critical discourse analyst." *Estudios de Sociolingüística* 3(1). pp. 185~230.

Fairclough, N., Jessop, B. and Sayer, A. 2004. "Critical realism and semiosis." In J. Joseph and J.M. Roberts eds. *Realism, Discourse and Deconstruction*. London: Routledge, pp. 23~42.

Falkner, G. 1998. *EU Social Policy in the 1990s: Towards a Corporatist Policy Community*. London: Routledge.

Farganis, S. 1994. *Situating Feminism: From Thought to Action*. London: Sage.

Feldman, A. 2004. "Securocratic wars of public safety: globalized policing as scopic regime." *Interventions* 6(3). pp. 330~350.

Ferguson, J. and Gupta, A. 2005. "Spatializing states: toward an ethnography of neoliberal governmentality." In J.X. Inda ed. *Anthropologies of Modernity: Foucault, Governmentality and Life Politics*. Oxford: Blackwell. pp. 105~131.

Ferguson, K.E. 1984. *The Feminist Case against Bureaucracy*. Philadelphia: Temple University Press. 강세영, 김복규 옮김, 《페미니즘과 관료제》, 대영문화사, 2009.

Ferguson, Y.H. and Mansbach, R.W. 1989. *The State, Conceptual Chaos and the Future of International Relations Theory*. Boulder, CO: Lynne Rienner.

Fernbach, D. 1973. "Introduction." In idem ed. *Karl Marx: Surveys from Exile*. Harmondsworth: Penguin. pp. 7~34.

Ferree, M.M., Lorber, J. and Hess, B.B. eds. 1999. *Revisioning Gender*. London: Sage.

Ferry, L. and Renaut, A. 1985. *La pensée 68: essai sur l'anti-humanisme contemporain*. Paris: Gallimard.

Findlay, S. 1988. "Feminist struggles with the Canadian state: 1966~1988." *Resources for Feminist Research* 17(3). pp. 5~9.

Fine, B. 1984. *Democracy and the Rule of Law*. London: Pluto.

Fischer, F. and Forester, J. eds. 1993. *The Argumentative Turn in Policy Analysis and Planning*. Durham, NC: Duke University Press.

Fontana, A. and Bertani, M. 2003. "Situating the lectures." In M. Foucault. *'Society Must be Defended.' Lectures at the Collège de France, 1975-1976*. New York: Picador. pp. 273~93. 박정자 옮김, 〈강의가 진행되던 당시의 상황〉, 《"사회를 보호해야 한다": 1976, 콜레주 드 프랑스에서의 강의》, 동문선, 1998, 313~335쪽. 김상운 옮김, 〈강의정황〉, 《"사회를 보호해야 한다": 콜레주드프랑스 강의 1975~76년》, 난장, 2015, 323~346쪽.

Forgacs, D. and Nowell-Smith, G. 1985. "Introduction to language, linguistics and folklore." In A. Gramsci. *Selections from Cultural Writings*. London: Lawrence & Wishart. pp. 164~167.

Foucault, M. 1970. *The Order of Things: An Archaeology of the Human Sciences*. London: Tavistock.

Foucault, M. 1978. "Clarifications on the question of the power." In S. Lotringer ed. *Foucault Live: Interviews 1966-84*. New York: Semiotext(e). 1989. pp. 179~192.

Foucault, M. 1979a. *Discipline and Punish*. Harmondsworth: Penguin. 오생근 옮김, 《감시와 처벌: 감옥의 탄생》, 나남, 2016.

Foucault, M. 1979b. "Power and norm: notes." In idem. *Power, Truth, Strategy*. Brisbane: Feral Books. pp. 59~67.

Foucault, M. 1980a. *The History of Sexuality, Vol. 1: An Introduction*. Harmondsworth: Penguin. 이규현 옮김, 《성의 역사 1: 지식의 의지》, 나남, 2010.

Foucault, M. 1980b. *Power/Knowledge: Selected Interviews and Other Writings, 1972-1977*. New York: Pantheon. 홍성민 옮김, 《권력과 지식: 미셸 푸코와의 대담》, 나남, 1991.

Foucault, M. 1982. "The subject and power." In H. Dreyfus and P. Rabinow eds. *Michel Foucault: Beyond Structuralism and Hermeneutics*. Hemel Hempstead: Harvester Wheatsheaf. pp. 208~226.

Foucault, M. 1995. *Dits et écrits*. Tomes I~IV. Paris: Gallimard.

Foucault, M. 1997. *Ethics: The Essential Works*. London: Allen Lane.

Foucault, M. 2001. *Power: The Essential Works*. London: Allen Lane.

Foucault, M. 2003. *"Society Must be Defended." Lectures at the Collège de France, 1975-1976*. New York: Picador. 박정자 옮김, 《"사회를 보호해야 한다": 1976, 콜레주 드 프랑스에서의 강의》, 동문선, 1998. 김상운 옮김, 《"사회를 보호해야 한다": 콜레주드프랑스 강의 1975~76년》, 난장, 2015.

Foucault, M. 2004a. *Sécurité, Territoire, Population. Cours au Collège de France, 1977-1978*. Paris: Seuil/Gallimard. 오트르망(심세광, 전혜리, 조성은) 옮김, 《안전, 영토, 인구: 콜레주드프랑스 강의 1977~78년》, 난장, 2011.

Foucault, M. 2004b. *Naissance de la Biopolitique. Cours au Collège de France, 1978-1979*. Paris: Seuil/Gallimard. 오트르망(심세광, 전혜리, 조성은) 옮김, 《생명관리정치의 탄생: 콜레주드프랑스 강의 1978~79년》, 난장, 2012.

Franzway, S., Court, D. and Connell, R. 1989. *Staking a Claim: Feminism, Bureaucracy and the State*. Cambridge: Polity.

Fraser, N. 1988. *Unruly Practices. Power, Discourse and Gender in Contemporary Social Theory*. Cambridge: Polity.

Fraser, N. 1997. "Equality, difference and democracy: recent feminist debates in the United States." In J. Dean ed.

Feminism and the New Democracy. London: Sage. pp. 98~109.

Frerichs, J. and Kraiker, G. 1975. *Konstitutionsbedingungen des bürgerlichen Staates und der sozialen Revolution bei Marx and Engels*. Frankfurt: Suhrkamp.

Friedland, P. 1999. "Métissage. The merging of theater and politics in revolutionary France." Princeton: Institute of Advanced Studies.

Friedland, P. 2002. *Political Actors: Representative Bodies and Theatricality in the Age of the French Revolution*. Ithaca: Cornell University Press.

Fukuyama, F. 2005. *State Building. Governance and World Order in the Twenty-First Century*. London: Profile Books.

Genetti, E. 2003. "Das Geschlecht des modernen Staates: Überlegungen zur neueren Staatstheorie." In M. Hierlmeier, M. Wissen and I. Stützle eds. *Staatstheorie und Globalisierungskritik. Reader*. Hamburg: Buko-Geschäftsstelle. pp. 20~3.

Ghosh, P. 2001. "Gramscian hegemony: an absolutely historicist approach." *History of European Ideas* 27(1). pp. 1~43.

Gibson-Graham, J.-K. 1995. "Beyond patriarchy and capitalism: reflections on political subjectivity." In B. Caine and R. Pringle eds. *Transitions*. St Leonards: Allen & Unwin. pp. 172~183.

Giddens, A. 1984. *The Constitution of Society: Outline of the Theory of Structuration*. Berkeley: University of California Press. 황명주, 정희태, 권진현 옮김, 《사회구성론》, 간디서원, 2006.

Giddens, A. 1989. *The Nation-State and Violence*. Cambridge: Polity. 진덕균 옮김, 《민족국가와 폭력》, 삼지원, 1991.

Gill, S.S. 2001. "Constitutionalising capital: EMU and disciplinary neo-liberalism." In A. Bieler and A.D. Morton eds. *Social Forces in the Making of the New Europe*. Basingstoke: Palgrave. pp 47~69.

Golding, S. 1992. *Gramsci's Democratic Theory: Contributions to a Post-Liberal Democracy*. Toronto: University of Toronto Press.

Goodwin, B.C. 1997. "Complexity, creativity and society." *Soundings* 5. pp. 111~123.

Gordon, C. 1980. "Preface." In M. Foucault. *Power/Knowledge*. New York: Pantheon. pp. vii~ix. 홍성민 옮김, 〈편집자 서문〉, 《권력과 지식: 미셸 푸코와의 대담》, 나남, 1991, 7~10쪽.

Gordon, C. 1992. "Governmental rationality: An introduction." In G. Burchell, C. Gordon and P. Miller eds. *The Foucault Effect*. Brighton: Harvester Wheatsheaf. pp. 1~51. 심성보, 유진, 이규원, 이승철, 전의령, 최영찬 옮김, 〈통치합리성에 관한 소개〉, 《푸코 효과: 통치성에 관한 연구》, 난장, 2014, 13~84쪽.

Gordon, L. 1990. "The welfare state: Towards a socialist-feminist perspective." *Social Register 1990*. pp. 171~200.

Goswami, M. 2004. *Producing India: From Colonial Economy to National Space*. Chicago: University of Chicago Press.

Gottfried, H. 1995. "Developing neo-Fordism: a comparative perspective." *Critical Sociology* 21(3). pp. 39~70.

Graham, P. 2002. "Space and cyberspace. On the enclosure of consciousness." In J. Armitage and J. Roberts eds. *Living with Cyberspace: Technology and Society in the 21st century*. London: Continuum. pp. 156~164.

Gramsci, A. 1971. *Selections from the Prison Notebooks*. London: Lawrence & Wishart. 이상훈 옮김, 《그람시의 옥중수고》 1~2권, 거름, 1999.

Gramsci, A. 1978. *Selections from Political Writings(1921-1926)*. London: Lawrence & Wishart.

Gramsci, A. 1985. *Selections from Cultural Writings*. London: Lawrence & Wishart.

Gramsci, A. 1995. *Further Selections from the Prison Notebooks*. London: Lawrence & Wishart.

Gramsci, A. and Togliatti, P. 1978. "The Italian situation and the tasks of the PCI('Lyon Theses')." In A. Gramsci. *Selections from Political Writings(1921-1926)*. London: Lawrence & Wishart. pp. 340~78. 김현우, 장석준 옮김, 〈부록/이탈리아의 상황과 PCI의 과제(리용테제)〉, 《(안토니오 그람시 옥중수고 이전), 갈무리, 2001, 379~414쪽.

Grande, E. 2000. "Charisma und Komplexität: Verhandlungsdemokratie, Mediendemokratie und der Funktionswandel politischer Eliten." *Leviathan* 28(1). pp. 122~141.

Grant, R. and Newland, K. eds. 1991. *Gender and International Relations*. Milton Keynes: Open University Press.

Greenberg, D.F. and Bystryn, M.H. 1996. "Capitalism, bureaucracy and male homosexuality." In S. Seidman ed. *Queer Theory/Sociology*. Oxford: Blackwell. pp. 83~110.

Gross, D. 1985. "Temporality and the modern state." *Theory and Society* 14(1). pp. 53~81.

Grossman, H. 1977a. "Marx, classical political economy and the problem of dynamics. Part one." *Capital and Class* 2. pp. 32~55.

Grossman, H. 1977b. "Marx, classical political economy and the problem of dynamics. Part two." *Capital and Class* 3. pp. 67~99.

Grote, J.R. and Schmitter, P.C. 1999. "The renaissance of national corporatism." *Transfer: Quarterly of the European Trade Union Institute* 5(1-2). pp. 34~63.

Haahr, J.H. 2004. "Open Coordination as advanced liberal government." *Journal of European Public Policy* 11(2). pp. 209~230.
Habermas, J. 1987. *Knowledge and Human Interests*. London: Heinemann. 강영계 옮김, 《인식과 관심》, 고려원, 1983.
Habermas, J. 1992. "Citizenship and national identity: some reflections on the future of Europe." *Praxis International* 12(1). pp. 1~19.
Hajer, M. and Wagenaar, H. eds. 2003. *Deliberative Policy Analysis: Understanding Governance in the Network Society*. Cambridge: Cambridge University Press.
Hall, J.A. and Schroeder, R. eds. 2006. *An Anatomy of Power: The Social Theory of Michael Mann*. Cambridge: Cambridge University Press.
Hall, S. 1985. "Authoritarian populism: a reply." *New Left Review* 151. pp. 115~24. 임영호 옮김, 〈권위주의적 포퓰리즘: 제 솝 등에 대한 반론〉, 《대처리즘의 문화 정치》, 한나래, 2007, 297~315쪽.
Hall, S., Critcher, C., Jefferson, T., Clarke, J. and Roberts, B. 1978. *Policing the Crisis: 'Mugging', the State and Law and Order*. Basingstoke: Macmillan.
Handel, M. 1990. *Weak States in the International System*. London: Cass.
Haney, L.A. 2000. "Feminist state theory: applications to jurisprudence, criminology and the welfare state." *Annual Review of Sociology* 26. pp. 641~666.
Hannah, M. 2000. *Governmentality and the Mastery of Territory in Nineteenth Century America*. Cambridge: Cambridge University Press.
Hantrais, L. 2000. *Social Policy in the European Union*. Basingstoke: Macmillan.
Haraway, D.J. 1991. *Simians, Cyborgs and Women: The Reinvention of Nature*. London: Routledge. 민경숙 옮김, 《유인원, 사이보그, 그리고 여자: 자연의 재발명》, 동문선, 2002. 황희선 옮김, 〈사이보그 선언: 20세기 후반의 과학, 기술 그리고 사회주의 페미니즘〉, 《해러웨이 선언문》, 책세상, 2019, 15~112쪽.
Harvey, D. 1982. *The Limits to Capital*. Oxford: Blackwell. 최병두 옮김, 《자본의 한계: 공간의 정치경제학》, 한울, 2007.
Harvey, D. 1989. *The Condition of Postmodernity*. Oxford: Blackwell. 구동회, 박영민 옮김, 《포스트모더니티의 조건》, 한울, 2005.
Harvey, D. 1995. "Globalization in question." *Rethinking Marxism* 8(4). pp. 1~17. 이광석 옮김, 〈범지구화의 문제설정〉, 《공간과사회》, 1999, 12호, 8~36쪽.
Harvey, D. 1996. *Justice, Nature and the Geography of Difference*. Oxford: Blackwell.
Harvey, D. 1998. "The geography of class power." In L. Panitch and C. Leys eds. *Socialist Register 1998: 'The Communist Manifesto' Now*. London: Merlin. pp. 49~74.
Harvey, D. 2001. *Spaces of Capital*. Edinburgh: Edinburgh University Press.
Hatem, M. 1992. "Economic and political liberation in Egypt and the demise of state feminism." *International Journal of Middle East Studies* 24(2). pp. 231~251.
Häusler, J. and Hirsh, J. 1989. "Political regulation: The crisis of Fordism and the transformation of the party system in West Germany." In M. Gottdiener and N. Komninos eds. *Capitalist Development and Crisis Theory*. New York: St Martin's Press. pp. 300~27. 김호기, 김영범, 김정훈 편역, 〈정치적 조절: 서독에서의 포드주의의 위기와 정당체제의 변화〉, 《포스트 포드주의와 신보수주의의 미래》, 한울, 1995, 161~192쪽.
Hausner, J., Jessop, B. and Nielsen, K. 1995. "Institutional change in post-socialism." In idem eds. *Strategic Choice and Path-Dependency in Post-Socialism*. Aldershot: Edward Elgar. pp. 3~45.
Hay, C. 1995a. "Mobilization through interpellation: James Bulger, juvenile crime and the construction of a moral panic." *Social and Legal Studies* 4(2). pp. 197~223.
Hay, C. 1995b. "Structure and agency." In D. Marsh and G. Stoker eds. *Theory and Methods in Political Science*. Basingstoke: Macmillan. pp. 189~208.
Hay, C. 1996a. "Narrating crisis: the discursive construction of the 'Winter of Discontent'." *Sociology* 30(2). pp. 253~277.
Hay, C. 1996b. *Re-Stating Social and Political Change*. Milton Keynes: Open University Press.
Hay, C. 1998. "The tangled webs we weave: the discourse, strategy and practice of networking." In D. Marsh ed. *Comparing Policy Networks*. Buckingham: Open University Press. pp. 33~51.
Hay, C. 2001. "What place for ideas in the structure-agency debate? Globalisation as 'process without a subject'." http://www.theglobalsite.ac.uk/press/109hay.htm 2007년 5월 23일 최종 접속.
Hay, C. 2002. *Political Analysis: A Critical Introduction*. Basingstoke: Palgrave.
Hay, C. 2005. "(What's Marxist about) Marxist state theory?" In idem, M. Lister, and D. Marsh eds. *The State: Theories*

and Issues. Basingstoke: Palgrave. pp. 59~78.

Hay, C. and Jessop, B. 1995. "The governance of local economic development and the development of local economic governance: a strategic-relational approach." Paper for American Political Science Association Annual Conference. Chicago.

Hay, C. and Wincott, D. 1998. "Structure, agency and historical institutionalism." *Political Studies* 46(5). pp. 951~957.

Hay, C., Lister, M. and Marsh, D. eds. 2005. *The State: Theories and Issues*. Basingstoke: Palgrave.

Hegel, G.W.F. 1821. *Hegel's Philosophy of Right*. Cambridge: Cambridge University Press(1975). 강유원 옮김, 《법철학 1: 서문과 서론》, 사람생각, 1999. 임석진 옮김, 《법철학》, 한길사, 2008.

Held, D. 1980. *Introduction to Critical Theory: Horkheimer to Habermas*. Berkeley: University of California Press. 백승균 옮김, 《비판이론서설》, 계명대학교 출판부, 1988.

Held, D. 1992. "Democracy: from city-states to a cosmopolitan order?" *Political Studies* 40(Special Issue). pp. 10~39.

Heller, H. 1983. *Staatslehre*. Tübingen: Mohr.

Helsloot, N. 1989. "Linguists of all countries, unite! On Gramsci's premise of coherence." *Journal of Pragmatics* 13(4). pp. 547~566.

Hennessy. R. 2000. *Profit and Pleasure: Sexual Identities in Late Capitalism*. London: Routledge.

Hennig, E. 1974. "Lesehinweise für die Lektüre der 'politischen Schriften' von Marx und Engels." In idem, J. Hirsch, H. Reichelt and G. Schäfer eds. *Karl Marx/Friedrich Engels: Staatstheorie. Materialien zur Rekonstruktion der marxistischen Staatstheorie*. Frankfurt: Ullstein. pp. lix~xcii.

Hernes, H.M. 1987. "Women and the welfare state: the transition from private to public dependence." In A.S. Sasson ed. *Women and the State*. London: Hutchinson. pp. 72~92.

Hettne, B. 1997. "European in a world of regions." In R. Falk and T. Szentes eds. *A New Europe in the Changing Global System*. Tokyo: United Nations University Press. pp. 16~40.

Hindess, B. 1978. "Classes and politics in Marxist theory." In G. Littlejohn, B. Smart, J. Wakeford and N. Yuval-Davis eds. *Power and the State*. London: Croom Helm. pp. 72~97.

Hirsh, J. 1976. "Bemerkungen zum theoretischen Ansatz einer Analyse des bürgerlichen Staates." In *Gesellschaft* 8-9. Frankfurt: Suhrkamp. pp. 99~149.

Hirsh, J. 2005. *Materialistische Staatstheorie*. Hamburg: VSA.

Hirst, P.Q. 1977. "Economic classes and politics." In A. Hunt ed. *Class and Class Structure*. London: Lawrence & Wishart. pp. 125~154.

Hirst, P.Q. 2001. *War and Power in the 21st Century*. Cambridge: Polity.

Hirst, P.Q. and Thompson, G. 1995. "Globalization and the future of the nation-state." *Economy and Society* 24(3). pp. 408~442.

Hoare, Q. and Nowell-Smith, G. 1971. "Introduction." In A. Gramsci. *Selections from the Prison Notebooks*. London: Lawrence & Wishart. pp. xvii~xcvi. 이상훈 옮김, 〈서설〉, 《그람시의 옥중수고》 1권, 거름, 1999, 21~123쪽.

Hoffman, J. and Hoffman, R. 1998. "Globalization-risks and opportunities for European labor policy." In D. Dettke ed. *The Challenge of Globalization for Germany's Social Democracy. A Policy Agenda for 21st Century*. Oxford: Berghahn. pp. 113~135.

Hoffman, S. 1995. *The European Sisyphus. Essays on Europe, 1964-1994*. Boulder, CO: Westview Press.

Holloway, J. 1988. "The Great Bear, post-Fordism and class struggle: a comment on Bonefeld and Jessop." *Capital and Class* 36. pp. 93~104.

Holmwood, J. and Stewart, A. 1991. *Explanation and Social Theory*. Basingstoke: Macmillan.

Holub, R. 1992. *Antonio Gramsci: Beyond Marxism and Postmodernism*. London: Routledge. 정철수, 김일수, 이태규, 김재홍, 김민혜, 안중철 옮김, 《그람시의 여백: 맑스주의와 포스트모더니즘을 넘어》, 이후, 2000.

Hood, C. 1998. *The Art of the State: Culture, Rhetoric and Public Management*. Oxford: Oxford University Press.

Hoogerwerf, A. 1990. "Policy and time: consequences of time perspectives for the contents, processes and effects of public policies." *International Review of Administrative Science* 56(4). pp. 671~692.

Horkheimer, M. 1942. "The authoritarian state." *Telos* 15(1973). pp. 3~20.

Hunt, R.N. 1974. *The Political Ideas of Marx and Engels: Vol. 2. Classical Marxism, 1850-1895*. Pittsburgh: University of Pittsburgh Press.

Ingold, T. 1990. "An anthropologist looks at biology." *Man* (N.S.) 25(2). pp. 208~229.

Isaac, J.C. 1987. *Power: A Realist Analysis*. Ithaca: Cornell University Press.

Isaac, J.C. 1990. "The lion's skin of politics: Marxism on republicanism." *Polity* 22(3). pp. 461~488.

Ives, P. 2004a. *Gramsci's Politics of Language: Engaging the Bakhtin Circle and the Frankfurt School*. Toronto: University of Toronto Press.

Ives, P. 2004b. *Language and Hegemony in Gramsci*. London: Pluto Press.

James, S.M. 1994. "Challenging patriarchal privilege through the development of international human rights." *Women's Studies International Forum* 17(6). pp. 563~578.

Jellinek, Georg. 1921. *Allgemeine Staatslehre*. Berlin: Julius Springer(third edition).

Jenson, J. 1986. "Gender and reproduction: or, babies and state." *Studies in Political Economy* 20. pp. 9~46.

Jenson, J. 1995. "Mapping, naming and remembering: globalization at the end of the twentieth century." *Review of International Political Economy* 2(1). pp. 91~116.

Jessop, B. 1977. "Recent theories of the capitalist state." *Cambridge Journal of Economics* 1(4). pp. 353~373.

Jessop, B. 1978. "Capitalism and democracy: the best possible political shell?" In G. Littlejohn, B. Smart, J. Wakeford and N. Yuval-Davis eds. *Power and the State*. London: Croom Helm. pp. 10~51.

Jessop, B. 1979. "Corporatism, parliamentarism and social democracy." In P.C. Schmitter and G. Lehmbruch eds. *Trends towards Corporatist Intermediation*. London: Sage. pp. 185~212.

Jessop, B. 1980. "The transformation of the state in post-war Britain." In R. Scase ed. *The State in Western Europe*. London: Croom Helm. pp. 23~93.

Jessop, B. 1982. *The Capitalist State: Marxist Theories and Methods*. Oxford: Blackwell. 이양구, 이선용 옮김, 《자본주의와 국가》, 돌베개, 1985.

Jessop, B. 1983. "Accumulation strategies, state forms and hegemonic projects." *Kapitalistate* 10/11. pp. 89~112.

Jessop, B. 1985a. *Nicos Poulantzas: Marxist Theory and Political Strategy*. New York: St Martin's Press. 안숙영, 오덕근 옮김, 《풀란차스를 읽자: 맑스주의 이론과 정치전략》, 백의, 1996.

Jessop, B. 1985b. "Prospects for a corporatist monetarism." In O. Jacobi, B. Jessop, H. Kastendiek and M. Regini eds. *Economic Crisis, Trade Unions and the State*. London: Croom Helm. pp. 105~130.

Jessop, B. 1986. "Corporatism, post-Fordism and labour exclusion." In G. Brandt, H. Kastendiek and O. Jacobi eds. *Labour Exclusion or New Patterns of Cooperation?* Frankfurt: Institut für Sozialforschung.

Jessop, B. 1989a. "Neo-conservative regimes and the transition to post-Fordism." In M. Gottdiener and N. Komninos eds. *Capitalist Development and Crisis Theory*. Basingstoke: Macmillan. pp. 261~299.

Jessop, B. 1989b. "Capitalism, nation-states and surveillance." In D. Held and J.B. Thompson eds. *Social Theory of Modern Societies: Anthony Giddens and his Critics*. Cambridge: Cambridge University Press. pp. 103~128.

Jessop, B. 1990a. "Regulation theories in retrospect and prospect." *Economy and Society* 19(2). pp. 154~216. 한국사회경제학회 편, 〈조절이론의 회고와 전망〉, 《사회경제평론3: 한국자본주의의 이해》, 한울, 1991, 269~353쪽.

Jessop, B. 1990b. *State Theory: Putting the Capitalist State in Its Place*. Cambridge: Polity. 유범상, 김문귀 옮김, 《전략관계적 국가이론: 국가의 제자리찾기》, 한울, 2000.

Jessop, B. 1991. "On the originality, legacy and actuality of Nicos Poulantzas." *Studies in Political Economy* 34. pp. 75~108.

Jessop, B. 1992a. "From social democracy to Thatcherism: twenty-five years British politics." In N. Abercrombie and A. Warde eds. *Social Change in Contemporary Britain*. Cambridge: Polity. pp. 45~68.

Jessop, B. 1992b. "Relative autonomy and autopoiesis in law, economy and state." In G. Teubner and A. Febbrajo eds. *State, Law, Economy as Autopoietic Systems*. Milan: Giuffrè. pp. 187~265.

Jessop, B. 1992c. "Structural competitiveness and strategic capacities: implications for the state and international capital in the 1990s." In P. Konsonen ed. *Changing Europe and Comparative Research*. Helsinki: VAPK-Publishing. pp. 6~20.

Jessop, B. 1993. "Towards a Schumpeterian workfare state? Preliminary remarks on post-Fordist political economy." *Studies in Political Economy* 40. pp. 7~41.

Jessop, B. 1995. "The regulation approach, governance and post-Fordism." *Economy and Society* 24(3). pp. 307~333.

Jessop, B. 1996. "Interpretive sociology and the dialectic of structure and agency: reflections on Holmwood and Stewart's *Explanation and Social Theory*." *Theory, Culture & Society* 13(1). pp. 119~128.

Jessop, B. 1997a. "Nationalstaat, Globalisierung, Gender." *Politische Vierteljahresschrift, Sonderheft* 28. Opladen: Westdeutscher Verlag. pp. 262~292.

Jessop, B. 1997b. "The governance of complexity and the complexity of governance: preliminary remarks on some problems and limits of economic guidance." In A. Amin and J. Hausner eds. *Beyond Markets and Hierarchy*.

Cheltenham: Edward Elgar. pp. 111~147.

Jessop, B. 1997c. "The entrepreneurial city: re-imaging localities, redesigning economic governance, or restructuring capital?" In N. Jewson and S. MacGregor eds. *Transforming Cities: Contested Governance and New Spatial Divisions*. London: Routledge. pp. 28~41.

Jessop, B. 1997d. "The regulation approach: implications for political theory." *Journal of Political Philosophy* 5(3). pp. 287~326.

Jessop, B. 1997e. "Twenty years of the (Parisian) regulation approach: the paradox of success and failure at home and abroad." *New Political Economy* 2(3). pp. 503~526.

Jessop, B. 1998a. "The narrative of enterprise and the enterprise of narrative: place marketing and the entrepreneurial city." In T. Hall and P. Hubbard eds. *The Entrepreneurial City*. Chichester: Wiley. pp. 77~99.

Jessop, B. 1998b. "The rise of governance and the risks of failure: the case of economic development." *International Social Science Journal* 155. pp. 29~45.

Jessop, B. 1999. "Reflections on globalization and its (il)logics." In K. Olds, P. Dicken, P.F. Kelly, L. Kong and H.W.-C. Yeung eds. *Globalization and the Asia Pacific: Contested Territories*. London: Routledge. pp. 19~38.

Jessop, B. 2000a. "The crisis of the national spatio-temporal fix and the tendential ecological dominance of globalizing capitalism." *International Journal of Urban and Regional Research* 24(2). pp. 323~360.

Jessop, B. 2000b. "Governance failure." In G. Stoker ed. *The New Politics of British Local Governance*. Basingstoke: Macmillan. pp. 11~32.

Jessop, B. 2001a. "Institutional (re)turns and the strategic-relational approach." *Environment and Planning A* 33(7). pp. 1213~1235.

Jessop, B. 2001b. "Regulationist and autopoieticist reflections on Polanyi's account of market economies and the market society." *New Political Economy* 6(2). pp. 213~232.

Jessop, B. 2001c. "Die geschlechtsspezifischen Selektivitäten des Staates." In E. Kreisky, S. Lang and B. Sauer eds. *EU, Geschlecht, Staat*. Vienna: Wien Universitätsverlag. pp. 55~85.

Jessop, B. 2001d. "What follows Fordism? On the periodization of capitalism and its regulation." In R. Albritton, M. Itoh, R. Westra and A. Zuege eds. *Phases of Capitalist Development: Booms, Crises and Globalization*. Basingstoke: Palgrave. pp. pp. 283~300.

Jessop, B. 2002a. "Capitalism, the regulation approach and critical realism." In A. Brown, S. Fleetwood and J. Roberts eds. *Critical Realism and Marxism*. London: Routledge. pp. 88~115.

Jessop, B. 2002b. "Globalization and the National State." In S. Aaronowitz and P. Bratsis eds. *Paradigm Lost: State Theory Reconsidered*. Minneapolis: University of Minnesota Press. pp. 185~220.

Jessop, B. 2002c. "Revisiting Thatcherism and its political economy." In A. Bakan and E. MacDonald eds. *Critical Political Studies*. Montreal: McGill University Press. pp. 41~56.

Jessop, B. 2002d. *The Future of the Capitalist State*. Cambridge: Polity. 김영화 옮김, 《자본주의 국가의 미래》, 양서원, 2010.

Jessop, B. 2003a. "From Thatcherism and to New Labour: neo-liberalism, workfarism and labour market regulation." In H. Overbeek ed. *The Political Economy of European Unemployment*. London: Routledge. pp. 137~153.

Jessop, B. 2003b. "Informational capitalism and empire: the post-marxist celebration of US hegemony in a new world order." *Studies in Political Economy* 71/72. pp. 39~58.

Jessop, B. 2003c. "Kapitalismus, Steuerung und Staat." In S. Buckel, R.-M. Dackweiler and R. Noppe eds. *Formen und Felder politischer Intervention. Zur Relevanz von Staat und Steuerung*. Münster: Westfälisches Dampfboot. pp. 30~49.

Jessop, B. 2003d. "The political economy of scale and the construction of cross-border micro-regions." In F. Söderbaum and T. Shaw eds. *Theories of New Regionalism*. Basingstoke: Palgrave. pp. 179~196.

Jessop, B. 2004a. "Critical semiotic analysis and cultural political economy." *Critical Discourse Studies* 1(2). pp. 159~174.

Jessop, B. 2004b. "Cultural political economy, the knowledge-based economy and the state." In A. Barry and D. Slater eds. *The Technological Economy*. London: Routledge. pp. 144~165.

Jessop, B. 2004c. "From localities via the spatial turn to spatio-temporal fixes: a strategic-relational odyssey." http://www.giub.uni-bonn.de/grabher/downloads/Jessop.pdf 2007년 5월 23일 최종 접속.

Jessop, B. 2004d. "New Labour's doppelte Kehrtwende." *Das Argument* 256. pp. 494~504.

Jessop, B. 2004e. "Multi-level governance and multi-level meta-governance." In I. Bache and M. Flinders eds. *Multi-Level Governance*. Oxford: Oxford University Press. pp. 49~74.

Jessop, B. 2004f. "On the limits of *The Limits to Capital*." *Antipode* 36(3). pp. 480~496.

Jessop, B. 2005a. "A regulationist and state-theoretical analysis." In R. Boyd and T.-W. Ngo eds. *Asian States: Beyond the Developmental Perspective*. London: Routledge. pp. 19~42.

Jessop, B. 2005b. "Critical realism and the strategic-relational approach." *New Formations* 56. pp. 40~53.

Jessop, B. 2006a. "Der Dritte Weg: Neoliberalismus mit menschlichen Zügen?" In S. Berg and A. Kaiser eds. *New Labour und die Modernisierung Großbritanniens*. Augsberg: Wißner. pp. 338~366.

Jessop, B. 2006b. "Spatial fixes, temporal fixes and spatio-temporal fixes." In N. Castree and D. Gregory eds. *David Harvey: A Critical Reader*. Oxford: Blackwell. pp. 142~166.

Jessop, B. 2006c. "State- and regulation-theoretical perspectives on the European Union and the failure of the Lisbon Agenda." *Competition and Change* 10(2). pp. 141~161.

Jessop, B. 2007a. "Knowledge as a fictitious commodity: insights and limits of a Polanyian perspective." In A. Buğra and K. Ağartan eds. *Reading Karl Polanyi for the Twenty-First Century: Market Economy as a Political Project*. Basingstoke: Palgrave. pp. 115~133.

Jessop, B. 2007b. "Althusser, Poulantzas, Buci-Glucksmann: Weiterentwicklungen von Gramscis Konzept des integralen Staats." In S. Buckel and A. Fischer-Lescano eds. *Hegemonie gepanzert mit Zwang: Zivilgesellschaft und Politik im Staatsverständnis Antonio Gramscis*. Baden-Baden: Nomos. pp. 43~65.

Jessop, B. 2007c. "What follows neo-liberalism? The deepening contradictions of US domination and the struggle for a new global order." In R. Albritton, B. Jessop and R. Westra eds. *Political Economy and Global Capitalism: The 21st Century, Present and Future*. New York: Anthem. pp. 67~88.

Jessop, B. 2008a. "Dialogue of the deaf: some reflections on the Poulantzas-Miliband debate." In P. Wetherly, C.W. Barrow and P. Burnham eds. *Class, Power and the State in Capitalist Society: Essays on Ralph Miliband*. Basingstoke: Palgrave. pp. 132~157.

Jessop, B. 2008b. "Zur Relevanz von Luhmanns Systemtheorie und von Laclau und Mouffes Diskursanalyse für die Weiterentwicklung der marxistischen Staatstheorie." In J. Hirsch, J. Kannankulam and J. Wissel eds. *Der Staat der Bürgerlichen Gesellschaft. Zum Staatsverständnis von Karl Marx*. Baden-Baden: Nomos. pp. 157~179.

Jessop, B. 2009. "Avoiding traps, rescaling states, governing Europe." In R. Keil and R. Mahon eds. *Leviathan Undone? Towards a Political Economy of Scale*. Vancouver: University of British Columbia Press. pp. 87~104.

Jessop, B. 2015. *The State: Past, Present, Future*. Cambridge: Polity.

Jessop, B. and Oosterlynck, S. 2008. "Cultural political economy: on making the cultural turn without falling into soft economic sociology." *Geoforum* 39(3). pp. 1155~1169.

Jessop, B. and Sum, N.-L. 2000. "An entrepreneurial city in action: Hong Kong's emerging strategies in and for (inter-) urban competition." *Urban Studies* 37(12). pp. 2287~2313.

Jessop, B. and Sum, N.-L.. 2001. "Pre-disciplinary and post-disciplinary perspectives." *New Political Economy* 6(1). pp. 89~101.

Jessop, B. and Sum, N.-L. 2006. *Beyond the Regulation Approach: Putting Capitalist Economies in Their Place*. Cheltenham: Edward Elgar.

Jessop, B., Bonnett, K., Bromley, S. and Ling, T. 1984. "Authoritarian populism, two nations and Thatcherism." *New Left Review* 147. pp. 32~60. 김호기, 김영범, 김정훈 편역, 〈권위주의적 민중주의, 두 국민, 그리고 대처주의〉, 《포스트 포드주의와 신보수주의의 미래》, 한울, 1995, 113~160쪽.

Jessop, B., Bonnett, K., Bromley, S. and Ling, T. 1988. Thatcherism: A Tale of Two Nations. Cambridge: Polity. 김호기, 김영범, 김정훈 편역, 〈권위주의적 민중주의, 두 국민, 그리고 대처주의〉, 《포스트 포드주의와 신보수주의의 미래》, 한울, 1995, 113~160쪽. 스튜어트 홀 지음, 임영호 옮김, 〈권위주의적 포퓰리즘: 제솝 등에 대한 반론〉, 《대처리즘의 문화 정치》, 한나래, 2007, 297~315쪽.

Jessop, B., Bonnett, K. and Bromley, S. 1990. "Farewell to Thatcherism? Neo-Liberalism and 'New Times'." *New Left Review* 179. pp. 81~102.

Jessop, B., Kastendiek, H., Nielsen, K. and Pedersen, O.K. eds. 1991. *The Politics of Flexibility: Restructuring State and Industry in Britain, Germany and Scandinavia*. Cheltenham: Edward Elgar.

Jessop, B., Nielsen, K. and Pedersen, O.K. 1993. "Structural competitiveness and strategic capacities: the cases of Britain, Denmark and Sweden." In S.-E. Sjöstrand ed. *Institutional Change: Theory and Empirical Findings*. New York: M.E. Sharpe. pp. 227~262.

Jetin, B. and de Brunhoff, S. 2000. "The Tobin Tax and the regulation of capital movements." In W. Bello, N. Bullard and K. Malhotra eds. *New Thinking on Regulating Speculative Capital Markets*. London: Zed. pp. 195~214.

Johnson, C.J. 1987. "Political institutions and economic performance." In F.C. Deyo ed. *The Political Economy of the New Asian Industrialism*. Ithaca: Cornell University Press. pp. 136~164.
Johnstone, M. 1967. "Marx and Engels and the concept of the party." *The Socialist Register 1967*. pp. 121~158.
Kalyvas, A. 2004. "The stateless theory. Poulantzas's challenge to postmodernism." In S. Aronowitz and P. Bratsis eds. *Paradigm Lost: State Theory Reconsidered*. Minnesota: University of Minnesota Press. pp. 105~142.
Katz, C.J. 1992. "Marx on the peasantry: class in itself or class in struggle?" *Review of Politics* 54(1). pp. 50~71.
Kelly, D. 2003. *The State of the Political: Conceptions of Politics and the State in the Thought of Max Weber, Carl Schmitt and Franz Neumann*. Oxford: Oxford University Press.
Kerr, D. 1999. "Beheading the King and enthroning the market: a critique of Foucauldian governmentality." *Science & Society* 63(2). pp. 173~202.
Kirchheimer, O. 1969. *Politics, Law and Social Change*. New York: Columbia University Press.
Kitschelt, H. 1991. "Industrial governance structures, innovation strategies and the case of Japan: sectoral or cross-national comparative analysis?" *International Organization* 45(4). pp. 453~493.
Kittsteiner, H.D. 1991. "Reflections on the construction of historical time in Karl Marx." *History and Memory* 3(2). pp. 45~86.
Knuttilla, M. and Kubik, W. 2001. *State Theories: Classical, Global and Feminist Perspectives*. London: Zed.
Kooiman, J. ed. 1993. *Modern Governance: New Government-Society Interactions*. London: Sage.
Krasner, S.D. 1978. *Defending the National Interest*. Princeton: Princeton University Press.
Krätke, M. 1984. *Kritik der Staatsfinanzen. Zur politischen Ökonomie des Steuerstaats*. Hamburg: VSA Verlag.
Krätke, M. 2002. "'Hier bricht das Manuskript ab'(Engels). Hat das Kapital einen Schluss? Teil I." In *Beiträge zur Marx–Engels Forschung. Neue Folge 2001*. Hamburg: Argument Verlag. pp. 7~43.
Krätke, M. 2003. "'Hier bricht das Manuskript ab'(Engels). Hat das Kapital einen Schluss? Teil II." In *Beiträge zur Marx–Engels Forschung. Neue Folge 2002*. Hamburg: Argument Verlag. pp. 211~261.
Kuhnle, S. and Alestalo, M. 2000. "Introduction: growth, adjustments and survival of European welfare states." In S. Kuhnle ed. *The Survival of the European Welfare State*. London: Routledge. pp. 3~18.
Kuwalik, T. 1996. "Modern bis maternalistisch: Theorien des Wohlfahrtsstaates." In idem and B. Sauer eds. *Der halbierte Staat*. Frankfurt: Campus. pp. 47~81. 한국여성정책연구회 옮김, 〈근대화론에서 모권주의에 이르는 복지국가의 이론들〉, 《복지국가와 여성정책》, 새물결, 2000.
Kuwalik, T. and Sauer, B. eds. 1996. *Der halbierte Staat. Grundlagen feministischer Politikwissenschaft*. Frankfurt: Campus.
Kunz, T. 2005. *Der Sicherheitsdiskurs. Die innere Sicherheitspolitik und ihre Kritik*. Bielefeld: Transkript.
LaCapra, D. 1987. "Reading Marx: the case of the Eighteenth Brumaire." In idem. *Rethinking Intellectual history: Texts, Contexts, Language*. Ithaca: Cornell University Press. pp. 268~290.
Laclau, E. and Mouffe, C. 1985. *Hegemony and Socialist Strategy*. London: New Left Books. 이승원 옮김, 《헤게모니와 사회주의 전략》, 후마니타스, 2012.
Ladeur, K.-H. 1997. "Towards a legal theory of supranationality — the viability of the network concept." *European Law Journal* 3(3). pp. 33~54.
Ladi, S. 2000. "Globalization, think tanks and policy transfer." In D. Stone ed. *Banking on Knowledge*. London: Routledge. pp. 203~220.
Lakatos, I. and Musgrave, A. eds. 1970. *Criticism and the Growth of Knowledge*. Cambridge: Cambridge University Press.
Lakoff, G. and Johnson, M. 1980. *Metaphors We Live By*. Chicago: University of Chicago Press.
Landes, J.B. 1988. *Women and the Public Sphere in the Age of the French Revolution*. Ithaca: Cornell University Press.
Larner, W. and Walters, W. 2002. "The political rationality of 'new regionalism': toward a genealogy of the region." *Theory and Society* 31. pp. 391~432.
Lauridsen, L.S. 1991. "The debate on the development state." In J. Martinussen ed. *Development Theory and the Role of the State in Third World Countries*. Roskilde: Roskilde University Centre. pp. 108~133.
Lebowitz, M. 2003. *Beyond Capital: Marx's Political Economy of the Working Class*. Basingstoke: Macmillan.
Lercercle, J.-J. 2004. *Une philosophie marxiste du langage*. Paris: Presses Universitaires de France.
Lecourt, D. 1975. *Marxism and Epistemology*. London: New Left Books.
Lefebvre, H. 1974. *The Production of Space*. Oxford: Blackwell(1991). 양영란 옮김, 《공간의 생산》, 에코리브르, 2011.
Lefort, C. 1978. "Marx: from one vision of history to another." *Social Research* 45(4). 615~666.

Lemke, T. 2000. "Neoliberalismus, Staat und Selbsttechnologien: ein kritischer Überblick über die governmentality studies." *Politische Vierteljahresschrift* 41(1). pp. 31~47.

Lemke, T. 2003. "Andere Affirmationen. Gesellschaftsanalyse und Kritik im Postfordismus." In A. Honneth and M. Saar eds. *Zwischenbilanz einer Rezeption. Frankfurter Foucault-Konferenz 2001*. Frankfurt: Suhrkamp. pp. 259~274.

Lenin, V.I. 1913. "Three sources and three component parts of Marxism." In *Lenin Collected Works Volume 1*. Moscow: Progress Publishers(1963). pp. 66~70. 김승일 옮김, 〈부록: 마르크스주의의 세 가지 원천과 세 구성 부분〉, 《카를 마르크스》, 범우사, 2010.

Lester, J. 2000. *Dialogue of Negation: Debates on Hegemony in Russia and the West*. London: Pluto Press.

Levi, M. 1988. *Of Rule and Revenue*. Berkely: University of California Press.

Lipietz, A. 1997. *Green Hopes*. Cambridge: Polity.

Lisbon European Council 2000. "Presidency Conclusions, 23 and 24 March 2000." *http://www.europarl.eu.int/summits/lis1_en.htm* 2007년 5월 23일 최종 접속.

Lister, R. 1996. "Dialectics of citizenship." *Hypatia* 12(4). pp. 6~26.

Lloyd, G. 1984. *The Man of Reason: 'Male' and 'Female' in Western Philosophy*. Minneapolis: University of Minnesota Press.

Lloyd, G. 1986. "Selfhood, war and masculinity." In C. Pateman and E. Grosz eds. *Feminist Challenges: Social and Political Theory*. London: Allen & Unwin. pp. 63~76.

Locher-Dodge, B. 1997. "Internationale Politik — geschlechtsneutrale Paradigmen?" In E. Kreisky and B. Sauer eds. *Geschlechtverhältnisse im Kontext politischer Transformation*. Opladen: Westdeutscher Verlag. pp. 425~440.

Lo Piparo, F. 1979. *Lingua, intellectuali, egemonia in Gramsci*. Bari: Laterza.

Löwy, M. 1989. "The poetry of the past: Marx and the French Revolution." *New Left Review* 177. pp. 111~124.

Luhmann, N. 1970. "Funktion und Kausalität." In idem. *Soziologische Aufklärung 1*. Opladen: Westdeutscher Verlag. pp. 9~30.

Luhmann, N. 1979. *Trust and Power*. Chichester: Wiley.

Luhmann, N. 1982a. *The Differentiation of Society*. New York: Columbia University Press.

Luhmann, N. 1982b. "The world society as a social system." *International Journal of General Systems* 8. pp. 131~138.

Luhmann, N. 1986. "The autopoiesis of social systems." In F. Geyer and J. van der Zouwen eds. *Sociocybernetic Paradoxes: Observation, Control and Evolution in Self-Steering Systems*. London: Sage. pp. 172~192.

Luhmann, N. 1989. *Ecological Communication*. Cambridge: Polity. 이남복 옮김, 《현대사회는 생태학적 위험에 대처할 수 있는가》, 백의, 2002. 서영조 옮김, 《생태적 커뮤니케이션》, 에코리브르, 2014.

Luhmann, N. 1990a. "Complexity and meaning." In idem. *Essays on Self-Reference*. New York: Columbia University Press. pp. 80~85.

Luhmann, N. 1990b. *Essays on Self-Reference*. New York: Columbia University Press.

Luhmann, N. 1990c. *Political Theory in the Welfare State*. Berlin: Walter de Gruyter.

Luhmann, N. 1990d. "State and politics: towards a semantics of the self-description of political systems." In idem. *Political Theory in the Welfare State*. Berlin: Walter de Gruyter. pp. 117~154.

Luhmann, N. 1990e. "The 'State' of the political system." In idem. *Essays on Self-Reference*. New York: Columbia University Press. pp. 165~174.

Luhmann, N. 1995. *Social Systems*. Stanford: Stanford University Press. 이철, 박여성 옮김, 《사회적 체계들》, 한길사, 2020.

Luhmann, N. 1997. "Globalization or world society? How to conceive of modern society." *International Review of Sociology* 7(1). pp. 67~75.

Luhmann, N. 2000. *Die Politik der Gesellschaft*. Frankfurt: Suhrkamp. 서영조 옮김, 《사회의 정치》, 이론출판, 2018.

Luke, T.W. 1994. "Placing power/siting space: The politics of global and local in the New World Order." *Environment and Planning D: Society and Space* 12(4). pp. 613~628.

Lukes, S. 1974. *Power: A Radical Analysis*. Basingstoke: Macmillan.

MacInnes, J. 1998. *The End of Masculinity: The Confusion of Sexual Genesis and Sexual Difference in Modern Society*. Buckingham: Open University Press.

McIntosh, M. 1978. "The state and the oppression of women." in A. Kuhn and A. Wolpe eds. *Feminism and Materialism*. London: Routledge & Kegan Paul. pp. 254~280.

MacKinnon, C.A. 1982. "Feminism, Marxism, method and the sphere of the state: an agenda for theory." *Signs* 7(3). pp. 515~544.

MacKinnon, C.A. 1983. "Feminism, Marxism, method and the sphere of the state: towards feminist jurisprudence." *Signs*

8(4). pp. 634~658.
MacKinnon, C.A. 1988. *Feminism Unmodified: Discourses on Life and Law*. Cambridge, MA: Harvard University Press.
McLennan, G. 1981. *Marxism and the Methodologies of History*. London: New Left Books.
McNay, L. 1994. *Foucault: A Critical Introduction*. Cambridge: Polity.
Mahon, R. 1991. "From 'bringing' to 'putting': the state in late twentieth-century social theory." *Canadian Journal of Sociology* 16(2). pp. 119~144.
Majone, G. 1993. "The European Community between social policy and social regulation." *Journal of Common Market Studies* 31(2). pp. 153~170.
Majone, G. 1997. "From the positive to the regulatory state: causes and consequences in the mode of governance." *Journal of Public Policy* 17(2). pp. 139~167.
Mann, M. 1984. "The autonomous power of the state: its origins, mechanisms and results." *Archives Européennes de Sociologie* 25. pp. 185~213.
Mann, M. 1986. *The Sources of Social Power: Volume I. A History of Power from the Beginning to A.D. 1760*. Cambridge: Cambridge University Press.
Mann, M. 1987. "War and social theory: into battle with classes, nations and states." In C. Creighton and M. Shaw eds. *The Sociology of War and Peace*. Basingstoke: Macmillan. pp. 54~72.
Mann, M. 1988. *States, War and Capitalism*. Oxford: Blackwell.
Mann, M. 1993. "Nation-states in Europe and other continents: diversifying, developing, not dying." *Daedalus* 122(3). pp. 115~140.
Mann, S. and Huffman, D.J. 2005. "The decentering of second wave feminism and the rise of the third wave." *Science & Society* 69(1). pp. 56~91.
Marsden, R. 1999. *The Nature of Capital: Marx after Foucault*. London: Routledge.
Marsh, D., Buller, J., Hay, C., Johnston, J., Kerr, P. and McAnulla, S. 1999. *Postwar British Politics in Perspective*. Cambridge: Polity.
Martin, B. 1982. "Feminism, criticism and Foucault." *New German Critique* 27. pp. 3~30.
Marx, K. 1843. "Contribution to a critique of Hegel's *Philosophy of Law*." *Marx-Engels Collected Works* 3. London: Lawrence & Wishart(1975). pp. 2~129. 강유원 옮김, 《헤겔 법철학 비판》, 이론과실천, 2011.
Marx, K. 1844. "Critical marginal notes on the article 'The King of Prussia and Social Reform. By a Prussian'." *Marx-Engels Collected Works* 3. London: Lawrence & Wishart(1975). pp. 189~206. 최인호 외 옮김, 〈기사 〈프로이센 왕과 사회개혁. 한 프로이센 인이〉(《전진!》 제60호)에 대한 비판적 평주들(발췌)〉, 《칼 맑스 프리드리히 엥겔스 저작선집》 1권, 박종철출판사, 1991, 16~24쪽.
Marx, K. 1850. *The Class Struggles in France. Marx-Engels Collected Works* 10. London: Lawrence & Wishart(1978). pp. 47~145. 임지현, 이종훈 옮김, 〈1848년에서 1850년까지 프랑스에서의 계급투쟁〉, 《프랑스 혁명사 3부작》, 소나무, 2017. 최인호 외 옮김, 〈1848년에서 1850년까지 프랑스에서의 계급투쟁〉, 《칼 맑스 프리드리히 엥겔스 저작선집》 2권, 박종철출판사, 1992, 1~114쪽.
Marx, K. 1852. *The Eighteenth Brumaire of Louis Bonaparte* [translated by T. Carver]. In M. Cowling and J. Martin eds. *Marx's 'Eighteenth Brumaire': (Post)Modern Interpretations*. London: Pluto(2002). pp. 19~109. 임지현, 이종훈 옮김, 〈루이 보나파르트의 브뤼메르 18일〉, 《프랑스 혁명사 3부작》, 소나무, 2017. 최인호 외 옮김, 〈루이 보나빠르뜨의 브뤼메르 18일〉, 《칼 맑스 프리드리히 엥겔스 저작선집》 2권, 박종철출판사, 1992, 277~393쪽. 최형익 옮김, 《루이 보나파르트의 브뤼메르 18일》, 비르투, 2012.
Marx, K. 1857. "Introduction." In idem. *Grundrisse: Foundations of the Critique of Political Economy(Rough Draft)*. Harmondsworth: Penguin(1973). pp. 81~111. 최인호 외 옮김, 《정치 경제학의 비판을 위한 기본 개요》의 서설〉, 《칼 맑스 프리드리히 엥겔스 저작선집》 2권, 박종철출판사, 1992, 443~473쪽. 김호균 옮김, 〈서설〉, 《정치경제학 비판요강》 1권, 그린비, 2007.
Marx, K. 1858. "The rule of the pretorians." *Marx-Engels Collected Works* 15. London: Lawrence & Wishart(1986). pp. 464~467.
Marx, K. 1859. "Preface." In *Contribution to the Critique of Political Economy. Marx-Engels Collected Works* 29. London: Lawrence & Wishart(1987). pp. 261~265. 최인호 외 옮김, 〈정치 경제학의 비판을 위하여. 서문〉, 《칼 맑스 프리드리히 엥겔스 저작선집》 2권, 박종철출판사, 1992, 474~480쪽. 김호균 옮김, 〈서문〉, 《정치경제학 비판을 위하여》, 중원문화, 2007.
Marx, K. 1867. *Capital Vol. I*. London: Lawrence & Wishart(1976). 강신준 옮김, 《자본》 1-1~1-2, 길, 2008. 김수행 옮김, 《자

본론》 1권(상/하), 비봉출판사, 2015.
Marx, K. 1871a. *The Civil War in France. Marx-Engels Collected Works* 22. London: Lawrence & Wishart(1986). pp. 307~357. 임지현, 이종훈 옮김, 〈프랑스 내전〉, 《프랑스 혁명사 3부작》, 소나무, 2017. 안효상 옮김, 《프랑스 내전》, 박종철출판사, 2003.
Marx, K. 1871b. First draft of *The Civil War in France. Marx-Engels Collected Works* 22. London: Lawrence & Wishart(1986). pp. 437~514. 최인호 외 옮김, 《〈프랑스에서의 내전〉 첫 번째 초고발췌》, 《칼 맑스 프리드리히 엥겔스 저작선집》 4권, 박종철출판사, 1995, 1~36쪽.
Marx, K. 1873. "Afterword to the second German edition of *Capital*. In idem. *Capital Vol. I.* London: Lawrence & Wishart(1976). pp. 22~29. 강신준 옮김, 〈제2판 후기〉, 《자본》 1-1, 길, 2008. 김수행 옮김, 〈제2독어판 후기〉, 《자본론》 1권(상), 비봉출판사, 2015.
Marx, K. 1894. *Capital Vol. III.* London: Lawrence & Wishart(1976). 강신준 옮김, 《자본》 3-1~3-2, 길, 2010. 김수행 옮김, 《자본론》 3권(상/하), 비봉출판사, 2015.
Marx, K. and Engels, F. 1848. "Manifesto of the Communist Party." *Marx-Engels Collected Works* 6. London: Lawrence & Wishart(1976). pp. 477~519. 최인호 외 옮김, 〈공산주의당 선언〉, 《칼 맑스 프리드리히 엥겔스 저작선집》 1권, 박종철출판사, 1991, 367~433쪽. 김태호 옮김, 《공산주의 선언》, 박종철출판사, 2016.
Marx, K. and Engels, F. 1850. "Address of the Central Authority to the League, March 1850." *Marx-Engels Collected Works* 10. London: Lawrence & Wishart(1978). pp. 277~287. 최인호 외 옮김, 〈동맹에 보내는 중앙 위원회의 1850년 3월의 호소〉, 《칼 맑스 프리드리히 엥겔스 저작선집》 2권, 박종철출판사, 1992, 115~126쪽.
Massey, D. 1995. "Places and their pasts." *History Workshop Journal* 39. pp. 182~192.
Matzner, E. 1994. "Instrument-targeting or context-making? A new look at the theory of economic policy." *Journal of Economic Issues* 28(2). pp. 461~476.
Mayntz, R. 2001. *Zur Selektivität der steuerungstheoretischen Perspektive*. Cologne: Max Planck Institut für Gesellschaftsforschung. Working Paper 01/2. http://www.mpi-fg-koeln.mpg.de/pu/workpap/wp01-2/wp01-2.html 2007년 5월 24일 최종 접속.
Mehlman, J. 1977. *Revolution and Repetition: Marx/Hugo/Balzac.* Berkeley: University of California Press.
Melossi, D. 1990. *The State and Social Control.* Cambridge: Polity.
Messner, D. 1998. *The Network Society.* London: Cass.
Meyer, J., Boli, J., Thomas, G.M. and Ramirez, F. 1997. "World society and the nation-state." *American Journal of Sociology* 103(1). pp. 144~181.
Meyet, S., Naves, M.-C. and Ribmont, T. eds. 2006. *Travailler avec Foucault: retours sur le politique.* Paris: L'Harmattan.
Mies, M. 1986. *Patriarchy and Accumulation on a World Scale.* London: Zed. 최재인 옮김, 《가부장제와 자본주의 — 여성, 자연, 식민지와 세계적 규모의 자본축적》, 갈무리, 2014.
Migdal, J. 1988. *Strong States and Weak Societies.* Berkeley: University of California Press.
Miliband, R. 1965. "Marx and the state." *Socialist Register 1965.* pp. 278~296.
Miliband, R. 1968. *The State in Capitalist Society.* London: Lawrence & Wishart.
Miliband, R. 1970. "The problem of the capitalist state: reply to Poulantzas." *New Left Review* 59. pp. 43~60. 박상섭 옮김, 〈풀란차스에 대한 답론〉, 《국가권력과 계급권력: 현대 마르크스주의 국가론 논쟁》, 한울, 1985. 임영일, 이성형 편역, 〈답론: 니코스 풀란차스에게〉, 《국가란 무엇인가: 자본주의와 그 국가이론》, 까치, 1991.
Miliband, R. 1973. "Poulantzas and the capitalist state." *New Left Review* 82. pp. 83~92. 박상섭 옮김, 〈풀란차스와 자본주의 국가〉, 《국가권력과 계급권력: 현대 마르크스주의 국가론 논쟁》, 한울, 1985.
Miller, P. and Rose, N. 1990. "Governing economic life." *Economy and Society* 19(1). pp. 1~31.
Mitchell, T.J. 1988. *Colonising Egypt.* Cambridge: Cambridge University Press.
Mitchell, T.J. 1991. "The limits of the state: Beyond statist approaches and their critics." *American Political Science Review* 85(1). pp. 77~96.
Mitchell, T.J. 2001. *Rule of Experts: Egypt, Techno-Politics, Modernity.* Berkeley: University of California Press.
Mohanty, C.T., Russo, A. and Torres, L. 1991. *Third World Women and the Politics of Feminism.* Bloomington: Indiana University Press.
Moore, S.W. 1957. *The Critique of Capitalist Democracy.* New York: Paine Whitman.
Moravcsik, A. 1998. *The Choice for Europe: Social Purpose and State Power from Messina to Maastricht.* Ithaca: Cornell University Press.
Morera, E. 1990. *Gramsci's Historicism: A Realist Interpretation.* London: Routledge.

Morin, E. 1980. *La méthode: la vie de la vie*, Vol. 2. Paris: Seuil.

Naples, N.A. 1997. "The 'new consensus' on the gendered 'social contract': the 1987~1988 U.S. Congressional hearings on welfare reform." *Signs* 22(4). pp. 907~945.

Nash, K. 1998. *Universal Difference: Feminism and the Liberal Undecidability of Women*. Basingstoke: Macmillan.

Neocleous, M. 1996. *Administering Civil Society: Towards a Theory of State Power*. Basingstoke: Macmillan.

Neocleous, M. 2003. *Imagining the State*. Maidenhead: Open University Press.

Nettl, J.P. 1968. "The state as a conceptual variable." *World Politics* 20(4). pp. 559~592.

Neumann, F. 1964. *The Democratic and the Authoritarian State*. Glencoe, IL: Free Press.

Neyer, G. 1996. "Korporatismus und Verbände. Garanten für die Stabilität eines sexistischen Systems." In T. Kulawik and B. Sauer eds. *Der halbierte Staat. Grundlagen feministischer Politikwissenschaft*. Frankfurt: Campus. pp. 82~104.

Nimtz, A.H. 1999. "Marx and Engels: the unsung heroes of the democratic breakthrough." *Science & Society* 63(2). pp. 203~231.

Nimtz, A.H. 2000. *Marx and Engels. Their Contribution to the Democratic Breakthrough*. Albany: State University of New York Press.

Nonhoff, M. 2006. *Politischer Diskurs und Hegemonie. Das Projekt 'Soziale Marktwirtschaft.'* Bielefeld: Transcript.

Nordlinger, E.A. 1981. *On the Autonomy of the Democratic State*. Cambridge, MA: Harvard University Press.

Nowotny, H. 1994. *Time*. Cambridge: Polity.

O'Connor, J. 1998. *Natural Causes: Essays in Ecological Marxism*. New York: Guilford.

O'Connor, J.S. 1996. "From women in the welfare state to the gendering of welfare state regimes." *Current Sociology* 44(2). pp. 1~125.

Offe, C. 1972. *Strukturprobleme des kapitalistischen Staates*. Frankfurt: Campus.

Offe, C. 1984. *Contradiction of the Welfare State*. London: Hutchinson.

Okin, S. 1979. *Women in Western Political Thought*. Princeton: Princeton University Press.

Önis, Z. 1991. "The logic of the developmental state." *Comparative Politics* 24(1). pp. 109~126.

Oppenheimer, F. 1908. *The State*. Indianapolis: Bobbs-Merrill.

Ó Tuathail, G. 1996. *Critical Geopolitics*. Minneapolis: University of Minnesota Press.

Overbeek, H. 2004. "Transnational class formation and concepts of control." *Journal of International Relations and Development* 7(2). pp. 113~141.

Painter, J. 2006. "Prosaic geographies of stateness." *Political Geography* 25. pp. 752~774.

Palombarini, S. 1999. "Vers une théorie régulationniste de la politique économique." In Association Régulation et Recherche. *L'Année de la régulation 1999*. Paris: La Découverte. pp. 97~120.

Pandolfi, M. 1998. "Two Italies: rhetorical figures of failed nationhood." In J. Schneider ed. *Italy's 'Southern Question': Orientalism in One Country*. Oxford: Berg. pp. 285~289.

Parker, J. 2000. *Structuration*. Buckingham: Open University Press.

Pateman, C. 1998. *The Sexual Contract*. Stanford: Stanford University Press.

Peck, J. and Theodore, N. 2001. "Exporting workfare/importing welfare-to-work." *Political Geography* 20. pp. 427~460.

Peterson, V.S. ed. 1992. *Gendered States: Feminist (Re-)Visions of International Relations Theory*. Boulder, CO: Lynne Rienner.

Petrey, S. 1988. "The reality of representation: between Marx and Balzac." *Critical Inquiry* 14. pp. 448~468.

Pettman, J.J. 1996. *Worlding Women*. London: Routledge.

Pierre, J. ed. 1999. *Debating Governance: Authority, Steering and Democracy*. Oxford: Oxford University Press.

Pinder, J. 1991. *European Community: The Building of a Union*. Oxford: Oxford University Press.

Pitschas, R. 1995. "Europäische Integration als Netzwerkkoordination komplexer Staatsaufgaben." In T. Ellwein, D. Grimm, J.J. Hesse and G.F. Schuppert eds. *Jahrbuch zur Staats- und Verwaltungswissenschaft. Band 8*. Baden-Baden: Nomos. pp. 379~416.

Poggi, G. 1979. "Introduction." In N. Luhmann. *Trust and Power*. Chichester: Wiley. pp. vii~xii.

Polanyi, K. 1957. *The Great Transformation*. Boston: Beacon. 박현수 옮김, 《거대한 변환》, 민음사, 1991. 홍기빈 옮김, 《거대한 전환》, 길, 2009.

Portelli, H. 1973. *Gramsci y el bloque histórico*. Mexico: Siglo Veintiuno.

Porter, B. 1994. *War and the Rise of the State*. New York: Free Press.

Poster, M. 1984. *Foucault, Marxism and History*. Cambridge: Polity.

Postone, M. 1993. *Time, Labor and Social Domination*. Cambridge: Cambridge University Press.
Poulantzas, N. 1967. "Marxist political theory in Great Britain." *New Left Review* 43. pp. 57~74.
Poulantzas, N. 1969. "The problem of the capitalist state." *New Left Review* 58. pp. 67~78. 박상섭 옮김, 〈자본주의국가 문제에 관하여〉, 《국가권력과 계급권력: 현대 마르크스주의 국가론 논쟁》, 한울, 1985. 임영일, 이성형 편역, 〈자본주의 국가의 문제들〉, 《국가란 무엇인가: 자본주의와 그 국가이론》, 까치, 1991.
Poulantzas, N. 1973. *Political Power and Social Classes*. London: New Left Books. 홍순권, 조형제 옮김, 《정치권력과 사회계급》, 풀빛, 1996.
Poulantzas, N. 1974. *Fascism and Dictatorship*. London: New Left Books.
Poulantzas, N. 1975. *Classes in Contemporary Capitalism*. London: Verso. 박현우 편역, 〈현대 자본주의와 중간계급〉, 《사회계급론》, 백산서당, 1986.
Poulantzas, N. 1976a. *Crisis of the Dictatorships: Portugal, Greece, Spain*. London: Verso. 강명세 옮김, 《군부독재, 그 붕괴의 드라마: 반독재연합과 민주화: 포르투갈, 그리스, 스페인》, 사계절, 1987.
Poulantzas, N. 1976b. "Les transformations actuelles de l'État, la crise politique et la crise de l'État." In idem ed. *La Crise de l'État*. Paris: Presses Universitaires de France. pp. 19~58.
Poulantzas, N. 1976c. "La crise de l'État." *France Nouvelle* 11월 1일.
Poulantzas, N. 1976d. "The capitalist state: a reply to Miliband and Laclau." *New Left Review* 95. pp. 63~83. 박상섭 옮김, 〈밀리반드와 라클라우에 대한 답론〉, 《국가권력과 계급권력: 현대 마르크스주의 국가론 논쟁》, 한울, 1985.
Poulantzas, N. 1977. "Crise de capitalisme, crise de la société, crise de l'État." *La Nouvelle Critique* 101. pp. 5~11.
Poulantzas, N. 1978a. "L'État, le pouvoir, le socialisme." *Faire* 3월 29일.
Poulantzas, N. 1978b. *State, Power, Socialism*. London: Verso. 박병영 옮김, 《국가, 권력, 사회주의》, 백의, 1994.
Poulantzas, N. 1979a. "Es geht darum mit der Stalinistischen Tradition zu brechen." *Prokla* 37. pp. 127~140.
Poulantzas, N. 1979b. "Interview with Nicos Poulantzas." *Marxism Today* 7월. pp. 198~205.
Poulantzas, N. 1979c. "Is there a crisis in Marxism?" *Journal of the Hellenic Diaspora* 6(3). pp. 7~16.
Poulantzas, N. 1979d. "La crise des partis." *Le Monde Diplomatique* 9월 26일. pp. 7~16. 박성진 옮김, 〈정당의 위기〉, 《자본의 국가》, 백의, 1996.
Poulantzas, N. 1979e. "L'État, les mouvements sociaux, le parti." *Dialectiques* 28. pp. 85~95.
Poulantzas, N. 1980a. "La déplacement des procedures de legitimation." In Université de Vincennes. *Le nouvel ordre intérieur*. Paris: Moreau. pp. 138~143.
Poulantzas, N. 1980b. "The ideological fronts must be widened." *Diabazo* 29 1월(그리스).
Prawer, S.S. 1978. *Karl Marx and World Literature*. Oxford: Oxford University Press.
Prezzolini, G. 1967. *Machiavelli*. London: Robert Hale.
Pringle, R. and Watson, S. 1992. "'Women's interests' and the post-structuralist state." In M. Barrett and A. Phillip eds. *Destabilizing Theory: Contemporary Feminist Debates*. Cambridge: Polity. pp. 53~73.
Prinz, A.M. 1969. "The background and ulterior motive of Marx's Preface of 1859." *Journal of the History of Ideas* 30(3). pp. 437~450.
Przeworski, A. 1977. "Proletariat into a class: the process of class formation from Karl Kautsky's *The Class Struggle* to recent controversies." *Politics and Society* 7(4). pp. 343~402.
Radaelli, C.M. 2003. *The Open Method of Coordination: A New Governance Architecture for Europe?* Swedish Institute of European Policy Studies. http://www.sieps.se/publ/rapporter/bilagor/20031.pdf 2007년 5월 24일 최종 접속.
Radcliffe, S. 1993. "'People have to rise up–like the great women fighters': The state and peasant women in Peru." In idem and S. Westwood eds. *Viva: Women and Popular Protest in Latin America*. London: Routledge. pp. 197~218.
Ragin, C.C. 1987. *The Comparative Method: Moving beyond Qualitative and Quantitative Strategies*. Berkeley: University of California Press.
Ragin, C.C. 2000. *Fuzzy-Set Social Science*. Chicago: University of Chicago Press.
Ramazanoglu, C. ed. 1993. *Up against Foucault: Explorations of Some Tensions between Foucault and Feminism*. London: Routledge.
Randall, V. and Waylen, G. eds. 1998. *Gender, Politics and the State*. London: Routledge.
Ray, L. and Sayer, A. eds. 1999. *Culture and Economy after the Cultural Turn*. London: Sage.
Regini, M. 2000. "Between deregulation and social pacts: the responses of European economies to globalization." *Politics and Society* 28(1). pp. 5~33.
Resch, R.P. 1992. *Althusser and the Renewal of Marxist Social Theory*. Berkeley: University of California Press.

Rescher, N. 1998. *Complexity: A Philosophical Overview*. New Brunswick: Transaction Books.

Reuten, G. and Williams, M. 1989. *Value-Form and the State*. London: Routledge.

Reynolds, S. ed. 1986. *Women, State and Revolution: Essays on Power and Gender in Europe since 1789*. Brighton: Wheatsheaf.

Rhodes, M. 1998. "'Subversive liberalism': market integration, globalization and West European welfare states." In W.D. Coleman and G.R. Underhill eds. *Regionalism and Global Economic Integration: Europe, Asia and the Americas*. London: Routledge. pp. 99~121.

Richter, D. 1996. *Nation als Form*. Opladen: Westdeutscher Verlag.

Rickert, H. 1902. *Die Grenzen der naturwissenschaftlichen Begriffsbildung*. Tübingen: J.C.B. Mohr(second edition).

Rickert, H. 1986. *The Limits of Concept Formation in Natural Science: A Logical Introduction to the Historical Sciences*. Cambridge: Cambridge University Press(Rickert, H. 1902의 초역).

Rieger, E. and Leibfried, S. 1998. "Welfare state limits to globalization." *Politics and Society* 26(3). pp. 363~390.

Ringer, F.K. 2000. *Max Weber's Methodology: The Unification of the Cultural and Social Sciences*. Cambridge, MA: Harvard University Press.

Riquelme, J.P. 1980. "*The Eighteenth Brumaire* of Karl Marx as a symbolic action." *History and Theory* 19(1). pp. 58~72.

Roe, E. 1994. *Narrative Policy Analysis: Theory and Practice*. Durham, NC: Duke University Press.

Rose, M.A. 1978. *Reading the Young Marx and Engels*. London: Croom Helm.

Rose, N. 1996. "The death of the social? Re-figuring the territory of government." *Economy and Society* 25(4). pp. 327~356.

Rose, N. 1999. *Powers of Freedom*. Cambridge: Cambridge University Press.

Rose, N. and Miller, P. 1992. "Political power beyond the state: problematics of government." *British Journal of Sociology* 43(2). pp. 173~205.

Rosenberg, J. 1994. *The Empire of Civil Society*. London: Verso.

Rosenberger, S.K. 1997. "Privatheit und Politik." In E. Kreisky and B. Sauer eds. *Geschlechtverhältnisse im Kontext politischer Transformation*. Opladen: Westdeutscher Verlag. pp. 129~136.

Ruigrok, W. and Tulder, R. 1996. "The price of diversity: rival concepts of control as a barrier to an EU industrial strategy." In P. Devine, Y. Katsoulacos and R. Sugden eds. *Competitiveness, Subsidiarity and Industrial Policy*. London: Routledge. pp. 79~103.

Ruschinski, H. and Retzlaff-Kresse, B. eds. 1974. *Marx-Engels: Über Sprache, Stil und Übersetzung*. Berlin: Dietz Verlag.

Said, E.W. 2001. "History, literature and geography." In idem. *Reflections on Exile and Other Literary and Cultural Essays*. London: Granta Books. pp. 453~473.

Sainsbury, D. ed. 1994. *Gendering Welfare States*. London: Sage.

Santiso, J. 2000. "Political sluggishness and economic speed: a Latin American perspective." *Social Science Information* 39(2). pp. 233~253.

Santiso, J. and Schedler, A. 1998. "Democracy and time: an invitation." *International Political Science Review* 19(1). pp. 5~18.

Sassoon, A.S. 1987. *Gramsci's Politics*. London: Hutchinson.

Sauer, B. 1997. "'Die Magd der Industriegesellschaft.' Anmerkungen zur Geschlechtsblindheit von Staats- un Institutionentheorie." In B. Kerchner and G. Wilde eds. *Staat und Privatheit. Aktuelle Studien zu einem schwierigen Verhältnis*. Opladen: Leske & Budrich. pp. 29~54.

Sawacki, J. 1991. "Foucault and feminism: toward a politics of difference." In M. Shanley and C. Pateman eds. *Feminist Interpretations and Political Theory*. Cambridge: Polity. pp. 217~231.

Sayer, A. 2000. *Realism and Social Science*. London: Sage.

Sbragia, A.M. 2000. "The European Union as coxswain: governance by steering." In J. Pierre ed. *Debating Governance: Authority, Steering and Democracy*. Oxford: Oxford University Press. pp. 219~240.

Scharpf, F.W. 1999. *Governing in Europe: Effective and Democratic?* Oxford: Oxford University Press.

Scherrer, C. 1995. "Eine diskursanalytische Kritik der Regulationstheorie." *Prokla* 100. pp. 457~482.

Scheuerman, W.E. 2000. "The economic state of emergency." *Cardozo Law Review* 21. pp. 1868~1894.

Scheuerman, W.E. 2001. "Reflexive law and the challenges of globalization." *Journal of Political Philosophy* 8(4). pp. 81~102.

Scheuerman, W.E. 2004. *Liberal Democracy and the Social Acceleration of Time*. Baltimore: Johns Hopkins University

Press.
Schimank, U. 2005. "Funktionale Differenzierung und gesellschaftsweiter Primat von Teilsystemen–offene Fragen bei Parsons und Luhmann." *Soziale Systeme* 11(2). pp. 395~414.
Schmitt, C. 1921. *Die Diktatur*. Berlin: Duncker & Humbolt. 김효전 옮김, 《독재론: 근대 주권사상의 기원에서 프롤레타리아 계급투쟁까지》, 법원사, 1996.
Schmitt, C. 1928. *Verfassungslehre*. Munich: Duncker & Humblot. 김기범 옮김, 《헌법이론》, 교문사, 1977.
Schmitt, C. 1985. *Political Theology: Four Chapters on the Concept of Sovereignty*. Cambridge, MA: MIT Press. 김항 옮김, 《정치신학: 주권론에 관한 네 개의 장》, 그린비, 2010.
Schmitt, C. 2001. *State, Movement, People*. Washington, DC: Plutarch Press.
Schmitter, P.C. 1992. "Representation and the future Euro-Polity." *Staatswissenschaften und Staatspraxis* 3(3). pp. 379~405.
Schoenberger, E.J. 1997. *The Cultural Crisis of the Firm*. Oxford: Blackwell.
Schram, S.F. and Neisser, P.T. eds. 1997. *Tales of the State: Narrative in Contemporary US Politics and Public Policy*. Lanham, MD: Rowman & Littlefield.
Schriewer, J. 1999. "Vergleich und Erklärung zwischen Kausalität und Komplexität." In H. Kaelble and J. Schriewer eds. *Diskurse und Entwicklungspfade: der Gesellschaftsvergleich in den Geschichts- und Sozialwissenschaften*. Frankfurt: Suhrkamp. pp. 53~102.
Scott, J and Trubek, D. 2002. "Mind the gap: law and new approach to governance in the European Union." *European Law Journal* 8(2). pp. 1~18.
Scott, J.C. 1998. *Seeing Like a State: How Certain Schemes to Improve the Human Condition Have Failed*. New Haven: Yale University Press.
Scott, J.W. 1999. "Some reflections on gender and politics." In M.M. Ferree, J. Lorber and B.B. Hess eds. *Revisioning Gender*. London: Sage. pp. 70~96.
Shaw, M. 1991. *Post-Military Society: Demilitarization, Militarism and War at the End of the Twentieth Century*. Cambridge: Polity.
Shaw, M. 2000. *Theory of the Global State: Globality as an Unfinished Revolution*. Cambridge: Cambridge University Press.
Shortall, F.C. 1994. *The Incomplete Marx*. Aldershot: Ashgate.
Siim, B. 1988. "Towards a feminist rethinking of the welfare state." In K.B. Jones and A.G. Jónasdóttir ed. *The Political Interests of Gender*. London: Sage. pp. 160~187.
Siim, B. 1991. "Welfare state, gender politics and equality policies: women's citizenship in the Scandinavian welfare states." In E. Meehan and S. Sevenhuijsen eds. *Equality Politics and Gender*. London: Sage. pp. 175~192.
Simmel, G. 1892. *Probleme der Geschichtsphilosophie. Eine erkenntnistheoretische Studie*. Leipzig: Duncker & Humblot. http://socio.ch/sim/geschichtsphilosophie/index.htm 에서 이용 가능, 2007년 5월 23일 최종 접속.
Skinner, Q. 1989. "The State." in T. Ball, J. Farr and R.L. Hanson eds. *Political Innovation and Conceptual Change*. Cambridge: Cambridge University Press. pp. 90~131.
Skocpol, T. 1979. *States and Social Revolutions: A Comparative Analysis of France, Russia and China*. Cambridge: Cambridge University Press.
Skocpol, T. 1985. "Bringing the state back in: strategies of analysis in current research." In P.B. Evans, D. Rueschemeyer and T. Skocpol eds. *Bringing the State Back In*. Cambridge: Cambridge University Press. pp. 3~43.
Skocpol, T. 1992. *Protecting Soldiers and Mothers: The Political Origins of Social Policy in the United States*. Cambridge, MA: Harvard University Press.
Smart, B. 1986. "The politics of truth and the problem of hegemony." In D. Hoy ed. *Foucault: A Critical Reader*. Oxford: Blackwell. pp. 157~173.
Smart, C. 1989. *Feminism and the Power of Law*. London: Routledge.
Smend, R. 1955. "Verfassung und Verfassungsrecht." In idem. *Staatsrechtliche Abhandlungen und andere Aufsätze*. Berlin: Duncker & Humblot. pp. 119~276(third edition).
Smith, M.J. 2000. *Rethinking State Theory*. London: Routledge.
Smith, M.P. 2000. *Transnational Urbanism: Locating Globalization*. Oxford: Blackwell.
Smith, N. 1984. *Uneven Development: Nature, Capital and the Production of Space*. Oxford: Blackwell. 최병두, 이영아, 최영래, 최영진, 황성원 옮김, 《불균등발전: 자연, 자본, 공간의 생산》, 한울아카데미, 2017.

Soja, E. 1989. *Post-Modern Geographies: The Reassertion of Space in Critical Social Theory.* Oxford: Blackwell.

Somers, M. 1994. "The narrative constitution of identity: a relational and network approach." *Theory and Society* 23. pp. 605~649.

Sørensen, G. 2001. *Changes in Statehood: The Transformation of International Relations.* Basingstoke: Palgrave.

Spivak, G.C. 1988. "Can the subaltern speak?" In C. Nelson and L. Grossberg eds. *Marxism and the Interpretation of Culture.* Urbana: University of Illinois Press. pp. 271~313. 태혜숙 옮김, 〈서발턴은 말할 수 있는가?〉, 《서발턴은 말할 수 있는가?: 서발턴 개념의 역사에 관한 성찰들》, 그린비, 2013.

Stahel, A.W. 1999. "Time contradictions of capitalism." *Capitalism, Nature, Socialism* 10(1). pp. 101~132.

Stallybrass, P. 1990. "Marx and heterogeneity: thinking the lumpenproletariat." *Representations* 31. pp. 69~95.

Stallybrass, P. 1998. "'Well grubbed, old moel': Marx, Hamlet and the (un)fixing of representation." *Cultural Studies* 12(1). pp. 3~14.

Stepan, A.D. 1985. "State power and the strength of civil society in the Southern Cone of Latin America." In P.B. Evans, D. Rueschemeyer and T. Skocpol eds. *Bringing the State Back In.* Cambridge: Cambridge University Press. pp. 317~345.

Stetson, D.M. and Mazur, A.G. eds. 1995. *Comparative State Feminism.* London: Sage.

Stichweh, R. 2000. *Die Weltgesellschaft: Soziologische Analysen.* Frankfurt: Suhrkamp.

Stirk, P.M.R. 2006. "The concept of the state in German political thought." *Debatte* 14(3). pp. 213~228.

Stones, R. 1991. "Strategic context analysis: a new research strategy for structuration theory." *Sociology* 25(4). pp. 673~696.

Stones, R. 2005. *Structuration Theory.* Basingstoke: Palgrave.

Storper, M.J. 1997. *The Regional World: Territorial Development in a Global Economy.* New York: Guilford.

Storper, M.J. and Scott, A.J. 1997. "The wealth of regions: market forces and policy imperatives in local and global context." *Futures* 27(5). pp. 505~526.

Streeck, W. 1994. "European social policy after Maastricht: The 'social dialogue' and 'subsidiarity'." *Economic and Industrial Democracy* 15. pp. 151~177.

Streeck, W. and Schmitter, P.C. eds. 1985. *Private Interest Government: Beyond Market and State.* London: Sage.

Sum, N.-L. 1994. *Reflections on Accumulation, Regulation, the State and Societalization: A Stylized Model of East Asian Capitalism and an Integral Economic Analysis of Hong Kong.* Ph.D. thesis, Department of Sociology, Lancaster University.

Sum, N.-L. 1995. "More than a 'war of words': identity politics and the struggle for dominance during the recent 'political reform' period in Hong Kong." *Economy and Society* 24(1). pp. 68~99.

Sum, N.-L. 1996. "Modified human rights and unmodified liberal feminism: the hegemonic force of Hillary Clinton's 'United Sisterhood'." *New Political Economy* 1(2). pp. 278~282.

Sum, N.-L. 1999a. "Politics of identities and the making of the 'Greater China' subregion in the post-Cold War era." in G. Hook and I. Kearns eds. *Subregionalism and World Order.* Basingstoke: Macmillan. pp. 197~222.

Sum, N.-L. 1999b. "Rethinking globalization: re-articulating the spatial scale and temporal horizons of trans-border spaces." In K. Olds, P. Dicken, P.F. Kelly, L. Kong and H.W.-C. Yeung eds. *Globalization and the Asia-Pacific.* London: Routledge. pp. 129~148.

Sum, N.-L. 2000. "From politics of identity to politics of complexity: a possible research agenda for feminist politics/ movements across time and space." In M. McNeil and S. Ahmed eds. *Transformations: Thinking through Feminism.* London: Routledge. pp. 131~144.

Sum, N.-L. 2001. "A material-discursive approach to the 'Asian Crisis': the breaking and remaking of the production and financial orders." In P. Preston and J. Gilson eds. *The European Union and East Asia: Interregional Linkages in a Changing Global System.* Cheltenham: Edward Elgar. pp. 125~153.

Sum, N.-L. 2002. "The material, strategic and discursive dimensions of the 'Asian crisis' and subsequent developments." In P. Masina ed. *Rethinking Development in East Asia: From Illusory Miracle to Economic Crisis.* London: Curzon. pp. 53~78.

Sum, N.-L. 2003. "(Re-)Imagining 'Greater China': Silicon Valley and the strategy of siliconization." In C. Hughes and G. Wacker eds. *China and the Internet: Politics of the Digital Leap Forward.* London: RoutledgeCurzon. pp. 102~126.

Sum, N.-L. 2004. "From 'integral state' to 'integral world economic order': towards a neo-Gramscian cultural international political economy." IAS Cultural Political Economy Working Paper Series, No. 7. Lancaster University. http://www.lancs.ac.uk/ias/polecon/index.htm 2007년 5월 25일 최종 접속.

Sum, N.-L. 2005. "From 'new constitutionalism' to 'new ethicalism': global business governance and the discourse and practices of corporate social responsibility." Lancaster University, paper prepared for Conference of European Consortium of Political Research. Granada 4월 14~19일.

Sum, N.-L. 2006a. "From regulation approach to cultural political economy." University of Newcastle, Global Urban Research Unit. *http://demologos.ncl.ac.uk/wp/wp1/disc.php* 2007년 5월 23일 최종 접속.

Sum, N.-L. 2006b. "The culture, discourse, ideology and hegemony." University of Newcastle, Global Urban Research Unit. *http://demologos.ncl.ac.uk/wp/wp2/disc.php* 2007년 5월 23일 최종 접속.

Sum, N.-L. and Jessop, B. 2006. "Towards a cultural international political economy: post-structuralism and the Italian School." In M. de Goede ed. *International Political Economy and Poststructural Politics*. Basingstoke: Palgrave. pp. 157~176.

Sum, N.-L. and Jessop, B. 2013. *Towards a Cultural Political Economy*. Cheltenham: Edward Elgar.

Sum, N.-L. and Pun, N. 2005. "Globalization and paradoxes of ethical transnational production: code of conduct in a Chinese workplace." *Competition and Change* 9(2). pp. 181~200.

Swyngedouw, E.A. 1997. "Neither global nor local: 'glocalization' and the politics of scale." In K. Cox ed. *Spaces of Globalization*. New York: Guilford Press. pp. 137~166.

Sylvester, C. 1994. *Feminist Theory and International Relations in a Postmodern Era*. Cambridge: Cambridge University Press.

Sylvester, C. 2002. *Feminist International Relations: An Unfinished Journey*. Cambridge: Cambridge University Press.

Taylor, P. 1975. "The politics of the European Communities: the confederal phase." *World Politics* 27. pp. 336~360.

Taylor, P.J. 1995. "Beyond containers, internationality, interstateness, interterritoriality." *Progress in Human Geography* 19(1). pp. 1~22.

Taylor, P.J. 1996. "Embedded statism and the social sciences: opening up to new spaces." *Environment and Planning A* 28(11). pp. 1917~1928.

Teeple, G. 1983. *Marx's Critique of Politics, 1842-1847*. Toronto: University of Toronto Press.

Telò, M. 2002. "Governance and government in the European Union: the open method of coordination." In M.J. Rodrigues ed. *The New Knowledge Economy in Europe*. Cheltenham: Edward Elgar. pp. 242~72.

Teschke, B. 2003. *The Myth of 1648: Class, Geopolitics and the Making of Modern International Relations*. London: Verso.

Teschke, B. 2006. "Debating 'The Myth of 1648': state formation, the interstate system and the emergence of capitalism in Europe—a rejoinder." *International Politics* 43(5). pp. 531~573.

Teubner, G. 1993. *Law as an Autopoietic System*. Oxford: Blackwell.

Théret, B. 1992. *Régimes économiques de l'ordre politique. Ésquisse d'une théorie régulationniste des limites de l'État*. Paris: Presses Universitaires de France.

Théret, B. 1994. "To have or to be: on the problem of the interaction between state and economy and its 'solidarist' mode of regulation." *Economy and Society* 23(1). pp. 1~46.

Thomas, P. 1994. *Alien Politics: Marxist State Theory Revisited*. London: Routledge.

Thorburn, W.M. 1918. "The myth of Occam's razor." *Mind* 27(107). pp. 345~353.

Threlfall, M. 1998. "State feminism or party feminism?" *European Journal of Women's Studies* 5(1). pp. 69~93.

Threlfall, M. ed. 1996. *Mapping the Women's Movement: Feminist Politics and Social Transformation in the North*. London: Verso.

Thrift, N. 1999. "The place of complexity." *Theory, Culture & Society* 16(3). pp. 31~69.

Tilly, C. 1975. "Reflections on the history of European state-making." In idem ed. *The Formation of National States in Western Europe*. Princeton: Princeton University Press.

Tilly, C. 1992. *Coercion, Capital and European States, AD 990-1992*. Oxford: Blackwell. 이향순 옮김, 《국민국가의 형성과 계보: 강압, 자본과 유럽국가의 발전》, 문학과 사상사, 1994. 지봉근 옮김, 《유럽 국민국가의 계보 — 990~1992년》, 그린비, 2018.

Vacca, G. 1999. *Appuntamenti con Gramsci. Introduzione allo studio dei 'Quaderni del carcere.'* Rome: Carocci Editore.

van Apeldoorn, B. 2002. *Transnational Capitalism and the Struggle over European Integration*. London: Routledge.

van der Pijl, K. 1984. *The Making of an Atlantic Ruling Class*. London: Verso.

van Dijk, T.A. 1997. *Discourse as Social Interaction*. London: Sage.

Veltz, P. 1996. *Mondialisation, villes et territoires: l'économie d'archipel*. Paris: Presses Universitaires de France.

Virilio, P. 1994. *The Art of the Motor*. Minnesota: University of Minneapolis Press. 배영달 옮김, 《동력의 기술》, 경성대학

교출판부, 2007.
Virilio, P. 1998. *The Virilio Reader* (ed. J. Der Derian). Oxford: Blackwell.
Vobruba, G. 1995. "Sozialpolitik im inszenierten Eurokorporatismus." *Zeitschrift für Sozialreform* 41(1). pp. 1~17.
Vogel, U. 1999. "The state and the making of gender." In V. Randall and G. Waylen eds. *Gender, Politics and the State*. London: Sage. pp. 29~45.
von Beyme, K. 1985. "Karl Marx and party theory." *Government and Opposition* 20(1). pp. 70~87.
Wagner, P. 1989. "Social science and the state in continental Western Europe: the political structuration of disciplinary discourse." *International Social Science Journal* 41(4). pp. 509~528.
Walby, S. 1990. *Theorizing Patriarchy*. Oxford: Basil Blackwell.
Waldner, D. 1999. *State Building and Late Development*. Ithaca: Cornell University Press.
Walker, N. 2000. "Flexibility within a metaconstitutional frame: reflections on the future of legal authority in Europe." In G. de Búrca and J. Scott eds. *Constitutional Change in the EU: From Uniformity to Flexibility?* Oxford: Hart Publishing. pp. 9~30.
Walker, R.B.J. 1993. *Inside/Outside: International Relations as Political Theory*. Cambridge: Cambridge University Press.
Wallace, H. 2000. "The institutional setting: five variations on a theme." In H. Wallace and W. Wallace eds. *Policy-Making in the European Union*. Oxford: Oxford University Press. pp. 3~37.
Walters, S. 1996. "From here to queer: radical feminism, postmodernism and the lesbian menace." *Signs* 21(4). pp. 830~869.
Walters, W. and Larner, W. eds. *Global Governmentality: Governing International Spaces*. London: Routledge.
Watson, S. 1990. "The state of play: an introduction." In idem ed. *Playing the State: Australian Feminist Interventions*. London: Verso. pp. 3~20.
Watson, S. 1992. "Femocratic feminisms." In M. Savage and A. Witz eds. *Gender and Bureaucracy*. Oxford: Blackwell. pp. 186~204.
Weber, M. 1948. "Politics as a vocation." In idem. *Essays from Marx Weber*. London: Routledge and Kegan Paul. pp. 77~128. 김진욱, 김승일 옮김, 《직업으로서의 학문·정치》, 범우사, 1994. 금종우 옮김, 〈직업으로서의 정치〉, 《직업으로서의 학문》, 서문당, 1996. 김현욱 옮김, 〈직업으로서의 정치〉, 《프로테스탄티즘 윤리와 자본주의 정신 외》, 동서문화사, 2009. 박상훈 옮김, 《막스 베버, 소명으로서의 정치》, 후마니타스, 2013. 이상률 옮김, 《직업으로서의 정치》, 문예출판사, 2017. 전성우 옮김, 《직업으로서의 정치》, 나남, 2019.
Weber, M. 1949. *The Methodology of the Social Sciences*. Glencoe, IL: Free Press. 전성우 옮김, 《막스 베버의 사회과학 방법론》, 사회비평사, 1997. 전성우 옮김, 《막스 베버 사회과학방법론 선집》, 나남, 2011.
Weber, M. 1978. *Economy and Society, Vol. 1*. Berkely: University of California Press. 박성환 옮김, 《경제와 사회 1》, 문학과지성사, 1997. 박성환 옮김, 《경제와 사회: 공동체들》, 나남, 2009.
Weeks, J. 1986. *Sexuality*. London: Routledge.
Weiler, J.H. 1991. "The transformation of Europe." *Yale Law Journal* 100. pp. 2403~2483.
Weiler, J.H. and Wessesls, W. 1998. "EPC and the challenge of theory." In A. Pijpers, E. Regelsberger and W. Wessesls eds. *European Political Cooperation in the 1980s*. Dordrecht: Martinus Nijhoff. pp. 229~258.
Weiss, L. 1998. *The Myth of the Powerless State*. Cambridge: Polity.
Weiss, L. 1999. "State power and the Asian crisis." *New Political Economy* 4(3). pp. 317~342.
Weiss, L. ed. 2003. *States in the Global Economy*. Cambridge: Cambridge University Press.
Weiss, L. and Hobson, J. 1995. *States and Economic Development*. Cambridge: Polity.
Wetherly, P., Barrow, C.W. and Burnham, P. eds. 2008. *Class, Power and the State: Essays on Ralph Miliband*. Basingstoke: Palgrave.
White, H. 1973. *Metahistory: The Historical Imagination in Nineteenth-Century Europe*. Baltimore: Johns Hopkins University Press.
Whitehead, A.N. 1920. *The Concept of Nature*. Cambridge: Cambridge University Press. 안형관 옮김, 《자연의 개념》, 이문출판사, 1998.
Whitehead, A.N. 1922. *The Principle of Relativity, with Applications to Physical Science*. Cambridge: Cambridge University Press. 전병기 옮김, 《상대성원리》, 이문출판사, 1998.
Wickham, G. 1983. "Power and power analysis: beyond foucault?" *Economy and Society* 12(4). pp. 468~498.
Wiener, A. 1996. "StaatsbürgerInnenschaft im Kontext: Staatsangehörigkeit und Zugehörigkeit." In T. Kulawik and B. Sauer eds. *Der halbierte Staat*. Frankfurt: Campus. pp. 105~133.

Williams, F. 1995. "Race/ethnicity, gender and class in welfare states: a framework for comparative analysis." *Social Politics* 2(2). pp. 126~159.

Willke, H. 1983. *Entzauberung des Staates. Überlegungen zu einer sozietalen Steuerungstheorie*. Königstein im Taunus: Athenäum.

Willke, H. 1986. "The tragedy of the state: prolegomena to a theory of the state in polycentric society." *Archiv für Rechts- und Sozialphilosophie* 72(4). pp. 445~467.

Willke, H. 1992. *Ironie des Staates. Grundlinien einer Staatstheorie polyzentrischer Gesellschaft*. Frankfurt: Suhrkamp.

Willke, H. 1996. *Supervision des Staates*. Frankfurt: Suhrkamp.

Wilson, H.T. 1999. "Time, space and value: recovering the public sphere." *Time and Society* 8(1). pp. 161~181.

Wittrock, B. 1989. "Social science and state development—transformations of the discourse of modernity." *International Social Science Journal* 41(4). pp. 497~507.

Wodak, R. and Meyer, M eds. 2001. *Methods of Critical Discourse Analysis*. London: Sage. 박혜란 옮김, 《젠더와 민족》, 그린비, 2012.

Wood, E.M. 1981. "The separation of the economic and the political in capitalism." *New Left Review* 127. pp. 66~95.

Young, B. 1996. "The German state and feminist politics: a double gender marginalization." *Social Politics* 3(2-3). pp. 159~184.

Yuval-Davis, N. 1996. "Women and the biological reproduction of 'the nation'." *Women's Studies International Forum* 19(1-2). pp. 17~24.

Yuval-Davis, N. 1997. *Gender and Nation*. London: Sage.

Zelizer, V.A. 1998. "The proliferation of social currencies." In M. Callon ed. *The Laws of the Markets*. Oxford: Blackwell. pp. 58~68.

Ziebura, G. 1992. "Nationalstaat, nationalismus, supranationale integration: der fall Frankreich." *Leviathan* 20(4). pp. 467~489.

Ziltener, P. 1999. *Strukturwandel der europäischen Integration*. Münster: Westfälisches Dampfboot.

Zürn, M. 1992. "Jenseits der Staatlichkeit." *Leviathan* 20(4). pp. 490~513.

# 찾아보기

주 찾아보기는 인명과 주제가 결합된다. 찾아보기는 주제에 관련되기 때문에 때로 특정 단어 개념이나 구절의 정확한 사용보다는 해당하는 하나의 주제를 나타낸다. 저자는 이런저런 주장을 지지하려고 단순히 인용될 때가 아니라 직접적으로 길게 인용되거나 논의될 때만 포함된다.

ㄱ

가부장적 담론 267
가부장적 자본주의 국가 92
가부장제 113~115, 243~251, 252~263, 268
가상(imaginary) 16, 82, 85~89, 120, 165, 350, 359, 364~366, 367~370
가치 형태 68, 281~284
개방형 조정 방식(open method of coordination, OMC) 305, 315~316, 320, 339
개입, 국가 28, 53, 65~66, 97, 111, 121, 129, 155, 201, 212, 257, 263~268, 310, 322, 330
거버넌스(governance) 25, 35, 124, 277, 290
거버넌스 실패 306, 318, 334, 339
결절적 규모(nodal scale) 168, 308, 336
결정론 51, 62, 74, 79, 95, 103, 115, 165, 166, 175, 189
경로 의존 43, 51, 76, 92, 98, 184, 250~252, 276, 311, 347, 355, 360~361, 366, 369
경로 형성 51, 92, 311, 347, 360~361, 366, 369
경쟁 국가 310
경제적-조합적(economic-corporate) 60, 177, 183, 194, 276
계급 관련(class-relevant) 투쟁 61, 66, 138, 150, 197
계급 권력들 190
계급 이론적 접근 60~64
계급 이해 120, 135, 138, 144, 149, 150~155, 194, 198,
계급 지배 58, 60~63, 88, 93, 98~99, 115, 120, 150, 156, 167, 189, 193, 200~201, 235~236
계급 투쟁 20, 46, 52, 56, 57, 60~63, 66, 68, 82, 94~96, 134, 137, 144, 152~153, 156, 164, 169, 182, 186~188, 192, 197, 207~209, 210, 212~214, 219, 223, 241, 256, 279~283
계급, 풀란차스의 정의 188
고립 효과(isolation effect) 222, 256
공간(space) 116~117 144, 165~166, 174, 183~184, 195, 198, 210~211, 213, 225, 253~254, 259~260, 273~277, 278~284, 285~289, 290, 293, 297, 299, 317
공간적 전회(spatial turn) 273, 278
공간적 해결책(spatial fix) 288, 294~295
공산당 96, 173
《공산주의 선언(Communist Manifesto)》 135~136, 143~144, 151, 278~279
공액(cogredience) 287~288, 347~348
공장 전제주의, 마르크스 187, 282
공진(collibration) 319~320, 335, 338
공진화(co-evolution) 44, 51, 76, 248, 270, 285, 361, 364~366, 372
과세 105, 253, 301, 308, 313, 328
과잉 결정 55, 76, 142, 179, 212, 243, 247~248
관찰 357~358, 359
교차성 116, 243, 271

교환가치 47, 68, 280~284, 285, 298~299
구성주의(constructivism) 363
구조기능주의 103
구조와 행위(structure and agency) 34, 36, 45, 62, 70~84, 91, 207, 359, 362, 371
구조적 결합(structural coupling) 43, 49~51, 76, 80, 248~253, 269, 291, 347, 366, 372
구조적 선택성(structural selectivity) 58, 65, 80, 99, 119, 128, 155, 195, 202, 212
구조화된 응집성(structured coherence) 78~80, 252, 368~369
국가 13~24, 25~29, 57~58, 65~67
국가 간 체계 19~22, 27~28, 169, 254, 290, 307~309, 312,
국가 운영자(state managers) 17, 24, 57, 66, 103~107, 128, 172, 173, 178, 183, 194, 198, 269, 298
국가 권력 13, 18, 21, 48~49, 53~54, 94~100, 109, 155, 193~194
국가 권력 대 계급 권력 57~58, 104, 189~196, 210, 219, 235
국가 권력들(state powers, 복수) 20~21, 66~67, 99, 104~105, 128~129, 204, 296, 304, 306~307, 309, 313, 318, 324, 333, 338
국가 권력의 역설 14, 23~24, 129~130
국가 권력의 중앙 집권화 148~149
국가 능력들(과 책임들) 20~22, 28, 58, 67, 94~95, 99, 104~105, 110~111, 119, 123, 125~128, 177~178, 197, 205, 208, 292~294, 300~302, 309, 313~314
국가독점자본주의 30, 96, 186
국가들의 세계(Staatenwelt, world of states) 310, 323, 335
국가성(statehood) 17, 28, 124
국가성의 탈국민화(de-nationalization) 311~312, 318, 322~325
국가 실패 17~18, 24, 104, 129, 177~179, 181, 306, 339
국가 안의 저항의 중심 193~194
국가 연합(confederatio) 307, 320~321
국가 유형(type of state) 27, 31~32, 43, 59~60, 65, 144, 192, 201, 207, 210
국가의 자본주의적 성격, 평가 24
국가의 전략적 선택성 21, 36, 58, 63~66, 72~74, 114, 118, 163, 185, 195~201, 202~204, 205~207, 208, 209, 241~272, 311, 335, 339~341, 357~358
국가의 젠더 선택성 114, 241~272
국가의 형식적 통일성 65
국가 이론 13, 22~23, 31, 33, 108, 155, 178, 185~208, 229, 231, 232~233, 237~238, 252, 255, 260~261
국가장치 18~21, 26, 33, 57, 105~107, 148~150, 189~195, 197~204, 231~232, 255~262, 308, 313, 331, 334~335
국가 페미니즘(state feminism) 263
국가 프로젝트 16~18, 33~35, 47, 54, 85, 110, 120, 155, 177, 233, 364, 367
국가 형성(state formation) 16, 22~23, 110, 176, 218
국가 형태(state form) 13, 17, 20, 24~26, 31, 34, 46, 59~60, 64, 92~95, 102, 106, 119, 149, 153~155, 188, 192~193, 197, 207, 266~267, 305~306, 323, 334
국민 또는 민족(nation) 33, 167, 179, 210, 212, 246~248, 256~258
국민(영토)국가(national (territorial) state) 19, 28, 39, 49, 124~126, 169, 174~175, 179~180, 182, 187, 210~213, 253~258, 290, 294~295, 303~304, 306~310, 316, 322~323, 331~333, 339~340
국민적-대중적(national-popular) 31, 61, 156, 171, 177, 201, 256
국민투표 민주주의(plebiscitary democracy) 203, 206, 301, 310
국민 형성(nation-building or nation-formation) 28, 167~168, 171, 176
국적(nationality) 258
군부 지배(pretorian rule) 133, 148
권력 55, 74~76, 99, 191, 201, 223~224, 226~228, 231~232, 234~235, 351~352
권력 관계의 전략적 코드화(strategic codification) 200, 218, 222~224, 232~237, 247
권력 기술(technologies of power) 113, 205, 226~230, 277
권력 네트워크 230
권력 담는 그릇(power container)으로서 국가 19, 166, 255, 290

권력 매개자(power connector)로서 국가 291
권력 분석학 108~112, 189, 191, 223~229, 237
권력 블록 50, 63, 180, 191~194, 198, 205, 208~209
권력의 미시 물리학 27, 102, 108~110, 129, 195, 199, 214, 218, 222~224, 230
권력 중심 67, 185, 193~194, 203
권력/지식 85, 108, 110, 198, 221, 224, 229, 253, 165, 369
권리 113, 117~118, 254~257, 264, 266, 309
권위주의적 국가주의 32, 59, 187, 201, 204~207, 310
귀인(attribution), (인과적) 책임의 55, 74~75, 351
규모(scale) 17, 49, 73, 76~79, 124~127, 160, 166~168, 169, 170, 174, 180, 181~184, 213, 237, 274~277, 290~291, 295~296, 297, 301, 308, 312~313, 322, 325, 332~333, 334, 336
규모 간 접합(interscalar articulation) 49, 73, 170, 182, 277, 324
규모의 상대화(relativization of scale) 28, 126, 213, 308, 332~333
규모 점프(jumping scale) 170, 296~297
규모 조정(re-scaling) 22, 295~296, 306~308, 313, 316, 320, 325, 328~329, 338
규정된 시장(mercato determinato) 174, 183
규제 국가(regulatory state) 315~316
그람시, 안토니오(Gramsci, Antonio) 31, 46, 58, 82, 85, 100, 151, 155, 160~163, 166, 170~173, 176~179, 180
근로 연계 복지(workfare) 328~331
급진적 민주주의 186~188
기능적 분화 24~25, 50, 64, 69~70, 122~123, 245, 247~250, 275~276, 333
기능적 설명 69~70, 102~103, 228, 235~236
기능적 적절성 35
기동전(war of manoeuvre) 63, 149, 184, 207~208
기호 외적(extra-semiotic) 또는 담론 외적(extra-discursive) 82, 87~88, 128~129, 361~370
기호 작용(semiosis) 23, 36, 64, 85~89, 139, 156~157, 343~344, 350, 359~370

ㄴ

남근주의(phallocracy) 113~114, 268
남부 문제, 그람시 161, 166, 171~173
남성성(masculinities) 113, 116, 118, 241~255, 260, 263~270
네오그람시주의 324~325
네트워크 국가 291, 305, 312~315, 337
네트워크 정치체(network polity) 127, 312, 313~317, 325
노동 분업 124, 165, 168, 174, 175, 187~188, 189~196, 210, 211, 224, 244~245, 264, 269, 274, 281, 333
논호프, 마틴(Nonhoff, Martin) — 사회적 시장경제 82
농민(peasantry) 146~147, 155, 158, 161~163, 172~173, 183, 208
니체식 (억압) 가설 224, 228

ㄷ

다규모 메타 거버넌스(multiscalar metagovernance) 334~342
다원주의 102
다차원 거버넌스(multilevel governance, MLG) 201~202, 305~306, 308, 312~313, 318~321, 325, 333, 337
다차원 통치(mutilevel government) 308
다형적 결정화(polymorphous crystallization) 26, 230, 243, 346
단순-추상적 개념 14, 25, 32~33, 76, 95, 181, 280, 283, 353
담론(discourse) 15~17, 26~28, 50, 82~84, 86, 88, 92, 93, 109~110, 113, 119, 123, 129, 135, 138~139, 143, 145, 154, 198~200, 205, 229~231, 242, 246, 247~250, 253, 257, 267, 268, 318, 366
담론 분석 23, 34, 82, 85, 108, 119, 124, 128~129, 135, 216, 362~363, 369

담론적 선택성 82~86, 138~139, 143~145, 166, 198, 210~211, 364
담론적 전회(discursive turn) 84~85
담론적 해석(construal) 대 담론적 구성(construction) 365
당 내부 민주주의 154
대의제 민주주의 143, 201~203, 204, 300, 310~311
대중 매체 17, 96, 206, 259
대중적-민주적 투쟁 54, 58, 186, 194
대중 정치 151
대처리즘(Thatcherism) 33, 37, 46, 52, 85
대표성/대의제 또는 재현(representation), 형태 21, 24, 54, 121, 133~136, 137, 138~140, 143, 145, 147, 150~156, 194, 199, 201~203, 208~209, 255~256, 259~262, 290, 310, 313, 320~321
더 넓은 사회에 경제의 배태 101, 287, 290
더 넓은 사회에 국가의 배태 177~178, 332
던사이어, 앤드루(Dunsire, Andrew) — 공진 319
도구주의(국가에 관한 설명) 16, 53, 57~58, 95~96, 99~100, 133, 178, 189, 196, 232
도출(derivation, Ableitung) 31, 54, 98, 114~115, 280
독일 국가 논쟁 46~52, 59
독재, 풀란차스 194, 207~209
동일성(identity) 55~57, 58, 72, 81, 109, 116, 135, 139, 142, 145, 147, 150~151, 156~157, 163~165, 170, 180, 208, 210, 242~244, 246~250, 251, 255~257, 258, 266~267, 271~272, 303, 355
동일성의 성찰적 재형성 72~76, 208, 359

ㄹ

라너, 웬디(Larner, Wendy) — 통치술(arts of government) 315
라클라우, 에르네스토(Laclau, Ernesto) — 포스트 마르크스주의 담론 분석 31, 38, 82
레닌, 블라디미르 일리치(Lenin, Vladimir Illich) 45, 96
레셔, 니컬러스(Rescher, Nicolas) — 복잡성 284, 343, 345~355
로리슨, 로리즈(Lauridsen, Laurids) — 강한 국가 126
루만, 니클라스(Luhmann, Niklas) 16, 28, 38, 50~51, 75~76
《루이 보나파르트의 브뤼메르 18일》(마르크스) — 문학 텍스트로서 138~139
룩스, 스티븐(Lukes, Steven) — 권력 69~70
룸펜 프롤레타리아트 146
르페브르, 앙리(Lefebvre, Henri) — 공간성 85, 210, 213, 282
리스본 전략(Lisbon Strategy) 315, 320, 331, 337
리스트주의 근로 연계 복지 국민국가(Listian Workfare National State) 292
리용 테제(Lyons Theses) 171~172
리케르트, 하인리히(Rickert, Heinrich) — 복잡성과 감축 346

ㅁ

마르크스 당(Marx party) 152
마르크스-레닌주의(Marxism-Leninism) 30, 45, 95, 186
마르크스주의 국가 이론 32~34, 48, 60~61, 65, 91~101, 104, 111, 117, 127~129, 244
마르크스주의, 위기 68, 218
마르크스주의-페미니즘(Marxism-feminism) 113~114
마르크스, 카를(Marx, Karl) 29, 39, 45, 50, 52, 58, 68, 78, 81, 122, 134, 137, 143, 150~156, 181, 197, 220, 278, 280, 281~283, 302~303, 343, 345, 350, 353, 372
마스든, 리차드(Marsden, Richard) — 마르크스와 푸코 238
마요네, 잔도메니코(Majone, Giandomenico) — 규제 국가 315, 329
마카아벨리, 니콜로(Machiavelli, Niccolò) — 국가 형성 177

만, 마이클(Mann, Michael) — 다형적 결정화 24, 26, 106, 230, 346
맥키넌, 캐서린(MacKinnon, Catherine) — 젠더화된 국가 112, 115, 263
맥키네스, 존(MacInnes, John) — 가부장제 244~246, 252, 256
메초조르노(Mezzogiorno, 이탈리아 남부) 161, 174
메타 거버넌스(metagovernance) 25, 127, 302, 305~306, 318~319, 324, 330, 333~342
메타 권력 227, 236
멜로시, 다리오(Melossi, Dario) — 국가 없는 국가 이론 120~121
멜먼, 제프리(Mehlman, Jeffrey) — 보나파르트주의 134
모레라, 에스테베(Morera, Esteve) — 그람시의 절대적 역사주의 174
모성주의(maternalism) 266
모순 68~69, 97, 175, 193~195, 196, 245 , 281, 285~304, 372
모순, 가부장제 대 근대성 244~247, 252~253, 265
몸 또는 신체(body) 113, 116, 137, 219, 222~223, 226
무페, 샹탈(Mouffe, Chantal) — 포스트 마르크스주의 담론 분석 31, 38, 82
문화 정치경제학(cultural political economy) 35, 45, 68, 81, 85~87, 343~344, 360~364
미시-거시 문제 199~201, 218, 230, 236~237, 351
미시 저항 225
미즈, 마리아(Mies, Maria) — 일반적 가부장 114, 248
미첼, 티모시(Mitchell, Timothy) — 정치적 기술들의 효과로서 국가 20, 108
민족국가(nation-state) 103, 196, 209
민족주의(nationalism) 145, 168, 175, 210~211, 225, 254, 267
민주주의 24, 33, 142, 186, 340
민주주의적 결함 310
밀리반드, 랠프(Miliband, Ralph) 38, 60, 133, 186, 216

ㅂ

바디, 버트란드(Badie, Bertrand) — 국가 유형론 124~125
바레-크리젤, 블랑딘(Barret-Kriegel, Blandine) — 푸코의 국가와 법으로 회귀 227
바르텔손, 옌스(Bartelson, Jens) — 국가를 정의하는 일의 어려움 15, 20, 93
바르톨리, 마테오(Bartoli, Matteo) — 그람시의 언어학적 접근에 대한 영향 162~163
바스카, 로이(Bhaskar, Roy) — 변형적 사회 행위 모델 78
바우어, 오토(Bauer, Otto) — 국민 210
바티칸 문제, 그람시 161, 173, 177
반경제주의, 그람시 176~177, 181
반경제주의, 풀란차스 186~190
반국가주의, 푸코 217~218
반마르크스주의 217~222, 226
반본질주의(anti-essentialism) 232, 235, 241, 270~271
반본질주의적 다문화주의 272
반연방주의(anti-federalism) 309
반환원주의 370
발리바르, 에티엔(Balibar, Étienne) — 푸코와 마르크스의 역설적 관계 220
발전 국가 125
발전된 자유주의 315~316
방법론적 관계주의 58, 77, 350
방법론적 민족주의 49, 166, 182
배리, 앤드루(Barry, Andrew) — 네트워크 국가로서 유럽연합 315
배태된 신자유주의 332
배태된 자유주의 332
법 26, 50~51, 108, 111, 115, 145, 156, 199, 203~205, 214, 227~228, 231~233, 253, 263~264, 275, 299~300, 308~309,

328, 333
법치(rule of law) 115, 203~205, 253~255, 300, 308~309
베버, 막스(Weber, Max) 17, 18, 69, 103, 117, 252, 353
베르트람센, 레네(Bertramsen, René Bugge) — '전략관계 접근'이라는 용어를 만듦 64
베스트팔렌 국가(Westphalian state) 18~19, 320, 342
변증법 34, 44, 55~57, 60, 62~63, 71~76, 91~92, 156~158, 165, 169, 182~183, 219, 278, 360~361, 366, 371
변형적 사회 행위 모델(transformational model of social activity) 78
보겔, 어슐라(Vogel, Ursula) — 소유 개인주의와 가부장적 국가 253
보나파르트, 나폴레옹(Bonaparte, Napoleon) 140, 143, 146
보나파르트, 루이(Bonaparte, Louis) 134, 136, 139, 143, 157
보나파르트주의(Bonapartism) 134, 146~147, 148~149, 157~158
보댕, 장(Bodin, Jean) — 주권 177
복잡-구체적 개념 14~15, 25, 31~33, 54, 67~68, 74, 76, 84, 92, 95, 101, 137, 258, 283, 353
복잡성 68, 87, 107, 113, 119, 180, 222, 247, 272, 275, 287~289, 297, 304, 319, 325, 343, 344, 346~351, 354, 357, 358~359, 364, 367, 370~372
복잡성 감축(reduction) 36, 107, 245, 344~348, 350, 357~359, 354, 367
복잡성 감축의 역설 359
복잡한 호혜적 상호 의존 285, 291, 316, 338
복지국가 97, 110, 116, 225, 260~261, 264~269, 302, 309, 326~333
본질주의 31, 61, 98, 108~111, 166, 230, 270~271
본펠드, 베르너(Bonefeld, Werner) — 정치주의 46~47, 48
부르디외, 피에르(Bourdieu, Pierre) — 방법론적 관계주의 77, 350
부르주아 계급 지배 60~61, 183, 192, 199
부르주아 (자유)민주주의 58, 95, 153, 156, 176, 201, 203~204, 209, 225, 241, 244~246, 251, 270, 310
부르주아지 147~150, 157, 164, 167, 171~173, 214, 235, 297,
부르주아 혁명 168
부수 현상론(epiphenomenalism, 국가에 관한 견해) 95~96, 219, 232
분절된 노동 시장(과 젠더) 245
불균등한 발전, 이론적인 32~33
브라운, 웬디(Brown, Wendy) — 국가의 페미니즘적 면모 113
브로디, 재닌(Brodie, Janine) — 시민권에 대한 중범위 내러티브 268
비대칭적 반본질주의 270~271
비대칭적 전략적 본질주의 270~271
비판적 실재론(critical realism) 44, 51, 78, 101, 241, 270, 343~354, 360, 371~372
비판적 정치경제학(critical political economy) 14, 35, 43~45, 68, 78, 81, 82, 87, 344, 360~368
빈바움, 피에르(Birnbaum, Pierre) — 국가 유형론 124~125
빌케, 헬무트(Willke, Helmut) 50, 122~123, 310, 313
빠른 자본주의(fast capitalism) 298, 301
빠른 정책(fast policy) 298~300

ㅅ

사용가치 47, 68, 281~284, 299
사이드, 에드워드(Said, Edward) — 그람시 159~160
사적 가부장제 대 공적 가부장제 245~246, 250, 263, 269
사회민주주의 37, 95, 260~263, 266
사회적 관계로서 국가(state as a social relation), 풀란차스 13~14, 32~33, 58~59, 63, 94, 99, 186, 188~189, 196~197, 212
사회적 시장 경제 82
사회 중심적 이론 23, 102, 106~107, 129, 216
사회 협약 327
사회 형성(Vergesellschaftung, societalization) 24, 58, 244, 345, 369

상상의 공동체 24, 257
상징적 권력 19
상품 형태 47, 50, 68, 281
상호 담론성(interdiscursivity) 57
생명 정치(bio-politics) 111, 182, 226, 231, 233, 237
생태적 지배 51, 367
생활 세계 20, 22~25, 244, 247~251, 275
샤르트르, 장 폴(Sartre, Jean-Paul) 186
선택(selection), 변이(variation), 보존(retention) 80, 86~92, 234~237, 252, 351, 360~362, 365~370
선택, 의미의 구실 357~358, 361, 364, 371
설명 원리 55, 57, 75, 344, 351~352, 355~356, 368
섬, 나이링(Sum, Ngai-Ling) 35, 45, 68, 81, 86~87, 271, 272, 274, 292, 350~351, 359~360, 366~367
성 대 젠더 242
성찰성(reflexivity) 72~76, 78~79, 121, 242, 286~287, 297~302, 306, 334, 337~338, 341, 359~361, 371~372
성찰적 법(reflexive law) 264~265
성찰적 자기 조직 306, 311~312, 334
세력 균형 35, 54~55, 60~62, 64~67, 77, 94~97, 142~144, 148~149, 173, 177~182, 196~197, 202~203, 208~209, 223, 267, 290~292, 295, 311, 322, 326
세이어, 앤드루(Sayer, Andrew) — 해석과 구성 사이의 구분 361, 365
소비에트 연방 57, 162, 170, 179, 182~183
수동 혁명(passive revolution), 그람시 82, 164, 167, 171, 177~180
슈미터, 필립(Schmitter, Philippe) — 유럽 국가성 320~321
슈미트, 카를(Schmitt, Carl) — 주권과 비상사태 18~19
슘페터주의 근로 연계 복지 탈국민 체제(Schumpeterian Workfare Post-national Regime, SWPR) 310, 323~325, 326~333, 342, 372
스리프트, 나이절(Thrift, Nigel) — 복잡성 이론 370~371
스탈린주의 170, 218, 225
스튜어트, 앤드루(Stewart, Andrew) — 사회과학적 오류 65~72, 76
시간 78~79, 274~275, 278~279, 280~285, 286, 288~289, 297~298, 301~302, 303
시간적 (재)전회(temporal re-)turn) 273, 284
시간 주권 36, 273, 293, 298
시간 지평(time horizon) 22, 65, 73~76, 78~79, 141~142, 153, 212, 274, 290, 294, 302
시공간성(spatio-temporality) 36, 45, 63, 77~79
시공간 압축(time-space compression) 79, 213, 275~276, 293, 297
시공간적 선택성(spatio-temporal selectivity) 77~79, 183~184, 209, 212~213, 242~243, 341, 360
시공간적 해결책(spatio-temporal fix) 25, 29, 49, 80, 138, 163~164, 180~181, 183~184, 209~214, 224, 243, 249, 273~278, 287~289, 291~294, 351, 355, 368~369
시공간 확장(time-space distantiation) 79, 213, 275, 276, 293, 297
시기 구분(periodization) 33, 137~138, 140~142, 150, 183, 207~209, 230, 309~310, 324~425
시민권 105~106, 118, 223, 254~256, 258~259, 266, 268, 303~304,
시민사회 21, 24, 47, 66, 100, 102~104, 117, 121, 125, 126, 129, 146, 148, 177~178, 180~183, 188, 198, 253~254, 313, 316, 337
시장 실패 306, 323, 334, 339
신국가주의 23, 102~108, 111, 119, 127~129, 325, 327
신노동당(New Labour) 34, 37, 46, 52
신베버주의 국가 이론 69~70
신자유주의 34, 52, 82, 101, 106, 206~207, 225, 228, 244, 268, 275, 293~296, 315, 325~332, 342
신조합주의(neo-corporatism) 325, 327, 342
신중상주의(neo-mercantilism) 342
신중세주의(neo-medievalism)와 국가 20, 320~321
실패, 일반적 경향 334~335

ㅇ

아메리카주의와 포드주의, 그람시 47, 162, 167, 174~176, 180~183
아처, 마거릿(Archer, Magaret) — 형태 형성적 접근 78
알뛰세르, 루이(Althusser, Louis) — 마르크스주의의 발전 38, 45, 52, 185~186, 200, 215
앤더슨, 페리(Anderson, Perry) — 그람시에 관해 주장된 오류 100
앤셀, 크리스(Ansell, Chris) — 네트워크화된 정치체 317
약탈 국가(predatory state) 125
양립 가능성(compossibility) 287~288, 347~348
억압적 국가장치(repressive state apparatus) 103~105, 198, 203~204, 262
언어 16, 135, 138~140, 143~145, 154, 160, 162~163, 166, 180, 191, 198, 210~211
에섹스 국가 이론 그룹(Essex State Theory Group) 53
에이브럼스, 필립(Abrams, Philip) — 국가라는 개념 120
엥겔스, 프리드리히(Engels, Friedrich) 30, 50, 94~95, 143, 152~153, 156~157
여성성(feminities) 116, 242, 245, 247~250, 255, 259, 266, 270
역사적 블록(historical bloc), 그람시 49~51, 78~80, 164, 167, 170, 178~181, 369
역사적 의미론(historical semantics) 16, 64, 369
연성 개입(soft intervention) 310
영국 30, 33, 37, 43, 45~46, 52, 59, 85, 125, 169, 314
영속 혁명(permanent revolution) 151, 167
영역 이론(regional theory, 풀란차스) 32, 59, 190
영토 19, 24~25, 49, 67, 80, 105, 121~122, 124, 174, 176~177, 210~211, 233~234, 237, 254~255, 259~260, 290~291, 307~308, 312~313
영토 외적(extra-territorial) 309
예외적 체제(exceptional regimes) 33, 59, 62, 133~134, 196, 201~209, 214
오류(fallacy), 사회과학적 69
오컴의 면도날(Occam's razor) 343, 355
오토포이에시스(autopoiesis) 34, 45, 50~52, 76, 122~123, 128, 367, 371
오페, 클라우스(Offe, Claus) — 구조적 선택성 195
우연성(contingency) 71, 109, 150, 248, 251
우연적 필연성(contingent necessity) 31, 109~110, 142, 241~243, 251, 270, 275, 343~356, 359, 368~369
워싱턴 컨센서스(Washington Consensus) 331
원시 축적(primitive accumulation) 279, 283
월터스, 윌리엄(Walters, William) — 통치술 315
위기 18, 22, 26, 35, 46, 48, 59, 82, 85~86, 126, 148, 167, 181, 187, 202~203, 204, 207~209, 215, 218~219, 254, 283, 298, 304, 323, 325
위기 경향 29, 80, 97, 101, 294, 368
위기 관리 97, 318, 341~342
위험 국가(risk state) 309~310
유동적 기표, 보나파르트 139
유럽경제공동체(European Economic Community, EEC) 187, 326
유럽연합 22, 101, 305, 307, 308, 310, 314~317, 322, 323~324, 326~323, 334~340
유럽 조합주의(Eurocorporatism) 326
유발-데이비스, 니라(Yuval-Davis, Nira) — 민족의 모성의 '담지자' 257, 271
유사 권력 네트워크(parallel power networks) 193, 200, 204, 206, 262, 331~332, 338
의미 356~362, 367~368, 371
이데올로기 32, 49, 53, 85, 120, 121, 135, 181, 187~191, 194, 198, 202~203, 206, 208, 211, 215~216, 224~225, 244~245, 269, 329
이데올로기적 계급 투쟁 56, 63, 138, 154, 185, 188~189, 208, 213~214, 224~225
이데올로기적 국가장치들(ideological state apparatuses) 185, 198, 203, 206, 245
이성애 규범성(heteronormativity) 243, 254, 270
이탈리아 159, 161, 165, 167~170, 171~173, 174, 176~177, 179~182, 207~208, 326

이해 또는 이해관계(interests) 16~17, 18, 26~29, 55~57, 60, 61, 65, 72~76, 77, 97~99, 103, 104, 114, 115, 116, 129, 135, 139, 144~145, 149, 154, 163, 194, 195, 206, 207~209, 223, 242, 249, 250~251, 254, 256, 257, 259, 267, 276, 289, 302, 306, 312, 322~323

이행(transition) 33~35, 48, 61, 62~63, 187, 204, 207~209, 214, 326

인구 19, 26, 110, 172, 176, 232~233, 236~237, 307

인권 255~257

인민 대중(popular masses) 191~194, 198, 205, 210

인식적 관심(knowledge interest) 30, 43, 52

일반 국가론(Allgemeine Staatslehre) 18

일반 이해(general interest) 26~28, 29, 56, 145, 149, 249

일반 자본(capital in general) 99, 104, 127, 249, 281

일반적 가부장(general patriarch) 114, 128, 248, 255

임금 관계 88, 94, 245, 264, 268, 303

잉여가치 219, 236, 280~283

ㅈ

《자본》(마르크스) 29, 136, 279~280

자본 관계 46~47, 54, 68, 88, 94, 264, 273, 279~284, 285~287, 291, 303

자본 분파(capital fractions) 49, 68, 137, 144~146, 146~147, 149, 155, 193~194, 197, 198~200, 209, 214, 289, 293

자본 순환 50, 68, 187~188, 283, 285, 288, 301

자본의 국제화 126, 187, 213~214, 274, 283, 295

자본의 자기 가치 증식(self-valorization) 47, 50~51, 122, 281

자본의 초이동성(hypermobility) 289, 298, 301

자본 이론적 접근 60~62, 63, 104, 238

자본주의 29, 30~31, 47, 48, 50, 61, 68, 80, 88, 95~98, 101, 113~114, 129, 144, 146~147, 158, 174, 175, 181, 186~187, 188, 196, 206~207, 208~209, 210~213, 224, 226~228, 235, 238, 278~281, 282~285, 286~289, 296~298, 303~304, 326, 341, 342, 352, 372

자본주의 생산양식 29, 43, 53, 68, 181, 189~190, 280

자본주의 유형의 국가(capitalist type of state) 27, 31~32, 43, 46, 59~60, 97~98, 144, 192~196, 201, 207, 210

자유주의적 정부간주의(liberal intergovernmentalism) 305~309, 315., 325, 336~339

자율성 20~23, 31, 49, 50, 59, 64, 66, 84, 95~97, 98, 104~106, 110, 115, 121~122, 125, 129, 133~134, 148, 169, 185, 190, 203, 214, 268, 347

장소(place) 160, 163~165, 174~175, 180~181, 278, 279~284, 294, 297

장치 통일성(apparatus unity) 156, 199, 340, 342

재영토화(re-territorialization) 213, 307~308, 323

저항 18, 79, 104, 111, 155, 168, 193~194, 204~205, 210, 222~228, 244, 247, 249, 271, 293

전근대 가부장제(pre-modern patriarchy) 247, 250

전략(strategy)과 전술(tactics), 풀란차스 200~201

전략관계 접근(strategic-relational approach) 14~15, 21, 24~26, 30, 34~35, 36~39, 45~52, 65~90, 91~92, 155, 343~344, 360~362, 364~365, 366~367, 371~372

전략관계 접근의 선행물로서 전략 이론적 접근(strategic-theoretical approach) 33~34, 61~64

전략적 능력들 99, 128

전략적 맥락 분석 65, 71~74, 153, 359~360

전략적 본질주의 270~271

전략적 선택성(strategic selectivity) 21, 24, 28, 58, 63~66, 72~74, 77~84, 85, 114, 118, 150, 155, 163~168, 184, 195~197, 201~202, 207~208, 213, 258, 270, 311, 335, 339~341, 360~361, 364~365

전쟁(warfare)과 남성성 118

전쟁과 평화 공동체(Kriegs- und Friedensgemeinschaft, War- and Peace-Community) 309

전쟁 사회주의 96

절대적 역사주의, 그람시 159, 174

접합, 규모 간 49, 73~74, 170, 182, 277, 324
접합, 방법 31, 48, 114~116, 243, 349, 353
정당(political parties), 당 또는 당파 55, 63, 96, 144, 151~154, 173, 174, 177, 182, 200~202, 205~208, 262~263, 267, 310
정당 정치 또는 당파 정치(party politics) 61, 106, 137, 141, 144, 147, 150~155, 202~206, 259~260
정세(conjuncture) 31, 54~57, 58, 63, 67, 72~79, 82, 126, 136~138, 144~146, 150, 153~155, 157, 181~184, 192, 199, 203, 207~209, 222~223, 250~253, 355, 368~369
정세 분석 76, 198, 202, 355
정신적-육체적 노동 분업(mental-manual division of labour), 풀란차스 189, 191, 192, 194, 198, 210, 224
정치 권력의 영토화(territorialization) 19, 49, 165, 171, 176~181, 183, 252~255, 273, 290~291, 294~295, 307~314, 318~321, 333, 340,
정치 무대 119, 137, 143~145, 146, 150, 157
정치의 탈국가화(de-statization) 311~312, 318, 324
정치주의(politicism) 35, 46, 49, 68, 192~193
정치 체계의 자기 대체 22
정치 형태(political form) 18~19, 27~28, 34~35, 46, 48, 54, 60~61, 65~68, 88, 92, 95~98, 109, 112, 119, 135, 138, 144~145, 149~158, 187~188, 194~196, 203~204, 217~218, 221, 233, 252~258, 266~267, 292~293, 305~306, 320~323
제국주의 19, 88, 118, 134, 162, 165~166, 168~170, 175, 181~182, 186~187, 214, 246, 259, 315, 363
제도적 물질성(institutional materiality) 75, 189, 196~202, 210~211, 242~245, 311
제도적 전회(institutional turn) 77, 368
제1인터내셔널 152~153
젠더 106, 112~119, 241~243, 268~270,
젠더 체제(gender regimes) 243, 248, 250, 269
젠더 체제의 다형체성(polymorphy) 251
조세 국가(Steuerstaat, tax state) 253
조절 이론 접근(regulation approach) 34~35, 48~49, 51, 68~69, 81, 100~101, 215, 367
조직화된 강압 18~19, 252, 307~310
조합주의(corporatism) 59, 107, 260~261, 266, 300, 317, 324~327, 329,
존스톤, 몬티(Johnstone, Monty) ― 마르크스와 당 151~152
주권 18~20, 108~109, 121, 223, 231~233, 237, 253, 265, 292, 306~309, 313, 369
주체성 56~57, 80~81, 113, 271
지구화(globalization) 124~126, 213, 255, 268, 274~277, 278~280, 281~284, 285~289, 290~303
지배(domination, Herrschaft) 26, 34, 54, 69, 93, 109~110, 114~116, 120, 167~168, 177, 196, 230~231, 235~238, 242~244, 247, 250~251, 254, 268, 352, 370
지배 계급 133~134, 183, 208~209
지배적 규모 168~169, 170, 180, 308, 336
지식 123, 265, 310
지식 기반 경제(knowledge-based economy) 또는 지식 주도 경제(knowledge-driven economy) 86, 287, 303, 325, 328, 331~332, 342
지식인 80, 145, 152, 155, 160~161, 165, 170~171, 173, 178~179, 181, 198
지지 계급(supporting class) 147
직능적 또는 기능적 대표성(functional representation) 259~260, 295, 318~321, 333, 340~341
직접 민주주의 63, 96, 194
진지전(war of position) 63, 138, 149, 151, 164, 173, 184, 207
진화론적 전회(evolutionary turn) 360, 368~369
질트너, 패트릭(Ziltener, Patrick) ― 유럽통합의 시기 구분 324~325
짐멜, 게오르크(Simmel, Georg) ― 사회과학 352

ㅊ

차티스트 152

체계 세계 244, 247~251
초국민주의(supranationalism) 305~309, 313~315, 320, 325, 333, 336~340
초월적 시간(timeless time) 290
총체적 접근(totalizing perspective, 총체성(totalities)과 관계없음) 44
축적 47~49, 53~54, 60, 64, 68, 89, 98, 139, 171, 188, 213, 238, 278~281, 283, 285~289, 291, 323, 332, 345, 372
축적 전략 33, 47~49, 62, 85, 156, 266~267, 364, 367
축적 체제 35, 47, 101, 175
칠레 생물학 45, 50~52

ㅋ

카스텔스, 마누엘(Castells, Manuel) ─ 네트워크 국가 313~315
카츠, 클라우디오(Katz, Claudio) ─ 계급 갈등의 차원 154
칸데이아스, 마리오(Candeias, Mario) ─ 신자유주의 101
컨리프, 존(Cunliffe, John) ─ 마르크스와 정당 152~153
케인스주의 복지 국민국가(Keynesian Welfare National State, KWNS) 46~48, 97, 268, 292, 303, 310, 316, 323~325, 326, 328, 331, 342
코민테른 95~96, 175
코넬, 로버트(Connell, Robert W.) ─ 남성성 117~118, 248
코즈모폴리터니즘(cosmopolitanism) 161, 165, 170~171, 175, 178~179, 279, 303
코즈모폴리턴적 애국심 258
콘도미니오(condominio) 320
콘소르티오(consortio) 320
콜린지, 크리스(Collinge, Chris) ─ 규모 167, 308
쿨라빅, 테레사(Kulawik, Teresa) ─ 모성주의 체제 264, 266, 269
퀴어 이론 39, 116, 118, 243~246, 252, 271
크래트케, 미하엘(Krätke, Michael) ─ 마르크스의 계급 분석의 불완전성 136
클라크, 사이먼(Clarke, Simon) ─ 정치주의 46

ㅌ

탈분과성(post-disciplinarity) 44, 351
탈영토화(de-territorialization) 213, 287, 295, 320, 323
테레, 브루노(Théret, Bruno) ─ 국가에 대한 위상학적 접근 101
테쉬케, 벤노(Teschke, Benno) ─ 베스트팔렌 국가 19, 106
토대─상부구조 관계 49, 95, 102, 135, 164, 181~182, 219
토빈세(Tobin tax) 301
토이브너, 군터(Teubner, Gunther) 50, 123
톨리아티, 팔미로(Togliatti, Palmiro) ─ 남부 문제 171~172
통치성(governmentality) 27, 38, 102, 110~112, 217~218, 226~233, 238, 313~316, 368
통합 경제 47
통합 국가, 그람시 46~47, 100, 178, 188
틸리, 찰스(Tilly, Charles) ─ 전쟁과 국가 형성 105

ㅍ

파리 코뮌 96, 153
파시즘, 풀란차스 207~209
판옵티시즘(Panopticism) 111, 228
팔롬바리니, 스테파노(Palombarini, Stefano) ─ 계급 타협 101
페모크라시(femocracy) 261~263

페미니즘 국가 이론 112~119, 227, 243, 259, 265, 271
포드주의(Fordism) 33, 35, 46~48, 63~64, 101, 126~127, 162, 167, 175, 180~183, 215, 286, 292~294, 324~330, 342
포스트 가부장제(post-patriarchy) 244~246
포스트포드주의(post-Fordism) 33, 35, 48, 63~64, 101, 286~287, 330, 332
포함(subsumption) 31, 54, 114~115, 192
폭력 18, 26~28, 111, 113, 116~118, 123, 142, 145, 253~254, 261, 263, 311, 314
폭력과 법, 풀란차스 111, 203
폰 바이머, 클라우스(von Beyme, Klaus) — 정당에 관한 마르크스의 설명 151
푸코, 미셸(Foucault, Michel) 102, 108~112, 129, 186, 189, 191, 195, 200~201, 214, 217~221, 222~225, 226~228, 229~232, 233~234, 235~236, 237
풀란차스, 니코스(Poulantzas, Nicos) 14, 31~33, 46, 59, 60, 62~63, 154, 186~187, 191~196, 198~200, 201, 202~203, 207~213, 214~216
풀란차스와 푸코 186, 189, 191, 195, 200~201, 214, 220~228
프랑스 혁명 143
프랑크푸르트학파 96~97
프레촐리니, 주세페(Prezzolini, Giuseppe) — 지적 유산 214
프롤레타리아트(proletariat) 52, 57, 139, 157, 164, 172~173, 193, 212
프롤레타리아 혁명 45, 138, 279
프티 부르주아지(petty bourgeoisie) 146, 172~173, 188, 193, 208~209

ㅎ

하르, 옌스 헨리크(Haahr, Jens Henrik) — 개방형 조정 방식 315~316
하버마스, 위르겐(Habermas, Jürgen) — 체계세계와 생활세계 247
하비, 데이비드(Harvey, David) — 역사 지리적 유물론 37, 166, 278~289
해부 정치(anatomo-politics) 219, 226
해석(construal) 87, 91, 356, 361, 363~367
행위(agency) 35~36, 62, 67, 69~70, 72~76, 91~92, 83~84, 359~360
행위자-네트워크 이론 78, 315
헤게모니 18, 31, 46~47, 54, 60~63, 82, 101, 162~163, 164~165, 167~170, 173, 175, 178, 179~182, 186~187, 191, 193, 198~200, 202~206, 209, 232, 236~237, 247, 249, 254, 256, 264, 265~266, 314, 332, 364
헤게모니 프로젝트 28, 31, 33, 56, 62, 82~85, 155, 267~268, 364, 367
헤겔, 게오르크 빌헬름 프리드리히(Hegel, Georg Wilhelm Friedrich) 52, 144, 153, 278
헤이, 콜린(Hay, Colin) — 담론적 선택성과 행위 83~84
형식적 평등 245, 256, 269
형태(form) 24, 61, 63~64, 98, 119, 146
형태 결정 197, 208, 290
형태 분석 35, 44, 98, 149, 154~155, 196~197, 372
형태 형성적 접근(morphogenetic approach) 78
홀러웨이(Holloway, John) — 정치주의 46~47, 48
홈우드, 존(Holmwood, John) — 사회과학적 오류 65~72, 76
화이트헤드, 앨프리드 노스(Whitehead, Alfred North) — 시공간 277, 287~288
화폐 또는 통화(money) 264, 282~284, 303, 308
확대 재생산(expanded reproduction) 59~60, 137, 187~188, 252, 280, 296
환원주의(reductionism) 88, 102, 135, 166, 215, 219~220, 242, 356, 363
횡단적 정치(transversal politics) 271~272